Margit Brinke, Peter Kränzle

CHICAGO

Nicht verpassen!

Karte S. 3

2 Marshall Field's (Macy's) [D5]
Das älteste Kaufhaus der Welt bietet ein Shoppingerlebnis der Extraklasse. Heute gehört es zur Kette Macy's, aber das alte Namensschild und der Walnut Room als beliebter Treff blieben erhalten, da der Bau unter Denkmalschutz steht (s. S. 110).

16 Willis Tower [B6]
Das Wahrzeichen und der höchste Bau der Stadt nimmt wegen seiner schlicht-modernen Ästhetik und der gradiosen Aussicht von der Aussichtsplattform eine Sonderstellung ein (s. S. 123).

35 Millennium Park [D6]
Grünflächen, ein Café, ein Theater, eine spektakuläre Freilichtbühne, ein botanischer Garten, ein ungewöhnlicher Brunnen und eine bohnenförmige Stahlplastik machen den Millenium Park zum einem der attraktivsten Stadtparks der Welt (s. S. 144).

36 Art Institute of Chicago [D6]
Das Art Institute ist mit dem Metropolitan Museum in New York vergleichbar und zählt zu den besten Kunstmuseen der USA. Über 300.000 Objekte verteilen sich auf mehrere Gebäudeteile (s. S. 149).

38 Field Museum of Natural History [E9]
Das „Field" gehört zu den großen naturhistorischen Museen. Viel bestauntes Aushängeschild ist „Sue", das Skelett eines Tyrannosaurus Rex. Sehenswert sind auch die Abteilungen zu den Ureinwohnern (s. S. 152).

47 Magnificent Mile [D3]
Die Magnificent Mile, die tatsächlich eine Meile (1,6 km) lang ist, zählt zu den berühmtesten Einkaufsstraßen der Welt (s. S. 169).

50 John Hancock Center [D2]
„Big John" mag mit seinen diagonalen Strebepfeilern zwar an einen Käfig erinnern, allerdings ist der Blick von oben spektakulär (s. S. 172).

73 Oak Park [S. 335]
Der idyllische Villenvorort ist nicht nur der Geburtsort von Ernest Hemingway, sondern auch der Wohn- und Wirkungsort des berühmtesten amerikanischen Baumeisters: Frank Lloyd Wright (s. S. 205).

78 Museum of Science and Industry [S. 336]
Das Wissenschaftsmuseum ist mit dem Deutschen Museum in München vergleichbar, doch flächenmäßig größer. Es ist besonders wegen der vielen interaktiven Ausstellungsstücke auch für junge Besucher von großem Interesse (s. S. 220).

Leichte Orientierung mit dem cleveren Nummernsystem

Die Sehenswürdigkeiten der Stadt sind zum schnellen Auffinden mit **fortlaufenden Nummern** versehen. Diese verweisen auf die ausführliche Beschreibung **im Kapitel „Chicago entdecken"** und zeigen auch die genaue Lage **im Stadtplan.**

ABRAHAM
LINCOLN

Inhalt

Abraham Lincoln begrüßt die Besucher im Grant Park 33 (110cg Abb.: fo©Waldteufel)

Chicago auf einen Blick

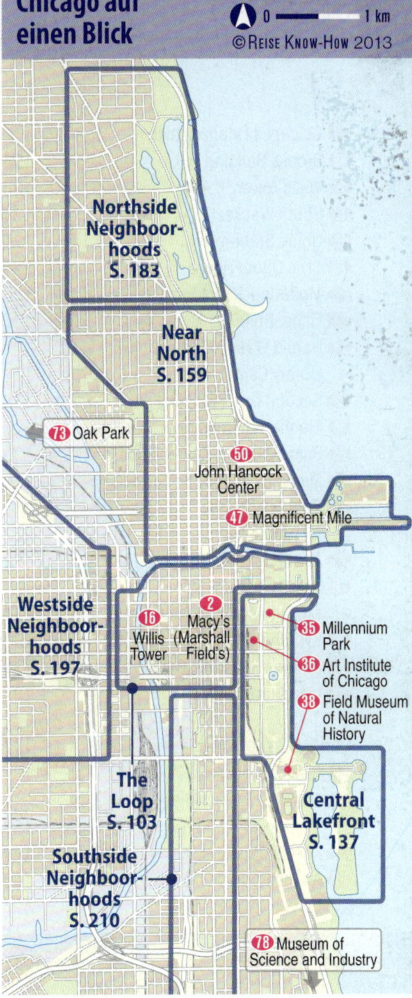

099cg Abb.: fo©Henryk Sadura

Anhang 297

Cityatlas 313

Stadtspaziergänge

Exkurse zwischendurch

Hinweise zur Benutzung

Orientierungssystem

Eine **Liste der im Buch beschriebenen Örtlichkeiten** wie Sehenswürdigkeiten, Restaurants, Cafés, Hotels usw. befindet sich auf Seite 328.

Zur schnelleren Orientierung tragen alle Hauptsehenswürdigkeiten und Lokalitäten die gleiche Nummer sowohl im Text als auch im Kartenmaterial:

- ㉛ Mit einer fortlaufenden magentafarbenen Nummer sind die Hauptsehenswürdigkeiten gekennzeichnet. Steht die Nummer im Fließtext, verweist sie auf die Beschreibung dieser Sehenswürdigkeit im Kapitel „Chicago entdecken".
- ⊕336 Mit Symbol und fortlaufender Nummer werden die sonstigen Lokalitäten wie Cafés, Geschäfte, Restaurants, Hotels, Infostellen usw. gekennzeichnet.
- › Die grünen Linien markieren den Verlauf der Stadtspaziergänge.
- [D5] In eckigen Klammern steht das Planquadrat im Kartenmaterial, in diesem Beispiel Planquadrat D5.

Ortsmarken ohne Angabe des Planquadrats liegen außerhalb unserer Karten. Sie können aber wie alle Örtlichkeiten in unseren speziellen Luftbildkarten auf der Produktseite dieses Buches unter www.reise-know-how.de oder direkt unter http://cg-chicago.reise-know-how.de lokalisiert werden.

Bewertung der Sehenswürdigkeiten

- ★★★ auf keinen Fall verpassen
- ★★ besonders sehenswert
- ★ wichtige Sehenswürdigkeit für speziell interessierte Besucher

Abkürzungen

- › Ave. (Avenue)
- › E (East), W (West)
- › I (Interstate)
- › Pkwy. (Parkway)
- › Rd. (Road)
- › Sq. (Square)
- › St. (Street)
- › bei Adressangaben: „/" für „Ecke" und „-" für „zwischen"

Vorwahlen

- › **in die USA:** 001
- › **nach Deutschland:** 011-49
- › **nach Österreich:** 011-43
- › **in die Schweiz:** 011-41

Vorwahlen im Großraum Chicago sind **312** (Loop), **773** (Gürtel um den Loop), **708** größerer Umkreis im Süden und Osten. In der **Metro Area** gibt es zahlreiche weitere Vorwahlen.

Impressum

Margit Brinke, Peter Kränzle

Chicago

erschienen im
Reise Know-How Verlag Peter Rump GmbH,
Osnabrücker Str. 79, 33649 Bielefeld

4., neu bearbeitete und komplett aktualisierte Auflage 2013

ISBN 978-3-8317-2391-1
Printed in Germany

Dieses Buch ist erhältlich in jeder Buchhandlung Deutschlands, der Schweiz, Österreichs, Belgiens und der Niederlande. Bitte informieren Sie Ihren Buchhändler über folgende Bezugsadressen:

Deutschland: Prolit GmbH, Postfach 9, D-35461 Fernwald (Annerod) sowie alle Barsortimente
Schweiz: AVA Verlagsauslieferung AG, Postfach 27, CH-8910 Affoltern
Österreich: Mohr Morawa Buchvertrieb GmbH, Sulzengasse 2, A-1230 Wien
Niederlande, Belgien: Willems Adventure, www.willemsadventure.nl

Ebenfalls erhältlich in unserem Internet-Bookshop: **www.reise-know-how.de**

Herausgeber: Klaus Werner
Lektorat: amundo media GmbH
Umschlag: M. Schömann, P. Rump (Layout); K. Werner (Realisierung)
Gestaltung Inhalt: amundo media GmbH
Karten: Ingenieurbüro B. Spachmüller, amundo media GmbH
Druck und Bindung: Media-Print, Paderborn
Fotos: siehe Bildnachweis Seite 312

Wir freuen uns über Kritik, Kommentare und Verbesserungsvorschläge:
info@reise-know-how.de

Latest News

Unter **www.reise-know-how.de** werden aktuelle Ergänzungen und Änderungen der Autoren und Leser zum vorliegenden Buch bereitgestellt. Sie sind auf der Produktseite dieses CityGuide-Titels abrufbar.

Das Beste auf einen Blick

002cg Abb.: caf/ae

Chicago liegt zwischen zwei Welten: einerseits am dicht bevölkerten Ufer des Lake Michigan und andererseits am Rand der sich bis zu den Rocky Mountains ausdehnenden Prärie. An diesem Schnittpunkt konnte eine faszinierende Stadt entstehen, in der man mühelos mehrere Wochen verbringen könnte, ohne dass es langweilig würde. Häufig ist Chicago jedoch für Besucher nur ein Zwischenstopp auf einer größeren Rundreise um die Großen Seen. Man sollte dennoch mindestens drei Tage einplanen – verbunden mit der Absicht, hierher zurückzukehren.

Chicago an einem Tag

Ein einziger Besuchstag ist für Chicago eindeutig zu kurz. Lassen gewisse Umstände dennoch nur 24 Stunden Besuchszeit zu, sollte man zumindest versuchen, einige der unten aufgelisteten Top-Attraktionen zu sehen. Vorschläge für Stadtspaziergänge finden sich auf den Seiten 106, 140 und 160.

› Chicago von oben: Von den Aussichtsplateaus der beiden berühmtesten Skyscraper der Stadt, dem **Willis Tower** 16 (ehemals Sears Tower) im Loop und dem **Hancock Center** 50 an der Magnificent Mile 47, hat man bei gutem Wetter einen grandiosen Blick bis weit hinaus in die Prärie und über den Lake Michigan.

35 [D6] **Millennium Park:** Der Stadtpark zwischen Loop, Grant Park und Lake Michigan gilt als städteplanerisch wegweisend. Promenaden, Grünflächen, ein Café, ein Theater, eine spektakuläre Freilichtbühne, ein botanischer Garten, ein ungewöhnlicher Brunnen und die fotogene Stahlplastik „The Bean" machen den Millennium Park zum Erlebnis, das man auch unter Anleitung der Millennium Park Greeters (ab Exelon Pavilion) oder mit dem Fahrrad (Millennium Park Bicycle Station) entdecken kann.

› **Museen** für jeden Geschmack: Chicago ist eine Kulturstadt und hat für jeden Geschmack das passende Museum zu bieten. Unbedingt besucht haben sollte man die „Big Four": **Art Institute** 36, **Field Museum** 38, **Museum of Science and Industry** 78 und **Shedd Aquarium** 39.

› Shoppingparadies Chicago: Die **Magnificent Mile** 47 zählt zu den berühmtesten Einkaufsmeilen der Welt. **Marshall Field's** 2 (heute **Macy's**) ist das berühmteste und älteste Kaufhaus der Stadt.

› „Chicago got the Blues": Chicago ist weltberühmt als **„Stadt des Blues"**, aber auch als Mekka des Jazz und die zahlreichen Musikfestivals im Grant Park 33 sind Besuchermagneten. Für alle, die nicht zu diesen speziellen Terminen in der Stadt sein können, gibt es Klubs wie Buddy Guy's Legends (s. S. 39), Blue Chicago (s. S. 39) oder B.L.U.E.S. (s. S. 39).

Vorseite: Blick vom Millennium Park 35 mit „The Bean" auf die Michigan Avenue Streetwall 26

Chicago an einem Wochenende

Chicagos Innenstadt zwischen Chicago River und Lake Michigan, Loop und River North an der Magnificent Mile ist überschaubar und leicht zu erkunden. Zu Fuß oder mit der U-/Hochbahn erreicht man aber auch Viertel und Attraktionen außerhalb der Innenstadt schnell und unkompliziert.

EXTRATIPP

Weniger ist mehr!

Auch wenn Chicagos Stadtkern dank der Lage zwischen Lake Michigan und Chicago River räumlich begrenzt ist, kann die Vielzahl an Attraktionen und Museen, Shops und Sights, Ausblicken und Touren Besucher schnell überfordern. Über eines sollte man sich von vornherein klar sein: Es ist unmöglich, alle Attraktionen auf einmal „mitzunehmen". Es muss, abhängig von Interessen, Konstitution, Finanzen oder Jahreszeit und Wetter, eine **Auswahl** getroffen werden.

Im vorliegenden CityGuide werden zahlreiche Attraktionen, Museen und interessante Stadtviertel beschrieben, davon gehören jene mit drei Sternen zum „Pflichtprogramm", der Besuch der anderen – besonders derer mit nur einem Stern – ist fakultativ und von individuellen Vorlieben abhängig.

Es empfiehlt sich, in der Stadt auf einen Mietwagen zu verzichten, vieles kann gut **zu Fuß** bzw. mit dem **öffentlichen Nahverkehr** erreicht werden. Mit Letzterem ist in der Regel die Hoch- bzw. U-Bahn gemeint, für die sich der Erwerb einer Tages- bzw. Wochenkarte lohnt (s. S. 292). Auch **mit dem Fahrrad** kann man dank eines gut ausgebauten Radwegenetzes an schönen Tagen einiges abfahren. Chicago gilt als eine der fahrradfreundlichsten Städte der USA (s. S. 278).

1. Tag – Loop und Magnificent Mile

Die Skyline ist das Aushängeschild Chicagos, denn die Stadt (und nicht etwa New York) gilt als die Geburtsstätte der Hochhausarchitektur. Ein Rundgang hier kommt dem Studium eines Architekturhandbuchs gleich.

Vormittags und mittags

Ein Spaziergang durch den **Loop**, wie das von der Hochbahn begrenzte Herz **der Innenstadt** zwischen Chicago River und Grant Park (Lake Michigan) heißt, gibt Gelegenheit zur ersten Annäherung an Chicago. Wer möchte, kann sich einer der zahlreich angebotenen Touren der **Chicago Architecture Foundation** 29 anschließen, sei es einem Spaziergang oder einer der lohnenden Bootstouren auf dem Chicago River.

Im Loop, dem Business- und Shoppingzentrum der Stadt, bietet sich Gelegenheit, legendäre Kaufhäuser wie **Marshall Field's** 2 (heute Teil der Kette Macy's) zu besuchen und im Vorbeigehen einen Überblick über die Architekturgeschichte zu erhalten. Nirgendwo sonst findet man eine solche Auswahl an Wolkenkratzern aus den verschiedensten Perioden. Das Aussichtsplateau auf dem **Willis Tower** 16 mit seinen Glasbalkonen bietet einen Blick aus der Vogelperspektive. Lokale oder Cafés gibt es ringsum in Hülle und Fülle – ein besonderer Tipp ist der **Walnut Room** im Kaufhaus Marshall Field's. Bei schönem Wetter böte sich auch ein Picknick im **Grant Park** 33, speziell im neuesten Teil, dem Millennium Park, nach Einkauf auf einem der Wochenmärkte, (s. S. 26) an.

Nachmittags und abends

Chicagos Kunsttempel, das **Art Institute of Chicago** 36, ist das nächste Ziel. Dieses Museum verfügt ebenfalls über ein empfehlenswertes Restaurant. Nach dem Kunstgenuss heißt es „Bummeln" auf der **Michigan Avenue**, der sogenannten **Magnificent Mile** 47. Sie führt über den Chicago River nordwärts nach Near North, in das Shopping- und Ausgehviertel der Stadt. Wer den Willis Tower 16 ausgelassen hat, kann stattdessen von der Aussichtsplattform des **John Hancock Center** 50 bei untergehender Sonne oder – im Sommer – bei einem der Feuerwerke über dem **Navy Pier** 54, den Tag ausklingen lassen. Und anschließend in River North in Chicagos Nachtleben eintauchen oder sich am Navy Pier vergnügen und dort essen.

2. Tag – Zwischen Neighborhoods und Lake Michigan

Dank der „L", der Hochbahn, ist es leicht, das „andere Gesicht" der Stadt, die bunten ethnischen **„neighborhoods"**, kennenzulernen. Es gibt angeblich 77 Viertel in Chicago – die bekanntesten sind der Loop und River North 53 (mit der Magnificent Mile), doch darüber hinaus sollte man Viertel wie Bucktown/Wicker Park 70, Old Town 57, Gold Coast 55, Pilsen (s. S. 102), Chinatown 74 oder Lakeview 61 besuchen, um ein Gefühl für die Stadt zu bekommen.

Bei schönem Wetter könnte man sich auch ein **Fahrrad** mieten (s. S. 278) und so die Uferpromenade am **Lake Michigan** und die Viertel rund um die Innenstadt erkunden.

Vormittags

Vom **Washington Square**, in Near North nahe der Magnificent Mile 47 gelegen, geht es mit der „L" Station für Station nordwärts in Viertel wie **Gold Coast** 55, **Old Town** 57 und weiter über **Lincoln Park** 58 und **Lakeview** 61 bis **Wrigleyville** (s. S. 192). Der „L" entstiegen, kann man dann zu Fuß die einzelnen Viertel nach Gusto erkunden. Kleine Läden, Lokale und Cafés machen die Entdeckungstour außerdem abwechslungsreich und bieten vielfach Gelegenheit zu kleinen Pausen.

Nachmittags

Für die Mittagspause gilt es sich zu entscheiden: chinesisch, griechisch oder vielleicht lieber mexikanisch? Mit der „L" sind die im Süden und Westen der Stadt gelegenen Viertel **Chinatown** 74, **Greektown** 67 oder **Pilsen** (s. S. 102) im Nu erreicht. Letzteres war einst Wohnort der polnischen und tschechischen Einwanderer, heute ist das Viertel fest in der Hand der Latinos.

Abends

Im Nordwesten liegen benachbart die beiden Viertel **Bucktown** und **Wicker Park** 70 mit der Milwaukee Avenue als Hauptachse. Es handelt sich um ethnisch und sozial bunte Viertel mit kleinen, teils ausgefallenen Läden und Lokalen, Bars, Kneipen und Nachtklubs, in denen man den Tag gut Revue passieren lassen kann.

3. Tag – Natur und Kultur

Vormittags

Im südlichen Teil des **Grant Park** 33 befindet sich nicht nur das architektonisch sehenswerte American-Football-Stadion **Soldier Field** 42, sondern auch der „Museum Campus". Als besonderes Highlight gilt das **Field Museum of Natural History** 38, aber auch **Shedd Aquarium** 39 und **Adler Planetarium** 40 lohnen einen Besuch. Die Parkanlage um den

008cg Abb.: mb

aus der Fernsehserie „Eine schrecklich nette Familie" bekannten **Buckingham Memorial Fountain** 34 ist dank eines Kiosks ideal für eine Snackpause.

Nachmittags

Nun gilt es, dem berühmten Architekten **Frank Lloyd Wright** die Aufwartung zu machen, denn der im Westen gelegene Vorort **Oak Park** 73, leicht mit der Hochbahn erreichbar, ist ganz diesem Baumeister gewidmet. Hier hat er lange gelebt – sein Haus ist ein sehenswertes Museum (s. S. 207) – und auch zahlreiche von ihm geplante Häuser sind hier zu sehen.

Abends

Zurück in der Innenstadt böte sich ein kühles Bier und ein schmackhaftes Sandwich oder ein Burger im **Goose Island Brewpub** (s. S. 40) an oder vielleicht ein Konzert im legendären **Buddy Guy's Legends** (s. S. 39) in South Loop, wo man zugleich gut essen kann.

Vom Willis Tower 16 *genießt man z. B. den Blick auf den Millennium Park* 35 *und Lakeshore East* 32

Typisch Chicago

- ***Vielseitigkeit:*** *Chicago ist die Stadt der Literatur und der Nobelpreisträger – die University of Chicago hat mit mehr als 80 von Letzteren mehr hervorgebracht als jede andere Hochschule der Welt – mit Ausnahme von Harvard. Chicago ist aber auch die Stadt der Eisenbahn und der Schlachthöfe, des Blues und des Jazz, der Kultur und der Shoppingcenter, der Kirchen, der Parks und der Hochhausarchitektur.*
- ***Janusköpfigkeit:*** *Chicago ist die Stadt der Sieger und Verlierer, der Schlitzohren und Spießer, der Großzügigen und der Egoisten, der Frühaufsteher und Nachtschwärmer, der Sozialreformerin Jane Addams und des Ganoven Al Capone, des Architekten Louis Sullivan und des Spekulanten Sam Insull. Auf Chicagos Straßen geht es chaotisch zu wie im europäischen Süden, aber zugleich gilt es als eine der besten Fahrradstädte der Welt. Chicago ist seit dem späten 19. Jh. Motor der militanten Gewerkschaftsbewegung und Zentrum der Schwulen, aber auch Stadt strenggläubiger Christen.*
- ***Hartnäckigkeit:*** *Zwei Katastrophen, das Fort Dearborn Massacre von 1812 und das Great Fire von 1871, konnten die Stadt nicht erschüttern, sondern haben sie eher beflügelt. Nach dem großen Feuer kam Chicago erst richtig in Schwung, wurde zum Magneten für Einwanderer, Geschäftsleute, Reformer, Gewerkschafter, Politiker, Schriftsteller und Architekten. Dieser hemdsärmelige „Hauruck-Optimismus" ist bis heute ein Charakteristikum.*
- ***Superlativen:*** *In Chicago befindet sich der als bester öffentlicher Platz gepriesene Millennium Park 35, hier wurde 1885 der erste Skyscraper erbaut, hier stehen vier der welthöchsten Bauten (Willis Tower 16, Trump Tower, AON Center und John Hancock Center 50), und hier wurde 1909 der erste amerikanische Gesamtstadtplan präsentiert. In Chicago befindet sich die größte öffentliche Bibliothek der Welt (Harold Washington Library 22), der nach dem Pentagon flächenmäßig größte Bau der USA (Merchandise Mart), das größte Indoor-Aquarium (Shedd Aquarium 39), der weltgrößte Brunnen (Buckingham Fountain 34), der weltgrößte eintrittsfreie Zoo (Lincoln Park Zoo 59), die größte Kläranlage, die größte Zeitungsfabrik, der größte Flughafen und vieles andere. Und hier kann man sogar den einzigen Fluss bestaunen, der „rückwärts" fließt (s. S. 96)!*
- ***„Windy City":*** *Wie die Stadt am Lake Michigan zu ihrem Spitznamen kam, dazu gibt es verschiedene Vermutungen: Ist er auf die fast kontinuierlich durch die Straßenschluchten fegenden Winde oder eher auf den schlechten Ruf der „windigen" Politiker – „those windy boys of Chicago" – zurückzuführen?*
- ***„Second City":*** *Der Ruf ständig im Schatten New Yorks zu stehen, stört die Chicagoans wenig, dafür stammt immerhin der erste afro-amerikanische Präsident, Barack Obama, aus Chicago.*
- ***Sportstadt:*** *Neben New York und Boston gilt Chicago als sportverrückteste Stadt der USA. Außer Basketball – die*

Bulls erlangten in den 1990er-Jahren dank Michael Jordan weltweiten Kultstatus -, Eishockey - die Blackhawks holten zuletzt 2010 und 2013 wieder den Stanley Cup - und Fußball haben besonders die American-Football-Spieler eine riesige Anhängerschaft: Bei Heimspielen der Bears ist das Soldier Field **42** *am Lake Michigan bis auf den letzten der 61.500 Plätze gefüllt. Die wahre Leidenschaft der Chicagoans gilt jedoch ihren beiden Baseballteams: den Cubs von der North Side und den White Sox aus dem Süden. Ein Spiel im Wrigley Field* **62** *(Cubs) oder im U.S. Cellular Field* **75** *(ehemals Comiskey Park, White Sox) ist ein unvergessliches Erlebnis.*

- ***Chicago kulinarisch:*** *Spezialitäten wie Deep Pan Pizza und spezielle Hot Dogs (s. S. 30) heben die Stadt auch essenstechnisch heraus.*

009cg Abb.: mb

Wer mehr Zeit hat ...

... für den bietet sich eine Reihe interessanter Ausflüge ins nahe „Chicagoland“, dem unmittelbaren Umfeld der Stadt, oder aber ins fernere Umland an. Von Naturerlebnissen wie den Indiana Dunes über einen Besuch in der „deutschesten Stadt Nordamerikas“, Milwaukee, bis hin zu einer Fahrt auf der legendären Route 66 ist das Spektrum breit gefächert.

77 [S. 336] **Hyde Park/University of Chicago** **80**: Weit im Süden der Stadt liegt ein interessantes Viertel um den Campus der berühmten University of Chicago. Auf dem ehemaligen Gelände der Weltausstellung von 1893 lohnt sich v. a. das Museum of Science and Industry **78**.

88 [S. 326] **Indiana Dunes:** Mit dem Nahverkehrszug (South Shore Line) sind die Sanddünen im benachbarten Bundesstaat Indiana, ein spektakuläres Naturschauspiel, gut erreichbar. Hinzu kommt der tolle Ausblick, der sich von hier auf die Skyline Chicagos bietet.

89 [S. 326] **Milwaukee:** Mit dem Schnellzug (Amtrak) ist Milwaukee mühelos erreichbar und man kann hier nicht nur den deutschen Wurzeln der Stadt nachspüren, sondern bekommt auch kulturell, z. B. mit dem Art Museum (s. S. 249) oder dem Harley-Davidson Museum (s. S. 249), viel geboten. Es wäre allerdings sinnvoll, eine Übernachtung einzuplanen.

86 [S. 326] **Michigan and Illinois Canal National Heritage Corridor:** Diese Region im

Im altehrwürdigen Wrigley Field **62** *treten die Chicaco Cubs zu Baseballspielen an*

Südwesten der Stadt um das Städtchen Joliet ist landschaftlich sehenswert und auch historisch interessant.

› **Route 66** (s. S. 242): Von der einst Chicago und Los Angeles verbindenden legendären Überlandstraße ist besonders im Abschnitt zwischen Chicago und Springfield, der Hauptstadt von Illinois, viel Originalbestand erhalten, dazu gibt es sehenswerte historische Bauten.

Zur richtigen Zeit am richtigen Ort

Eigentlich ist man in Chicago immer „zur richtigen Zeit am richtigen Ort“, denn dort ist das ganze Jahr über etwas los – am meisten aber zwischen Mai und September. Es kann nicht schaden, die Daten der bedeutendsten Events zu kennen, daher sind nachfolgend die wichtigsten Festivals und Veranstaltungen aufgelistet.

Frühjahr

› Ende Januar/Februar (je nach Mond): **Chinese New Year Parade,** Wentworth Ave./Cermak Rd., www.chicagochinatown.org. Die Chinesen feiern den Anbruch eines neuen Mondjahres.

› Februar: **Chicago Auto Show,** McCormick Place, www.chicagoautoshow.com. Zehn Tage lang werden auf dieser größten Automobilausstellung Amerikas über 1000 Fahrzeuge präsentiert.

› März: **St. Patrick's Day Parade,** Columbus Dr. (E Balbo Ave.–Monroe St.). Das irische Hauptfest zu Ehren des Nationalheiligen St. Patrick, bei dem Grün die vorherrschende Farbe ist, www.chicagostpatsparade.com.

› Mitte Mai: **Celtic Fest Chicago.** Ein Tag mit vielerlei Veranstaltungen und mehreren Bühnen, auf denen Musiker aus sieben keltischen Nationen auftreten.

Viele Feste finden im Sommer im Grant Park (33) statt

010cg Abb.: mb

- letztes Maiwochenende: **Memorial Day Parade,** Columbus Dr. (E Balbo Ave.-Monroe St.). Umzug zu Ehren der Kriegsveteranen mit Militärbands und anderen Gruppen
- Mitte/Ende Mai: **Chicago Blues Tour.** Konzerte verschiedener Bands in mehreren Klubs, veranstaltet von der City of Chicago und der Blues University, www.chicagoblues tour.com.

Sommer

Von Mai bis September finden an beinahe jedem Sommerwochenende an verschiedenen Orten **Summer Neighborhood Festivals** statt, ansonsten ist der **Grant Park** der wichtigste Veranstaltungsort für Feste aller Art und in der State Street finden Paraden o.Ä. statt. Vergleichsweise zahlreich sind in Chicago auch **culinary events** wie „Taste of Chicago".

- erstes Juniwochenende: **Chicago Gospel Music Festival.** Chöre und Solisten im Pritzker Pavilion im Millennium Park (www.cityof chicago.org/city/en/depts/dca/supp_info/chicago_gospel_musicfestival.html).
- Erste Junihälfte: **Chicago Blues Festival,** www.cityofchicago.org/city/en/depts/dca/supp_info/chicago_blues_festival.html. Das weltgrößte derartige Musikfest im Grant Park zwischen Jackson Blvd. und Columbus Dr. bietet an vier Tagen kostenlose Konzerte bekannter Musiker auf mehreren Bühnen, über 70 Auftritte, dazu zahlreiche Verkaufsstände.
- Ende Juni/Anfang Juli: **Taste of Chicago,** www.cityofchicago.org/city/en/depts/dca/supp_info/taste_of_chicago.html. Seit 1980 stattfindendes zehntägiges „Fressfest" im Grant Park mit kostenlosen Konzerten großer Stars. Ganztägig Unterhaltung auf mehreren Bühnen und Imbissstände lokaler Restaurants, dazu Kochdemonstrationen.

EXTRAINFO

Veranstaltungskalender

Veranstaltungstipps gibt es im **Chicago Cultural Center Visitor Information Center** (s. S. 266), aber auch in der Tageszeitung „Chicago Tribune" und **Stadtmagazinen** wie „Time Out Chicago" oder „Chicago Magazine". Im Internet gibt es Informationen unter:

- www.chicagofestivals.net
- www.choosechicago.com/things-to-do/chicago-events

- Mitte Juli-Ende August: **Chicago Outdoor Film Festival.** Filmaufführungen im Freien, immer dienstagabends auf dem Butler Field im Grant Park (Lake Shore-Monroe Dr.).
- 1. Augustwochenende: **Lollapalooza,** www.lollapalooza.com, 3-Tages-Ticket ab $ 75. Festival im Grant Park mit mehreren Bühnen und über 130 Künstlern aus den Bereichen Hip-Hop, Electronica, Reggae, Indie-Rock u. a. Soundgarden, Pearl Jam, Arcade Fire und Kanye West traten hier schon auf.
- Zweite Augusthälfte: **Chicago Air & Water Show,** www.cityofchicago.org/city/en/depts/dca/supp_info/chicago_air_and_watershow.html. Ein Wochenende lang Wasser- und Flugvorführungen am North Ave. Beach. Zum Zusehen eignet sich vor allem der Streifen zwischen Oak Street und Montrose Beach.
- Ende August: **Viva! Chicago Latin Music Festival.** Zweitägiges Latino-Fest mit Kunstausstellung im Grant Park.
- Ende August/Anfang September (Do.-So.): **Chicago Jazz Festival,** www.cityofchicago.org/city/en/depts/dca/supp_info/chicago_jazz_festival.html. Gratiskonzerte auf mehreren Bühnen im Millennium und im Grant Park sowie im Chicago Cultural Center.

Zur richtigen Zeit am richtigen Ort

Herbst

- Zweite Septemberhälfte: **World Music Festival,** www.cityofchicago.org/city/en/depts/dca/supp_info/world_music_festival.html. Einwöchiges Musikfest mit teils kostenlosen Konzerten an verschiedenen Orten, z. B. Chicago Cultural Center, Old Town School of Folk Music oder Pritzker Pavilion.
- Mitte September: **Annual Powwow,** http://aic-chicago.org. Indianisches Treffen und Tanzveranstaltung, die vom American Indian Center of Chicago organisiert werden. Chicago hat eine der größten urbanen indianischen Gemeinden Nordamerikas (All Tribal Nations).
- Anfang Oktober: **Chicago Country Music Festival.** Ein Tag mit Gratiskonzerten bekannter Country-and-Western-Musiker im Millennium Park (http://countrymusicchicago.com).
- Mitte Oktober: **openhousechicago,** www.openhousechicago.org. An einem verlängerten Wochenende veranstaltet die Chicago Architecture Foundation dieses Event, bei dem sonst nicht zugängliche Gebäude u. a. Einrichtungen geöffnet sind und Sondertouren stattfinden.

Winter

- Ende November (Sa. vor Thanksgiving): **Mag Mile Lights Festival.** Ganztägiges Familienfest mit Veranstaltungen auf zwei Bühnen. Am Abend Umzug entlang der N Michigan Ave. mit anschließendem Feuerwerk an der Michigan Avenue Bridge, www.themagnificentmile.com/events/lights-festival.
- Ende November (Mi. vor Thanksgiving): **Christmas Tree Lightning Ceremony** an der Daley Plaza und gleichzeitig Eröffnung des Christkindlmarket (www.christkindlmarket.com) nach deutschem Vorbild.
- Letzter Do. im November: **Thanksgiving** mit **State Street Thanksgiving Parade.** Großer Umzug auf der State Street (Randolph St.–Congress Pkwy.), www.chicagofestivals.org.
- 31. Dezember: **New Year's Eve Fireworks.** Silvesterfeuerwerk am Buckingham Fountain (Grant Park) sowie am Navy Pier.

Feiertage

In den USA gibt es die arbeitnehmerfreundliche Gepflogenheit, **Feiertage auf einen Montag** zu legen. Die **Feriensaison** dauert von Memorial Day bis Labor Day.

- 1. Januar: **New Year's Day**
- 3. Montag im Januar: **Martin Luther King's Birthday**
- 3. Montag im Februar: **President's Day** (Washington's Birthday)
- Ende März/April: **Easter Sunday** (Ostersonntag). Am Karfreitag (Good Friday) sind nur offizielle Stellen, z. B. Ämter, geschlossen. Ostermontag gibt es als Feiertag nicht.
- letzter Montag im Mai: **Memorial Day** (Beginn der Haupt- und Feriensaison)
- 4. Juli: **Independence Day** („4th of July")
- 1. Montag im Sept.: **Labor Day** (Ende der Feriensaison)
- 2. Montag im Oktober: **Columbus Day** (Feier zu Ehren von Christoph Kolumbus)
- 31. Okt.: **Halloween** (kein offizieller Feiertag)
- 11. November: **Veterans' Day** (Erinnerung an die Kriegsveteranen)
- 4. Donnerstag im November: **Thanksgiving Day** (Erntedankfest)
- 25. Dezember: **Christmas Day.** Heiligabend („Christmas Eve") und der 2. Weihnachtstag sind keine Feiertage.

Auf ins Vergnügen

003cg Abb.: mb

Chicago für Citybummler

Auf den ersten Blick erscheint Chicago geschäftig wie andere Metropolen, doch schnell merkt man, dass hier die Uhren etwas langsamer gehen als z. B. in New York. Selbst im Zentrum um den Loop und die Magnificent Mile kann man in Ruhe die Attraktionen genießen und bummeln – in den „neighborhoods" erst recht. Und möchte man sich entspannen, liegt die malerische Lakefront am Michigansee immer nur wenige Schritte entfernt.

Chicago ist für Citybummler ideal, vor allem wenn man „Bummeln" im Sinn von „zu Fuß gehen" versteht. Die Attraktionen, dazu Shops und Lokale, befinden sich geballt in und um den Loop, die Magnificent Mile und den Grant Park. Das meiste ist leicht zu Fuß oder aber mit dem gut ausgebauten Nahverkehr zu erreichen.

Der **Grant Park** 33 mit dem **Millennium Park** 35 als neuestem Teil ist die grüne Lunge der Stadt. Während sich Besucher im Millennium Park um Cloud Gate (Chicagoans nennen die sensationelle Skulptur „Bean") und Crown Fountain (besonders beliebt bei den Kindern) drängeln, ist man im **Lurie Garden** fast allein. Dabei kann man hier die Skyline der Stadt als Hintergrund für einen ursprünglich bepflanzten Präriegarten erleben. Der Grant Park ist nicht nur wegen der Lage am Lake Michigan und der sich dahinter aufbauenden Skyline, der Michigan Avenue Streetwall 26, unvergleichlich,

◁ *Vorseite: Vom Navy Pier 54 hat man einen tollen Ausblick*

011cg Abb.: mb

hier bietet sich auch massenhaft Gelegenheit, sich auf den Grünflächen oder an den Sandstränden zu erholen oder sportlich zu betätigen – beispielsweise bei einer Radtour entlang der langen Uferpromenade.

Der **Loop** (s. S. 103) bildet einen Querschnitt durch sämtliche Epochen der Architekturgeschichte, den man woanders so nicht findet. Es macht Spaß, die einzelnen Baustile, die Werke der Architekten und die Ensembles im Detail zu studieren. Fotografen auf der Suche nach ungewöhnlichen Perspektiven sollten den **Wacker Drive** entlangspazieren. Hier reihen sich sehenswerte Wolkenkratzer auf und spiegeln sich fotogen im Wasser des **Chicago River.** Der Fluss wiederum lädt zu einem Spaziergang auf der Uferpromenade oder aber zu einer Bootsfahrt ein.

Was in New York die Fifth Ave., ist in Chicago die **Magnificent Mile** 47 – ein Magnet in Sachen Einkaufsvergnügen. Man sollte beim Shoppen auch die Seitengassen nicht vergessen, denn hier befinden sich oft interessantere (und preiswertere) Geschäfte und Lokale.

Chicago rühmt sich, eine Stadt der *neighborhoods,* der unterschiedlichsten Stadtviertel, zu sein und die meisten – besonders die wichtigen – sind einfach per Hochbahn erreichbar. Zu den sehenswerten Vierteln gehören in der North Side **Lincoln Park** 58, **Lakeview** 61 mit **Boystown** und **Wrigleyville, Lincoln Square** 66 und **Andersonville** 65. Im Nordwesten bieten die eher „alternativen" Viertel **Bucktown** und **Wicker Park** 70 kuriose Läden, gemütliche Kneipen und Cafés. Zu den sehenswerten ethnischen Vierteln gehören **Greektown** 67 und **Chinatown** 74.

Auch zwei etwas längere Ausflüge darf man sich nicht entgehen lassen: einmal nach **Oak Park** 73, wo sich Bauten des legendären Architekten F. L. Wright befinden, und in den Süden nach **Hyde Park** 77, das nicht nur die Heimat von Präsident Obama ist, sondern auch die der University of Chicago 80 und des sehenswerten Museum of Science and Industry 78.

⊲ Chicagoans halten sich gern im Freien auf, hier z. B. an einem Kiosk-Café nahe der Mag Mile 47

Chicago für Kauflustige

Chicago ist eine „shopping destination", die gleich nach New York genannt werden muss. Schon Mitte des 19. Jh. genoss die Stadt dank Namen wie Carson Pirie Scott, Mandel's, Rothschild's, Marshall Field's und Lytton's einen legendären Ruf und noch heute locken edle und hervorragend sortierte Kaufhäuser wie Macy's (Marshall Field's), Neiman Marcus, Lord & Taylor, Sears, Saks oder Bloomingdale's. Außerdem ist beinahe alles preiswerter als in Deutschland, v. a. aber Bekleidung und Accessoires, Jeans, Schuhe, Leder- und Sportartikel sowie elektronische und technische Geräte.

EXTRATIPP

Mehrwertsteuer

Zu den ausgeschilderten Preisen kommt in Chicago eine **sales tax** („Mehrwertsteuer") von 9,25 % (im Rest von Illinois 6,25 %, Wisconsin 5,5 %, Indiana 7 %).

EXTRAINFO

Öffnungszeiten
Die **Geschäfte** in der Stadt sind von spätestens 10 bis mindestens 18 Uhr geöffnet, **Kaufhäuser** und **größere Shops** auch länger (vor allem Fr. und Sa.). **Buch- und Musikläden** sind meist bis 22 oder 24 Uhr offen und die meisten **Malls** öffnen auch sonntags, allerdings manchmal erst ab mittags und nur bis 17 oder 18 Uhr.

Einkaufsareale

Interessante Shops und Boutiquen verteilen sich auf die ganze Stadt, allerdings gibt es Viertel, die für eine Einkaufstour geeigneter sind als andere:

- 47 [D3] **Magnificent Mile** (N Michigan Ave., www.themagnificentmile.com): im **Viertel Near North** hat die „Mag Mile" auf acht Blocks verteilt – Michigan Ave. vom Chicago River bis Oak Street – an die 500 Shops und über 250 Restaurants zu bieten. Sie ist vergleichbar mit der 5th Ave., dem Rodeo Drive oder den Champs-Elysées und verfügt über mehrere große Einkaufszentren und zahlreiche Luxusgeschäfte wie Tiffany & Co., Cartier, Gucci oder Ralph Lauren. Den nördlichen Abschluss bildet die **East Oak Street,** entlang der sich nach Westen (bis zur N Rush St.) exklusive, meist kleinere (Designer-/Trend-)Boutiquen, Bars und Restaurants aufreihen.
- › Der **Gallery District** zwischen Chicago und Huron, Orleans und Wells Street (River North 53) ist für Antiquitäten- und Kunstliebhaber interessant.
- › Die traditionelle Hauptachse des **Loop** ist die **State Street.** Besonders attraktiv auch für kleinere Geldbeutel ist der Abschnitt südlich des Chicago Theatre 3. Hier gibt es u. a. H&M, Nordstrom Rack, Urban Outfitters oder Old Navy und hier befindet sich mit Marshall Field's (jetzt Macy's 2), das zweitgrößte Kaufhaus der Welt. Gegenüber bietet **Block 37** (108 N State St.) Shops und Lokale und in nächster Nähe liegt **Sears on State** (s. S. 24) mit einer Filiale von Land's End. An der Wabash Ave. [D6] nimmt die **Jeweler's Row** den Abschnitt zwischen Madison und Monroe Street ein. Hier häufen sich Schmuckläden und Ateliers, u. a. im Jeweler's Center (5 S Wabash Ave.).
- 70 [bl] **Bucktown/Wicker Park:** Konzentration von Läden, Lokalen u. a. um die Kreuzung N Milwaukee/W North/N Damen Ave., geballt entlang der Milwaukee Ave. und der Damen Ave. im Abschnitt zwischen Division und Fullerton Street – trendig mit Marken- und Designerkleidung, daneben Musik, Bücher und Antiquitäten.
- 58 [ck] **Lincoln Park:** An der Armitage Ave. von der Halsted Street bis zur Racine El-Station zahlreiche ausgefallene Shops (v. a. Accessoires oder Schmuck), Boutiquen und Restaurants.
- › **Lakeview East:** Ein Viertel perfekt zum Essen und Shoppen, v. a. folgende Abschnitte lohnen: N Broadway (ca. 2900–3500er-Block), N Clark Street (2800/2900er-Nr.) sowie der W Diversey Pkwy. (Grenze zum Viertel Lincoln Park) und besonders auch die Halsted Street zwischen W Addison St. und W Belmont Ave.: u. a. Bücher, Musik, Supermärkte, ausgeflippte Boutiquen.
- 55 [dl] **Gold Coast** und **Old Town** 57: Kleine Läden entlang der N Wells Street.

Shoppingareale
Die wichtigsten Shoppingbereiche der Stadt sind im Kartenmaterial mit einer rötlichen Fläche markiert.

012cg Abb.: mb

› **„Ethnic neighborhoods":** Devon Avenue (indisch), Little Village in Pilsen (hispanisch), Greektown 67 (griechisch), Andersonville 65 (schwedisch), Lincoln Square 66 (deutsch) oder North Park (koreanisch).

Shoppingcenter

1 [D2] **900 North Michigan,** 900 N Michigan Ave. 70 erstklassige Restaurants und Geschäfte, darunter Bloomingdale's, Gucci und Lalique.

2 [C5] **Block 37 Shops,** State/Randolph St. Neueste Shoppingmall im Loop mit Läden wie Anthropology, Akira, Zara, Disney Store oder L'Occitane en Provence, Lokalen und einem Kinokomplex.

3 [D2] **Water Tower Place,** 835 N Michigan Ave. Über 100 Läden auf acht Stockwerken an der Mag Mile, u. a. Banana Republic, Nine West, Victoria's Secret, Chico's und Lacoste, dazu ein attraktiver *food court,* Restaurants und Theater (Mo.-Sa. 10-21, So 11-18 Uhr).

4 [D4] **Westfield Shoppingtown North Bridge,** 520 N Michigan Ave. 20 Restaurants, 5 Hotels und rund 50 Läden unter einem Dach, z. B. Lucky Brand Jeans oder Ta-Ze - Olives & Oil, außerdem ein *food court* und das Kaufhaus Nordstrom.

Mitten im Loop zählt 900 North Michigan zu den schicksten Einkaufszentren Chicagos

Kaufhäuser

5 [D2] **Bloomingdale's,** 900 N Michigan Ave. Bekleidung und Accessoires, außerdem gut sortierter „Home & Furniture Store" im historischen Medinah Temple (600 N Wabash Ave.).

2 [D5] **Macy's,** 111 N State St. Das architektonisch sehenswerte ehemalige Kaufhaus **Marshall Field's** mit Tiffany-Kuppel und dem empfehlenswerten Walnut Room (Restaurant auf der 7. Ebene) von 1907, dazu natürlich mit einem hervorragenden Sortiment.

6 [D3] **Neiman Marcus,** 737 N Michigan Ave. Kaufhaus der gehobenen Kategorie mit zwei Lokalen.

7 [D4] **Nordstrom,** 55 E Grand Ave. Mit Café Nordstrom und Espressobar.

EXTRATIPP

Malls in Chicagoland

Das Umland von Chicago ist mit Einkaufszentren gesegnet, teilweise handelt es sich dabei um „Outlets", teilweise um „reguläre", in denen sich aber ebenfalls gute Schnäppchen machen lassen.

19 Chicago Premium Outlet Mall, 1650 Premium Outlets Blvd., Aurora (I-290 W/Eisenhower Expressway zur I-88 W, Exit „Aurora/N Farnsworth Ave."), www.premiumoutlets.com. 120 Geschäfte mit „Fabrikverkauf" weltbekannter Marken.

20 Fashion Outlets of Chicago, 5220 Fashion Outlets Way, Rosemont, www.fashionoutletsofchicago.com. In Flughafennähe, nordwestlich der Stadt, im August 2013 neu eröffnet, mit über 120 Läden, u. a. Gucci, Hugo Boss, Nike, Prada oder Tommy Hilfiger, die Markenartikel supergünstig anbieten.

21 Gurnee Mills Outlet, 6170 Grand Ave., 70 km nördl. von Chicago in Gurnee (I-94, Exit „Grand Ave."), www.simon.com/mall/gurnee-mills. Riesiges Outlet-Shoppingcenter.

22 Westfield Shoppingtown Old Orchard, 34 Old Orchard Center, Skokie (I-94 bis Exit „Old Orchard Road"), http://westfield.com/oldorchard. Hier gibt es gut 140 Läden und Kaufhäuser – u. a. Bloomingdale's, Nordstrom, Lord & Taylor, Macy's – sowie Kinos und Serviceeinrichtungen.

23 Woodfield Mall, Golf Rd./Rte. 53, Schaumburg (I-90, Hwy. 53, Exit „Woodfield Rd."), www.simon.com/mall/woodfield-mall, Blue Line bis Rosemont Station, dann Pace Bus 606. Größte Mall im Großraum Chicago mit Kaufhäusern wie Nordstrom und Macy's, dazu fast 300 kleinere Shops und Lokale.

8 [D3] **Saks Fifth Ave.,** 700 N Michigan Ave. Kleidung, Schmuck, Kosmetik, Accessoires und Wohnzubehör.

9 [C6] **Sears on State,** 2 N State St. Shopping auf fünf Etagen, mit Filiale von Land's End (Freizeitbekleidung, Schuhe u. a.).

Bekleidung und Accessoires

10 [cj] **Akira,** 643 W Diversey Pkwy./Clark St. und weitere Filialen. Designermode für Damen und Herren sowie eine große Auswahl an ausgefallenen Schuhen.

11 [D3] **Eddie Bauer,** 600 N Michigan Ave./Ohio St. Bekannte Marke für praktische, modische Freizeit- und Alltagskleidung sowie Accessoires.

12 [C6] **Nordstrom Rack,** 24 N State St. „Billigversion" des Edel-Bekleidungshauses mit Designerschnäppchen.

13 [D3] **Original Levi's Store,** 600 N Michigan Ave. Großer Laden, der alle Stile, Größen und Arten von Jeansbekleidung und diverse Accessoires bietet.

14 [cj] **Panache,** 2252 N Clark St. Eklektische Boutique in Lincoln Park mit Kleidung, Accessoires und Schmuck, viel Designerware.

15 [bk] **Silver Moon,** 1755 W North Ave./Wood St., tgl. außer Mo. 12–20, So. 12–17 Uhr. Vintage-Kleidung, Schmuck und Accessoires in Wicker Park.

16 [D2] **The North Face,** 875 N Michigan Ave. Freizeit- und Sportbekleidung der bekannten und beliebten Marke.

17 [C6] **Urban Outfitters,** 20 S State St. Weltbekannte Modekette mit topaktueller Kleidung und Accessoires.

18 [al] **Urban Outfitters,** 1521 N Milwaukee sowie Filiale in der 651 W Diversey St.

KLEINE PAUSE

Müde vom Shoppen?
Bei **Macy's** 2 lohnt sich außer dem legendären Walnut Room für ein schnelles Päuschen auch das Selbstbedienungsrestaurant Seven on State im gleichen Stockwerk des Kaufhauses.

Bücher

24 [D4] **after-words,** 23 E Illinois St. Neue und gebrauchte Bücher in großer Auswahl (auch viele Neuerscheinungen). Nebenan befindet sich der Jazz Record Mart (s. S. 25).

› **ArchiCenter Shop,** Teil der Chicago Architecture Foundation 29, weitere Filiale im Hancock Center (875 N Michigan). Gut sortiert was Architektur- und Kunstbücher angeht, außerdem Kunsthandwerk, Poster, Karten etc.

25 [ak] **Myopic Books,** 1564 N Milwaukee Ave. Tgl. 9 bis 23 Uhr geöffneter Buchladen, in dem es alte und neue Bücher auf drei Stockwerken gibt. Zugleich Treff des Viertels, Konzerte und sonstige Veranstaltungen.

26 [D5] **Pauline Books & Media,** 172 N Michigan Ave. Gute Auswahl an Tageszeitungen, Magazinen, aber auch an (religiösen) Büchern.

27 **Powell's,** 1501 E 57th St. Großer Shop mit gebrauchter und antiquarischer Literatur:

28 [bj] **Powell's,** 2850 N. Lincoln Ave. Filiale mit günstigen gebrauchten und B-Ware-Büchern (Remittenden, Verlags-Vorabexemplare, Mängelexemplare). Weitere Filiale: 1218 S. Halsted St. (University Village/UIC).

29 [bg] **Shake, Rattle & Read Book Box,** 4812 N Broadway St. Der vielleicht „coolste" Buch- und Musikladen der Stadt mit wahren Schätzen an gebrauchten Büchern und CDs/LPs.

30 [ci] **Unabridged Bookstore,** 3251 N Broadway. „Schwule und lesbische" Literatur, daneben große Auswahl an preiswerten Büchern.

Musik und Computer

31 [D3] **Apple Store,** 679 N Michigan Ave. sowie

32 [ck] **Apple Store,** 801 W North Ave. Großer Laden mit allen Produkten der legendären Computer- und Handy-Firma.

33 [ci] **Borderline Music,** 3333 Broadway, www.borderlinemusic.com. Musikgeschäft, spezialisiert auf Dance und importierte Ware, neu und gebraucht.

34 [D4] **Jazz Record Mart,** 27 E Illinois St., http://jazzmart.com. Weltgrößter Musikladen für Jazz und Blues; ein Muss für Fans. Außer CDs auch viele LPs, darunter Raritäten.

35 [ci] **Reckless Records,** 3161 N Broadway, www.reckless.com, Mo.–Sa. 10–22, So. 10–20 Uhr. Platten und CDs, neu und gebraucht, Videos, DVDs sowie T-Shirts und Poster, auch Gratiskonzerte. Weitere Filialen: 1532 N Milwaukee Ave. und 26 E Madison Ave.

Souvenirs

36 [D2] **Accent Chicago,** 835 N Michigan Ave. Hier im Water Tower Place sowie in weiteren Shops im Hancock Center, Willis Tower u. a. gibt es Chicago-Souvenirs aller Art, z. B. Fotos oder Poster.

37 [D4] **Chicago Tribune Gift Store,** 435 N Michigan Ave. Souvenirladen der berühmten Tageszeitung.

38 [D6] **Poster Plus,** 30 E Adams St. Alte und neue Poster sowie vielerlei Geschenkartikel.

› **The Art Institute of Chicago's Museum Shop,** im Art Institute of Chicago 36.

Edles Kunsthandwerk, Bücher, Schmuck, Poster, Karten und nette Mitbringsel. Auch im Internet unter www.artinstituteshop.org zu bestellen.

Verschiedenes

39 [D3] **Crate & Barrel,** 646 N Michigan Ave. Paradies für Küchenzubehör und Haushalts-/Wohnaccessoires. Die Firma wurde in Chicago gegründet.

40 [ck] **FansEdge,** 1841 N Clybourn Ave. Alles für die Fans der lokalen Sportteams.

41 [D4] **Hawk Quarters,** 325 N Michigan Ave. Ein Mekka für Eishockeyfans. Laden des traditionsreichen NHL-Teams.

42 [C3] **Sports Authority,** N Ontario/LaSalle St. Großes und zugleich günstiges Sportgeschäft mit großer Auswahl an Sport- und Fanartikeln.

Wochenmärkte

Wochenmärkte *(farmers' markets)* finden meist von Anfang/Mitte Mai oder Juni bis Mitte/Ende Oktober statt. Außer den hier aufgelisteten größeren Märkten

EXTRATIPP

Ungewöhnliche Märkte

43 [A9] **New Maxwell Street Market,** Desplaines St.-Roosevelt Rd., www.maxwellstreetmarket.com, ganzjährig So. 7-15 Uhr. Riesiger Floh- und Wochenmarkt mit Obst/Gemüse und lateinamerikanischen Lebensmitteln, außerdem Imbissstände mit günstigen authentisch mexikanischen Spezialitäten (Tacos/Tortillas).

44 [bm] **Randolph Street Market Festival,** 1350 W Randolph St., www.randolphstreetmarket.com. Heimat des Chicago Antique Market & Indie Designer Market, ein im Sommer (Sa./So. 10-17/16 Uhr) teils drinnen, teils im Freien stattfindender Antiquitätenmarkt mit 200 Ständen im West Loop. Verschiedene Veranstaltungen und Livemusik.

Buntes Markttreiben auf dem New Maxwell Street Market

013cg Abb.: mb

in Chicagos Downtown gibt es auch kleinere in beinahe jedem Stadtteil.

› **Infos:** www.choosechicago.com/articles/view/FARMERS-MARKETS/328 oder auch www.cityofchicago.org/city/en/depts/dca/supp_info/farmers_market.html

45 [C5] **Daley Plaza,** 50 W Washington St./Dearborn St., Do. 7–15 Uhr

46 [C6] **Federal Plaza,** Adams/Dearborn St., Mitte Mai–Ende Okt., Di. 7–15 Uhr

47 [dk] **Green City Market,** La Salle/N Clark St./Stockton Dr. (Lincoln Park, www.greencitymarket.org), Mi./Sa.7–13.30 Uhr. Ganzjährig frische Ware aus biologisch-lokalem Anbau.

48 [B6] **Willis Tower Farmers Market,** Do. 7–14 Uhr

Lebensmittel

In Near North finden sich einige Supermärkte, oft gekoppelt mit Imbiss *(deli)* und Alkoholverkauf, außerdem gibt es Drogeriemärkte wie **Walgreens** (s. S. 274), die Snacks und antialkoholische Getränke führen. Verbreitet sind auch Filialen von **Dominick's,** 1918 als italienischer *deli* gegründet und heute Teil des Safeway-Konzerns. Mit 200 Supermärkten und *drugstores* ist **Jewel-Osco** vertreten und daneben gibt es Biomarktketten wie **Treasure Island Foods, Trader Joe's** oder **Whole Foods.**

49 [D4] **Fanny May,** N Michigan Ave./E Wacker Dr. und weitere Filialen im Stadtgebiet. 1920 gegründetes Schokoladengeschäft, bekannt für seine Pralinen *(candies).*

50 [E4] **Fox & Obel,** 401 E Illinois St. Gourmetshop und Café, lokale und biologische Produkte aller Art.

51 [D2] **Hershey's Chicago,** 822 N Michigan Ave. Riesiger Schokoladenshop und für alle, die danach noch nicht genug haben: Gegenüber befindet sich das Schokoladengeschäft Ghirardelli.

52 [D3] **Trader Joe's,** 44 E Ontario St., oder

53 [ah] **Trader Joe's,** 3745 N Lincoln Ave. Supermarkt mit vielen Bioprodukten, der zum ALDI-Konzern gehört und preiswerter ist als Whole Foods.

54 [ci] **Treasure Island Foods,** 3460 Broadway, oder

EXTRATIPP

Popcorn

Chicago ist für sein Popcorn bekannt und viele Läden bieten frisches Popcorn in unterschiedlichsten Geschmacksrichtungen an. Das Beste soll von **Garrett** (www.garrettpopcorn.com) stammen. Der Familienbetrieb lockt seit 1949 mit Varianten wie „CaramelCrisp" und „CheeseCorn" (auch gemischt erhältlich!). Mehrere Filialen, u. a.

57 [C5] **Garrett Popcorn,** 26 W Randolph St.

58 [C6] **Garrett Popcorn,** 2 W Jackson Blvd.

59 [D6] **Garrett Popcorn,** 4 E Madison St.

EXTRATIPP

24/7 Shops

Viele der verbreiteten Walgreens- und CVS-Filialen (beides Drogeriemärkte), die auch Tiefkühlkost, Snacks und antialkoholische Getränke führen, sind 24 Stunden geöffnet, darüber hinaus auch einige Supermärkte.

55 [B5] **7-Eleven,** 193 N Franklin St./Wacker Dr.

56 [B5] **CVS,** 48 N Wells/W Washington St.

60 [dk] **Treasure Island Foods,** 1643 N Wells St. Bekannte lokale Supermarktkette, die sich auf Spezialitäten aus Europa und regionale Bioprodukte konzentriert.

61 [C5] **Walgreens,** 151 N. State St. Mitten im Loop. Mehr als ein gewöhnlicher Drogeriemarkt: Es gibt auch Lebensmittel und eine große Weinabteilung.

62 [D2] **White Hen Pantry,** 45 E Chicago Ave. Gut sortierter *deli* und Laden mit Bioprodukten, bekannt für „Hot & Fresh Oven Toasted Sandwiches" (auch zum Mitnehmen).

63 [B9] **Whole Foods,** 1101 S Canal St. Riesiger Biosupermarkt der Kette, die ihren Ursprung in Austin/Texas hat. Weitere Filialen in der Stadt kann man auf der folgenden Website finden: http://wholefoodsmarket.com/stores/list.

014cg Abb.: mb

Chicago für Genießer

Chicago ist eine Stadt der Extreme, und das gilt auch für die kulinarische Szene. So finden sich hier auf der einen Seite einige der besten und teuersten Restaurants der Welt und auf der anderen gibt es eine riesige Auswahl an Imbissständen und -lokalen.

Chicago ist stolz auf seinen eigenen Michelin Guide (www.michelintravel.com/michelin-selection/chicago-2013-2) und rangierte 2013 mit 19 Restaurants mit Michelin-Sternen an 3. Stelle nach New York und San Francisco. Mit drei Sternen schmückt sich Alinea, zwei Sterne tragen graham elliot und L20, 16 weitere Lokale gehören zur 1-Stern-Kategorie. In den *ethnic neighborhoods* – wie Little Pilsen, Chinatown oder Greektown kommt man allerdings auch durchaus preiswerter als in diesen Lokalitäten an ein gutes Essen.

Hinweise zum Essengehen

- Die **Essenszeiten** in den USA unterscheiden sich kaum von den deutschen: Mittagessen *(lunch)* wird im Allgemeinen zwischen 12 und 14 Uhr, Abendessen *(dinner)* von ca. 18 bis 21 Uhr serviert. Vielfach gibt es in Restaurants *lunch* nur Mo. bis Fr., *dinner* hingegen täglich und darüber hinaus am Wochenende oft Brunch.
- **Reservierung:** Abends und an Wochenenden sollte man in besseren bzw. beliebten Res-

Gastro- und Nightlife-Areale

Bläulich hervorgehobene Bereiche in den Karten kennzeichnen Gebiete mit einem dichten Angebot an Restaurants, Bars, Klubs, Discos etc.

taurants einen Tisch reservieren, ansonsten muss man Wartezeiten (ggf. an der Bar) in Kauf nehmen.

- Nach dem Prinzip **„wait to be seated"** wird einem beim *check-in* am Eingang ein Tisch zugewiesen, die Bedienung *(server/waiter)* stellt sich vor und der Hilfskellner *(busboy)* schenkt Wasser ein und bringt Brot.
- Der **Service** in den Lokalen ist wesentlich besser (und schneller) als bei uns. **(Leitungs-)Wasser** *(tap water)* ist kostenlos und wird (wie Kaffee) ständig unaufgefordert nachgeschenkt, man braucht nichts Zusätzliches bestellen. Kleinere Imbisslokale verfügen nicht immer über eine Ausschanklizenz für **Alkohol.**
- Es gibt **unterschiedliche Speisekarten:** Mittags werden andere Gerichte (meist kleinere, leichtere wie Salate, Suppen oder Sandwiches) zu günstigeren Preisen angeboten. Die *daily specials* werden werden von der Bedienung genannt und erklärt, sie lohnen ebenso wie mehrgängige Tasting-Menüs zum Festpreis.
- Die **Menüzusammensetzung** ist flexibel und mehrere Beilagen, Salatdressings und Zubereitungsarten, oft auch Portionsgrößen und Kombinationsmöglichkeiten stehen zur Wahl. Auf den *appetizer* (Vorspeise) folgen das *entrée* (Hauptgericht) und das *dessert* (Nachtisch). Anschließend kommt unaufgefordert die Rechnung, zu der man ein Trinkgeld *(tipp, gratuity)* von mindestens 15 % addieren muss.
- Das **Einpacken von Essensresten** in ein *doggy bag* zum Mitnehmen ist selbst in Feinschmeckerrestaurants üblich.

◁ *Chicago beherbergt mehr Restaurants mit Auszeichnung als andere US-Städte*

Ausgewählte Restaurants

Nachfolgend einige Empfehlungen aus dem großen Spektrum an Restaurants in Chicago. Wo eine **Reservierung** sinnvoll ist (v.a. abends und an Wochenenden), wird eine Telefonnummer angegeben. Sofern keine **Öffnungszeiten** genannt werden, sind die Restaurants zu Lunch (ca. 11.30–14 Uhr) und Dinner (ca. 17.30–21 Uhr) geöffnet, manche auch durchgängig. Es wird nach **Landesküchen** unterschieden, dazu kommen **Sonderkategorien.** Ergänzend zu diesen Listen gibt es am Ende jedes im Kapitel „Chicago entdecken" (s. S. 99) beschriebenen Stadtviertels ebenfalls Tipps, v.a. solche, die für einen schnellen Imbiss oder Lunch günstig am Weg liegen.

Weitere **Informationen und Details** zu Restaurants sind unter den folgenden Internetadressen zu finden

- http://chicago.citysearch.com
- http://chicago.eater.com
- http://chicago.metromix.com/restaurants

Gehobene Küche

64 [C5] **Atwood Café** $$$, 1 W Washington St., Tel. 312 3681900. Kreative amerikanische Küche im Gebäude des legendären Hotel Burnham. Außer Mittag- und Abendessen gibt es auch gutes Frühstück sowie Sonntagsbrunch!

65 [A5] **Blackbird** $$$$, 619 W Randolph St., Tel. 312 7150708. Einfallsreiche, frische amerikanische Küche von Chefkoch Paul Kahan mit jahreszeitlich wechselnder Karte in minimalistischem Ambiente oder im Freien.

66 [D3] **Caliterra** $$$$, 633 N St. Clair St., Tel. 312 2744444. Elegantes Lokal im Wyndham Hotel, mit Live-Pianomusik und kreativen (italienisch-kalifornischen) Kreationen mit vorwiegend organischen Produkten.

Von Pizza bis Popcorn: Chicago kulinarisch

Chicago ist stolz auf verschiedene kulinarische Spezialitäten und besonders darauf, „Pizza Capital of the World" zu sein. Die ***Deep Dish*** *oder* ***Deep Pan Pizza,*** *eine saftig-sättigende Pizzavariante, wird in Chicago zelebriert, auch wenn es fast eine Dreiviertelstunde dauert, bis sie auf den Tisch kommt. Dass die Deep Dish Pizza in Chicago erfunden wurde, bestreitet niemand, Unklarheit herrscht aber über das* ***genaue Datum*** *und den* ***Erfinder.*** *Nach einer Version soll ein amerikanischer Soldat, der in Italien Dienst getan hatte, nach seiner Rückkehr in dem Lokal, in dem er arbeitete, mit „Pizza" experimentiert haben. Dem widerspricht man in der Pizzeria Uno (s. S. 33): Vielmehr soll ein Texaner namens Ike Sewell schon 1943 diese Pizzeria gegründet haben. Wegen des enormen Zulaufs folgte wenig später Pizzeria Due (s. S. 33). 1955 kamen Gino's East (s. S. 32) und 1971 Lou Malnati's Pizzeria (s. S. 33) dazu - noch heute die „Vier Großen" in der Pizzahauptstadt mit ihren über 2000 (!) Pizzerien.*

Deep Pan Pizza ist aus der Tradition der Kasserollen (Aufläufe) entstanden, die sättigend und billig waren und zugleich der Resteverwertung dienten. Sie ist arbeitstechnisch weniger aufwendig als eine dünne Pizza mit sorgfältig darauf arrangierten Zutaten. Der Mozzarella kommt nach unten und verschmilzt mit der Tomatensoße, darauf werden je nach Gusto die übrigen Zutaten gehäuft, zum Schluss Parmesan und fertig ist das Gericht (s. S. 33).

Chicago versteht sich aber auch als ***Käsekuchenhauptstadt*** *der Welt. Eli's ist der große Name in dieser „Branche". Wer möchte, kann sich die „Käsekuchenfabrik" Eli's Cheesecake World am nordwestlichen Stadtrand auf einer Tour ansehen (6701 W Forest Preserve Dr., www.elicheesecake.com, Mo.-Fr. 13 Uhr, $ 3).*

Bei den ***Chicago-style Hot Dogs*** *verhält es sich wie bei der Pizza: Auch hier ignorierten die Chicagoans die spartanische Basisversion und kreierten eine „Luxusvariante". Die Würste sind im Allgemeinen aus purem Rindfleisch mit zarter Haut und werden „Frankfurter" oder „Vienna" genannt. Ob in Wasser heiß gemacht oder gegrillt, daran scheiden sich die Geister, sicher ist hingegen, dass Selleriesalz dazu gehört und Ketchup verpönt ist. Zwischen die Hot-Dog-Brötchen (bevorzugt mit Mohn) kommen zum Würstchen noch Senf, Zwiebelringe, Tomaten, Paprikaringe, Gurkenscheiben und Relish bzw. eine Dillgurke.*

Saisonal wechselnde Menüs und umfangreiche Weinliste.

67 [cm] **Moto** $$$$, 945 W Fulton St., Tel. 312 4910058. Chefkoch Homaro Cantu zählt zur Avantgarde und wird als „techno chef" bezeichnet, der eine futuristische Kochkunst mit Kohlensäure, Laser und flüssigem Stickstoff zelebriert. Lohnende Tasting-Menüs!

Amerikanische Küche

68 [D3] **Bandera Restaurant** $$, 535 N Michigan Ave., Tel. 312 6443524. Ein rustikales gemütliches Restaurant, das unter den *locals* beliebt ist. Es gibt große Portionen, Hähnchen und *cornbread* (Maisbrot) oder Burger, Salate und Sandwiches.

__Popcorn__, seit 1949 vom Familienbetrieb Garrett (s. S. 27) hergestellt, oder auch __Cracker Jack__, Popcorn mit Karamellüberzug und gemischt mit Erdnüssen, sind süße Chicagoer Spezialitäten. Es war der Deutsche Frederick William Rueckheim, der 1872 nach Chicago kam und mit seinem Bruder Louis „Candied Popcorn and Peanuts" kreierte, das erstmals auf der Weltausstellung 1893 verkauft wurde. 1908 wurde die süße Knabberei in dem Baseballlied „Take Me Out to the Ball Game" erwähnt und so unsterblich gemacht.

Ebenfalls ein Immigrant, der Österreicher Leo Hirshfield, begann im Jahr 1896 __Tootsie Rolls__ zu produzieren - Schokoriegel, denen er den Spitznamen seiner kleinen Tochter gab. 1966 zog die Firma von New York nach Chicago um und heute werden täglich 62 Mio. Schokoriegel in verschiedenen Größen und Varianten hergestellt, auch als Lutscher (Tootsie Roll Pop).

__Fanny May__ (s. S. 27) schließlich geht auf das Jahr 1920 und H. Teller Archibald zurück. Er hatte den ersten Schokoshop in der 11 N LaSalle Street eröffnet und wurde durch karamellisierte und mit Schokoüberzug versehene Pecannüsse bekannt.

69 [D4] **Billy Goat Tavern** $, 430 N Michigan Ave. Klassiker, der in den 1970er-Jahren durch einen Sketch in der Comedy Show „Saturday Night Live" bekannt geworden ist. Mehrere Filialen, u. a. am Navy Pier.

70 [C4] **BIN36** $$$, 339 N Dearborn St. Saisonale Küche in gemütlicher Taverne oder eleganterem „The Cellar". Gutes Frühstück, BIN 36 Cheese Bar, eine Weinbar und ein Laden.

Restaurantkategorien

Annäherungswert für ein Hauptgericht am Abend ohne Getränk, Steuer und Trinkgeld.

$	unter $ 10
$$	$ 10–20
$$$	über $ 20
$$$$	über $ 40

71 [ci] **DMK Burger Bar** $-$$, 2954 N Sheffield St. Michael Kornick gehört zu den derzeit angesagten Köchen der Stadt. In seinem Burgerspot werden Burger aus *gras-fed beef* (Biofleisch) und dazu weitere Zutaten in beliebigen Kombinationen serviert. *Truffle Fries* und selbstgemachte Sodas sowie große Bierkarte. Sein gehobenes MK Restaurant (868 N Franklin St., Tel. 312 4829179) ist bekannt für kreative, italienisch-französisch angehauchte Küche (nur Dinner).

72 [A5] **Grace** $$$$, 652 W. Randolph St., Tel. 312 2349494, www.gracerestaurant.com. Nahe dem Bahnhof eröffnete Ende 2012 der detailbesessene Chefkoch Curtis Duffy ein Lokal. Es werden saisonale und lokale Zutaten verwendet und die *tasting menus* sind empfehlenswert.

73 [bm] **Ina's** $-$$, 1235 W Randolph St., Tel. 312 2268227, Mo.–Fr. 7–15, Sa. 8–15, So. 8–14 Uhr (nur Frühstück). Ina Pinkney, Kochbuchautorin und TV-Köchin, betreibt dieses Lokal seit 1991 und wurde v. a. für ihr Frühstück bekannt. Ansonsten gute Hausmacherkost (Lunch ab 11.30 Uhr) mit frischen lokalen Produkten (BBQ, *chicken* etc.) zu günstigen Preisen in gemütlicher Atmosphäre.

EXTRATIPPS

Essen mit Ausblick

83 [G4] **Riva** $$$, 700 E Grand Ave./ Navy Pier, Tel. 312 6447482. Gutes Essen mit Ausblick an der Waterfront, etwas teurer.

84 [D2] **Signature Room At The 95th** $$$, 875 N Michigan Ave., Tel. 312 7879596. Dinieren im John Hancock Center.

85 [D4] **Sixteen** $$$$, 401 N Wabash Ave., Tel. 312 5888151. Toprestaurant im Trump Tower. Kreative Küche von Frühstück bis Abendessen sowie Bar und dazu ein spektakulärer Ausblick.

86 [D2] **Spiaggia** $$$, 980 N Michigan Ave., Tel. 312 2802750. Von der unteren Ebene hat man einen guten Ausblick über den Lake Michigan. Die Gerichte werden unter Verwendung hochqualitativer, regionaler Zutaten gekocht. Empfehlenswertes Probiermenü.

Dinner for One

Alleine essen gehen ist in Chicago überhaupt kein Problem, vor allem *neighborhoods* wie Bucktown oder Wicker Park bieten sich an. Konkret sind z. B. folgende Lokale empfehlenswert:

› **Bandera Restaurant** (s. S. 30), rustikal und gemütlich.

Pizzatour

Chicago Pizzatours bietet mehrstündige Bustouren (mit Kostproben) zu unterschiedlichen Pizzerien, die entweder für spezielle Zubereitungsarten oder ihre Kundschaft berühmt sind.

› **Infos:** www.chicagopizzatours.com

74 **Kuma's Corner** $$, 2900 W Belmont St. Eines der beliebtesten Lokale der North Side, bekannt für Burger (Tipp: Kuma Burger!) mit Laugensemmel, ungewöhnliche Bierauswahl. Das Warten auf einen Tisch, besonders auf einen im Freien, lohnt (keine Reservierung möglich).

75 [ck] **Robinson's No. 1 Ribs** $$, 655 W Armitage Ave. Gemütliche Kneipe mit Freiplätzen, BBQ-Rippchen in großen Portionen und relativ preiswert, mit Maisbrot *(cornbread)* bestellen!

76 [C1] **Tavern on Rush** $$$, 1031 Rush St., Tel. 312 6649600. Ideal zum *people watching* und bekannt für Steaks und Seafood, dazu prima Appetizer.

77 [cm] **Wishbone** $$, 1001 W Washington Blvd., Tel. 312 8502663, und

78 [bi] **Wishbone** $$, 3300 N Lincoln Ave., Tel. 773 5494105. Preiswerte, aber durchaus kreative Südstaatenküche, dazu große Auswahl an Sandwiches und Burger unter Verwendung regionaler Produkte.

Pizza und Italienisches

79 [F4] **Connie's Pizza** $, Navy Pier, weitere Filialen außerhalb der Stadt. Dicke und dünne Pizza in verschiedensten Varianten.

80 [B3] **Gino's East** $$, 633 N Wells St., auch weitere Filialen. Saftige Deep Pan Pizza in verschiedenen Varianten und Größen, auch als dünne Pizza (Thin Crust Pizza), dazu Pasta, Sandwiches, Salate u. a.

81 [D9] **Gioco** $$, 1312 S Wabash Ave. Toskanische und umbrische Spezialitäten sowie andere italienische rustikale Gerichte im South Loop, auch Pizza und Pasta.

82 [D5] **Giordano's** $$, 130 E Randolph St. Bekannt für „Giordano's Famous Stuffed Pizza", hat aber auch dünne knusprige Pizza im Angebot. Über 40 Filialen im Großraum, u. a. auch 1040 W Belmont Ave.

Deep Dish Pizza Chicago style (für 2–4 Personen)

Für den Teig:
1 Würfel Hefe
400 g Weizenmehl
100 g Maismehl
ca. 125 ml lauwarmes Wasser
2 EL Olivenöl

Für den Belag:
ca. 300 g Mozzarella in dünnen Scheiben
1 Dose Pizzatomaten
Basilikum
Oregano
2–4 gehackte Knoblauchzehen (je nach Geschmack)
Zwiebelringe
Champignons (halbiert oder in Scheiben)
Paprikaringe
Salami- und/oder Schinkenscheiben
Chorizo oder italienische Wurst
schwarze Oliven
Parmesan
etwas Olivenöl

Mehl in Schüssel sieben, in einer Kuhle zerbröselte Hefe mit wenig lauwarmem Wasser und einer Prise Zucker verrühren und ca. 10 Min. gehen lassen. Dann das Öl, eine gute Prise Salz und das restliche Wasser zugeben und zu einem geschmeidigen Teig verkneten. An einem warmen Ort zugedeckt auf die doppelte Größe aufgehen lassen, dann noch einmal kneten und in eine Form mit hohem Rand (z. B. Springform) geben, Rand hochziehen.

Mozzarella auf den Teig schichten, dann Schinken/Salami gefolgt von Zwiebelringen, Champignons, Paprikaringen, schwarzen Oliven darauf geben. Mit Tomatensoße übergießen, Kräuter darüber streuen. Dick mit Parmesan bestreuen und etwas Olivenöl über alles träufeln. Im vorgeheizten Ofen erst bei 250 °C rund 15 Min., dann noch einmal bei 200 °C 25 bis 30 Min. backen. Etwas abkühlen und setzen lassen, dann zum Servieren in Tortenstücke schneiden.

87 [B4] **Lou Malnatis** $$, 439 N Wells St., www.loumalnatis.com, viele weitere Filialen. Hier gibt es seit den 1940er-Jahren Deep Dish Pizza.

88 [ai] **Piazza Bella Trattoria** $$, 2116 N Roscoe Ave., Tel. 773 4777330. Ein bodenständiger und preiswerter Italiener im aufstrebenden Roscoe Village mit authentisch-italienischem Ambiente und einer prima Küche.

89 [D3] **Pizzeria Uno** $, 29 E Ohio/Wabash St. Traditionelle Deep Dish Pizza, seit 1943 nach demselben Rezept, vor allem mittags preiswert. Außer dieser Niederlassung in River North gibt es eine weitere:

90 [D3] **Pizzeria Due** $, 619 N Wabash/Ontario St.

91 [bn] **Pompei Bakery** $,1531 W Taylor St. Bekannt für Pizza, aber auch Sandwiches und Pasta, schlicht und gut.

Lateinamerikanisch-mexikanische Küche

92 [dk] **Adobe Grill** $$$, 1610 N Wells St. Traditionelle mexikanische Küche in angenehmem Ambiente, dazu viele ausgefallene Margaritas.

93 [ak] **Big Star Taqueria and Bar** $-$$, 1531 N Damen Ave. Preiswertes mexikanisches Lokal in Bucktown, in dem nicht nur das Am-

EXTRATIPPS

Vegetarische und „grüne" Restaurants

101 [ci] **Chicago Diner** $$, 3411 N Halsted St. Vegane und internationale vegetarische Spezialitäten, gute Säfte und Wein, gilt als Chicagos beliebtestes vegetarisches Lokal.

102 [bl] **Green Zebra** $$, 1460 W Chicago Ave., Tel. 312 2437100, Di.–So., nur Dinner. Vegetarisches Restaurant mit wechselndem Menü aus saisonalen frischen Zutaten; auch Fisch.

103 [ck] **Karyn's Raw Café** $$$, 1901 N Halsted St., tgl. 9–22 Uhr. Veganes Gourmetrestaurant mit Shop.

104 [bl] **MANA Food Bar** $$, 1742 W Division St. Coole Bar und Restaurant mit kalten und warmen vegetarischen Gerichten in wahlweise kleinen und großen Portionen, Cocktails.

› **weitere Infos:** www.choosechicago.com/articles/view/GREEN-DINING/737 oder www.dinegreen.com

Chicago Restaurant Week

Während der **Chicago Restaurant Week** (zehn Tage lang im Februar) bieten über 130 Restaurants mittags und abends vergünstigte Dreigängemenüs an ($ 22 bzw. $ 33/44).

› **Infos:** www.choosechicago.com/things-to-do/dining/chicago-restaurant-week

The Berghoff ist angeblich das älteste Restaurant Chicagos und wurde von einem Deutschen gegründet

biente, sondern auch die Speisekarte stimmt und es eine große Tequila-Auswahl sowie täglich „Special Whiskeys" gibt.

94 [ci] **Chilam Balam** $-$$, 3023 N Broadway, Tel. 773 2966901, nur Mo.–Sa. Dinner. Buntes, auffälliges mexikanisches Lokal mit 45 Plätzen. Preiswertes Essen aus frischen Ingredienzien, das am Tisch als „Gemeinschaftserlebnis" zelebriert wird.

95 [C4] **Frontera Grill** $$$, 445 N Clark St. Ein weiterer der Topköche der Stadt, Rick Bayless, bietet hier kreative mexikanische Küche. Das Lokal ist voll, Reservierung ist nicht möglich, doch das Warten lohnt.

96 [C4] **XOCO** $$, 449 N Clark St. So./Mo. geschlossen, keine Reservierungen. Neben dem Frontera Grill gelegen, bietet Rick Bayless hier Frühstück, Mittags- und Abendgerichte, Torta, Suppen und Churros zu günstigen Preisen.

Asiatische Küche

97 [dp] **House of Fortune** $$, 2407 S Wentworth Ave., Tel. 312 2250880. Preiswerte *lunch specials* (Mo.–Sa.) und regionale chinesische Spezialitäten.

98 [dp] **Phoenix** $, 2131 S Archer Ave. Oft lange Wartezeiten, was angesichts der hervorragenden Dim Sum nicht verwundert.

99 [C1] **Ra Sushi** $$, 1139 N State St. Sushi und andere japanische Gerichte, beliebt wegen günstiger Mittagsgerichte wie Tempura oder Teriyaki unter $ 10 und der Happy Hour.

Sonstiges

100 **Hofbräuhaus Chicago** $$$, 5500 Park Pl., Rosemont, nahe Flughafen und Blue Line-Station „Rosemont", www.hofbrauhauschicago.com. Spezialitäten und Biere nach dem berühmten Münchner Vorbild, dazu bayerische Gemütlichkeit im Gasthaus und im Biergarten. Die Biere stammen aus der hauseigenen Brauerei.

105 [ah] **Laschet's Inn** $$, 2119 W Irving Park Rd., Tel. 773 4787915. Gemütliche deutsche Wirtschaft mit vielerlei (deutschen) Bieren und Gerichten wie Rouladen, Gulasch, Schnitzel und Frikadellen, ausgestattet mit vielen Memorabilien.

106 Red Apple $$, 6474 N Milwaukee Ave. Im polnischen Viertel gelegenes Lokal mit üppigen günstigen Buffets und typisch polnischen Gerichten wie Piroggen, Blintzes, Borschtsch oder Gulasch, Sauerkraut und Würsten.

107 [C6] **The Berghoff** $$, 17 W Adams St., Tel. 312 4273170, So. geschlossen. Über 100 Jahre altes zweigeteiltes Lokal mit eigenem Bierlabel. Sowohl im Restaurant als auch im Café wird neben regionalen und amerikanischen Gerichten auch deutsches Essen wie Schnitzel und Knackwurst serviert.

Imbisse – Delis und Diners

108 [B3] **Ed Debevic's,** 640 ~~N Wells St.~~ Diner im Stil der 1950er-Jahre, berühmt für Chiliburger und Fries, zum Nachtisch: Apple Pie. Mit Bedienung. Closed (new home page)

109 [D5] **Gold Coast Dogs,** 159 N Wabash St., mehrere weitere Filialen, z. B. in der Union Station. Gegrillte Spezialitäten wie Char Dogs in verschiedenen Varianten, Sandwiches und Burger.

110 Hot Doug's, 3324 N California/Roscoe St. Eigene Wurstherstellung, daher verschiedenste Variationen von Thüringern und Bratwurst über Polnische und Chorizo bis hin zu Zungenwurst und Hot Dogs.

111 [ai] **Kitsch'n On Roscoe,** 2005 W Roscoe St./Damen Ave. Mo.–So. Frühstück und Brunch. Gemütlicher Hangout mit vielen Eiergerichten, Sandwiches u. a.

112 [A7] **Lou Mitchell's Restaurant and Bakery,** 565 W Jackson Blvd., www.loumitchellsrestaurant.com. Klassischer Chicagoer Diner (seit 1923), in dem es Frühstück und Lunch gibt.

016cg Abb.: mb

113 [A9] **Manny's Coffee Shop and Deli,** 1141 S Jefferson St. Cafeteria, die ideal zum Leutebeobachten ist, tolle Sandwiches.

114 [C3] **Portillo's,** 100 W Ontario St. Preisgekrönte Hot Dogs und italienische Spezialitäten, dazu eine Sammlung nostalgischer Erinnerungsstücke aus den 1930er-/40er-Jahren. Stets voll.

115 [aj] **Vienna Beef Factory Store & Deli,** 2501 N Damen Ave./Fullerton St. Gemütliche Cafeteria, in der hausgemachte Würstchen, v. a. als Hot Dogs, serviert werden, außerdem Sandwiches mit polnischen Würsten, Corned Beef, Pastrami etc., dazu *potato pancakes* (Kartoffelpuffer).

Hackney's Printer Row
733 St. Dearborn St.

EXTRATIPP

Für den späten Hunger

120 [cj] **Clark's** $, 2441 N Lincoln Ave. Rund um die Uhr geöffneter Diner mit gutem Frühstück von Pancakes bis Burritos, Salaten, Sandwiches, Burger, Mexikanischem und Pizza, oft lange Warteschlangen.

121 [bh] **Diner Grill** $, 1635 W Irving Park Rd. Burgerspot in Lakeview, der rund um die Uhr geöffnet hat. Die „Slinger Plate" (Hackfleischkloß, Eier, Bratkartoffeln und darüber Chili) ist empfehlenswert!

122 [ci] **Nookies Tree** $, 3334 N Halsted St. Kreative kleine Gerichte, Suppen, Salate u. a. Fr./Sa. rund um die Uhr.

› **weitere Infos** unter http://chicago.citysearch.com (Suchbegriff „24 hours")

015cg Abb.: mb

116 [cj] **Wiener's Circle,** 2622 N Clark St. Für viele gehören diese Hot Dogs zu den besten der Stadt, es gibt aber auch sehr leckere Burger oder auch *Cheese Fries* (Käse-Pommes).

Cafés und Süßes

Die meisten Cafés in Chicago bieten *free wifi hotspots,* so auch die nachfolgend aufgelisteten mit Ausnahme von The Lobby.

› **Bittersweet** (s. S. 194). Ausgezeichnete Bäckerei.

117 [al] **Café Milk & Honey,** 1920 W Division St. Frühstück Mo.-Fr. 7-16, Sa. 8-17, So. 8-16 Uhr *(weekend brunch).* Ideal zum Frühstück, aber auch preiswerte und gute Suppen, Salate, Burger und Sandwiches in angenehmer Atmosphäre. Hausgemachte Backwaren und Granola (geröstetes Müsli mit Nüssen, Trockenfrüchten etc.).

118 [ak] **Mindy's Hot Chocolate,** 1747 N Damen Ave. Spezialisiert auf Süßes, z. B. heiße Schokolade, aber auch kreative Dinner und Wochenend-Brunches.

119 [D3] **The Lobby,** 108 E Superior St., im Peninsula Chicago Hotel, Tel. 312 5736760. Großer Saal mit Ausblick, vor allem bekannt für Afternoon Tea (tgl.), Sunday Brunch, Jazz (Fr./Sa.) und „Chocolate at The Pen" (Schokobuffet) mit speziellen Drinks (Martinis!) sowie Dreigängelunch zum Festpreis.

Eine Spezialität Chicagos: Hotdogs, allerdings anders zubereitet als sonst

Smoker's Guide

*In ganz Illinois ist das **Rauchen** auf **öffentlichen Plätzen** und in **Gebäuden** wie auch Restaurants, Bars, Theatern und Konzerthallen, Lehreinrichtungen etc. **verboten.** Gleiches gilt an Arbeitsplätzen, in Nahverkehrsmitteln und Taxis.*

***Hotels** dürfen zwar noch maximal 25 % ihrer Zimmer als „smoking rooms" ausweisen, die meisten Hotels sind aber mittlerweile komplett rauchfrei. Immer wieder einmal ist sogar im Gespräch, das Rauchverbot auf öffentliche **Parks** und **Strände** auszudehnen.*

*In **Klubs, Discos** oder **Bars** ist das Rauchen ebenfalls verboten und es gibt auch kaum noch „cigar lounges" wie in anderen Städten, mit Ausnahme von:*

123 *[ci] **Blue Havana,** 856 W Belmont Ave. Verkauf und Konsum von Tabakprodukten, auch Wasserpfeifen-Lounge.*

124 *[ci] **House of Hookah,** 607 W Belmont St. Nur abends geöffnete Raucherlounge mit gutem Angebot an Tabakwaren, Wasserpfeifen, aber auch Kaffee und Tee sowie Accessoires.*

125 *[D6] **Iwan Ries & Co.,** 19 S Wabash Ave., 1. OG. Mit einer Tagesmitgliedschaft ($ 15) kann man in diesem Tabakgeschäft sitzend im Luxus schwelgen und rauchen.*

126 *[cm] **TESA Cigar Company,** 464 N Halsted St. Tabakladen mit Lounge (tgl. außer So.) und Terrasse, die allerdings nur bei Kauf der hauseigenen Produkte genutzt werden dürfen. Drinks können mitgebracht werden.*

Chicago am Abend

Chicago ist als Stadt des Blues und als Mekka des Jazz bekannt und die entsprechenden Festivals im Grant Park sind immer gut besucht. Die Stadt ist jedoch auch die Wiege der House Music, es gibt ein vor über 100 Jahren gegründetes Sinfonieorchester und Fans von Folk, Country, Rock, Latin und Reggae kommen ebenfalls auf ihre Kosten.

Nachtleben

Chicago gilt als „Official Home of the Blues", doch das musikalische Spektrum ist breit. Konzentriert findet man Musikklubs in River North, Bucktown/Wicker Park und Lakeview East bzw. **Lincoln Park** 58. Letzteres Viertel ist entlang der N Lincoln Avenue im Bereich der W Fullerton Avenue [cj] auch für eine lebhafte Barszene bekannt. **Wrigleyville/Lakeview** 61 wird von einem eher jungen (studentischen) Publikum frequentiert und an der Clark St. im Umkreis der Kreuzung mit der W Addison St. [bi/ci] reihen sich etliche Bars auf. Ein weiterer Hotspot mit vielen Bars ist **Wicker Park/Bucktown** 70 (North/Milwaukee/Damen Ave.). Das Dreieck Rush/State/Oak St. an der **Gold Coast** 55 gilt als „Partyzone" mit vielen Bars und wird von Leuten mit etwas mehr Geld frequentiert. **River**

017cg Abb.: id/ml

North 53 und der **West Loop** 67 locken mit Klubs und Lounges für ein eher seriöses bzw. begüterteres Publikum.

Klubs, Lounges und Discos

127 [C3] **Castle Entertainment Complex,** 632 N Dearborn St., www.excaliburchicago.com. Unterhaltung auf mehreren Etagen, DJs und Livemusik in Palladium Nightclub (Do.–Sa. ab 22 Uhr) oder Sanctuary (Fr./Sa. ab 22 Uhr), dazu Kabarett und Craft Pub.

128 [B3] **Nacional 27,** 325 W Huron St., www.n27chicago.com. Für „Latin Lovers" – Essen, Drinks und Atmosphäre. Mojitos, Tapas und auf der Tanzfläche, die von Tischen gerahmt wird, Salsa, Chacha und Meringue. Specials wie „Monday Blues" oder „Live Latin Jazz & Tapas Tuesdays".

129 [ak] **Subterranean,** 2011 W North Ave., http://subt.net. Auf drei Ebenen mit Late Night Lounge (DJs), Cabarett Room (Livemusik) und Bar mit Drinks und kleinen Gerichten.

130 [B3] **Sound Bar,** 226 W Ontario St., http://sound-bar.com. Großer schicker und angesagter Klub mit neun Bars auf verschiedenen Ebenen. Es legen v. a. DJs auf, aber es gibt auch Live-Events.

131 [C1] **The Hangge-Uppe,** 14 W Elm, http://rushanddivision.com. Nachtklub auf mehreren Ebenen mit vier Bars und zwei

Chicago ist die Heimat des Blues ...

... und Klubs mit Livemusik sind verbreitet

Tanzböden, DJ-Musik (v. a. Rock'n'Roll aus den 1950er-/60er-Jahren und Modernes).

132 [al] **Violet Hour,** 1520 N Damen Ave., www.thevioletthour.com. Schicke Lounge in Wicker Park, die als „Cocktail-Mekka" gilt („Honeysuckle" probieren!); dazu *fingerfood.*

Livemusik

133 [C4] **Andy's Jazz Club,** 11 E Hubbard St., www.andysjazzclub.com. Ehemaliger Lieblingsklub von Medienleuten, heute eines der bekanntesten Jazzetablissements Chicagos. Jeden Abend Livemusik von traditionellem Jazz und Swing bis Bop, Fusion, Latin und Afro-Pop in Salonatmosphäre.

134 [C3] **Blue Chicago on Clark,** 536 N Clark St./Grand Ave., www.bluechicago.com. Klub im Stil der 1940er-Jahre mit zugehörigem Laden (Souvenirs, Musik).

135 [cj] **B.L.U.E.S,** 2519 N Halsted St., www.chicagobluesbar.com, So.–Fr. 20–2, Sa. 20–3, Bands ab 21.30 Uhr. Unterschiedlich hohe *cover fee,* die Sa. auch zum Wechsel in die Kingston Mines (s. S. 40) gegenüber berechtigt.

136 [D8] **Buddy Guy's Legends,** 700 S Wabash Ave./E Balbo Ave., www.buddyguys.com. Legendärer Nightclub des Bluesgitarristen Buddy Guy, der gelegentlich auch noch selbst in die Saiten greift. Hier traten schon große Stars (u. a. Eric Clapton, Van Morrison, The Pointer Sisters, David Bowie, Mick Jagger, ZZ Top, Luther Alison oder Junior Wells) auf, heute stehen aber v. a. Nachwuchskünstler auf der Bühne. Tgl. Livemusik (nicht nur Blues, $ 10–20) und Soul-Food-Lokal.

137 [ak] **Double Door,** 1572 N Milwaukee Ave., www.doubledoor.com. Günstige Drinks und erlebenswerte Konzerte von angesagten Bands – einer der besten Livemusikklubs der Stadt.

138 [bg] **Green Mill,** 4802 N Broadway/Lawrence Ave., www.greenmilljazz.com. Ältester noch bestehender Jazzklub der Stadt (von 1907), v. a. Auftritte von Jazztalenten (So.–Do.). Gute Bar.

139 [C4] **House of Blues,** 329 N Dearborn St., www.hob.com. Restaurant und Bluesklub auf fünf Ebenen mit 11.500 Plätzen in der Haupthalle, der Music Hall, fast tgl. Livekonzerte, v. a. Rock und Funk, außerdem gibt es eine kleinere Halle namens Backporch und einen beliebten „Gospel Brunch" am So. (Südstaatenküche).

140 [C8] **Jazz Showcase,** 806 S Plymouth St. (Dearborn Station), www.jazzshowcase.com. 1947 gegründeter Jazzklub, in dem schon legendäre Auftritte – z. B. von Charlie „The Bird" Parker oder John Coltrane – stattfanden, www.jazzshowcase.com.

018cg Abb.: mb

EXTRATIPP

Kleinbrauereien im Aufwind

Fruchtbarer Boden und gutes Klima machen Illinois zu einer idealen Region für Landwirtschaft. Angebaut wird u.a. der für die Bierherstellung wichtige Weizen und diesen nutzen in der Millionenmetropole Chicago zahlreiche Kleinbrauereien oder „Microbreweries" wie z. B. **Goose Island Beer Co.**, ein 1988 eröffnetes Familienunternehmen (siehe Goose Island Brewpub, www.gooseisland.com). Seit 2003 existiert die **Revolution Brewery**, gegründet von Josh Deth (www.revbrew.com), ehemals Mitarbeiter bei Goose Island. Drei Jahre später entstand die **Half Acre Beer Company** (www.halfacrebeer.com). Als „Brauhaus" bezeichnet sich **Piece** (www.piecechicago.com), der „Klassiker" im Geschäft ist jedoch das Berghoff-Brauhaus (s. S. 35) in Chicagos Loop, eine deutsche Gründung aus dem späten 19. Jh.

141 [cj] **Kingston Mines,** 2548 N Halsted St., www.kingstonmines.com. Kultklub und „Blues Mekka" mit abendlich zwei Bluesbands auf zwei Bühnen (bis 4/5 Uhr morgens). Louisiana-Küche und Gegrilltes.

142 **Lee's Unleaded Blues Club,** 7401 S Chicago Ave./74th St., tgl. außer Mo. 20 bis mind. 2 Uhr, Livemusik ab 21 Uhr, www.leesunleadedblues.com. Einer der Topklubs im Stil der alten „Juke Joints" mit vorwiegend schwarzem Publikum. Auftritte lokaler Bluesmusiker, Hausband und gelegentlich tritt die „Daughter of the Blues", die Tochter von B. B. King, Shirley, auf.

143 **Rosa's Lounge,** 3420 W Armitage Ave., http://rosaslounge.com. Gemütlicher Chicago-Blues-Klub im Hispano-Viertel im Nordwesten der Stadt. Gefördert werden hier vor allem weniger bekannte einheimische Künstler, zudem *jam sessions* mit Publikumsbeteiligung.

144 [bi] **Schubas Tavern,** 3159 N Southport Ave./Belmont Ave., www.schubas.com. Täglich Livemusik in Lakeview in einem ehemaligen Brauereigebäude (Schlitz) mit alter Mahagonibar, breites Spektrum von Honky-Tonk über Indie Rock, Jazz und Pop bis zu Country. Zugehörig ist der Harmony Grill (tgl. Lunch/Dinner/Weekend Brunch) mit lokaler „Hausmannsküche".

145 [D2] **The Back Room,** 937 N Rush St., www.backroomchicago.com. Jazzklub mit Livejazz oder Blues, tgl. ab 20 Uhr.

Kneipen, Pubs und Hangouts

Irische Pubs sind sehr beliebt und auch versteckte Bars *(speakeasys)*, machen wieder von sich reden. Kneipen mit einer grünen Tür (z. B. die Green Door Tavern) signalisierten in den Zeiten der Prohibition, dass es hier (illegal) Alkohol gab.

146 [ag] **Chicago Brauhaus,** 4732 N Lincoln Ave, tgl. außer Di. 11–22 Uhr. Bierkneipe im ehemaligen deutschen Viertel mit deutschen Gerichten (Lunch/Dinner) und Musik/Tanz.

147 [ck] **Goose Island Brewpub,** 1800 N Clybourn Ave. Preiswert und gemütlich mit großer Bar. Prima Hähnchenschlegel, Burger und Sandwiches. So. 13.30/15/16.30 Uhr Brauereitouren mit Bierproben (Anmeldung unter Tel. 312 9150071). Filiale: 3535 N Clark St.

148 [B3] **Green Door Tavern,** 678 North Orleans St. Kneipe einem Gebäude von 1872, die von 1921 an als italienisches Restaurant mit illegalem Ausschank fungierte.

149 [ck] **Joe's Bar,** 940 W Weed St., http://joesbar.com. Massenhaft TV-Bildschirme für Sportübertragungen. Fast tgl. Sonderangebote an Drinks und Essen. Tanzfläche und an Wochenenden Livekonzerte.

150 [C8] **Kasey's Tavern,** 701 S Dearborn St. 1974 gegründete Taverne, jeden Tag Bier-Specials, viele davon vom Fass, auch deutsche Biere.

151 [al] **Nick's Beergarden,** 1516 N Milwaukee Ave., www.nicksbeergarden.com. Gemütlicher „Hangout" und Bar, bis 4 Uhr morgens geöffnet. Bunt gemischtes Publikum, Jukebox, Sa. oft Liveblues ohne Eintrittsgebühr!

152 [ci] **Sheffield's Beer & Wine Garden/ BBQ Restaurant,** 3258 N Sheffield Ave./ School St. Bar mit langer Weinliste und v. a. jungem Publikum. Besonders beliebt ist der Biergarten, rund 80 Biere, auch eigene (Stout probieren!).

Bars

153 [C3] **Redhead Piano Bar,** 16 W Ontario St. Cocktails und Pianomusik, verschiedene Musikrichtungen, intime Atmosphäre.

154 [ci] **Roscoe's Tavern and Cafe,** 3356 N Halsted/Roscoe St., www.roscoes.com. Liveunterhaltung, So. DJs, beliebt in der *gay & lesbian community*.

155 [D2] **The Drawing Room,** 937 N Rush St. „Mixology" wird in dieser Cold-Coast-Bar auf die Spitze getrieben. Riesige Cocktailkarte und Cocktails am Tisch nach Wunsch kreiert.

156 [bm] **The Tasting Room & Randolph Wine Cellars,** 1415 W Randolph St. Gemütlicher Treff mit Ausblick und über 100 Glasweinen, außerdem gut sortierter Weinladen.

Theater und Bühnen

Veranstaltungsorte und Bühnen

157 [G10] **Charter One Pavilion on Northerly Island,** 1300 S Lynn White Dr. Open-Air-Bühne für Konzerte im Sommer, www.livenation.com/venues/14638/ charter-one-pavilion-at-northerly-island.

1 [D5] **Chicago Cultural Center.** Mit Claudia Cassidy Theater (78 E Washington St.) – verschiedenste Theateraufführungen und Konzerte – und Preston Bradley Hall, ein Studiotheater, das zu verschiedensten Zwecken genutzt wird.

19 [B6] **Civic Opera House.** Sept. bis März tritt in einem schönen Art-déco-Auditorium (von 1929) die Lyric Opera of Chicago auf (www.lyricopera.org), in der Nebensaison Gastensembles oder Einzelkonzerte. 3600 Plätze.

35 [D6] **Millennium Park,** Jay Pritzker Pavilion, www.choosechicago.com/things-to-do/tours-and-attractions/millennium-park. Im Sommer Konzerte und Aufführungen wie Grant Park Music Festival, Jazz Festival sowie Einzelkonzerte.

158 [ag] **Old Town School of Folk Music,** 4544 N Lincoln Ave., www.oldtownschool.org. Musikschule, Kurse, Laden und Veranstaltungen.

159 [G4] **Skyline Stage,** Navy Pier, http://www.navypier.com/things2do/entertainment/skyline_stage.html. 1500 Plätze, Mai–Sept. hochklassige Konzerte.

30 [D6] **Symphony Center.** Hauptbühne, Theater und Restaurant Rhapsody. Es handelt sich um das „musikalische Herz" Chicagos und den Auftrittsort des Chicago Symphony Orchestra (Sept.–Juni über 200 Konzerte), als dessen Musikdirektor seit der Saison 2010/11 Riccardo Muti fungiert.

Theater

Chicago ist von jeher für seine **blühende Theaterszene** bekannt, schon allein die legendären **historischen Theater** aus dem frühen 20. Jh. zeugen davon. Stars wie John Malkovich und Gary Sinese kommen aus Illinois und machten in Chicago Karriere und **Broadway-Produktionen** werden in der Stadt „erprobt", bevor sie in New York gezeigt werden.

Chicago am Abend

EXTRATIPP

Tickets und Programmhinweise

- •166 [D5] **Hot Tix,** 72 E Randolph St., im Chicago Visitor Info Center, und
- •167 [D2] **Hot Tix,** 163 E Pearson St., im Water Works Visitor Center, www.hottix.org. Tickets zu vielen Events, ab 18 Uhr auch zum halben Preis.
- › **Gold Coast Tickets,** Tel. 1 800 8899100, http://chicagotravel.goldcoasttickets.com
- › **Ticketmaster,** www.ticketmaster.com
- › **Theater Thursdays:** Special Events und Ticketrabatte an Donnerstagen, Infos: http://chicagoplays.com/component/eventlist/thursdayevent/83/2.html
- › **http://chicago.eventguide.com** – täglich aktualisierter Veranstaltungskalender und Ticketverkauf
- › **www.chicagotraveler.com/chicago_events.htm** – aktuelle Events geordnet nach verschiedenen Rubriken
- › **www.chicagoplays.com** – nach Daten und Genres sortierte Übersicht über das Theaterprogramm

Drei der historischen Theater im Loop – Cadillac Palace Theatre, Ford Center for the Performing Arts/Oriental Theatre und Bank of America Theatre – werden mit Auditorium Theatre und Broadway Playhouse unter dem Motto **„Broadway in Chicago“** (Tel. 312 9771710, www.broadwayinchicago.com) beworben, da hier v. a. große Broadway-Produktionen gezeigt werden. Das Goodman Theatre – ausgezeichnet mit einem Special Tony Award for Outstanding Regional Theatre – zeigt v. a. klassische und zeitgenössische Stücke, während das Spektrum des Chicago Theatre von Konzerten, Kabarett und Theater bis hin zu Aufführungen des Cirque du Soleil reicht. Kleinere, aber nicht minder interessante Bühnen sind beispielsweise Steppenwolf Theatre, Broadway Playhouse oder Lookingglass Theatre.

- 160 [cj] **Apollo Theater,** 2540 N Lincoln Ave., www.apollochicago.com. Hier werden v. a. Broadway-Musicals gezeigt.
- 28 [D7] **Auditorium Theatre.** In einem fantastischen von goldenen Bögen überspannten Auditorium, das 1889 nach Plänen von Louis Sullivan und Dankmar Adler eröffnet wurde. Auch Ballet und Konzerte verschiedenster Art (http://auditoriumtheatre.org).
- 161 [C6] **Bank of America Theatre,** 18 W Monroe St., www.chicago-theater.com/theaters/bank-of-america-theater/theater.php. Befindet sich im Majestic Building und wurde 1906 als „Majestic“ eröffnet, 1945 in „Shubert Theatre“ umbenannt. Wechselte seither noch mehrmals den Namen und wurde mehrfach umgestaltet.
- 162 [D2] **Broadway Playhouse at Water Tower Place,** 175 E Chestnut St. Eine Bühne von „Broadway in Chicago“ an der Stelle, an dem einst das Drury Lane Theatre stand. Musicals und Konzerte.
- 163 [C5] **Cadillac Palace Theatre,** 151 W Randolph St. In diesem eleganten Theater von 1926 mit 2500 Plätzen wurden schon große Musicals wie „Lion King“ (Broadway in Chicago) aufgeführt.
- 164 [H4] **Chicago Shakespeare Theater,** 800 E Grand Ave., www.chicagoshakes.com. Shakespeare-Stücke am Navy Pier.
- 3 [D5] **Chicago Theatre.** 4600 Plätze in einem Bau von 1921. Der „Klassiker“ im Loop, v. a. Gastkonzerte großer Stars (www.thechicagotheatre.com).
- 165 [C5] **Ford Center for the Performing Arts/Oriental Theatre,** 24 W Randolph St., www.broadwayinchicago.com/specialevents_ford.php. Prächtiges orientalisch-

angehauchtes Theater von 1926, entworfen von George L. und Cornelius W. Rapp, anfangs als Kino mit Begleitshows genutzt.

168 [C5] **Goodman Theatre,** 170 N Dearborn, www.goodmantheatre.org. Ältestes und größtes gemeinnütziges Theater Chicagos. Aufführungen von Werken klassischer Autoren sowie zeitgenössische Inszenierungen.

169 [D5] **Harris Theater for Music and Dance at Millennium Park,** 105 E Randolph St./Columbus Dr. Der Sitz von gleich zwölf Organisationen, u. a. Ballet Chicago, Chicago Opera Theater, Chicago Sinfonietta, Hubbard Street Dance Chicago (www.hubbardstreetdance.com), Joffrey Ballet of Chicago und Lyric Opera Center for American Artists. Verschiedene Aufführungen vor rund 1500 Zuschauern (Infos unter www.harristheaterchicago.org).

170 [D2] **Lookingglass Theatre Company,** 821 N Michigan Ave., http://lookingglass theatre.org. Renommiertes Theaterensemble im denkmalgeschützten Water Tower Water Works Building. 1988 von Studenten der Northwestern University gegründet (Tanz, Artistik, Inszenierungen, Broadway-Shows).

171 [dk] **Second City,** 1616 N Wells St., www.secondcity.com. Chicagoer Institution in Old Town: Dinnertheater, das seit 1959 sozialkritische/politische Satire, Sketche, Comedy und Improvisationen bietet.

172 [ck] **Steppenwolf Theatre Company,** 1650 N Halsted St., www.steppenwolf.org. Ensemble von Weltruf (gegründet 1976), das schon für viel Aufsehen gesorgt hat.

Kinos

173 [C5] **Gene Siskel Film Center,** 164 N State, www.siskelfilmcenter.com. Kinokomplex des School of the Art Institute of Chicago, ausgefallene Filme und Kunstgalerie sowie Filmfestivals und -serien.

EXTRATIPPS

Regelmäßige und kostenlose Veranstaltungen

- **Grant Park Music Festival,** www.grantparkmusicfestival.com, Tel. 312 7427638, Mitte Juni–Mitte August, meist mittwoch-/freitag-/samstagabends: Gratis-Sommerkonzerte im Jay Pritzker Pavilion im Millennium Park, z. B. Grant Park Orchestra and Chorus, viel Klassisches, aber auch „leichte" Musik und Einzelveranstaltungen.
- **Ravinia Festival,** Lake-Cook/Green Bay Rd., Highland Park, Tel. 847 2665100, www.ravinia.org. 40 km nördlich von Chicago stattfindendes Sommer-Musikfestival mit über 100 Open-Air-Konzerten der Weltklasse von Klassik bis Pop an jedem Wochenende.
- **Jazz City Series** des Jazz Institute of Chicago/JIC, 410 S Michigan Ave., Tel. 312 4271676, www.jazzinchicago.org. Im Sommer auch Gratiskonzerte an verschiedenen Orten. Veranstalter des „Chicago Jazz Festival", der „Jazz Club Tour" und anderer Events.
- **Free First Monday Concerts,** Chicago Cultural Center, Preston Bradley Hall, 78 E Washington St. Jeden 1. Mo. im Monat findet von 12.15 bis 13 Uhr ein kostenloses Kammerkonzert statt. Programm: www.chicagochambermusic.org/concerts/firstmonday.

Hinter den Kulissen

Touren durch die historischen **Cadillac Palace Theatre** (s. S. 42) und **Ford Center for the Performing Arts/Oriental Theatre** (s. S. 42) gibt es jeden Samstag um 11 Uhr ab der Lobby des Ford Center.

EXTRATIPP

Razzle Dazzle Theater Tour

Die **Chicago Architecture Foundation** (29) bietet im Loop eine interessante Theatertour: „Razzle Dazzle: Chicago's Theater District". „Razzle Dazzle" könnte dabei frei mit „Glitzer und Glimmer" übersetzt werden. Die eineinhalbstündige *walking tour* gibt Einblick in vier noch existierende historische Theater und liefert viel Hintergrundwissen zu den Anfängen der Unterhaltungsindustrie in Chicago. Im Anschluss an die Tour ist eine „Behind the scenes tour" durch das Chicago Theatre, in dem schon Frank Sinatra oder Beyonce auftraten, mit 25 % Discount möglich (www.architecture.org).

019cg Abb.: mb

K **174** [bh] **Music Box Theatre,** 3733 N Southport Ave., www.musicboxtheatre.com. Historisches *movie theater* von 1929 mit 800 Plätzen, das zur Entstehungszeit der Megakinokomplexe als besonders luxuriös galt. Veranstaltungsort mehrerer Filmfestivals.

Chicago für Kunst- und Museumsfreunde

Chicago kann was Museen und Kultureinrichtungen angeht mit einem beachtlichen Angebot aufwarten. Noch dazu ist die Palette breitgefächert, sodass für jeden Geschmack und jedes Alter etwas geboten wird.

Eine Konzentration von Sehenswürdigkeiten findet sich im **Loop,** am Ufer des Lake Michigan, v.a. aber auf dem sogenannten Museum Campus (Shedd Aquarium, Field Museum und Adler Planetarium) und in Hyde Park (Museum of Science and Industry, Unicampus mit Robie House, Smart und DuSable Museum).

Die Liste der kulturellen **Topattraktionen** führen das Field Museum, das Shedd Aquarium und das Art Institute of Chicago an. Nach Zahlen an 1. Stelle rangiert jedoch der Navy Pier mit über 9 Mio. Besuchern im Jahr (Stand 2012).

Der Blick ins Chicago Theatre (3) ist auch Bestandteil der empfehlenswerten Razzle Dazzle Theater Tour

Museen

Einige der großen Museen haben donnerstagabends verlängerte Öffnungszeiten. Eine Liste kleinerer, spezieller Museen findet sich auf www.chicagohs.org/history-around-town.

40 [G9] **Adler Planetarium and Astronomy Museum.** Erstes Planetarium der westlichen Hemisphäre mit zwei Planetariumssälen (Sky und Star Rider Theater), interaktivem Astronomiemuseum und einer Sammlung historisch bedeutender astronomischer Instrumente.

36 [D6] **Art Institute of Chicago.** Vielseitiger Kulturtempel, der mit dem Metropolitan Museum in New York vergleichbar ist. Sehenswerte Wechselausstellungen, Café und Restaurant sowie gut sortierter Museumsshop.

175 [dl] **Charnley-Persky House Museum,** 1365 N Astor/Schiller St., www.sah.org/about-sah/charnley-persky-house, Touren Apr.–Nov. Mi. 12 Uhr (frei) und Sa. 10/12 Uhr ($ 10). National Historic Landmark von 1891, erstes „modernes Haus" in Amerika und Gemeinschaftsprojekt von Louis Sullivan und Frank L. Wright.

176 [G4] **Chicago Children's Museum,** 700 E Grand Ave., Navy Pier, tgl. 10–17, Do. bis 20 Uhr, $ 14 (Do. 17–20 Uhr frei), www.chicagochildrensmuseum.org. Interaktive Ausstellungen und Aktivitäten für Kinder, u. a. „Climbing Schooner" (Kletterschiff), „The Inventing Lab", „Dinosaur Expedition", „Treehouse Trails". Es gibt eine Filiale im Flughafen: „Kids on the Fly".

56 [dk] **Chicago History Museum.** Hochinteressantes Museum und Forschungseinrichtung mit Dauer- und Wechselausstellungen zu historischen Themen rund um die Geschichte der Stadt, außerdem Veranstaltungen und Touren.

177 [D2] **City Gallery at the Historic Water Tower,** 806 N Michigan Ave., Mo.–Sa. 10–18.30, So. 10–16 Uhr, Eintritt frei. Wechselnde Ausstellungen zu Chicago-Themen bzw. von lokalen Künstlern.

› **CitySpace Gallery,** Teil der Chicago Architecture Foundation 29, tgl. 9–17 Uhr, Eintritt frei. Wechselnde Ausstellungen zu architektonischen, städteplanerischen und ökologischen Themen, außerdem Stadtmodell „Chicago Model City".

178 [do] **Clarke House Museum,** 1827 S Indiana Ave./18th St. (Bus Nr. 3, 4, 129: „Indiana/18th St."), Mi. und So. 12/14 Uhr Touren, $ 10 (Mi. frei), auch Kombitouren mit Glessner House Museum ($ 15), www.clarkehousemuseum.org, www.clarkehousemuseum.blogspot.de.

Museen, die mit einer magentafarbenen Nummer (40) als Hauptsehenswürdigkeit ausgewiesen sind, werden im Kapitel „Chicago entdecken" ausführlich beschrieben. Dort finden sich auch alle praktischen Informationen wie Adresse, Öffnungszeiten usw.

EXTRATIPP

Spartipp

Mit dem **Chicago CityPass** (www.citypass.com/chicago) hat man freien Eintritt in fünf Attraktionen – Field Museum, Shedd Aquarium, Skydeck Chicago, Adler Planetarium oder Art Institute und Hancock Observatory oder Museum of Science and Industry. Der 9 Tage gültige Pass ist z. B. direkt bei den genannten Sights oder über das Internet erhältlich und kostet $ 94 bzw. für Kinder (3–11 Jahre) $ 79 (Stand Sommer 2013).

Ältestes Haus der Stadt im Greek-Revival-Stil, von 1836 mit zeitgenössischer Ausstattung.

179 **DuSable Museum of African American History,** 740 E 56th Pl./57th St. (Green Line: „Garfield" oder Bus Nr. 2 bzw. 4: „Cottage Grove/57th"), Di.–Sa. 10–17, So. 12–17 Uhr, www.dusablemuseum.org, $ 10. Wechselausstellungen zu afroamerikanischen Themen und beliebtes Veranstaltungsprogramm.

38 [E9] **Field Museum of Natural History.** Riesiges sehenswertes Naturkundemuseum, das sich verschiedenen Bereichen der Kultur- und Naturwissenschaften widmet. Mit Café, Imbiss und mehreren Läden.

› **Frank Lloyd Wright Home and Studio** (s. S. 207). Im westlichen Vorort Oak Park gelegenes ehemaliges Wohn- und Bürohaus des Architekten, heute als Museum (mit Shop) zu besichtigen.

79 [S. 336] **Frederick C. Robie House.** Ein sehenswertes Wright-Haus in malerischer Lage in Hyde Park, nahe dem Campus der Uni Chicago.

180 [do] **Glessner House Museum,** 1800 S Prairie Ave./18th St. (Bus Nr. 3 oder 4: „Michigan/18th"), www.glessnerhouse.org, Touren Mi./So. 13/15 Uhr, $ 10 (mit Clarke House $ 15), Mi. frei. Haus von 1887 im Prairie Avenue Historic District mit Ausstellung zu Glas, Porzellan, Bronzen u. a. Kunsthandwerk.

› **Hemingway Birthplace and Museum** (s. S. 207). Geburtshaus und Museum zu dem berühmten Schriftsteller.

181 [dk] **International Museum of Surgical Science,** 1524 N Lake Shore Dr., www.imss.org, Di.–Fr. 10–16, Sa./So. 10–17 Uhr, $ 15. Interessante Ausstellung zu Heilmethoden und wichtigen Persönlichkeiten. Gezeigt werden Gerätschaften, Dokumente und Fotos für Medizinfans. Auch sehenswerte Wechselausstelllungen.

182 [cn] **Jane Addams Hull-House Museum,** 800 S Halsted St., University of Illinois Campus, www.uic.edu/jaddams/hull, Di.–Fr. 10–16, So. 12–16 Uhr, empfohlener Eintritt: $ 5. In der ehemaligen Wirkungsstätte der Sozialreformerin und Bürgerrechtlerin werden vor allem Wechselausstellungen gezeigt.

39 [F9] **John G. Shedd Aquarium.** Das größte überdachte Aquarium der

020cg Abb.: mb

› Sehenswertes Stadtmodell in der CitySpace Gallery der Architecture Foundation 29

Welt mit Ozeanarium (Delfin-/Walvorführungen).

183 [D2] **Loyola University Museum of Art (LUMA),** 820 N Michigan Ave., Loyola University Chicago/Water Tower Place Campus, www.luc.edu/luma, Mi.-So. 11-18 Uhr, $ 6, Di. 11-20 Uhr frei. Kunstmuseum mit sehenswerten Wechselausstellungen sowie der Martin D'Arcy Collection (Mittelalter-, Renaissance- und Barockkunst).

184 [D4] **McCormick Bridgehouse & Chicago River Museum,** Michigan Ave./Wacker Dr., http://bridgehousemuseum.org, Mai-Okt. Do.-Mo. 10-17 Uhr, $ 4. Interessantes Museum zur Geschichte Chicagos und zur Bedeutung des Flusses, betrieben von den Friends of the Chicago River.

49 [E2] **Museum of Contemporary Art (MCA).** Galeriekomplex mit zeitgenössischen Gemälden, Skulpturen, Fotografien und Videos, v. a. Wechselausstellungen.

185 [D7] **Museum of Contemporary Photography,** 600 S Michigan Ave., www.mocp.org, Mo.-Sa. 10-17, Do. bis 20 Uhr, So. 12-17 Uhr, Eintritt frei. Dauer- und Wechselausstellungen zur modernen Fotografie.

78 [S. 336] **Museum of Science and Industry (MSI).** Größtes Wissenschaftsmuseum der westlichen Hemisphäre, u. a. mit Kohlebergwerk in Originalgröße, Zug von 1930 und Modellbahnausstellung, U-Boot U-505, Henry Crown Space Center, mehrere Lokale und Shops.

186 [cn] **National Hellenic Museum,** 801 W Adams/Halsted St., Mo., Mi.-Fr. 10-17, Do. bis 20, Sa./So. 11-17 Uhr, $ 10, www.nationalhellenicmuseum.org. Archivsammlung zur griechischen Immigrationsgeschichte sowie Ausstellungen zu Kunst und Kultur, Wechselausstellungen und Veranstaltungen.

Chicago für Kunst- und Museumsfreunde

187 [bo] **National Museum of Mexican Art,** 1852 W 19th St., Di.-So. 10-17 Uhr, Eintritt frei, auch Veranstaltungen, www.nationalmuseumofmexicanart.org. Sehenswertes Museum mit Dauer- und Wechselausstellungen von Kunstwerken mexikanischer und mexikanisch-amerikanischer Künstler aller Genres; gut sortierter Shop!

188 [do] **National Vietnam Veterans Art Museum,** 1801 S Indiana Ave., www.nvvam.org, Di.-Sa. 10-17 Uhr, $ 10. Gemälde, Skulpturen, Fotografien und Gedichte von Veteranen des Vietnamkriegs. Das einzige Museum seiner Art in den USA.

189 [C2] **Newberry Library,** 60 W Walton St., www.newberry.org. Bibliothekstouren Do. 15, Sa. 10.30 Uhr, verschiedene Veranstaltungen und Ausstellungen sowie Internetzugang und Buchladen.

190 **Oriental Institute Museum,** 1155 E 58th/University Ave., Uni of Chicago, www.oi.uchicago.edu, Di./Do.-Sa. 10-18, Mi. 10-20.30, So. 12-18 Uhr, $ 10. Orientalische Kunst, u. a. die größte amerikanische Sammlung antiker Kunstgegenstände aus dem Irak sowie die mesopotamische Galerie.

191 [dj] **Peggy Notebaert Nature Museum,** 2430 N Cannon Dr./Fullerton Pkwy. (Lincoln Park, Bus Nr. 151 oder 156: „Stockton/Fullerton St."), www.naturemuseum.org, Mo.-Fr. 9-17, Sa./So. 10-17 Uhr, $ 9. Großes Schmetterlingshaus mit Insekten aus sieben Ländern sowie Ausstellung zur Ökologie und Naturgeschichte des Mittleren Westens.

192 [bl] **Polish Museum of America,** 984 N Milwaukee Ave./Augusta Blvd. (Blue Line: „Chicago"), www.polishmuseumofamerica.org, Fr.-Mi. 11-16 Uhr, $ 7. Ausstellung polnischer und polnisch-amerikanischer Kunst, Wechselausstellungen und Veranstaltungen.

193 **Smart Museum of Art,** 5550 S Greenwood Ave., http://smartmuseum.uchicago.edu, Di./Mi./Fr. 10-17, Do. 10-20, Sa./So. 10-17 Uhr, Eintritt frei. Sammlung von über 9000 Kunstwerken (asiatische, europäische, moderne Kunst und Design sowie zeitgenössische Kunst) mit Museumsshop und Café, in Hyde Park.

194 [G4] **Smith Museum of Stained Glass Windows,** 600 E Grand Ave., Navy Pier, www.navypier.com/things2do/rides_attract/smith_museum.html, mind. So.-Do. 10-20, Fr./Sa. -22 Uhr, Eintritt frei. Ausstellung von Buntglasfenstern aus Kirchen und Privathäusern, darunter Werke von Louis C. Tiffany und Frank L. Wright, auch deutsche Kirchenfenster, Art-nouveau-Glas aus Chicago, moderne Glaskunst. Filiale im International Terminal des O'Hare Airport.

27 [D8] **Spertus Institute for Jewish Learning & Leadership.** Ungewöhnliche Ausstellung zur Geschichte des Judentums, Religion, Kunst und Kultur in architektonisch bemerkenswertem Bau mit Café.

195 **Swedish American Museum Center,** 5211 N Clark St. (Andersonville), www.swedishamericanmuseum.org, Mo.-Fr. 10-16, Sa./So. 11-16 Uhr, $ 4 (am 2. Di. im Monat frei), mit **Children's Museum of Immigration** (Di.-Fr. 13-16, Sa./So. 11-16 Uhr). Vielerlei Veranstaltungen wie Midsummer-, Lucia-Feier, Wechselausstellungen, Shop und Bibliothek.

196 [am] **Ukrainian National Museum,** 2249 W Superior St., Do.-So. 11-16 Uhr, $ 5 , www.ukrainiannationalmuseum.org. Erinnerungsstücke und Trachten aus der Ukraine.

197 [dp] **Willie Dixon's Blues Heaven Foundation,** 2120 S Michigan Ave. (Bus Nr. 3 oder 4: „Michigan Ave./Cermak Rd."), www.bluesheaven.com, Mo.-Fr. 11-16, Sa. 12-14 Uhr, $ 10. Blues-Archiv und Fotogalerie in ehemaligem Aufnahmestudio von Chess Records. Dixon war Songwriter für Bluesmusiker. Besser vorher anrufen: Tel. 312 8081286.

021cg Abb.: mb

Kunstgalerien

River North 53 hat einen guten Ruf in Sachen Kunst, denn hier – speziell in **„SuHu"**, benannt nach der Lage zwischen Superior und Huron St., und in Wells sowie Franklin St. – gibt es die größte Konzentration an **Kunstgalerien** außerhalb von New York. Mittlerweile reicht der Gallery District bis zur Chicago Ave. im Norden und der Orleans St. im Westen.

- 198 [B3] **Gallery KH,** 740 N Franklin St. Spezialisiert auf moderne Kunst, ausgestellt in Loft-Ambiente.
- 199 [B3] **Zygman Voss,** 222 W Superior St. www.zygmanvossgallery.com. Alteingesessene Galerie, spezialisiert auf Kunst des 17. bis 20. Jh.

Eine von zahlreichen Kunstgalerien in River North 53

Ein weiteres Galerienzentrum ist die **Lower West Side.** An der Halsted St. hat sich zwischen 17th und 19th St. eine aktive Künstlergemeinde angesiedelt und den **Chicago Arts District** (Infos unter www.chicagoartsdistrict.org) ins Leben gerufen. Anfang Oktober gibt es ein „Open House" („Tag der offenen Tür") und jeden zweiten Freitag im Monat „Gallery Nights" mit besonderen Events.

Chicago zum Träumen und Entspannen

Nur zum Entspannen sollte man nicht nach Chicago fahren, denn dazu wird hier zu viel geboten und zum Abschalten eignen sich andere Orte besser. Andererseits bietet die Stadt aber auch zum Erholen und Verschnaufen zwischendurch genügend Gelegenheit. Allein die traumhafte Lage Chicagos am Lake Michigan mit seinen Stränden, Uferpromenaden und Parks sowie der durch die Innenstadt fließende, renaturierte Chicago River verhelfen der geschäftigen Metropole zu beachtlichem Freizeit- und Erholungswert.

Egal, wo man in Chicago unterwegs ist, die **Lakefront** (s. S. 137) ist nie sehr weit. Sie zieht sich vom Süden (Jackson Park) bis zum Norden (Lincoln Park) über 124 Blocks als schmaler Grünstreifen zwischen Stadt und Seeufer entlang – also fast über das gesamte Stadtgebiet. Hier finden sich Fuß- und Radwege, Sportplätze und Badestrände, Bootshäfen und Rasenflächen. Das zentrale Kernstück der Lakefront bildet der **Grant Park** 33 mit dem **Millennium Park** 35 als neuestem Parkabschnitt in unmittelbarer Nähe zum Loop. An sein Südende schließt sich

022cg Abb.: mb

der **Burnham Park** 37 mit dem Museum Campus an. Aufgrund der Tatsache, dass die Stadt schon im späten 19. Jh. gesetzlich festlegte, dass das Uferareal nicht bebaut werden darf, konnte diese einzigartige Grünanlage zwischen Stadt und See entstehen, die heute von Bewohnern und Besuchern gleichermaßen als Erholungsidyll geschätzt wird.

Wie der Burnham Park im Süden des Loop ist auch der **Lincoln Park** 58 im Norden genau genommen ein Teil der Lakefront. Er ist ein ideales Ziel für die ganze Familie, befinden sich hier neben der Uferpromenade doch auch der Lincoln Park Zoo 59 und für Blumenfreunde das Lincoln Park Conservatory (s. S. 189).

Weiter im Süden befindet sich mit dem **Jackson Park** im Viertel Hyde Park 77 ein weiteres beliebtes Erholungsareal am Seeufer. Hier ist auch das Museum of Science and Industry 78 beheimatet. Um nach dem Museumsbesuch etwas Abwechslung zu haben, böte sich ein Besuch des **57th Street Beach** an oder – nördlich – der **Promontory Point Park** mit gutem Blick auf die Skyline.

Zu den beliebtesten und der Innenstadt am nächsten liegenden Badestränden gehört der **Oak Street Beach** 52, der die direkte Fortsetzung der Mag Mile bildet. Er bietet einen Postkartenblick auf die North Michigan Avenue und ist bei Sonnenuntergang besonders schön. Südlich davon, am Ende des N Lake Shore Drive, befindet sich der **Kathy Osterman Beach** (ehemals Hollywood Beach). Dieser Strand ist ideal zum Leutebeobachten, Volleyball- oder Frisbeespielen. Nahe dem Lincoln Park, am Ende des La Salle Dr. (Metro Sedgwick), bietet der **North Avenue Beach** Möglichkeiten für vielerlei Strandaktivitäten wie Beachvolleyball, Inlineskating, Radfahren und ein Open-Air-Work-out und sogar eine Bahn für Rollerhockey. Ebenfalls eher etwas für Sportliche (auch Schwimmer) ist der **Ohio Street Beach** nahe dem Navy Pier 54.

Bescheiden in den Schatten der Wolkenkratzer duckt sich die **Fourth Presbyterian Church** 51, deren Innenhof als einer der romantischsten Plätze der Innenstadt gilt – eine Oase der Ruhe inmitten all des Trubels der Mag Mile. Nicht weit davon befindet sich der **Washington Square Park** [C2], dessen Bänkchen im Sommer ebenfalls einladend sind. Der renaturierte **Chicago River** zieht sich ebenfalls durch die Innenstadt. Hier kann man am Ufer entlangspazieren, in kleinen Grünanlagen sitzen und den Blick auf den Fluss und die umliegende Skyline genießen. Wer möchte, kann im Kajak den Fluss entlangpaddeln und so einen ganz anderen Einblick gewinnen (s. S. 278).

Dank des sogenannten Burnham-Planes von 1909 (s. S. 65) beschränken sich die grünen Oasen der Stadt nicht allein auf die Uferpromenade. Auch in den *neighborhoods* finden sich Ruheoasen. Der malerische Vorort **Oak Park** 73 mit seinen Alleen, Grünanlagen und Bauten von Frank L. Wright ist ein gutes Beispiel. Im Garfield Park lädt dagegen das **Garfield Park Conservatory** 72, ein botanischer Garten, zur geruhsamen Pause ein.

< *Die Lurie Gardens sind Teil des Millennium Park 35 und ideal für ein Päuschen!*

Chicago für den Nachwuchs

Eine Metropole wie Chicago ist zwar nicht unbedingt ein idealer Urlaubsort, wenn man mit Babys oder Kleinkindern unterwegs ist, und dennoch: Wie überall in den USA sind Kinder generell auch in Chicago gern gesehen und es gibt auch für die „Kleinen" eine Menge zu sehen und zu erleben.

In den öffentlichen Verkehrsmitteln Chicagos dürfen Kinder bis 7 Jahre gratis fahren, von 7 bis 11 Jahren gilt der halbe reguläre Fahrpreis. In Motels/Hotels übernachten Kinder meist kostenlos im Zimmer ihrer Eltern. Restaurants und Imbissketten bieten Kindersitze und -menüs sowie gelegentlich auch Spielecken.

Sehens- und Erlebenswertes

40 [G9] **Adler Planetarium.** Sky Show für Kinder und astronomische Geräte zum Ausprobieren.

38 [E9] **Field Museum of Natural History.** Mit dem Skelett des Tyrannosaurus Rex „Sue" und den Abteilungen „Inside Sue's Head" und „Sue Discovery Digs" (Schaugrabungen), „Nature Walk", Indianerausstellung, Reise durch Afrika und nach Ägypten (Nachbau eines Pharaonengrabs) sowie „Underground Adventure": die Welt aus der Sicht eines Käfers.

39 [F9] **John G. Shedd Aquarium.** Vorführungen und ein nachgebildeter Regenwald sowie viele Aquarien.

59 [dk] **Lincoln Park Zoo** und **Lincoln Park Conservatory** (s. S. 189) sowie **Peggy Notebaert Nature Museum** (s. S. 48). Zoo, Botanischer Garten und Museum in einem.

78 [S. 336] **Museum of Science and Industry.** Es locken die Kinderabteilungen und interaktive Ausstellungsstücke wie z. B. „The Farm", „Idea Factory" und „Colleen Moore's Fairy Castle" (Miniaturschloss), Modelleisenbahnausstellung, Nachbau der Stadt um 1910, „Toy Maker 3000" (Spielzeugbau) und ein begehbares Modell des menschlichen Herzens.

54 [G4] **Navy Pier.** Vergnügungsareal mit Riesenrad, Karussell, Ausflugsbooten, dem Chicago Children's Museum (s. S. 45), IMAX-Theater, Spielearkade, Imbissbuden und Lokalen wie Billy Goat Tavern (s. S. 31) oder Häagen-Dazs (Eiscreme). Ende Mai–Ende August Mi. 21.30 und Sa. 22.15 Uhr Feuerwerk.

16 [B6] **Willis Tower** und **John Hancock Center** 50 mit dem **Observatory.** Allein schon die Fahrt mit dem Aufzug ist ein kleiner Abenteuerkitzel!

Sonstige Tipps für Kids

- **Restaurants:** Themenlokale wie **Gino's East** (s. S. 32), das **Rainforest Café** (s. S. 176), **Rock'n'Roll McDonald's** (s. S. 176), **Ed Debevic's** (s. S. 35) und **Garrett Popcorn** (s. S. 27) sind ideale Ziele, um müde Füße vergessen zu lassen.
- **Shopping: American Girl Place** (s. S. 174), **Hershey's** (s. S. 27) und **Apple Store** (s. S. 25) sind Läden für große und kleine Kids.
- **Touren:** Fahrradtouren (s. S. 278) mit einem Leihfahrrad sind aufgrund des gut ausgebauten Radwegenetzes auch zusammen mit Kindern ideal. Alternativ kann man mit der Hochbahn fahren oder eine Tour mit einem Ausflugsboot unternehmen (s. S. 283).
- **Veranstaltungen:** Kinderaufführungen gibt es z. B. in der **Old Town School of Folk Music** (s. S. 41) oder im **Apollo Theater** (s. S. 42).

Am Puls der Stadt

004cg Abb.: mb

Chicago ist die wohl „amerikanischste" Stadt der USA: Einerseits eine Stadt der unbegrenzten Möglichkeiten, andererseits eine erfolgsorientierte Machtmetropole. Bis heute sind die politischen „Seilschaften" – bekannt als „Chicago Machine" –, die seit den 1930er-Jahren die demokratische Partei beherrschen, berühmt-berüchtigt. Chicago liegt zudem an einem wichtigen historischen und geografischen Schnittpunkt: Hier ist der „Wilde Westen" zu Ende und Provinz und Prärie treffen auf Zivilisation und Urbanität.

Das Antlitz der Metropole

„Da liegt sie nun vor uns, die ‚Königin der Seen', das größte Wunder der neuen Welt (...). Nur einmal im Leben empfand ich die gleiche Aufregung, dieselben hochgespannten Erwartungen. Es war, als ich in die Ewige Stadt, in Rom, einfuhr. Und welch gewaltigen Kontrast bieten diese beiden, gleich berühmten, gleich besuchten, gleich merkwürdigen Städte. Dort die älteste Stadt der Alten Welt – hier die neueste Stadt der Neuen Welt. Dort die einstige Residenz der Kaiser-Despoten und Päpste – hier die Residenz des freien Bürgers ..."

Diese schwärmerische Beschreibung Chicagos stammt aus „Chicago, eine Großstadt im amerikanischen Westen" (1892) aus der Feder des österreichischen Reiseschriftstellers Ernst von Hesse-Wartegg (1851–1918). Er hatte Ende des 19. Jh. die Stadt besucht und war tief beeindruckt – wie viele seiner Zeitgenossen. Gerade damals galt Chicago im deutschsprachigen Raum als eines der „Weltwunder" Nordamerikas: Die Niagarafälle musste man gesehen haben und gleich danach die Stadt am Lake Michigan, so meinte schon im 19. Jh. **Otto von Bismarck.** Angesichts dieser Euphorie wundert es nicht, dass damals der **größte Bevölkerungsteil in Chicago deutschstämmig** war. Es gab natürlich auch kritische Stimmen, etwa jene der bayerischen Dichterin Emerenz Meier *(s. S. 188)*, die 1906 nach Chicago auswanderte und ihrer neuen Heimat eine intensive Hassliebe entgegenbrachte.

Chicago nähert sich heute im Großraum (genannt „Chicagoland") bevölkerungstechnisch der 10-Millionen-Marke und steht damit in den USA an dritter Stelle nach New York und Los Angeles. Knapp drei Millionen Menschen leben in der „City of Chicago", die über 77 *neighborhoods* (Stadtviertel) verfügt. Chicago ist **Hauptstadt des Cook County** und dieser Landkreis grenzt im Osten an den US-Bundesstaat Indiana an. **Chicagoland** umfasst im Norden u. a. Orte wie Evanston, Gurnee, Glencoe, Wadsworth, Highland Park oder Lake Forest. Im Süden reicht es von Chicago Heights und Park Forest bis zur Stadt Joliet und im Westen liegen Orte wie Brookfield, Lisle, Naperville, Schaumburg, St. Charles oder Aurora.

◁ Vorseite: „Meet me under the clock" – bei Marshall Field's ❷ (heute Macy's)

023cg Abb.: mb

Geografie

Chicago liegt am Südwestufer des Lake Michigan, einem der **Großen Seen** (Great Lakes). Dieses **größte zusammenhängende Süßwasser-Binnensystem der Erde** bestimmt Geografie und Klima der Region, wirkt ausgleichend und fungiert als Wasser- und Wärmespeicher. Die Großen Seen umfassen bei einer Fläche von etwa 245.000 km² unvorstellbare Wassermassen: rund **15 % der globalen Süßwasserreserven!**

Der mit 82.414 km² größte und mit 397 m tiefste der fünf Seen ist der im Westen gelegene **Lake Superior**, der kleinste der **Lake Ontario.** Er ist jedoch mit knapp 20.000 km² immerhin noch rund 36-mal größer als der Bodensee und dazu bis zu 237 m tief. Mit maximal 64 m dagegen eher flach ist der **Lake Erie.** Außer **Lake Michigan** (58.016 km², 287 m) gehört noch der **Lake Huron** (59.586 km², 229 m) zum Seengebiet. Die existierenden Höhenunterschiede zwischen den Seen mit den dadurch entstandenen Wasserfällen, v. a. den **Niagara Falls** zwischen Lake Erie und Ontario, werden seit Eröffnung des St.-Lorenz-Seewegs in den späten 1950er-Jahren durch ein kompliziertes Schleusensystem ausgeglichen.

Die Promenade am Lake Michigan mit Blick auf die Skyline der Stadt

Chicago ist nicht nur seit dem 19. Jh. ein wichtiger **Eisenbahnknotenpunkt,** sondern zugleich seit dem Bau des Illinois and Michigan Canal im Jahr 1848, der die Verbindung zu Atlantik und Golf herstellte, ein wichtiger **Schifffahrtsknoten.** Erst durch diesen Kanal entwickelte sich Chicago zum größten **Getreide- und Holzhafen** der Welt. Eingeschränkt wurde und wird der Wasserverkehr allerdings dadurch, dass die Seen unterschiedlich stark und lange zufrieren und dadurch eine regelmäßige Schifffahrt auf acht Monate im Jahr beschränkt ist.

Chicago ist die Hauptstadt des „Heartland", die **Metropole des Mittleren Westens.** Eigentlich wäre ein Bauen in die Höhe gar nicht nötig gewesen, da flaches Land zur Besiedelung reichlich vorhanden war. Chicagos Stadtgebiet wurde nach dem großen Feuer von 1871 im **Grid-Iron-Prinzip** bebaut, d. h., maßgebend war ein Raster aus gleichwertigen Straßen – übersichtlich, aber monoton. Die Einteilung in quadratmeilengroße Sektoren mit je 12 Baublöcken von rund 100 m Seitenlänge basierte auf der Landvermessung der Land Ordinance von 1785. Während das gleichmäßige Gitter im Zentrum konsequent realisiert wurde, gibt es am Fluss und am Seeufer gelegentlich Abweichungen und zudem Überlagerungen mit später entstandenen Schnellstraßen.

Acht US-Bundesstaaten (Illinois, Wisconsin, Minnesota, Michigan, Indiana, Ohio, Pennsylanvia, New York) und die kanadische Provinz Ontario sind Anrainerstaaten der Großen Seen. Rund 80 Mio. Menschen leben auf diesem Areal, was knapp 30 % der Gesamtbevölkerung der USA gleichkommt. Der **städtische Großraum Chicagos** reicht von den Stahlwerken Garys in Indiana bis zu der Seenregion im nördlichen Lake County vor den Toren Milwaukees und gilt nach New York und Los Angeles als **drittgrößter Siedlungsraum in den USA.** Das Stadtgebiet bedeckt rund 600 km^2, die zugehörige Wasserfläche macht rund 18 km^2 aus. Das Seeufer misst mit all seinen Buchten circa 46 km.

Geologie

Der Bereich der Großen Seen wurde von den Klimaveränderungen der vergangenen zwei Millionen Jahre geprägt. Die Region ist Teil des zentralen Flachlandes zwischen den beiden Hauptgebirgszügen – den Appalachen im Osten und den Rocky Mountains im Westen. Ihr gegenwärtiges Aussehen hat die Landschaft erst in den letzten 15.000 bis 12.000 Jahren, nach der letzten Eiszeit, angenommen, als beim Abschmelzen des Eises Moränenhügelzüge, Trogtäler, Wannen und Seen, Moore und Flüsse entstanden. Die heutige Landschaft der Great-Lakes-Region gleicht dem Voralpenland: ein sanftes **bewaldetes Hügelland** ohne spektakuläre Erhebungen.

Chicago galt einst als **„city on an island between two seas":** im Osten der Lake Michigan, im Westen die weite Prärie. Da das Grasland von zahllosen Flüssen und Bächen durchzogen war, lag der Großteil der Landfläche Chicagos auf sumpfigem Boden, zum Lake Michigan hin dehnte sich Marschland aus.

Bis zur Mitte des 17. Jh., als die ersten Europäer herkamen, waren die Großen Seen von schier endlosen **Wäldern** umgeben. Hatten die Indianer noch im Einklang mit der Natur gelebt, änderte sich das mit der Ankunft der Weißen:

Die natürlichen Ressourcen wurden zunehmend ausgebeutet und schon gegen Mitte des 19. Jh. waren die Uferregionen weitgehend abgeholzt. Im Laufe der Zeit entwickelten sich dann große Teile der Uferzonen zum industriell geprägten, modernen Ballungsraum, in dem heute rund 80 Mio. Menschen leben.

Im Südwesten des Lake Michigan ging der Wald einst in Grasland über. In den letzten beiden Jahrhunderten hat sich aber auch hier die Landschaft stark verändert: Von der einstmals weiten **Prärie** haben sich nur in Indiana, Ohio und Illinois Reste erhalten. Dank der fruchtbaren Böden ist eine ausgedehnte Agrarregion entstanden, in der v.a. Mais, Weizen, Sojabohnen und Sorghum (ein hirseähnliches Getreide) angebaut werden.

Und auch der See wurde umfunktioniert: vom Naturreservoir zum Wasserspeicher, Transportweg, Stromerzeuger und Erholungsareal sowie zur Müll- und Abwasserdeponie. In ausgewiesenen **Schutzregionen** versucht man nun seit einigen Jahrzehnten eine Renaturierung inklusive der Wiederansiedelung der ursprünglichen Flora und Fauna. Beispielsweise konnte in der **Midewin National Tallgrass Prairie,** wenige Kilometer südwestlich von Chicago, bei Joliet, das Grasland langsam wieder zurückgewonnen werden und der Beiname von Illinois, „Prairie State", gewinnt wieder an Bedeutung.

Klima

Klimatisch gilt Chicago als **Stadt der Extreme.** Eigentlich herrscht zwischen Lake Superior und Lake Michigan **gemäßigt-kontinentales Klima,** abgesehen vom Michigan-See und seiner ausgleichend-wärmespeichernden Wirkung übt aber auch die Prärie im Hinterland starken Einfluss auf das Stadtklima aus. Aufgrund fehlender Erhebungen pfeift der Wind, genannt „The Hawk", ungehindert durch die Straßen der Stadt und bringt je nach Wetterlage kalte oder schwüle Luft aus den Weiten der Prärie mit sich.

Chicago liegt zwar auf dem gleichen Breitengrad – zwischen 41. und 42. – wie Teile Südeuropas, aber da die Luftmassen in Nord-Süd-Richtung nicht durch Berge gebremst werden, sind **Winterstürme** aus Kanada ebenso möglich wie das Vordringen heißer und feuchter Luftmassen aus dem Süden. Arktische Kaltluft aus Kanada bringt im Winter und Frühling Phasen strengsten Frosts und zudem Schneestürme (Blizzards) oder auch Eisregen. Im Sommer dominieren warm-feuchte Luftmassen vom Golf mit **Schwüle** und Temperaturen von manchmal über 30 °C sowie fast tropischer Luftfeuchtigkeit.

Rasche **Wetterwechsel** und starke **Temperaturschwankungen** sind typisch für die Stadt, in der es vier deutlich zu unterscheidende Jahreszeiten gibt. Die **Niederschläge** liegen im Jahresmittel zwischen 700 und 1200 mm. Im Sommer herrschen durchschnittliche Temperaturen von 23 bis 28 °C tagsüber und nachts um die 17 °C, dazu gibt es häufig Gewitter. In den Sommermonaten kann die Quecksilbersäule aber auch phasenweise auf über 30 °C klettern, gelegentlich auf über 40 °C! Andererseits fällt auch der meiste Regen im Sommer, v.a. im Juli. Der Winter gibt sich launisch, im Durchschnitt fällt pro Saison knapp 1 m Schnee, oft urplötzlich in Gestalt von Blizzards. Die Temperaturen im Januar/Februar liegen oft unter 0 °C und bis –15 °C, aber auch +10 °C sind möglich.

Während es im Frühjahr Hagel, Orkanböen und Tornados geben kann, sind die eigentlich **empfehlenswertesten Reisezeiten** der Spätsommer und der Herbst (September/Oktober). Dann herrscht meist eine stabile Hochdruckwetterlage und zudem wirken sich die Wassermassen der Großen Seen auf das Klima aus: Im Herbst kühlen die Seen nur langsam ab und strahlen noch lange Wärme ab. In geschützten Regionen ist daher sogar Weinbau möglich.

Flora und Fauna

Es werden **vier Vegetationszonen** um die Großen Seen unterschieden: im Norden und Nordwesten **borealer Nadelwald** (Fichten, Kiefern, Lärchen, Tannen), im Bereich der nördlichen Seen **sommergrüner Mischwald** (Ahorn, Ulme, Buche, Eiche, Birke, Pappel, Erle, Espe und Weide sowie Tannen und andere Nadelgehölze), weiter nach Süden verstärkt **sommergrüner Laubwald** (Ulme, Buche, Eiche und Esche sind dominant, aber auch Hickory, Kastanien, Magnolien, Tulpenbäume und Obstgehölze) und westlich und südlich des Großraums Chicago das baumarme Steppen- und Grasland der **Great Plains** (v.a. Pappel, Ahorn, Eiche, Hickory-Nussbaum).

Ursprünglich lebte in der Region eine Vielzahl von **Pelztieren** (Biber, Otter etc.), die fast ausgerottet wurden. Mitt-

☑ *Botanisches Highlight im Millennium Park ㉟: der Lurie Garden vor dem Modern Wing des Art Institute ㊱*

024cg Abb.: mb

lerweile erholen sich die Bestände aber wieder etwas. **Hirsche und Rehe** sind überall anzutreffen, Opossums, Waschbären, Luchse, Elche und Schwarzbären kehren erst allmählich wieder in die Schutzgebiete zurück. Ebenfalls wieder zu sehen, wenn auch nur auf Koppeln, ist das einst wichtigste Tier der Prärie: der **Bison.**

Die Verbesserung der Wasserqualität in den letzten Jahrzehnten zeigt ebenfalls erste Früchte: Zahlreiche **Fischarten** von Saibling über Barsch und Forelle bis zu Hecht und Lachs tummeln sich wieder in den Flüssen und Seen. Beachtlich ist auch der **Vogelreichtum:** Es überwiegen Wasservögel wie Kanada-Gänse, Schwäne, Reiher, Kraniche und weiße Pelikane, hinzu kommen im Frühjahr und Herbst unzählige Zugvögel. Der **Weißkopfseeadler**, der Wappenvogel der USA, lässt sich mit Glück an den Steilufern des Mississippi in Illinois ebenfalls wieder beobachten.

Von den Anfängen bis zur Gegenwart

Steht man heute zwischen den Wolkenkratzern Chicagos, kann man sich kaum mehr vorstellen, wie es zur Zeit der Indianer, der ersten weißen Forscher, Trapper, Abenteurer und Siedler hier ausgesehen haben mag. Die heutige Metropole geht auf ein Dorf der Wea-Indianer zurück, einer der sechs Stämme, die den losen Zusammenschluss der Miami-Indianer bildeten. Diese Algonquin sprechenden Menschen siedelten einst zwischen Lake Michigan und Ohio River. Eine Gruppe lebt heute noch im benachbarten Bundesstaat Indiana.

In den 1640er-Jahren war am Südende des Lake Michigan ein **Miami-Indianerdorf** mit dem Namen „Che-cau-gou“ bzw. „Chi-ca-gou“, benannt nach dem kleinen Fluss, der in unmittelbarer Nähe in den See mündete, entstanden. Das Wort leitet sich vom Geruch der wilden Zwiebeln ab, die im Mündungsbereich des Flusses massenhaft wuchsen. Doch die Miami waren nicht die einzigen Indianer, die sich hier heimisch fühlten: Gruppen der Illinois und der gefürchteten Potawatomi lebten ebenfalls hier – es sollen um die 6500 Indianer gewesen sein. Als Jäger, Sammler, Fischer und Bauern wiesen die indianischen Gruppen kaum übergeordnete soziale Strukturen auf. Die Meisten lebten halbnomadisch, das heißt, sie wechselten die Siedlungsplätze saisonal.

Über die Jahrhunderte entwickelte sich aus dem Indianerdorf eine pulsierende Weltstadt und aus der einstigen Stadt der Schlachthöfe und Gangster entstand ein **Bankenzentrum**, eine **Warenbörse** und eine **Touristendestination.** Zwei **Katastrophen**, das Fort Dearborn Massacre von 1812 und das Great Fire von 1871, suchten die Stadt heim, ohne sie nachhaltig zu betreffen. Im Gegenteil: Diese Ereignisse scheinen sie eher noch beflügelt zu haben. Nach dem Feuer entwickelte sich Chicago erst so richtig zum Magneten für Einwanderer, Geschäftsleute, Reformer, Gewerkschafter, Politiker, Schriftsteller und Architekten. Heute steht Chicago synonym für **Blues** und **Jazz**, **Kunst** und **Architektur**, ist bekannt für **Shopping**, für die **kulinarische Szene**, für **Radwege**, weitläufige **Grünanlagen** und höchst unterschiedliche **„neighborhoods“**.

Von den Anfängen bis zur Gegenwart

025cg Abb.: mb

Geschichte im Überblick

1671: Der Forscher Louis Jolliet und der Pater Jacques Marquette erforschen das sumpfige Grasland zwischen Lake Michigan und Chicago River.

1674: Marquette errichtet eine Mission.

Um 1681: Der französische Edelmann Robert Cavalier Sieur de La Salle taucht in der Region auf und beansprucht das Mississippi River Valley für das französische Königreich. LaSalle benutzt erstmals offiziell den Namen „Chi-ca-gou" und bezeichnet den Landweg zwischen Illinois und Chicago River als „Chicago Portage".

1779: Jean Baptiste Point du Sable, ein französischer Pelzhändler errichtet eine Handelsstation, die Kern der ersten dauerhaften europäischen Siedlung wird. Französisch-afrikanischer Abstammung – Vater aus Québec, Mutter eine afroamerikanische Sklavin – und verheiratet mit einer Potawatomi-Indianerin, ist du Sable zwar der „erste Weiße" im Raum Chicago, aber – wie die Indianer belustigt feststellen – eigentlich dunkelhäutig.

1803: Napoleon verkauft „La Louisiane" – das riesige Gebiet zwischen den Großen Seen, dem Mississippi, dem Golf von Mexiko und den Rocky Mountains – an die USA. Nahe der Mündung des Chicago River wird durch die US-Armee unter Captain John Whistler ein Militärposten errichtet: Fort Dearborn. Schon während des Amerikanischen Unabhängigkeitskrieges hatten US-Offiziere die strategische Bedeutung des Ortes erkannt und nach dem Louisiana Purchase war der Bau des Postens notwendig geworden. Fort Dearborn, benannt nach General Henry Dearborn, Verteidigungsminister unter Präsident Jefferson, ist jedoch nicht nur Militärstandort, sondern entwickelt sich zugleich zum „städtischen Zentrum". Ein Jahr später erwirbt John Kinzie die Handelsstation neben dem Fort von Jean Baptiste Point du Sable.

1812–1814: Das Eintreffen der Europäer im 18. Jh. stört die vormals friedliche Koexistenz unter den Indianervölkern und sie werden in die Streitereien der Kolonialmächte hineingezogen. Während des War of 1812 versuchen die Indianer ein letztes Mal, das Vordringen der weißen Siedler abzuwehren. In dem sogenannten Zweiten Unabhängigkeitskrieg werden viele indianische Völker von den Briten als Verbündete angeworben. So stellt sich unter dem legendären Shawnee-Häuptling Tecumseh die größte Allianz indianischer Völker, die sich jemals in Nordamerika zusammenfand, den USA entgegen. Nach dem Tod Tecumsehs 1813 ist der Widerstand der Indianer jedoch gebrochen. Während des Krieges soll Fort Dearborn, isoliert gelegen und von Indianervölkern, die offen mit den Briten sympathisierten, umringt, evakuiert werden. Beim Verlassen des Forts werden die Bewohner jedoch von Potawatomi-Indianern angegriffen und im Fort Dearborn Massacre finden 148 Soldaten und Zivilisten den Tod. Von den Indianern geplündert und niedergebrannt, wird das Fort 1816 – nach dem Friedensschluss mit den Briten zwei Jahre zuvor – an gleicher Stelle neu aufgebaut. Auch der Händler Kinzie kehrt mit seiner Familie zurück. 1837 hat das Fort schließlich ausgedient und wird 1856 abgerissen.

1818: Illinois wird als 21. Bundesstaat in die Union aufgenommen. Zu dieser Zeit ist Chicago noch eine Ansammlung von Blockhütten westlich des Forts. Da hier jedoch mehrere alte Trails zusammenlaufen, entwickelt sich der Ort rasch zu einem wichtigen Handelsposten. Zudem nimmt der Schiffsverkehr auf den Großen Seen allmählich zu und neben Waren gelangen auch Einwanderer in die Stadt.

1825: Eröffnung des Erie-Kanals. Diese Verbindung zwischen Atlantik (New York) und den Seen begünstigt den Handel und öffnet den Westen für Warenaustausch in größerem Umfang.

1832: Black-Hawk-Krieg. Die nach dem War of 1812 praktizierte Umsiedlungspolitik der US-Regierung ruft nur noch bei wenigen Indianervölkern im Osten Widerstand hervor, viele sind dem Siedlungsdruck gewichen bzw. durch Kriege und eingeschleppte Krankheiten dezimiert worden. Während des Black-Hawk-Kriegs, der sich westlich von Chicago abspielt, ziehen jedoch die Saux und die Fox als letzte Völker östlich des Mississippi gegen die weiße Übermacht in den Kampf – und ziehen den Kürzeren. Sie werden jenseits des Mississippi neu angesiedelt. Heute erinnern hieran nur noch wenige Namen wie derjenige der lokalen Profi-Eishockeymannschaft („Blackhawks“), der sich auf den damaligen legendären indianischen Anführer Black Hawk (1767–1838) bezieht.

1834: Mit dem Ausbau des Hafens wird die Rolle von Chicago als Hafenstadt gefördert. Da der Lake Michigan kaum über natürliche Häfen verfügt, bietet sich als einziger Anlegeplatz für größere Schiffe die Mündung des Chicago River an. Bereits um 1880 ist Chicago der geschäftigste Hafen in den USA mit mehr anlegenden Schiffen, als New York, San Francisco, New Orleans, Boston, Baltimore und Philadelphia zusammen vorweisen können.

1836–48: Der Illinois-Michigan-Kanal wirkt sich positiv auf die Bedeutung des Hafens aus.

1837: Chicago wird zur Stadt erhoben. Aus dem einstigen Indianerdorf ist eine boomende Metropole mit über 4000 Einwohnern geworden. Fünf Jahre später hat sich diese Zahl bereits verdoppelt und nach der Vollendung des Kanals und der ersten Eisenbahn (1848) leben über 12.000 Menschen in Chicago.

10. Oktober 1848: Mit der Ankunft der ersten Lokomotive, „The Pioneer“, nimmt mit der Galena & Chicago Union Railroad die erste Eisenbahnlinie der Stadt ihren Betrieb auf. Bis 1856 steigt die Zahl der Eisenbahnunternehmen auf vier an, darunter die Illinois Central Railroad, die ein großes Areal zwischen Grant Park und Michigan Avenue erwirbt. Große Bahnhöfe wie die Chicago and North Western Station von 1881 (heute Merchandise Mart), das Lake Shore and Michigan Southern and Rock Island Depot von 1873 (Van Buren/Sherman St.), 1903 durch die LaSalle Street Station ersetzt, und die Grand Central Station von 1890 (Harrison/Wells St.) entstehen. Der grandiose Bau der Grand Central Station mit dominantem Glockenturm und Luxushotel wurde 1971 abge-

◁ Indianer waren die ersten Siedler in der Gegend um Chicago, daran erinnert der „Spearman“ am Grant Park 33

rissen, lediglich von der ebenfalls beeindruckenden Union Station von 1927 (Adams/ Canal St.) verkehren heute noch Personenzüge. Mit der Eisenbahn wird Chicago zum „Scharnier" zwischen Ost und West, zum Verteiler für Siedler aus aller Welt und zum Umschlagplatz für Vieh, Holz und Getreide. Industrie beginnt sich anzusiedeln, neben Stahl und Holz spielt die Fleischverarbeitung eine wichtige Rolle.

1855: Mit der Northwestern University wird die erste Hochschule der Stadt gegründet.

1860: Man sorgt politisch für Schlagzeilen: Der erste Parteitag der Republikanischen Partei findet hier statt, bei dem Abraham Lincoln als Präsidentschaftskandidat aufgestellt wird.

1865: Die Union Stock Yards eröffnen, bis zu ihrer Schließung in den 1970er-Jahren der größte Schlachthof der Welt. Hierher wird Vieh in Zügen von den Weideflächen des Westens gebracht, dann geschlachtet, weiterverarbeitet und in die Städte im Osten geschafft.

1867: Gründung einer Eisenbahnwaggonfabrik durch George M. Pullman. Sie wird für luxuriöse Salonwagen berühmt.

8. Februar 1869: Wegweisend für die weitere Entwicklung der Stadt ist die per Gesetz beschlossene Ausweisung des Lincoln Park am Ufer des Sees zum „People's Resort". Damit wird jegliche Bebauung am Seeufer untersagt – ein Gesetz, das bis heute gilt.

1871: Das „Große Feuer" bricht am Abend des 8. Oktober, einem Sonntag, in der Scheune hinter dem Haus von Patrick und Catherine O'Leary in der DeKoven Street Nr. 13 aus unbekanntem Grund aus. Der Brand greift, begünstigt durch Trockenheit und Hitze, schnell auf die Holzhäuser in der Umgebung über und wütete zwei Tage lang, ehe am Morgen des 10. Oktober Regen einsetzt. Fast 4 km² des Innenstadtbereichs sind betroffen, etwa 18.000 Gebäude zerstört und der Sachschaden beläuft sich auf rund $ 200 Mio. Das Feuer kostet zwischen 250 und 300 Menschenleben, 100.000 Stadtbewohner sind obdachlos. „All gone but wife, children and energy", schreibt William D. Kerfoot nach dem „Great Fire" und noch in derselben Woche verkünden Bürgermeister Joseph Medill und Colonel D.C. Houston, Kommandeur des U.S. Corps of Engineers, dass die Stadt sofort wieder aufgebaut werden solle. Das Baumaterial der zerstörten Häuser wird südlich des Flusses in den See gekippt und so entsteht, dort wo sich heute die Uferparks entlangziehen, neues Land. Bereits sechs Wochen nach dem Unglück sind über 200 Stein- und Ziegelbauten im Bau, bis zum Winter sollen die Menschen wieder ein Dach über dem Kopf haben. Da große Teile der Eisenbahnanlagen unbeschädigt geblieben sind, kann die Stadt immerhin weiterhin als Verkehrsknotenpunkt fungieren.

1873: Montgomery Ward & Co. wird als erstes Versandhaus der Welt in Chicago gegründet. 1893 erscheint der Katalog des Versandhauses Sears Roebock & Co., der bis Ende 1993 als größter der Welt galt. Am Ende umfasste er über 1500 Seiten und pries rund 150.000 Artikel an.

1883: Eröffnung des Art Institute of Chicago.

1885: William Le Baron Jenney wagt es erstmals, den Stahlgerüstbau auf ein Hochhaus anzuwenden und so entsteht der erste Wolkenkratzer der Welt, das Home Insurance Building mit zehn Stockwerken (1931 abgerissen). Der älteste heute noch erhaltene Skyscraper ist das Monadnock Building (1889–1891) an der Ecke State/Van Buren St. Das Great Fire hatte somit auch einen positiven Effekt: den städteplanerischen und baulichen Neubeginn. Aus Schutt und Asche entsteht eine neue Metropolis, in der Architekten und Ingenieure in der Chicago School of Architecture vereint die Baukunst weltweit revolutionierten.

1886: Die Situation in den Fabriken, speziell in den Schlachthöfen, und die erbärmlichen Lebensumstände der Arbeiter entladen sich erstmals während der Haymarket Riots. Deutsche Immigranten erweisen sich als führend in der Gewerkschaftsbewegung. Als bei einer Demonstration eine Bombe hochgeht und die Polizei wahllos in die Menge schießt, kommen sieben Polizisten und zahlreiche Arbeiter zu Tode. Die Täter werden nicht gefasst, in einem bis heute kritisierten Gerichtsverfahren werden aber vier deutschstämmige Gewerkschaftler unschuldig zum Tode verurteilt und hingerichtet.

1893: World's Columbian Exposition. Über 27 Mio. Besucher – über 700.000 (!) allein am „Chicago Day", dem 9. Okt. 1893, der im Gedenken an das große Feuer von 1871 stattfindet – besuchen zwischen Mai und Oktober die Weltausstellung im Jackson Park im Süden der Stadt. F. L. Olmsted und Daniel Burnham hatten das gewählte Gelände umgestaltet und die Ausstellungsgebäude der „White City" – so genannt wegen der weißen Bauten – geplant. Als weitere berühmte Architekten waren unter der Oberaufsicht von Burnham Henry Ives Cobb, Richard Morris Hunt, Charles McKim, George B. Post und Louis Sullivan tätig. Sophie Hayden, die erste am MIT (Boston) ausgebildete Architektin, entwarf das berühmte Woman's Building. Die Columbian Exposition ist die erste Ausstellung mit separatem Vergnügungsareal und dazu gehören auch der Nachbau einer „Street in Cairo" (exotische Tänze) und vielerlei Fahrgeschäfte, darunter das welterste Ferris Wheel (Riesenrad) – eine gut 80 m hohe Stahlkonstruktion mit 36 Wagen für je 60 Personen. An der Messe beteiligt sind insgesamt 46 Nationen und die Gesamtkosten belaufen sich auf über $ 28 Mio. Von den mehr als 200 Bauten steht heute lediglich noch der Palace of Fine Arts mit dem Museum of Science and Industry.

6. Juni 1892: Die erste Hochbahn – bis 1898 dampfbetrieben, dann elektrisch – wird auf der Alley L (Congress Parkway bis 39th St.) in Betrieb genommen. Mit dieser Hochbahn kommt der Name „The Loop" als Bezeichnung für den Kernbereich der Stadt auf, den die „L" (kurz für „elevated train") auf jeweils etwa 1,5 km Länge umschließt.

026cg Abb.: id/ld

Abraham Lincoln, der 16. Präsident der USA, lebte und wirkte ganz in der Nähe von Chicago, in Springfield/Illinois

Scarface – Al(phonsus) Capone

Al Capone war der wohl ***bekannteste Gangster weltweit*** *und trieb während der Prohibition in den 1920er-Jahren sein Unwesen. Am 17. Januar 1899 in Brooklyn, New York, als Alphonsus Capone geboren, begann er seine „Karriere" bereits in Kinder-Gangs. Er verließ die Schule mit 14 Jahren und wurde Mitglied der berüchtigten „Five Points Gang" in Manhattan, wo er als Türsteher und Barmann für Gangsterboss Frankie Yale arbeitete. Dabei zog er sich jene Narben zu, die ihm den Spitznamen* ***„Scarface"*** *einbrachten.*

1918 heiratete er die Irin Mary „Mae" Coughlin und hatte mit ihr einen Sohn, Albert „Sonny" Francis Capone. Bald wurde jedoch der Boden in New York zu heiß und sein Boss schickte ihn nach Chicago. Von 1919 an lebte er mit seiner Familie in einem schlichten Haus in der 7244 South Prairie Ave. im South Loop und arbeitete für einen Kumpel Yales, John Torrio. Dieser erkannte seine wahren Talente - Muskelkraft kombiniert mit Intelligenz - und Capone arbeitete sich in der Hierarchie nach oben. Als Boss Torrio angeschossen wurde und daraufhin Chicago verließ, stieg Capone zum ***Chef*** *auf, zum „Big Fellow". 1925 bis 1930 baute er sein Syndikat aus und die Kontrolle über Wettbüros, Pferderennbahnen, Bordelle, Nightclubs, Destillerien und Brauereien machte ihn zum reichen Mann - bis ihn, trotz früherer gemeinsamer Geschäfte, der korrupte Bürgermeister William „Big Bill" Hale Thompson Jr. durch einen neuen Polizeichef verfolgen ließ.*

Capone unterhielt mehrere (getarnte) ***Headquarters,*** *wie das Four Deuces (2222 S Wabash Ave.), das Metropole Hotel (2300 S Michigan Ave.) und das Lexington Hotel (2135 S Michigan Ave.), außerdem Rückzugspunkte in den Vororten, z. B. in Forest View, das man deswegen „Caponeville" nannte. Einerseits war er gefürchtet wegen seiner Wutausbrüche und Brutalität, andererseits bekannt für* ***Loyalität und Ehrgefühl.*** *Und er hatte weiche Züge: Er ließ beispielsweise Suppenküchen eröffnen, nachdem 1929 die Börse zusammengebrochen war, und versorgte Arme mit Kleidung.*

Dank eines Netzwerks an Spionen war sein Leben in Chicago nie wirklich in Gefahr - im Gegenteil, Capone schaffte unliebsame Gegner durch seine „gunmen" rasch aus dem Weg: Während des ***St. Valentine's Day Massacre*** *am 14. Februar 1929 ließ er eine gegnerische Gang von Bootleggers (Alkoholschmuggler) niedermetzeln, nur der Bandenführer entkam. Capone wusch seine Hände in Unschuld, doch seinen Nimbus als „Sympathie-Gangster" hatte er verloren.*

Um 1900: Bezüglich der Einwohnerzahlen belegt Chicago nach New York den zweiten Platz: 1890 leben über 1 Mio. Menschen in Chicago, um 1900 sind es schon 1,7 Mio., darunter fast 600.000 Zuwanderer. Rund 170.000 davon waren Deutsche, 74.000 Iren und 60.000 Polen. Die Zuwanderung aus Europa sorgt zu Anfang des 20. Jh. für die bis heute kennzeichnende ethnische Vielfalt in der Stadt. Infrastruktur und Architektur verhelfen Chicago zu Ansehen, man ist im Vieh- und Getreidehandel führend, im In-

1930 stand er auf Chicagos Liste der 28 meistgesuchten Kriminellen und war ***„Public Enemy Number One"****. Nachdem 1927 gesetzlich eine Steuer auf Wett- und ähnliche Einnahmen festgelegt worden war, wurde auch Al Capone zur Kasse gebeten. Allerdings gelang es erst 1931, ihn tatsächlich wegen Steuerhinterziehung zu einer Geldstrafe zu verurteilen. Dennoch, seine Gegner wurden stärker und schließlich halfen alle Bestechungsversuche nichts mehr: Im Mai 1932 kam Capone in Atlanta ins Gefängnis, wo er sich jedoch rasch spezielle Privilegien schuf. Daraufhin schickte man ihn nach* ***Alcatraz*** *(San Francisco), wo Bestechungen nichts nützten und er sich zum „Mustergefangenen" entwickelte.*

Da er an ***Syphilis*** *litt, wurde er im November 1939 entlassen und zog sich nach Palm Island (Florida) zurück, wo sich sein Gesundheitszustand zunehmend verschlechterte: 1947 erlitt Capone einen Schlaganfall, anschließend eine Lungenentzündung und am 25. Januar 1947* ***starb*** *der größte Gangster aller Zeiten. Er wurde zunächst auf dem Mount Olivet Cemetery in der Far South Side Chicagos zwischen den Grabstätten seines Vaters Gabriele und seines Bruders Frank bestattet, 1950 dann auf den Mount Carmel Cemetery (Far West Side) umgebettet.*

dustriesektor hat nur New York die Nase weiter vorn und alles in allem ist man zur „Second City" nach New York aufgestiegen.

1909: Um die Stadt lebenswerter zu gestalten, entwirft Daniel H. Burnham mit seinem Assistenten Edward Bennett den ersten Stadtentwicklungsplan in Nordamerika. Der sogenannte Burnham Plan ist weitsichtig: Das Seeufer soll den Chicagoans gehören und Parks und öffentliche Strände zur Erholung bieten. Auch für Bildung und Freizeitgestaltung sind Areale vorgesehen: Am See entstehen zwischen 1929 und 1934 Bauten wie das Field Museum, das Shedd Aquarium, das Adler Planetarium und das Soldier Field.

1920er-Jahre: Die „Flucht aus Ägypten", wie die Schwarzen den Zuzug aus dem Süden nennen, sorgt dafür, dass sich um die State Street in der South Side ein afroamerikanisches Viertel entwickelt. Chicago ist zur „Hauptstadt von Black America" geworden. Die Zuwanderer arbeiten in der Fleischindustrie und in den Stahlfabriken, in Nähereien und als Dienstpersonal. Sie leben in „Bronzeville", wo der Mississippi Blues aufblüht und Louis Armstrong den Jazz aus New Orleans bekannt macht.

1919–1933: Mit dem Alkoholverbot während der Prohibition erlebt die Stadt einen Aufschwung der organisierten Kriminalität. In Chicago sind jene Jahre vor allem mit einem Namen verbunden: Al Capone (s. S. 64).

1933: Century of Progress International Exposition. Anlässlich des 100-jährigen Stadtbestehens wird 1933 unter Beteiligung renommierter Architekten wie Hubert Burnham, dem Sohn von Daniel H. Burnham, eine zweite Weltausstellung ausgetragen. Man spricht nun von der „Rainbow City", denn anders als während der früheren Ausstellung sind die Bauten bunt gestrichen und es gibt erstmals farbige Leuchtreklame.

1950er-Jahre: Drei bedeutende Ereignisse machen die Stadt weltberühmt: Im Dezember 1953 erscheint die erste Ausgabe des „Playboy", 1955 eröffnet im Vorort Des Plaines Ray Kroc das erste McDonald's-Restaurant und im selben Jahr wird der O'Hare

International Airport eingeweiht. Er löste den Midway Airport ab.

1974: Der Sears (heute: Willis) Tower, das damals mit 443 m höchste Gebäude der Welt, wird eröffnet.

1979: Jane Byrne übernimmt als erste Frau das Bürgermeisteramt.

1983: Mit Harold Washington folgt auf Jane Byrne der erste schwarze Bürgermeister. Er wird im April 1987 wiedergewählt, stirbt aber noch im selben Jahr. Zu seinen Verdiensten gehören der Ausbau des Flughafens und der Bau der Harold Washington Library, der größten öffentlichen Bibliothek in den USA.

1990er-Jahre. Die „Ära Michael Jordan" - diesem Ausnahme-Basketballspieler haben es die Bulls zu verdanken, dass sie gleich sechsmal die Basketball-Meisterschaft gewinnen können: 1991, 1992, 1993, 1996, 1997 und 1998.

1994: Mit der Eröffnung des Navy Pier, im Rahmen eines $ 150 Mio. teuren „redevelopment project", beginnt ein Revival der Innenstadt, in dessen Zusammenhang neben der Neugestaltung öffentlicher Plätze (wie dem Millennium Park) auch die Renaturierung des Chicago River fällt.

17. Juni 1994: Chicago schreibt im Sport Geschichte als das Eröffnungsspiel der Fußball-WM in Chicago angepfiffen wird.

Oktober 2005: Die White Sox gewinnen endlich wieder die World Series und damit den Baseball-Meistertitel.

2004: Die Fertigstellung des Millennium Park zieht mehrere weitere große Bauprojekte, v. a. am Seeufer, nach sich - z. B. die groß angelegte Erweiterung des Art Institutes.

⊡ *Jean Dubuffets „Monument With Standing Beast" vor dem Thompson Center* 7

2010: Erstmals nach 1961 holt das beliebte Eishockeyteam Chicago Blackhawks den Stanley Cup, die begehrteste Meistertrophäe im Eishockeysport. Es ist der vierte Titelgewinn des 1926 gegründeten Profivereins.

2011: Mit dem Rücktritt von Bürgermeister Richard Michael Daley Jr. geht eine politische Ära zu Ende. Er leitete seit 1989 die Geschicke der Stadt und führte sie mit vielen „grünen", umweltfreundlichen Projekten ins neue Jahrtausend. Zusammen mit seinem Vater, der 1955 bis 1976 Bürgermeister war, regierten die Daleys fast ein halbes Jahrhundert lang. Ende Februar wird Rahm Emanuel - Präsident Obamas ehemaliger White House Chief of Staff - zu seinem Nachfolger gewählt. Er tritt sein Amt Mitte Mai an.

2013: Die geplante Renovierung des Baseballstadions Wrigley Field (1914) sorgt für Diskussionen. Im Juni holen die Blackhawks (Eishockey) erneut den Stanley Cup.

Kulturmetropole Chicago

Für viele ist New York die Kulturmetropole der USA, doch Chicago steht dem „Big Apple" kaum nach. Die einstige „Stadt der Schlachthöfe" ist nämlich ebenfalls eine Kulturstadt mit überwältigendem Angebot in vielen Bereichen: Die Architektur übertrifft sogar die von New York, die Musik- und Museumsszene genießt legendären Ruf und für viele ist Chicago die Literatur-Hauptstadt der USA.

Den Impuls für die Entstehung einer lebhaften Kunstszene gab die **Weltausstellung 1893.** Damals erregten im Fine Arts Building (heute das Museum of Science and Industry) die dort ausgestellten Kunstwerke aus aller Welt Aufsehen. Bereits 1885 wurde das **Art Institute of Chicago** eröffnet - heute eines der weltweit führenden Kunstmuseen – und außerdem waren Ende des 19. Jh. die University of Chicago, die Newberry Library und die Chicago Public Library gegründet worden. Ein weiterer Motor war die **Armory Show 1913**, wo Duchamp, Gauguin und Picasso dem Publikum vorgestellt wurden, und die zweite **Weltausstellung 1933**, während der im Art Institute moderne Kunst zu sehen war.

Weltweit einen guten Ruf genießen die **Kunstmuseen**, allen voran das Art Institute und das Museum of Contemporary Art (MCA). Das Museum of Science and Industry und das Field Museum gelten als hochrangige **Wissenschaftsmuseen**, das **Chicago History Museum** ist ein höchst instruktives historisches Museum.

Darüber hinaus gibt es zahlreiche interessante **ethnische und Spezialmuseen**, so etwa das DuSable Museum of African American History oder das National Hellenic Museum.

027cg Abb.: mb

Chicagos **Kulturangebot** umfasst Theater, innovative Galerien, Ateliers und Werkstätten. **„Art Chicago"**, die jährlich am Navy Pier stattfindende Kunstausstellung, ist weltweit angesehen und wegweisend für kommende Entwicklungen. Das Herz der modernen Kunst schlägt im **Chicago Arts District** (s. S. 204), wo sich in den letzten Jahrzehnten eine aktive Künstlergemeinde entwickelt hat und Werkstätten und Ateliers in schicke Lofts eingezogen sind.

Auf beinahe allen öffentlichen Plätzen, in Lobbys und Innenhöfen sind Kunstwerke ausgestellt, über 100 sind es allein in Downtown und speziell die Skulpturen machen den **Loop** zum wohl beeindruckendsten **Freiluftmuseum** der Welt. Skulpturen von Künstlern wie Calder, Chagall, Dubuffet, Miró oder Picasso, die „Bean" von Anish Kapoor im Millennium Park oder aber Wandbilder, Mosaiken und Medienkunst werden seit 1978 durch ein „Percent for Art Program" gefördert. 1 % Prozent der Baukosten eines neuen Projekts muss dabei für Kunst am/im Bau investiert werden.

Chicago, Geburtsort der modernen Architektur

Anders als New York, wo Tradition und Kontinuität immer eine große Rolle spielten, zeichnet sich Chicago durch eine innovative, weitgehend von Althergebrachtem unbelastete Architektur aus, deren Auftraggeber vor allem Unternehmer und Industrielle waren. Man durchlief architekturgeschichtlich verschiedene prägnante Stufen: Von der funktionalistischen, fast schon modern anmutenden Architektur der ersten School of Chicago über eine Rückwendung zum Historismus bis hin zur klassischen Moderne eines Mies van der Rohe und zum International Style (SOM), der dann fast fließend in post- und nachmodernes Bauen überging. Chicago war aber nicht nur Wiege und Triebfeder für den modernen Stahlskelettbau, sondern dank des genialen Frank Lloyd Wright zugleich Geburtsstätte des modernen amerikanischen Wohnungsbaus.

Die Anfänge

Chicago als **„Geburtsort der modernen Architektur"** ist untrennbar mit drei Namen verbunden: **Louis Henri Sullivan, Ludwig Mies van der Rohe** und **Frank Lloyd Wright.** Skurrilerweise hatte es einer Katastrophe bedurft, um die Entwicklung in Gang zu bringen: Nach einem verheerenden **Brand** 1871 lag ein Drittel der Stadt – rund 17.000 Gebäude – in Schutt und Asche. Der typisch amerikanische Pioniergeist kam zum Vorschein, man krempelte die Ärmel hoch und ließ Chicago wie Phönix aus der Asche wiederauferstehen.

Ausgebildete Architekten waren zu jenen Zeiten ebenso Mangelware wie eine „Architekturtradition". Es waren vor allem **Bauingenieure**, vielfach aus dem Eisenbahnbau – Leute, denen nüchtern-funktionale Technik wichtiger war als Ästhetik –, die für das „neue Chicago" verantwortlich zeichneten. Und denen letztendlich auch die Entstehung einer wegweisenden „Architekturschule", der Chicago School of Architecture, zu verdanken ist.

Beim Wiederaufbau wurde deutlich, wie begrenzt der Raum in der Innenstadt, dem Loop, war und dass man hier zwangsläufig **in die Höhe bauen** musste. Dazu bedurfte es jedoch zweier maßgeblicher **Erfindungen:** Zum einen war es der 1852 von Elisha Graves Otis, einem Mechaniker aus New York, erfundene **dampfbetriebene Fahrstuhl**, zum anderen die Anwendung von **Stahlskeletten** im Hochhausbau.

William Le Baron Jenney baute das **erste Hochhaus in Chicago**, das neunstöckige Home Insurance Building (1885), bei dem allerdings noch Gusseisenträger statt eines echten Stahlskeletts zum Einsatz kamen. Diese Errungenschaft ist dem Engländer Joseph Paxton zu verdanken, der 1851 auf der Londoner Weltausstellung mit seinem Kristallpalast das Experiment erstmals gewagt hatte. Eine Metallskelett- oder Rahmenkonstruktion ermöglichte Bauen in die Höhe und gab Flexibilität bei der Grundrissgestaltung. In das Strebewerk wurde die Fassade zunächst frei als „Vorhang" *(curtain wall)* in Leichtbauweise aus Alu, Chrom oder Glas eingehängt – der gläserne Wolkenkratzer war geboren!

In den Jahren des Baubooms, nach 1880, bildete sich die **Chicago School of Architecture** heraus, ein loser Zusammenschluss lokaler Architekten, deren Innovationsgeist bis etwa 1910 das Stadtbild nachhaltig prägte. Vordenker dieser Gruppe war William Le Baron Jenney, ihr spiritueller Mentor und „Vollender" Louis H. Sullivan und daneben wirkten Baumeister wie Daniel Burnham, John Wellborn Root, William Holabird oder Martin Roche. Charakteristisch waren die konsequente Verwendung von Stahl- und Eisenkonstruktionen und deren oberste Maxime: **Wirtschaftlichkeit, Nutzen** und **Wohlbefinden der Bewohner.** Die künstlerische Gestaltung sollte mit der Sichtbarmachung der Funktion einhergehen, was jedoch eine Vielfalt an formalen Lösungen nicht ausschloss.

Bereits Anfang der 1880er-Jahre bildeten sich **zwei Hauptströmungen** heraus: William Le Baron Jenney war zusammen mit William Holabird und Martin Roche Hauptvertreter einer **empirisch-pragmatisch ausgerichteten Strömung.** Jenney (1832–1907) hatte in Paris Ingenieurwissenschaften studiert und 1867 in Chicago ein eigenes Architekturbüro eröffnet, in dem Sullivan, Holabird, Root und Burnham zeitweise arbeiteten. Seine Vorgaben lauteten: höchste Effizienz und Wirtschaftlichkeit der Konstruktion, maximaler Einsatz von natürlichem Licht und offene Innenraumgestaltung. Jenney entwickelte die strenge, einfache Skelettkonstruktion. William Holabird stammte aus New York und war 1875 nach Chicago gekommen, Martin Roche hingegen war „Einheimischer" und hatte am Armour Institute of Technology (heute IIT) studiert. Beide trafen sich in Jenneys Büro und taten sich später zusammen. Hauptkennzeichen ihrer Werke waren gotisierende Stilelemente. Sie entwarfen Bauten wie das Soldier Field (1922–26), das City Hall-County Building oder das Marquette Building (1893–94), an dem erstmals die Konstruktion nach außen sichtbar gemacht wurde.

Die **zweite Strömung** der Chicago School wurde von **Louis Sullivan** getragen. Als er 1924 nach über 50 Jahren Tätigkeit in Chicago starb, war er zwar verarmt, hatte aber das Stadtbild von Chicago maßgeblich mitgestaltet. 1881 bis 1895 im Büro des deutschen Ingenieurs Dankmar Adler (einem Schüler Jenneys) tätig, machte ihn 1886/87 das **Auditorium Building** berühmt. Die ungewöhnlichen technischen und statischen Lösungen Adlers gingen hier mit Sullivans ästhetischem Empfinden eine perfekte Symbiose ein. 1899 folgte der **Carson Pirie Scott Store,** Sullivans wohl bedeutendstes Werk, bei dem die schlichte Fassade mit der für ihn typischen Vorliebe für dezentes Ornament perfekt harmonierte.

Bekannt wurde Sullivan auch als Theoretiker und durch seine These **„Form follows function“**, welche die Prinzipien des deutschen Bauhauses vorwegnahm. Nach Sullivan mussten Bauten ihre Funktion nach außen zeigen („Transparenz der Konstruktion“) und entsprechend gestaltet sein. Er wandte sich damit gegen alles überflüssige Beiwerk und räumte dem richtigen Material und der richtigen Technik den Vorrang ein. Eine weitere wichtige Forderung war die **Dreiteiligkeit des Aufbaus**, d.h. die Gliederung in Basis (repräsentative Sockelzone), Schaft (gleichmäßig gestaltete Zone von Büroetagen) und Kapitell bzw. Attikageschoss als oberer Abschluss.

Was die Architekturprinzipien von Sullivan oder Root mit denen Wrights (s.S. 208) oder van der Rohes verband, war die Forderung, dass ein Hochhaus „himmelsstrebende“ Qualitäten haben, „leicht und stolz“ sein müsse. Für Sullivan sollte Architektur lebendig und plastisch, auf die Natur bezogen sein, wohingegen er historisierende Stilimitationen ablehnte. Charakteristisch für ihn waren zurückhaltend eingesetztes Ornament und einzelne „Hingucker“ wie aufragende Türme oder gezielte Farb-, Form- und Materialkontraste.

Dieselben Pfade wie Sullivan beschritten zwei andere Architekten: **Daniel H. Burnham** (1846–1912) und **John Wellborn Root** (1850–1891), die 1873 eine fruchtbare, wenn auch kurze Zusammenarbeit eingingen und sich 1886 mit dem Rookery Building einen Namen machten. Es folgten das Monadnock Building (1891), das in seiner monumentalen Einfachheit eher an eine Befestigungsanlage erinnerte, und das Reliance Building (1895), der erste Stahlskelettbau, der mehr Fenster als massive Wandflächen aufwies.

028cg Abb.: mb

Daniel H. Burnham letztes Projekt: das 1913 fertiggestellte Conway Building (Burnham Center, 111 W Washington St./N Clark St. [C5])

City Beautiful

***Daniel H. Burnham** machte sich weniger als Architekt denn als **Städteplaner** einen Namen. 1846 im Staat New York geboren, war seine Jugend in Chicago wenig aufsehenerregend verlaufen: Er brach ein begonnenes Praktikum bei William Le Baron Jenney ab und wurde Goldgräber. 1873 gründete er dann gemeinsam mit John Wellborn Root ein erfolgreiches Büro. Nach dem frühen Tod Roots im Jahr 1891 führte Burnham die Geschäfte allein und später mit anderen Kollegen weiter. 1893 zeichnete er für die Bauten der World's Columbian Exposition verantwortlich, eine neue Messestadt am südlichen Seeufer. Die geplanten Bauten waren jedoch eher konservativ und bei der europäischen klassizistischen Bauweise abgeschaut.*

*„Macht keine kleinen Pläne, nur große besitzen die Zauberkraft, der Menschen Gemüt zu bewegen!", nach diesem Motto entwarf Burnham zusammen mit Edward Bennet 1909 einen großartigen und visionären Stadtplan. Es handelte sich um die **erste Gesamtplanung einer amerikanischen Großstadt** – angeregt durch den Pariser Stadtplan von Haussmann –, und sie sollte in den folgenden 20 Jahren ein umfassendes kommunales Bauprogramm nach sich ziehen. Prägend für den Entwurf waren axiale Bezüge, hierarchische Anordnungen und gleich hoch bebaute innerstädtische Geschäfts-, Verwaltungs- und Wohnviertel.*

Hauptbestandteil seines Masterplans war, den dem Loop vorgelagerten Grant Park sowie Parks in allen Stadtvierteln durch breite Boulevards miteinander zu verbinden und so das Siedlungsareal zu gliedern. Außerdem war eine zweigeschossige Uferstraße entlang dem Chicago River vorgesehen und die Congress Street sollte als Hauptachse vom Grant Park nach Westen führen. Erholungsareale am Stadtrand waren ebenso anvisiert wie künstliche Inseln im Lake Michigan – eine Idee, die letztlich nur in Gestalt von Northerly Island am Nordende des Burnham Parks realisiert wurde. Nicht absehen konnte Burnham damals das konstante Anwachsen des Individualverkehrs und die damit verbundene Notwendigkeit des Straßenbaus, außerdem waren der soziale Wandel und die Entstehung von Gettos nicht planbar.

*Um dem Anspruch „Urbs in Horto" („Stadt im Garten") gerecht zu werden, waren bereits 1869/70 Pläne für ein umfassendes **Parksystem** entstanden. Jeder Park District hatte einen eigenen Zuständigen: für den Westteil William Le Baron Jenney (1832–1907), für den Süden Frederick Law Olmsted (1822–1903) und Calvert Vaux (1824–1895). 1903 bis 1907 wurde den Olmsted-Brüdern auch die Planung des Grant Parks zwischen Lake Michigan und Michigan Ave., Randolph St. und Roosevelt Rd. übertragen. Burnham bündelte alle Projekte und Ideen in einem genialen Gesamtplan, der jedoch aus Kostengründen – und weil er seiner Zeit weit voraus war – nur in kleinen Teilen umgesetzt wurde. Seine Anregungen wirken jedoch bis heute nach. Burnham starb 1907 in Los Angeles.*

Kulturmetropole Chicago

Eine wichtige Rolle für Chicagos bauliche Entwicklung spielte die **World's Columbian Exposition** 1893. Aus „Porkopolis", der Stadt der Schlachthöfe, sollte das „Paris der Prärie" werden. Die Leitung der Bauvorhaben oblag dem Büro Burnham & Root. Unter Burnhams Regie entstand eine neue Messestadt am Seeufer im Süden der Stadt. Architektonisch gesehen stellten die Ausstellungsbauten – wie Agricultural Hall (McKim, Mead & White), Transportation Building (Sullivan) oder der heute als einziger noch erhaltene Bau, das Fine Arts Building (Museum of Science and Industry) – einen Rückschritt dar. Sie waren konservativ und der europäischen Tradition der École des Beaux-Arts, jener klassizistischen Bauweise, die um die vorletzte Jahrhundertwende die Architektur prägte, verpflichtet.

Burnham entwarf jedoch nicht nur die „White City" für die Messe, er sah auch die Probleme der boomenden Millionenstadt Chicago voraus. Deshalb legte er 1909 einen visionären **Stadtplan** vor, der dem steigenden Bedarf an Verkehrswegen und Wohnungen Rechnung trug, allerdings wegen des hohen Anspruchs nur in Teilen umgesetzt wurde.

Der International Style

Nach dem **Ersten Weltkrieg** setzte erneut ein Bauboom ein, dem der Börsenkrach 1929 und die Weltwirtschaftskrise ein Ende setzten. Die Vorstädte wuchsen weiter, der Straßenverkehr nahm zu, Wolkenkratzer schossen wie Pilze aus dem Boden. Am 16. April 1923 trat auch in Chicago – wie 1916 bereits in New York – ein **Baugesetz** in Kraft, das Bauen in die Höhe nur noch unter bestimmten Voraussetzungen wie der Einplanung lichtschaffender Rücksprünge erlaubte.

In den 1920er- und 1930er-Jahren erlangte der **Art-déco-Stil** als Alternative zu Beaux-Arts-Kunst und Klassizismus eine gewisse Bedeutung. Aufwendige Architekturdetails in Terrakotta, gerundete Ecken und Eckfenster wurden „modern", doch während in New York z. B. mit dem Chrysler Building ein Meisterstück dieses Stils entstand, hielt sich die Euphorie in Chicago in Grenzen. Man blieb meist bei einer Mixtur verschiedener historischer Stile – wie Soldier Field, Shedd Aquarium oder Adler Planetarium zeigen.

Die Fertigstellung der Michigan Avenue Bridge 1920 erlaubte den Ausbau der gleichnamigen Straße und am Schnittpunkt mit der Brücke entstand ein städteplanerisch **bedeutendes Ensemble** aus vier Gebäuden: Wrigley, London Guarantee und 333 North Michigan Building sowie Tribune Tower. Kürzlich kam noch der Trump Tower als modernes Gegenstück dazu.

Während der **Depression** in den 1930er-Jahren war die Bauindustrie weitgehend zum Erliegen gekommen und es sollte über zwei Jahrzehnte dauern, bis wieder wegweisende Architektur entstand. Einige Projekte wurden zwar anlässlich der zweiten Chicagoer Weltausstellung, „Century of Progress Exhibition" (1933), unter Beteiligung von Holabird, Bennett und Burnham sowie anderer renommierter Architekten gebaut, insgesamt tat sich jedoch wenig.

Währenddessen beschritten in **Europa** Architekten wie Le Corbusier, Peter Behrens, Walter Gropius, Erich Mendelsohn oder Ludwig Mies van der Rohe mit dem **Bauhaus** neue Wege. Die europäische Avantgarde erwies sich als Wegbereiter bei der Lösung strukturaler und technischer Fragen und der Amerikaner **Richard Neutra** (1892–1970) wurde zum Bindeglied zwischen Europa und den USA. Er hatte mit seinem 1927 erschienenen Essay „Wie baut Amerika?" für Aufruhr gesorgt, in dem er sich gegen Funktionalismus und für die soziale Rolle der Architektur aussprach.

Das 1932 im Zusammenhang mit der Ausstellung „Modern Architecture" im New Yorker MoMA erschienene **Manifest „The International Style"** (Philip C. Johnson, Henry-Russell Hitchcock) beeinflusste die Architektur und bewirkte, dass erstmals ein eigenständiger amerikanischer Stil seinen Siegeszug antrat. Philip Johnson (1906–2005), der behauptete: „Wir bauen nicht um die Ehre Gottes, sondern um Geld zu machen", stieg zur Zentralfigur des International Style auf. Er predigte die Nützlichkeit der Architektur und den Vorrang architektonischer Form gegenüber der Funktion. Das Architekturbüro SOM, Eero Saarinen sowie Le Corbusier und Gropius trugen maßgeblich zur Verbreitung des neuen Stils bei.

„Weniger ist mehr", lautete auch die Devise von **Mies van der Rohe**, der die große Tradition der Chicago School of Architecture aufgriff und in den 1950er-Jahren für einen zweiten architektonischen Höhenflug sorgte. Mit ihm wurde der moderne Zweckbau ins Leben gerufen und eine Reduktion auf Stahl, Glas und Beton trat ein. In den 1950er-/60er-Jahren prägten schlicht-funktionale, monotone Glas-Stahl-Boxen ohne viel Dekor das Bild Chicagos.

100cg Abb.: mb

Alt und neu vereint: Wrigley Building 44 *und Trump Tower*

Anbruch der Moderne

Zu den **wegweisenden Bauten der Moderne** gehört die 1964 von Bertrand Goldberg geschaffene **Marina City**, zwei maiskolbenartige Türme am Nordufer des Chicago River, ein Musterbeispiel für „kinetische Architektur" und für eine „City in the City". Goldberg gilt, auch bei seinem zweiten großen Projekt **River City**, als Vertreter der „industrialisierten" Architektur: Er verwendete bevorzugt vorgefertigte Architekturteile.

Daneben blieben jedoch van der Rohes Stil und die Bauhaus-Prinzipien die prägenden Faktoren: Ab 1963 entstand von C. F. Murphy Associates, kooperierend mit SOM und Loebl, Schlossman und Bennet,

Ein Deutscher in Chicago

In den 1950er-Jahren, nach Depression und Weltkriegen, war es ein deutscher Architekt, der das Stadtbild Chicagos und die Baukunst in Amerika revolutionierte: ***Ludwig Mies van der Rohe.*** *1886 in Aachen geboren, 1938 in die USA immigriert und zum Direktor der Architekturfakultät des Illinois Institute of Technology (IIT) ernannt, hatte er vormals am Bauhaus in Weimar unter Leitung von van de Velde und Walter Gropius gewirkt und sich mit der Weissenhofsiedlung Stuttgart von 1927 und auf der Weltausstellung in Barcelona 1929 einen Namen gemacht. Er galt als einer der exponiertesten Vertreter des „Neuen Bauens", eine Entwicklung, die von Gropius in der Bauhaus-Publikation „Internationale Architektur" 1925 erstmals schriftlich festgehalten worden war.*

„Wahre Baukunst ist immer objektiv und ist Ausdruck der inneren Struktur der Epoche, aus der sie wächst", lautete ein Leitspruch van der Rohes und am IIT, wo er 1938 bis 1958 als Dekan bzw. Lehrer tätig war, galt er vor allem als Theoretiker, als Vertreter einer ***„demokratischen Architektur".*** *Seiner Ansicht nach war Demokratie ohne gute Architektur nicht möglich und er setzte gelungene Architektur einer freiheitlich denkenden, zufriedenen Gesellschaft voraus. Daneben war van der Rohe auch form- und stilprägend auf dem IIT-Campus und maßgeblich an der städtebaulichen Sanierung des Gesamtareals beteiligt. Bis zu seinem Ruhestand 1958 entwarf er 20 Bauten um die 33rd Street, zwischen State Street und den Eisenbahnanlagen im Westen, basierend auf gleichen Modulen und in reiner Skelettbauweise. Ein Meisterwerk auf dem Unicampus ist die* ***Crown Hall*** *(1952–56), eine Konstruktion aus Stahl und Glas, deren Dach von acht Säulen getragen wird und mit der erstmals die Idee des voll flexibel gestaltbaren Innenraums realisiert wurde.*

Mies van der Rohe gilt als Wiederentdecker und Fortentwickler der Chicago School of Architecture und von ihm stammten wegweisende Entwürfe in kühlsachlichem und weitgehend ornamentlosem, teils etwas monoton wirkendem Stil, der in starkem Kontrast zu den reicher geschmückten und historisierenden Bauten stand, die zu seiner Zeit noch das Stadtbild von Chicago prägten. Volumen und Raum statt Masse und Solidität, Regelmäßigkeit statt Symmetrie, technische

das **Chicago Civic Center** (heute: Richard J. Daley Center), an dem erstmals der aus Nürnberg zugewanderte Helmut Jahn mitwirkte. Dieser 35-stöckige Büroturm aus Glas und Stahl, der von 16 Säulen getragen wird, zählt zu den berühmtesten Wolkenkratzern in Chicago, auch wegen der imposanten Picasso-Skulptur auf dem Vorplatz (Civic Center Plaza).

In den **1960er-Jahren** wurden durch den Einsatz von Stahlbeton und -konstruktionen neue Dimensionen erschlossen und man arbeitete am IIT wie auch im Büro von Skidmore, Owings und Merrill (SOM) an neuen statischen Lösungen und der Fortentwicklung des Betonbaus. Da mit reiner Skelettbauweise selten mehr als 30 Geschosse realisier-

*Perfektion und Materialbewusstsein statt oberflächlichem Ornament hießen seine Grundregeln und Ergebnis war eine **„Haut-und-Knochen-Architektur“**, die auf dem Leitspruch „Weniger ist mehr“ basierte.*

*Neben seiner Lehrtätigkeit betrieb van der Rohe ein eigenes **Architekturbüro** und übernahm Aufträge für Apartment- und Bürotürme wie die Promontory Apartments (1948/49), die einen Wendepunkt für Chicago darstellten: Ein schlichtes unverkleidetes Betonskelett mit u-förmigem Grundriss und variabler Wohnungsaufteilung entstand als eine der ersten Bauten am Seeufer. Später arbeitete der Architekt vorwiegend mit Stahlrahmen und schuf Bauten, die sich durch puritanische Einfachheit und mathematisch genaue Planung auszeichneten. Die beiden 1949 bis 1951 entstandenen Apartmentblocks 860–880 N Lake Shore Drive waren in ihrer vertikalen Schlichtheit und minimalistischen Ausführung wegweisend für die moderne Architektur. Als van der Rohe 1969 83-jährig in Chicago starb, waren sein Bauhaus-Stil, der International Style und neue moderne Tendenzen zu schlicht-funktionalen, monotonen Hochhauskästen verschmolzen.*

bar waren, bedeutete es einen wesentlichen Fortschritt, als Fazlur Khan von SOM erstmals Bauten in **Rohrbauweise** (mit Stahlbeton) plante. Die Verfestigung der Wandrahmen durch kreuzförmige Verstrebungen an der Außenhaut und damit geringere Windempfindlichkeit waren wichtige Neuerungen und wurden beim Hancock Center (1969) erprobt und beim Willis (ehemals Sears) Tower (1968–74) perfektioniert. Heute ist diese Bauweise Standard.

Louis Skidmore und Nathaniel Owings, die bereits an der Weltausstellung 1933 beteiligt waren, hatten 1936 ein eigenes Büro in Chicago eröffnet, zu dem 1939 John Merril stieß. Heute zählt **SOM** zu den größten und renommiertesten Architekturbüros der Welt mit Niederlassungen in Chicago, New York, San Francisco, Washington D.C., Los Angeles, London, Hongkong und Shanghai. Die bekanntesten Mitarbeiter sind außer Gordon Bunshaft Myron Goldsmith, Bruce Graham, Walter Netsch und David Childs (One World Trade Center, New York).

Postmoderne und Nachmoderne

Eng mit dem Namen Helmut Jahn ist der Begriff der **Postmoderne** verbunden, eine Stilrichtung, die in Chicago ihren Anfang nahm und sich wieder stärker der Ästhetik, dem Ornament und den althergebrachten Traditionen zuwandte – als Gegensatz zum modern-funktionalen Bauen zuvor. Schon 1972 hatte Robert Venturi u.a. mit „Learning from Las Vegas“, dem **Gründungsmanifest der postmodernen Architektur**, diese Gegenbewegung initiiert. Venturi trat einen Feldzug gegen die kommerzielle Architektur an, wetterte gegen den Funktionalismus, bezeichnete die Absichten der Moderne als gescheitert und erklärte: **„Alles ist erlaubt“**. Die ornamentlose, minimalistisch-funktionale Architektur im Stile van der Rohes, die streng-geometrische Glascontainer zur Folge hatte, beantworteten Venturi und die sogenannten „New York Five“, in dem sie Elemente anderer Stile herausgriffen und quasi beliebig kombinierten.

KURZ & KNAPP

Die höchsten Gebäude der Welt

Im Allgemeinen werden Antennen etc. mitgerechnet.

828 m:	Burdsch Khalifa, Dubai (2010)
634 m:	Tokyo Sky Tree, Tokio (2912)
601 m:	Mecca Royal Clock Tower Hotel, Mekka (2012)
600 m:	Canton Tower, Guangzhou (2010)
553 m:	CN Tower, Toronto (1976)
541 m:	One World Trade Center, New York City (2013)
537 m:	Ostankino-Turm, Moskau (1967)
527 m:	Willis (ehem. Sears) Tower, Chicago (1974)
508 m:	Taipei 101, Taiwan (2004)
492 m:	Shanghai World Financial Center, Shanghai (2008)
484 m:	International Commerce Center, Hongkong (2010)
468 m:	Oriental Pearl Tower, Shanghai (1994)
457 m:	John Hancock Center, Chicago (1969)
452 m:	Petronas Towers, Kuala Lumpur (1998)
450 m:	Greenland Square Zifeng Tower, Nanjing (2010)
443 m:	Empire State Building, New York City (1931)

Charles Jencks definierte 1977 in „The Language of Post-Modern Architecture" den Begriff der Postmoderne genauer und Architekten wie Michael Graves, Henry Moore und später sogar Philip Johnson nahmen die Gedanken auf und machten den postmodernen Stil bekannt. Stanley Tigerman, gebürtig aus Chicago, ausgebildet am MIT, bei SOM und Harry Weese, gilt als Hauptvertreter der postmodernen und Pop-Art-Architektur.

Helmut Jahn markierte mit dem State of Illinois Center (James R. Thompson Center, 1986) mit 17-stöckigem Atrium und farbigen Fassaden die Abwendung vom Minimialismus hin zur Postmoderne und prägte den Begriff des „Archi-neering" – des Zusammenwirkens von Architektur und Ingenieurskunst. Der 1940 in Zirndorf bei Nürnberg geborene Jahn war 1966 zum Studium ans IIT nach Chicago gekommen und 1967 ins Büro C.F. Murphy Ass. eingestiegen. 1993 habilitiert, übernahm er die Geschäftsführung der heute 65 Mitarbeiter zählenden, vielfach ausgezeichneten Firma Murphy/Jahn, die international tätig ist und auch für den Frankfurter Messeturm, das Sony Center in Berlin oder die neuen Flughafenterminals in München und Bangkok verantwortlich zeichnet.

Im Laufe der 1980er-Jahre entwickelten sich weitere, gleichermaßen kreative, aber **divergierende Richtungen.** War bei Jahn noch der Einfluss van der Rohes spürbar, setzten andere Architekten der Postmoderne auf klassizistische Stilelemente: So das Architekturbüro Kohn Pedersen Fox, dem 1989 mit dem Gebäude 225 Wacker Drive mit klassizistischen Elementen ein starker Kontrast zum 1983 in Zusammenarbeit mit Perkins & Will geplanten glatt-modernen 333 Wacker Drive mit spektakulär gekurvter grüner Glasfassade zum Fluss hin gelang.

Die Postmoderne wurde bald von einer anderen Strömung, der sogenannten **Nach- oder Spätmoderne,** ein-, aber nicht überholt. Im Gegenteil: Elemente der postmodernen Architektur wurden häufig einbezogen. Was in den Anfängen als „zitathafter Eklektizismus“ oder „Las-Vegas-Kitsch“ geschmäht wurde, gab und gibt neue Anstöße und hat die gegenwärtige Entwicklung – auch „Neue Einfachheit“, „Dekonstruktivismus“ oder „Zweite Moderne“ genannt – eingeläutet und nicht zuletzt die Hinwendung zu einer pluralistischen Architekturauffassung gefördert.

Die **„Neue Einfachheit“**, die seit den späten 1980er-, frühen 1990er-Jahren um sich griff, zeigt sich vor allem in der **skulpturalen Behandlung der Baukörper** – mit Einschnitten und Abschrägungen, gerundeten Ecken und scharfen Kanten, Türmen und Pfeilern, prismatischen Formenkombinationen und Asymmetrien. Aber sie brachte auch eine neue „Slick-Tech“, glatte reflektierende Glashäute, die alles Dahinterliegende verbergen, wie bei One South Wacker oder beim Xerox Center (beide Murphy & Jahn). Architekten wie Frank O. Gehry, Peter Eisenman und Daniel Libeskind, Coop Himmelb(l)au, Zaha Hadid, Bernard Tschumi oder der Niederländer Rem Kohlhaas rücken die **Zeichenhaftigkeit der Architektur** stärker in den Vordergrund, verwenden Falten, Krümmungen und Wellen – wie etwa Gehrys Pritzker Pavilion im Millennium Park belegt.

Zu den Architekten, die in Chicago derzeit die erste Geige spielen, zählt **Harry Mohr Weese.** 1915 im nahen Evanston geboren, arbeitete er nach dem Architekturstudium am Massachusetts Institute of Technology erst mit Eero Saarinen zusammen und dann ab 1940 bei SOM. 1947 gründete er ein eigenes Architekturbüro. Abgesehen von der Washingtoner Metro und anderen, internationalen Projekten, war er in Chicago für die Restaurierung von Louis Sullivans Auditorium Building zuständig und plante in den späten 1970er- und 1980er-Jahren zahlreiche Neubauprojekte. Er gilt als „visionärer Modernist“, der sich früh von van der Rohe abwandte und auf Plastizität und Farbe setzte, etwa beim William J. Campbell US Courthouse Annex (1975), beim Swiss Grand Hotel (1988) mit ungewöhnlichem dreieckigem oder bei 200 S Wacker Drive (1981) mit polygonalem Grundriss.

SOM ist bedeutend wie eh und je und seit den 1980er-Jahren die **meistbeschäftigte Architekturfirma** in Chicago. Die Bauten entstehen quasi am Fließband und begegnen Besuchern fast auf Schritt und Tritt. Identifizierungsmerkmal der zahlreichen Wolkenkratzer von SOM sind die meist glatten, einheitlich gerasterten Fassaden im „Slick Style“.

Doch nicht nur SOM, sondern auch **andere Architekturbüros** führen in Chicago die Moderne fort, so Murphy & Jahn oder Perkins & Will Partnership. Letztere betreiben inzwischen zwölf US-Büros und je zwei in Kanada und China. Kohn Pedersen Fox ist ebenfalls ein „Großbetrieb“ mit mehreren Niederlassungen und um die 400 Mitarbeiter. Neben der New Yorker Firma John Burgee Architects (zeitweise Kooperation mit Philip Johnson) gehören auch Hellmuth Obata & Kassabaum, die sich u.a. mit dem Fairmont Hotel und dem Hotel Nikko verewigten, zu den derzeit gefragten Planungsbüros.

Der **Millennium Park** mit dem großartigen Pritzker Pavilion von Frank Gehry (2004) war Chicagos erster großer Schritt ins 21. Jh., dem erst 2007 das **Spertus Institute** (Krueck & Sexton Architects) und dann eine spektakuläre **Expansion des Art Institute** (Modern Wing, 2009) mit Brücke zum Park (Nichols Bridgeway) von Renzo Piano folgten. Ein weiterer Meilenstein sollte der 2005 begonnene Bau **„Chicago Spire"** (346 E North Water) werden, doch Finanzprobleme stoppten den Wolkenkratzer vom Reißbrett des spanischen Architekten Santiago Calatrava. Dafür reiht sich der **Trump Tower** von SOM (N Wabash Ave./ Chicago River), mit seinen 415 m Höhe der dritthöchste Wolkenkratzer, seit 2009 spektakulär in Chicagos Skyline ein und sorgt in nächster Nachbarschaft zum Wrigley Building für Kontrast.

EXTRATIPP

Die Stadt im Miniaturformat

Im Santa Fe Building ㉙, Sitz der CAF und Ausgangspunkt vielerlei Touren, befindet sich die **Chicago Model City.** Auf aktuellstem Stand werden hier seit 2009 in verkleinertem Format (1 cm im Modell sind 6 m in Realität) aus Kunststoff (Stereolithography) 400 Straßenblocks oder gut 10 km² und 1000 Gebäude dargestellt. Alle 15 Min. wechselt das Licht, sodass der Tageszyklus des längsten Tages im Jahr, des 21. Juni, nachempfunden wird. Dazu gibt es im Gebäude Ausstellungen zu architektonischen und stadtplanerischen Themen sowie zur Infrastruktur und Ökologie. Zum Modell können 50-minütige Audiotouren im Shop gemietet oder heruntergeladen werden (http://tours.architecture.org/iTunes/AudioTourRss.xml) und es gibt Chicago Model City Gallery Talks (Vorträge mit Diskussion, Mo./Fr./Sa. 12.30 Uhr).

2010 sorgte der **Aqua Tower** (430 E Waterside Dr./Lakeshore East) für Schlagzeilen, zum einen weil er der erste Wolkenkratzer in Chicago ist, der von einer Architektin, nämlich Jeanne Gang (Studio Gang Architects), entworfen wurde, zum anderen wegen seiner Form: Die vorkragenden Balkone gleichen Wellen und wie diese alle unterschiedlich sind, gleicht auch keines der Apartments dem anderen. Ebenfalls „neu" im Stadtbild sind der **Blue Cross Blue Shield Tower** (300 E Randolph St.), erbaut 1995 bis 1997 und 2007 bis 2010 erhöht, und der 250 m hohe Legacy Tower zwischen Loop und Michigan Avenue.

Doch nicht die Höhe allein ist derzeit wichtig, das Zauberwort heißt „New Urbanism" und es umschreibt vielfältige städtebauliche Bemühungen eine wieder lebenswerte Stadt zu schaffen. In Sachen **Umweltverträglichkeit und Energieeffizienz** ist Chicago weltweit führend und kann die meisten Gebäude in den USA mit einem „LEED Certificate" (Leadership in Energy and Environmental Design) vorweisen (s. S. 95). Führend sind dabei Architekturbüros wie OWP/P.

› Weitere Infos zu modernen Bauten: http://chicagoarchitecturetoday.com/ontheboard

Malerei

Einer der bekanntesten Maler Chicagos war zugleich einer der bedeutendsten afroamerikanischen Künstler der Nation: **Archibald J. Motley Jr.** (1891–1981), dessen Œuvre über hundert Werke umfasst. Stilistisch den Künstlern der Harlem Renaissance verbunden, war er einer der Ersten überhaupt, der realistische Schilderungen des afroamerikanischen Lebens lieferte. Motley war

Autodidakt, hatte 1919 als Porträtmaler begonnen und 1928 erstmals in New York ausgestellt. Seine Darstellungen von Klubs und Musikern (z. B. „Nightlife" von 1943 im Art Institute of Chicago) geben eindrucksvoll und in schrillen Farben die damals herrschende Atmosphäre im schwarzen Chicago wieder. Motley war zugleich Mitglied der sogenannten **Ashcan School**, einem Künstlerzusammenschluss, der schwerpunktmäßig simple Alltagsszenen festhielt. Personen skizzierte Motley – an Kubisten wie Picasso oder Braque erinnernd – in einfachen, geometrischen Formen, Diagonalen sorgten für Bewegung und Licht spielte eine wichtige Rolle.

Das berühmte Bild „Nighthawks" von Edward Hopper ist im Art Institute of Chicago **36** *zu sehen*

Ein auch in Europa bekannter Name ist **László Moholy-Nagy.** Der 1895 geborene ungarische Emigrant, der 1946 in Chicago starb, war Gestalter, Fotograf und Maler. Die russische Avantgarde mit Malewitsch und El Lissitzky prägte seine Liebe zur Abstraktion und ließ ihn zu einem der bedeutendsten Vertreter des **Konstruktivismus** werden. Über Wien war er 1920 nach Berlin gelangt, wo Gropius ihn 1923 ans **Bauhaus** berief. Als Leiter der Metallwerkstatt in Weimar widmete er sich v. a. der Typografie und Fotografie und gab mehrere Bauhaus-Bücher heraus. 1928 verließ er mit Gropius das Bauhaus, um in Berlin freiberuflich als Grafiker, Bühnenbildner, Experimentalfilmer und Ausstellungsgestalter tätig zu sein. 1937 floh er vor den Nazis nach Chicago, wo er das **New Bauhaus** gründete. Moholy-Nagy trug entscheidend dazu bei, dass Bauhaus-Design und „International Style" in den USA bekannt wurden. Aus dem New Bauhaus ging 1938 die Chicago School of Design (ab 1944 Institute of Design, seit 1949 Teil des IIT) hervor, eine angesehene Design-Hochschule, die Moholy-Nagy bis zu seinem Tode 1946 leitete.

Ivan Albright (1897–1983) war Realist, Surrealist und Expressionist in einer Person. Bei seinem Vater, einem erfolgreichen Landschaftsmaler, ging er nach Militärdienst und Malerei-Studium in die Lehre. Neben Charakterstudien, Selbstporträts und Stillleben stand das „Vanitas"-Thema – Tod und Vergänglichkeit, Korruption, Verfall – im Zentrum seines Werkes. Zahlreiche seiner Bilder sind im Art Institute of Chicago ausgestellt.

Ende der 1950er- bis Mitte der 1960er-Jahre war in Chicago eine fruchtbare Künstlergemeinde entstanden. Eine Gruppe mit Leon Golub (1922–2004), Seymour Rosofsky (1924–1981) und H.C. Westermann (1922–1981) wurde unter dem Namen **„Monster Roster Group"** bekannt – ein Spitzname, der sich von dem der Profi-Footballer Chicago Bears, „The Monsters of the Midway", ableitete und ein Hinweis auf die oft „verunstaltete" Kunst war. Parallel zur Monster Art machte Ende der 1960er-Jahre die Gruppe der **Imagisten** von sich Reden, deren Hauptmerkmal die Darstellung des menschlichen Körpers in grotesker oder humorvoller Art, oft in aggressiven Farben, war.

Die turbulente Atmosphäre in den späten 1960er-Jahren motivierte viele Künstler, zu politischen Problemen wie Vietnamkrieg oder Rassismus Stellung zu nehmen. In diese Periode fielen auch drei spektakuläre „Hairy Who"-Ausstellungen von 1966 bis 1968 im Hyde Park Art Center. Für die **Hairy Who Group** waren Anklänge an Surrealismus und abstrakten Expressionismus charakteristisch. Zu der Gruppe zu rechnen sind auch Gladys Nilsson (geboren 1940), Lehrerin an der School of the Art Institute, Karl Wirsum (geboren 1939), Ed Paeschke (1939–2004) oder Jim Nutt (geboren 1938).

1980 fand die erste **International Art Exposition** statt und leitete einen Kunstboom mit einer steigenden Zahl von Ausstellungen ein. Das Spektrum verbreiterte sich. In jüngerer Zeit sind es Künstler wie Jeanne Dunning, Hirsch Perlman und Tony Tasset, die sich unter Zuhilfenahme verschiedenster Medien mit dem Zusammenwirken von Kunst und zeitgenössischer Literatur, Philosophie, Psychoanalyse oder Sprache befassen und die Konzeptionskunst als **„Neoconceptual Art"** wiederaufleben ließen. Chicagos Kunstgemeinde und die Palette der Kunstrichtungen und Medien wächst stetig, wobei die Definition des „Chicago Artist" seit den 1990er-Jahren immer schwieriger wird.

Literatur

Für den Schriftsteller und Autor Henry Louis Mencken (1880–1956) war Chicago die **Literatur-Hauptstadt der USA** und er behauptete, es gäbe keine der Erwähnung werte amerikanische Literatur, die nicht von dort käme. In der Tat belegen diese These Namen wie Theodore Dreiser, Upton Sinclair, Frank Norris, Nelson Algren, Saul Bellow, Richard Wright oder Carl Sandburg. Chicago-Literatur ist **in erster Linie Prosa** – Romane und Kurzgeschichten – und thematisch sind es v.a. Industrialisierung und Arbeitsleben, Ausbeutung und soziale Konflikte, Immigration und Rassenprobleme, die eine Rolle spielen. Generell ist zu unterscheiden zwischen Literatur von Autoren aus Chicago (wie Ernest Hemingway) und Literatur über Chicago, in erster Linie Stadt- und Milieubeschreibungen.

Erstmals sorgten zwischen 1910 und Mitte der 1920er-Jahre Autoren aus Chicago für Aufsehen: Theodore Dreiser, Carl Sandburg, Sherwood Anderson oder die Journalisten Ben Hecht und Ring Lardner. **Ben Hecht** (1894–1964) hatte die „Chicago Literary Times" gegründet und verfasste Dramen, Romane, Kurzgeschichten und Drehbücher, Lardner (1885–1933) wurde als Baseball-Journalist und Autor von Kurzgeschichten bekannt, die im lesenswerten Sammelband „The Best Short Stories" (1980) zusammengefasst sind. Henry Blake Fuller (1857–1929) schuf mit „The Cliff Dwellers" (1893) den ersten amerikanischen „Stadtroman" und beschrieb den Alltag der Bauarbeiter an Chicagos Wolkenkratzern.

Theodore Dreiser (1871–1945) stammte aus einer armen deutsch-tschechischen Einwandererfamilie aus Indiana und gelangte auf Jobsuche nach Chicago. Er arbeitete als Journalist beim „Chicago Globe" und schrieb 1900 den gesellschaftskritischen Erziehungsroman „Sister Carrie" („Schwester Carrie", 1929), in dessen Zentrum das Landmädchen Caroline Meeber steht, das in Chicago turbulente Zeiten durchmacht.

Carl August Sandburg (1878–1967), schwedischer Immigrantensohn, lebte seit 1913 in Chicago und arbeitete bei der „Chicago Daily News". Bekannt wurde er durch Publikationen in der erstmals 1912 erschienenen Zeitschrift „Poetry", v.a. mit den „Chicago Poems" (1916, deutsche Ausgabe: „Chicago-Gedichte", 1948) – eine lesenswerte Hommage an die Stadt. Eine Beschreibung des Mittleren Westens steht im Zentrum von „Cornhuskers" (1918), für das er 1919 den Pulitzerpreis erhielt. 1940 wurde ihm dieselbe Ehre für seine sechsbändige Biografie „Abraham Lincoln" (1926–39, dt. 1958) zuteil.

Anfang der 1930er-Jahre war die afroamerikanische „Kulturbewegung" Harlem Renaissance aus New York auf Chicagos South Side, nach Bronzeville, übergeschwappt. Als im Zuge der Depression viele Schwarze arbeitslos geworden waren, keimte zugleich ein neuer politischer, aber auch kreativer Aktivismus auf und von etwa 1932 bis 1950 machte die **„Chicago Renaissance"** von sich Reden. Sie wurde getragen von großen Talenten aus allen Bereichen – Musik, Literatur, Tanz, Journalismus und bildende Kunst. Ungewöhnlich für Chicago waren die Einbindung sozialer Aspekte und die gleichzeitige Entstehung kultureller Einrichtungen wie Bibliotheken, Gemeindezentren, Kirchen, Theater oder Klubs.

Es gab damals sogar mehrere **„schwarze" Zeitungen:** „Chicago Defender", „Chicago Bee" und „Chicago Whip", alle beliefert von der Associated Negro Press von Claude Barnett. Zu Kriegsbeginn hatte John H. Johnson aus Arkansas ein Magazin namens „Negro Digest" (bis 1976) als afroamerikanisches Pendant zum „Reader's Digest" ins Leben gerufen. 1945 startete Johnson „Ebony", das zum Erfolg wurde, sechs Jahre später folgte „Jet", eine Zeitung im Taschenformat – beide existieren noch.

Upton Sinclair (1878–1968) aus New Jersey wurde durch einen 1906 erschienenen Roman schlagartig berühmt: „The Jungle" („Der Sumpf", 1922). Er schilderte am Beispiel des litauischen Immigranten und Arbeiters Jurgis Rudkus, der vom Trinker, Schläger und Streikbrecher zum überzeugten Sozialisten wird, den Alltag in den Schlachthöfen von Chicago und die trostlosen Verhältnisse, in denen die Immigranten in Chicagos South Side, „Back of the Yards“, damals lebten. Der politisch engagierte Journalist Sinclair war im Auftrag einer Sozialistenzeitung nach Chicago gekommen, um über die moderne Sklaverei in Firmen zu berichten. Sinclair zeigte auf, wie der Kapitalismus die Arbeiter zu geschundenen, armseligen Kreaturen machte, die für 16 Cents pro Stunde, 84 Stunden die Woche, zwischen Rinder- und Schweinepferchen und -hälften unter oft unvorstellbaren hygienischen Zuständen schufteten. Das Buch wurde schnell zum Bestseller und beeinflusste sogar Bert Brechts „Heilige Johanna der Schlachthöfe“ (1930).

Im polnischen Viertel aufgewachsen ist der Prosaschriftsteller **Nelson Algren** (1909–1981). Seine autobiografisch gefärbten Romane, Kurzgeschichten und Essays schildern ebenfalls die sozialen Verhältnisse in den Slums von Chicago.

James T. Farrell (1903–1979) verfasste Kurzgeschichten, Gedichte und Essays, vor allem aber vier große Romanzyklen. Als sein Hauptwerk – mit autobiografischen Zügen – gilt die „Studs Lonigan“-Trilogie (1932–35). Der im November 2008 im Alter von 96 Jahren verstorbene **Studs Terkel** war eine Chicagoer Legende – Radioreporter, Interviewer und Radio-DJ. In New York geboren, war er mit neun Jahren nach Chicago gekommen, hatte Jura studiert und dann für Radiosendungen Texte geschrieben. 1952 begann die landesweit ausgestrahlte Radiosendung „The Studs Terkel Program“ und von da an sollte Terkel 45 Jahre lang seine Zuhörer mit täglich einer Stunde Interviews und Analysen zu sozialen und politischen Themen informieren. Sie bildeten die Grundlage für seine Bücher über Rassismus, Armut und Krieg.

Saul Bellow (1915–2005) hinterließ bei seinem Tod ein umfangreiches Erzählwerk, neben Romanen auch Novellen, Kurzgeschichten und Dramen. Der Literaturnobelpreisträger stammte aus einer russischen Immigrantenfamilie und war 1924 von Montréal nach Chicago, in das jüdische Viertel Humboldt Park, gekommen. Nach einem Intermezzo in New York kehrte er 1938 nach Chicago zurück und lehrte ab 1962 an der University of Chicago.

Susan Sontag (1933–2004) studierte Philosophie an der University of Chicago, ebenso **Kurt Vonnegut** (1922–2007), beide zogen jedoch früh nach New York. Auch **Jonathan Franzen** erblickte 1959 in Western Springs, einem Chicagoer Vorort das Licht der Welt, lebte dort aber nur kurz. **Michael Crichton** (1942–2008) verband mit Chicago ebenfalls nur die Tatsache, dass er dort geboren wurde, wohingegen **Sara Paretsky** (geboren 1947) in Chicago lebt und arbeitet. Die Krimiautorin ist Gründungsmitglied der „Sisters in Crime“ und erhielt zweimal die Ehrendoktorwürde.

Zur jungen Generation der Schriftsteller aus Chicago gehört beispielsweise **Adam Langer** (geboren 1967), dessen 2004 erschienener Erstlingsroman „Crossing California“, eine Schilderung Chicagos in den späten 1970er-Jahren, weltweite Beachtung fand.

Musik

„The City of Blues“ – Chicago und der Blues sind ein unzertrennliches Paar. Alles begann im frühen 20. Jh. mit dem

Zustrom von Afroamerikanern aus dem Süden. Zwischen 1915 und 1970 waren über fünf Millionen auf dem **„Blues Highway“**, dem U.S. Hwy. 61, in die großen Städte im Norden gelangt. Memphis und die Beale Street mit ihren Klubs war häufig nur die erste Station auf der Reise, viele stiegen in die Illinois Central Railroad um und mit ihr ging es weiter nach Chicago. Mit den ersten Zuwanderern gelangte der **Mississippi Delta** oder **Deep Blues** nach Chicago – jene Musik, die auf den Feldern der kleinen Pachtbauern im Süden verwurzelt war. Viele „bluesmen“ siedelten sich in der South Side an.

Neben dem Blues war es zunächst der **Ragtime**, der in den Klubs für Stimmung sorgte. Um 1890 aufgekommen, galt er als Früh- oder Vorform des Jazz mit markanten Rhythmen, wie der Ohrwurm „The Entertainer“ von Scott Joplin, der 1973 mit dem Film „Der Clou“ populär wurde, zeigt. Neben dem Ragtime war der **Boogie Woogie** aus dem tiefen Süden in den Stadtklubs beliebt.

In die 1920er- und 1930er-Jahre fiel der erste Höhepunkt des **Blues.** Erste Aufnahmestudios und Schallplattenfirmen entstanden. „Bluebird“ hieß eines der ersten großen Labels, das in den 1930er-Jahren die besten Bluesplatten der Nation produzierte. Frühe Blueslegenden wie William Lee Conley „Big Bill“ Broonzy, Memphis Slim, Big Maceo, Tampa Red, John Lee „Sonny Boy“ Williamson oder Blind Lemon Jefferson standen hier unter Vertrag.

Blind Lemon Jefferson (ca. 1897–1930), ein Wandermusiker, galt als erster wirklicher Bluesstar, ein weiterer früher Vertreter dieser Musikrichtung in Chicago war **William Lee Conley Broonzy** (1893–1958) aus Mississippi. **John Lee „Sonny Boy“ Williamson** (1914–1948) aus Tennessee trat ab 1934 in Chicagos Maxwell Street auf und arbeitete als Begleitmusiker in verschiedenen Bands. Erste Plattenaufnahmen fanden im Mai 1937 für Bluebird statt und ab 1943 trat er häufig mit Muddy Waters auf.

Allen „bluesmen“ gemeinsam waren sozialkritische Texte, die die Situation in den Gettos beschrieben. Allerdings realisierten die Musiker aus dem Süden rasch, dass ihr gewohnter langsamer, folkloristischer Sound, der „rustikale“ Delta Blues, in der Großstadt Chicago wenig ankam. Man verstärkte daher die Instrumente, v. a. die Mundharmonikas, und setzte elektrische Slide Guitars und Piano ein. Nach und nach entstand ein perfektionierter Electric Blues und so erreichte der **Chicago Blues** besonders nach dem Zweiten Weltkrieg erstmals ein Massenpublikum und erlebte in den 1950er-Jahren eine neuerliche Blüte.

Als Innovator des modernen Bottleneck-Spiels auf der Gitarre – wie das „Sliden“ mit dem Hals einer Glasflasche über die Seiten genannt wird – machte sich **Tampa Red** (1904–1981), der 1925 aus Georgia nach Chicago gekommen war, einen Namen. Aber auch wegen seiner anzüglich-witzigen Texte, „Hokum“ („Humbug“) genannt, wurde der „Guitar Wizard“ berühmt. Ab 1941 trat er zusammen mit **Big Maceo Merriweather** (1905–1953) auf, einem herausragenden Pianisten mit guter Stimme.

Die Nachkriegszeit war die große Zeit der **South Side Blues Clubs** und dort begeisterte in den 1950er-Jahren eine neue Generation von Bluesmusikern wie **Howlin' Wolf, Elmore James, Muddy Waters** oder **Little Walter** ihr urbanes, vorwiegend weißes Publikum. Daneben ent-

031cg Abb.: mb

wickelte sich die **Maxwell Street** auf der West Side an Wochenenden zur Showbühne der Straßenmusiker. Kleine Boogie-Kombos und Musiker wie Hound Dog Taylor, Jimmy Reed, Joe Carter und Robert Nighthawk oder auch Muddy Waters spielten dort am Sonntagmorgen für ein Trinkgeld. 1950 entstand mit **Chess Records** der Hauptproduzent von „Urban Blues“, der u.a. Muddy Waters, Howlin' Wolf und John Lee Hooker unter Vertrag nahm.

In den 1960er-Jahren war der Blues „out“ und **Soul, Funk** und **Rap** wurden in den Städten populär. In Chicago lebte der Blues jedoch wenigstens „im Untergrund“ fort und heute ist er so lebendig wie einst. Wer einmal das Blues Festival (s. S. 17) miterlebt hat, weiß, dass in dieser Stadt **der Blues nicht unterzukriegen** ist. Viele der „wahren“ Bluesklubs, befanden und befinden sich in weniger attraktiven Vierteln, hier spielten hochmoderne Technik, Souvenirshop und Restaurant noch keine Rolle. Glaubt man Gregg Parker, Gründer des Chicago Blues Museum, ist der Blues noch immer gesellschaftsverbindend: „The Blues is blue. You have the Blues, I have the Blues. It's an American art form. It's one music. It's for us all.“

Der **Jazz** feierte wie der Blues seine große Zeit in den 1920er- und 1930er-Jahren. Angeblich war es einer Gruppe von weißen Studenten der Austin High School, die sich 1922 zu einer Band zusammenschlossen, zu verdanken, dass Jazzbegeisterte sich der neuen Musikrichtung anschlossen und der **Chicago Style Jazz** geboren wurde. Chicago hatte sich nach dem Ersten Weltkrieg zum Sammelpunkt für Jazzmusiker entwickelt und von hier aus war die Musikrichtung weltweit berühmt geworden.

Mit der afroamerikanischen Zuwanderung hatte um 1920 nicht nur der Mississippi Blues, sondern auch der **New Orleans Jazz**, der im dortigen Viertel Storyville verboten worden war, in Chicagos Klubs und Tanzhallen Einzug gehalten und sich mit „städtischen Einflüssen" vermischt. Im Winter 1915/16 waren die ersten New Orleans Jazz Bands in Chicago aufgetreten und fortan wurden Etablissements wie die **Green Mill** (s. S. 39) – der heute älteste noch existierende Jazzklub in Uptown –, Sherman House's College Inn oder Moulin Rouge Café bekannt. Die South Side bzw. die State Street zwischen 31st und 39th Street war bekannt als **„The Stroll"** – ein Streifen, entlang dem sich ein Klub an den anderen reihte. Häufig waren hier Musikgrößen wie Louis Armstrong, Jelly Roll Morton, Kid Ory, Fletcher Henderson oder Earl Hines zu hören.

Drei Musiker aus New Orleans – King Oliver, Louis Armstrong und Johnnie Dodds – sowie Lil Hardin aus Memphis sorgten für einen Boom und einen Wandel im Jazz. Armstrong war im Sommer 1921 nach Chicago gekommen, angelockt von Joe „King" Oliver, der mit seiner Creole Jazz Band in den Lincoln Gardens aufspielte. Armstrong wurde zum weltbekannten Jazztrompeter, der in „weißen" Klubs wie den Royal Gardens oder dem Vendome oder dem „schwarz" geführten Dreamland auftrat. Weiße Jazzer wie Bud Freeman oder Gene Krupa stießen dazu.

EXTRATIPP

Informationen für Musikfans

Treffs und Medien:

› **Chicago Blues Archives,** Harold Washington Library Chicago (22), www.chipublib.org/branch/details/library/harold-washington/p/Vpablues. Mit Hörstationen, Büchern, Ausstellungen und Veranstaltungen.

•**200** [D7] **Jazz Institute of Chicago,** 410 S Michigan Ave., www.jazzinchicago.org. 1969 gegründete Institution, die vielerlei Veranstaltungen anbietet.

•**201** **Chicago Jazz Archive,** Regenstein Library, University of Chicago, 1100 E 57th St., www.lib.uchicago.edu/e/su/cja. Umfassende Jazzsammlung.

› **Chicago Jazz Magazine,** www.chicagojazz.com. Sechsmal jährlich erscheinendes Fachorgan.

Im Internet:

› **www.bluesroots.net/chicagoblues.htm** – deutsche Seite über den Blues

› **www.centerstagechicago.com/music** – Infos zu Musik, Bands und Konzerten

› **www.angelfire.com/blues/janesbit** – Chicagos Blueslegenden

Buchtipps:

› LeRoi Jones (Imamu Amiri Baraka): **„Black Music"** (2010)

› Carl-Ludwig Reichert: **„Blues. Geschichte und Geschichten"**, München 2001

Unzertrennlich: Chicago und der Blues – hier ein Konzert während des Blues Festival (s. S. 17)

„We've got Blues"

Eddy „The Chief" Clearwater *(geboren 1935): Bluesrocker und „Showman" in auffälligem Outfit (z. B. Indianer-Kopfputz), der auch Delta Blues und Country & Western im Repertoire hat und als Backgroundspieler für die Gospelband Five Blind Boys of Alabama tätig war. Hörtipp: „Reservation Blues" (2000) oder „West Side Strut" (2008).*

James Cotton *(geboren 1935): „Mr. Superharp" - ein Mundharmonikaspieler aus Tunica/Mississippi, der seine Karriere mit der Radioshow „King Biscuit Time" begann. Er tourte mit John Lee „Sonny Boy" Williamson, Howlin' Wolf und Muddy Waters (in dessen Band er Junior Wells ablöste). Seit 1966 Solokarriere. Hörtipp: „Deep In The Blues" (1996) oder „Giant" (2010).*

Buddy Guy *(geboren 1936): Gilt als „Chicago's blues king today", betreibt eine legendäre Bar (s. S. 39) in Chicago und tritt dort immer noch auf.*

Howlin' Wolf *(1910–1976), alias Chester Arthur Burnett. Der „Vater des Delta Blues" lernte auf den Plantagen Mississippis das Gitarre- und Mundharmonikaspielen und trat in „juke joints" (Spelunken) auf, ehe er in die großen Städte, u. a. Chicago, zog. Zeitweise Mitglied der Chess-Hausband und erbitterter Konkurrent von Muddy Waters, feierte er auch in England Erfolge, z. B. 1964 mit „Smokestack Lightnin'", und inspirierte britische Bands wie Manfred Mann, Cream oder die Rolling Stones. Hörtipp: z. B. „Howlin' Wolf" (1962).*

Elmore James *(1918–1964): Wanderarbeiter im ländlichen Mississippi, der durch sein Bottleneck-Gitarrenspiel bekannt wurde. Eigene Radioshow bei einem Lokalsender in Canton/Mississippi, ab 1952 in Chicago. Wechselhafte Karriere und nur wenige Plattenaufnahmen, jedoch mit großartiger Begleitband The Broomdusters. Der „King of the Slide Guitar" machte den alten Delta Blues „modern" und wurde Anfang der 1960er-Jahre zum Idol britischer Musiker wie Keith Richards oder Eric Clapton.*

B. B. „Blues Boy" King *(geboren 1925): Geboren in Itta Bena/Mississippi, prägte er von Memphis aus ab den späten 1950er-Jahren den Blues auch in Chicago. In seiner Band setzte er mehrere Saxofonisten, Bassisten und Drummer ein und schuf mittels seiner Gibson-Gitarre „Lucille" einen unverkennbaren Stil, abgeschaut von Blind Lemon Jefferson und T-Bone Walker. Seine Verschmelzung von Traditional Blues, Jazz, Swing und Mainstream Pop beeinflusst bis heute die Popszene.*

John Primer *(geboren 1945): Gitarrist aus Camden/Mississippi, seit 1963 in Chicago, beeinflusst von Jimmy Reed, Muddy Waters, Little Milton, Elmore James, B.B. und Albert King. Muddy Waters ehemaliger Gitarrist Sammy Lawhorn lehrte ihn das Slide-Guitar-Spiel. Er spielte zunächst ab 1979 bei den Chicago All-Stars mit Willie Dixon, dann in Muddy Waters' Band und bei Magic Slim & The Teardrops. 1995 erschien sein erstes Soloalbum „The Real Deal", seither zeigt er nicht nur seine Klasse als Gitarrist, sondern auch als*

Songwriter und Sänger. Hörtipp: „All Original" (2009).

***Koko Taylor** (1928-2009): „Queen of the Blues", bekannt geworden durch den Song „Wang Dang Doodle". Ihre Karriere begann in einem Gospelchor in Memphis, wo Chess Records in den 1960er-Jahren auf sie aufmerksam wurde. Hörtipp: „Old School" (2007).*

***Muddy Waters** (1915-1983): McKinley Morganfield war 1943 bettelarm aus Mississippi nach Chicago gekommen und verdiente sich in Klubs mit Gitarrespielen Geld dazu. Der „Vater des Electric Chicago Blues" hatte 1948 einen Plattenvertrag bei Chess erhalten und sorgte Ende der 1950er-Jahre für die Verbreitung des Blues in Europa. Zu seiner Band The Headhunters gehörten u. a. Jimmy Rogers (2. Gitarre), Otis Spann (Piano) und Little Walter. Er hielt lange einen Stammplatz in den Top Ten der Billboard R&B-Charts inne, zu seinem berühmtesten Lied wurde „(I'm Your) Hoochie Coochie Man" (1954). Waters beeinflusste Bands und Stars wie Eric Clapton und den Fleetwood-Mac-Gründer Peter Green.*

***Junior Wells** (1934-1998) alias „Amos Blakemore". Der „Godfather of the Blues" revolutionierte in den 1950er-Jahren das Harmonikaspiel und trat mit Muddy Waters und Buddy Guy auf. Auftritte mit Tampa Red, Big Maceo und Johnnie Jones in der Southside, Mitglied der Four Aces, ab 1952 für Little Walter in Muddy Waters' Band, ab 1970 mit Buddy Guy auftretend. Hörtipp: Hoodoo Man Blues (1965).*

032cg Abb.: mb

Tenorsaxofonist Freeman trat 1938 dem Benny Goodman Orchestra bei. Krupa (1909–1973) stammte aus Chicago und trat mit Goodman, Tommy Dorsey und Baby Dodds gemeinsam auf und wurde als Soloschlagzeuger geschätzt.

In den **„Roaring Twenties"** erlebten Tanzmusik und Swing einen Boom und Bandleader wie Count Basie oder Coleman Hawkins waren in aller Munde. „Chicago's Boy", **Benny Goodman**

Buddy Guy's Legends (s. S. 39) ist seit über 20 Jahren einer der legendären Bluesklubs

(1909–1986), Sohn jüdisch-russischer Einwanderer, war bereits 14-jährig berühmt geworden und hatte 1934 sein eigenes Orchester gegründet. Sein eingängiger Musikstil machte ihn zum „King of Swing". In den 1940er-Jahren erreichte der **Big Band Swing** seinen Höhepunkt, doch daneben kamen **Progressive Jazz** (Stan Kenton) und **Bebop** auf.

Die Earl Hines Band mit Dizzy Gillespie und Charlie Parker erreichte im Zweiten Weltkrieg ihren Höhepunkt. Auch Ella Fitzgerald und Thelonious Monk trugen dazu bei, dass **Bebop** zu „something they (= die Weißen) can't play" wurde. Für Aufsehen sorgten der technisch brillante Trompeter **Dizzie Gillespie** (1917–93), der ab 1945 mit dem Saxofonisten Charlie „the Bird" Parker auftrat und den Übergang vom Swing zum Bebop forcierte. Der Trompeter **Miles Davis** (1926–1991) war das dritte Aushängeschild der Jazzszene der 1940er-Jahre und bekannt für seine Improvisationen und seine Experimentierfreude.

Dann waren es Künstler wie Ray Charles, James Brown, Aretha Franklin oder Sam Cooke, die den **Soul** bekannt machten. Während in den frühen 1980er-Jahren die schwarze Musikszene in eine kurze Krise geriet, sorgten Rap und Hip-Hop (z.B. Kayne West) für einen Neuanfang. Heute erlebt neben dem Blues auch der Jazz in Chicago ein Revival. Katherine Davis aus der South Side ist eine Vertreterin der neuen Generation. Bei ihr verschmelzen Einflüsse von Ella Fitzgerald, Dinah Washington, Howlin' Wolf, Muddy Waters, Mahalia Jackson, Etta James und Aretha Franklin. Nach Opernstudium und Theaterproduktion, folgten Auftritte in Jazz- und Bluesklubs.

033cg Abb.: mb

Leben in der Stadt

Chicago ist die Stadt der Sieger und Verlierer, der Schlitzohren und der Spießer, der Großzügigen und der Egoisten, der Frühaufsteher und Nachtschwärmer, der Sozialreformer und der Ganoven, der Architekten und der Spekulanten. Auf den Straßen geht es chaotisch zu wie im europäischen Süden, aber zugleich gilt Chicago als eine der besten Fahrradstädte der Welt.

Mit über 9,5 Mio. Bewohnern in dem aus neun Counties bestehenden Großraum, der von der Chicago Tribune erstmals im frühen 20. Jh. „Chicagoland" genannt wurde, ist Chicago nach New York und Los Angeles die **drittgrößte Stadtagglomeration der USA.** In der City of Chicago leben rund 2,7 Mio. Menschen, im Cook County, dem Landkreis, dessen Hauptstadt Chicago ist, sind es 5,3 Mio. Vergleichsweise wenig sind es da-

gegen im Bundesstaat Illinois: knapp 13 Mio. Gut ein Drittel aller Chicagoans wohnt auf Stadtgebiet, der Rest in den Vororten.

Die größten **Bevölkerungsgruppen** stellen **Afroamerikaner** (ca. 33 %) und **Weiße** (ca. 45 %), **Asiaten** machen etwa 5,5 % aus. Anders sieht es in den Vororten aus, dort liegt der weiße Bevölkerungsanteil je nach Region wesentlich höher.

Als **Schmelztiegel verschiedener Ethnien** ist Chicago vergleichbar mit New York, betrachtet man jedoch die ethnische Zusammensetzung fallen Unterschiede auf: Chicago ist nach Warschau die Stadt mit den meisten polnischen Einwohnern, aber auch viele Skandinavier, Litauer und Ukrainer, dazu Chinesen, Vietnamesen, Griechen, Italiener und Deutsche sind hier zu Hause.

Die ersten **Deutschen**, zumeist jüdischen Glaubens, waren ab den 1830er-Jahren in die Stadt geströmt, 1850 waren über 17 % der Bevölkerung deutschstämmig. Vielfach aus dem Rheinland stammend, brachten sie ihre Traditionen und ihre Liebe für Musik und Vereine, Turnvereine und Sängerfeste mit. Ab 1851 wurde die deutsche „Illinois Staats-Zeitung" publiziert.

Die **Hispanics** stellen heute die am stärksten wachsende ethnische Bevölkerungsgruppe dar (fast 30 %). Sie besteht überwiegend aus Einwanderern aus Mexiko, Mittelamerika und dem Karibikraum. In Chicago gibt es die drittgrößte

„The Bean" im Millennium Park ㉟ *ist ein beliebter Treffpunkt von Einheimischen und Besuchern*

puerto-ricanische Gemeinde in den USA nach New York und Florida. Die meisten spanisch sprechenden Einwohner leben im Südwesten der Stadt (South Lawndale, Brighton Park, Lower West Side, Englewood, Gage Park, Pilsen) und im Nordwesten (z. B. Hermosa oder Logan Square).

Während des Bürgerkriegs (1861–1865) und nach seinem Ende waren zahlreiche **Afroamerikaner** auf der Suche nach besseren Lebens- und Arbeitsbedingungen aus dem amerikanischen Süden in die Stadt geströmt, eine zweite Zuwanderungswelle folgte nach dem Ersten Weltkrieg. Ihre Wohnviertel liegen besonders im Süden und Westen der Stadt (v. a. South Side).

Politik

Chicago gilt als eine der wichtigsten **Demokratenhochburgen** in den USA. Seit 1927 und William Thompson gab es keinen republikanischen Bürgermeister mehr und auch im Stadtrat stellt die Republikanische Partei nur eine Minderheit. Dennoch veranstalten beide Parteien seit 1832 hier gerne Versammlungen: Berühmt ist die erste der Republikaner 1860, in der Abraham Lincoln zum Präsidentschaftskandidaten erklärt wurde. Die wohl größte politische Kundgebung war die Rede **Barack Obamas** vor rund 200.000 Anhängern im Grand Park am Abend des 4. November 2008, nachdem er als erster Afroamerikaner zum Präsidenten gewählt worden war.

Chicagos langjähriger Bürgermeister **Richard Michael Daley Jr.** wurde als viertes von sieben Kindern am 24. April 1942 in Chicago geboren. Als ältester Sohn von Ex-Bürgermeister Richard J. Daley – der zwischen 1955 und 1976 amtierte – war sein politischer Werdegang vorbestimmt. Nach dem Studium trat er 1969 in den öffentlichen Dienst ein, saß von 1972 bis 1980 im Senat von Illinois und fungierte 1980, 1984 und 1988 als Oberster Staatsanwalt *(State Attorney)* des Cook County.

Am 4. April 1989 wurde der Demokrat zum Nachfolger des 1987 überraschend verstorbenen Harold Washington erklärt und 1991, 1995, 1999, 2003 und 2007 jeweils mit überwältigender Mehrheit wiedergewählt. Neben innovativen, gemeindefreundlichen Projekten waren besonders sein Einsatz für mehr Grün- und Sportflächen, Erholungs- und Freizeiteinrichtungen, lebenswerte *neighborhoods* und das Revival der Innenstadt – Navy Pier und Millennium Park als bekannteste Beispiele – lobenswert. Im Umweltschutz setzte Daley auf Recyclingprogramme und machte Chicago zu einer fahrradfreundlichen und „grünen" Großstadt.

2010 gab Daley seinen Rückzug aus der Politik bekannt und initiierte damit eine heftige Auseinandersetzung unter den Demokraten um seine Nachfolge. Zum neuen Bürgermeister wurde am 22. Januar 2011 **Rahm Emanuel** gewählt. Er war bereits in der Regierungsmannschaft von Bill Clinton tätig und Chief of Staff von Barack Obama. Voraussichtlich wird sich Emanuel 2015 der Wiederwahl stellen.

Bildung

Ein Indiz dafür, wie gut es um die Bildung in Chicago bestellt ist, ist das **Harold Washington Library Center**, die mit 80.000 m² Fläche größte öffentliche Bibliothek der Welt. Ihre mehrere Millionen Bücher und andere Materialien werden an sieben Tagen die Woche von rund 7000 Besuchern regelmäßig genutzt. Dazu gibt es ein vielseitiges Ausstellungs- und Veranstaltungsprogramm.

Auch an **Universitäten** besteht kein Mangel: An die zwanzig stehen im Großraum Chicago zur Verfügung. Die renommierteste ist die **University of Chicago,** die zu den besten Unis der USA gerechnet wird und mehr Nobelpreisträger verzeichnet als jede andere Universität in den USA mit Ausnahme von Harvard. Gegründet 1892, hatte John D. Rockefeller sie mitfinanziert und 1942 war man hier als Teil des **Manhattan Project** an der ersten kontrollierten Nuklearreaktion beteiligt.

Die größte Hochschule ist die erst 1946 gegründete Stadtfiliale der **University of Illinois at Chicago** (UIC) mit ihrem 1965 am Eisenhower/Dan Ryan Expressway (West Side) errichteten Campus. Sie ist besonders für ihre Medizinfakultät bekannt. Das **Illinois Institute of Technology** (IIT, South Side) wurde zwar schon 1892 gegründet, aber erst in den 1930er-Jahren berühmt, als der Architekt Mies van der Rohe hier lehrte. Abgesehen von seinen Bauten und denen des Architekturbüros SOM auf dem Campus ist vor allem die Fakultät für Raumfahrttechnik angesehen.

In den Bereichen Kunst und Kultur sind die **International Academy of Design and Technology** und die **School of the Art Institute of Chicago** besonders renommiert. Im Norden der Stadt, im nahen Evanston, liegt die renommierte Privathochschule **Northwestern University.** Sie wurde 1851 gegründet und ist somit die älteste Hochschule der Stadt mit einem Stadtcampus in Chicagos Streeterville-Viertel.

Privatuniversitäten mit ebenfalls gutem Ruf sind die **DePaul University** (gegründet 1898), die größte katholische Universität und eine der größten Privatunis in den USA, und die **Loyola University** (gegründet 1870), eine der größten Jesuiten-Hochschulen im Land.

Wirtschaft und Tourismus

Von jeher ist Chicago ein **Handelszentrum** und eine der führenden Wirtschaftsmetropolen der Welt. Heute wird noch immer ein Drittel aller Waren im US-Güterverkehr in Chicago umgeschlagen und Firmen wie McDonald's, Sears Roebuck, Kraft Foods, Amoco, Crate & Barrel, Weber (Grill), United Airlines, Motorola oder US Cellular sind hier zu Hause.

Chicago ist nicht nur Verkehrs- und Dienstleistungszentrum, sondern auch der Sitz einer der größten **Warenterminbörsen** der Welt. Voraussetzung für den Handel war und ist eine **hoch entwickelte Verkehrsinfrastruktur.** 1848 war mit dem Illinois and Michigan Canal die Verbindung zwischen Chicago und New York sowie nach New Orleans hergestellt worden. Fast gleichzeitig kam die Eisenbahn auf und machte dem damals größten Getreide- und Holzhafen der Welt Konkurrenz. Bis heute ist Chicago der **wichtigste Eisenbahnknotenpunkt Nordamerikas** und O'Hare gilt dem Passagieraufkommen nach als **verkehrsreichster Flughafen der Welt.**

Auch der **Hafen** hat nicht an Bedeutung verloren. Seit dem Bau des St.-Lorenz-Seewegs 1959 finden sogar Ozeanriesen den Weg in die Stadt. Der Siegeszug der Eisenbahn im späten 19. Jh. konnte die Binnenschifffahrt nie ernsthaft gefährden. Neben Duluth – einem

034cg Abb.: caf

der wichtigsten Umschlagplätze für Eisenerz –, Toledo, Detroit, Cleveland und Buffalo nimmt Chicago noch heute einen Spitzenplatz ein, gilt als der **bedeutendste Binnenhafen der USA** und ist führend beim Umschlag von Getreide und metallurgischen Produkten.

In den späten 1850er-Jahren entwickelte sich Chicago zum **Zentrum der Fleischindustrie,** zur „Porkopolis". Unternehmer wie Gustavus F. Swift und Philip Armour riefen eine Fleisch verarbeitende Industrie ins Leben und fortan gelangten riesige Viehherden aus dem „Wilden Westen" per Eisenbahn nach Chicago, wo geschlachtet, verwurstet und verpackt wurde. Die Entwicklung neuer **Kühltechniken** ermöglichte ab dem späten 19. Jh. sogar eine ganzjährige Fleischverarbeitung. Obwohl die Arbeit als gefährlich und schlecht bezahlt galt, war es dank der reichlich vorhandenen bzw. angeworbenen Immigranten möglich, effiziente Fließbandarbeit einzuführen – ein System, das sogar Leute wie den Automobilproduzenten Henry Ford beeindruckte. Die Fleischindustrie wurde zum ersten globalen Industriezweig in Chicago und obwohl in den 1960er-Jahren die Schlachthöfe verschwanden, spielt die **Nahrungsmittelindustrie** noch heute eine große Rolle.

Heute sind über 60 Unternehmen auf der vom US-amerikanischen Wirtschaftsmagazin Fortune jährlich neu veröffentlichten **„Fortune Global 500-Liste"** – die eigentlich die 1000 größten Firmen auflistet – in Metro Chicago zu Hause. Dazu gehören u. a. Boeing, United Airlines (United Continental Holdings), Exelon (Energieversorger), AON (Versicherungen), oder Integrys Energy Services. Im Vorort

Northbrook befindet sich das Hauptquartier des Versicherungskonzerns Allstate, Deerfield ist der Sitz der Supermarkt- und Drogeriekette Walgreen, Motorola residiert in Schaumburg, die McDonald's Corp. in Oak Brook und Kraft Foods in Norfield, um nur ein paar Unternehmen mit Sitz im Großraum Chicago zu nennen.

Touristisch gesehen ist Chicago **eines der beliebtesten Städtereiseziele der Welt.** Zuletzt verbuchten der Staat Illinois und speziell Chicago enorme Zuwächse: Etwa 40 Mio. Besucher werden alljährlich verzeichnet, bis 2020 sollen es 50 Mio. sein. Die Deutschen bilden nach Briten und Japanern die drittgrößte Besuchergruppe. Der Anteil an Geschäfts- und Urlaubsreisenden hält sich die Waage. Die durchschnittliche Aufenthaltsdauer beträgt knapp fünf Tage, die Zahl der im Stadtgebiet verfügbaren Hotelzimmer liegt bei über 35.000. **Sightseeing** und **Shopping** sind die beliebtesten Aktivitäten der Besucher in der Architekturmetropole Amerikas, aber auch Events und Gastronomie sorgen für Zulauf.

Die Chicagoans und ihr Alltag

Jährlich über 200 Paraden, Festivals und Veranstaltungen verschiedenster Art legen Zeugnis von der kulturellen und ethnischen Vielfalt Chicagos ab. Obwohl sich die Stadt offiziell aus 77 „neighborhoods“ zusammensetzt, ist allerdings von der einstigen Prägung ganzer Stadtteile durch einzelne ethnische Gruppen seit der Abwanderungswelle in die Vororte in den 1950er-/60er-Jahren nicht viel übriggeblieben. Dafür haben sich lebhafte Zentren der alternativen Szene, der Homosexuellen oder der Künstler herausgebildet und in letzter Zeit ist ein Revival der Innenstadt festzustellen.

Etliche stadtnahe Viertel erleben derzeit eine neue Blüte, da vermehrt junge Leute aus den Vororten zurück in die Stadt ziehen und damit einem Trend namens „New Urbanism“ folgen. Auch in der Innenstadt ist ein **Revival** zu beobachten: alte Gebäude, insbesondere Lagerhallen und Industriebauten, werden zu attraktiven Apartmenthäusern und Lofts umgebaut und man hat den **Chicago River** „wiederentdeckt“. Wo einst Gestank und Lärm der Industrie vorherrschten, entstehen jetzt am Ufer Wohnblocks, Parks und Promenaden. Es ist schick geworden, am Fluss und nahe dem bzw. im Loop zu leben. Die Miet- und Immobilienpreise haben daher mittlerweile in manchen Vierteln Chicagos das Niveau von New York erreicht.

Wie bereits um 1900 befinden sich die **schönsten Wohnareale** wieder am Seeufer und rings um die verschiedenen Parks. Hier wohnen auf großzügig bemessenen, von Grün umgebenen Flächen die Besserverdienenden. Die **ärmeren Chicagoans** müssen hingegen mit engen Wohnungen in Mietshäusern oder schlichten Reihenhäusern im Süden und Westen der Stadt vorliebnehmen. In der South Side setzte erst in den 1970er-Jahren zaghaft eine Sanierung verfallener Viertel ein und es ist immer noch viel zu tun.

Die Notwendigkeit, den **Massenverkehr** im Ballungsraum in den Griff zu bekom-

◁ Bei Touristen äußerst beliebt: die Touren der CAF 29, hier die Razzle Dazzle Theater Tour (s. S. 44)

men, hat man in Chicago früh erkannt. Bereits 1894 gab es eine Eisenbahn mit 450 Wagen, gezogen von einem System von insgesamt 138 km Zugseilen, die von elf Kraftwerken betrieben wurden. 1893 begann der Bau von Hochbahnlinien und diese hatten die Besiedelung neuer Vororte zur Folge und trugen damit wesentlich zur „Exploding Metropolis" bei.

1951 wurde der öffentliche Nahverkehr, Hochbahnen, Busse und Trolleys (Straßenbahnen), zur **Chicago Transit Authority** (CTA) zusammengefasst. Den vorläufigen Abschluss der Bemühungen bildete 1972 der Bau der Blue und Red Line als U-Bahnen im Innenstadtbereich. Diese sollten ursprünglich einmal die Hochbahnschleife des Loop ersetzen, da die Chicagoans ihre quietschende und ratternde „L" (oder „El") jedoch heiß und innig lieben, kam es nicht dazu – im Gegenteil: Inzwischen denkt man sogar wieder daran, einige Linien der „Elevated" zu verlängern.

Berühmte Chicagoans

Chicago kann stolz auf eine lange Liste an Persönlichkeiten, die hier geboren wurden, wirkten oder leb(t)en, verweisen. Beispielsweise war die Sozialreformerin **Jane Addams** (1860–1935) hier zu Hause. Als Bürgerrechtlerin und Sozialarbeiterin machte sie sich mit der Einrichtung des **Hull House** für Arbeiter in der West Side verdient. Sie kooperierte mit Gewerkschaften und Reformgruppen und setzte sich für bessere soziale Bedingungen der Unterschicht ein. Dafür erhielt sie 1931 den Friedensnobelpreis.

Auf der anderen Seite von Recht und Ordnung stand **Al Capone** (1899–1947), jener legendäre aus Neapel stammende und in Brooklyn aufgewachsene Gangsterboss, der v. a. in Chicago seine „Geschäfte" betrieb.

Im **Kulturbereich**, allem voran in der Literatur und der Musik, hat Chicago mehr zu bieten als die meisten anderen amerikanischen Großstädte. Unter anderem lebten die wegweisenden **Architekten** Louis Sullivan und Daniel Burnham in Chicago und die **Musiker** Benny Goodman (1909–1986), Curtis Mayfield (1942–1999) und Quincy Jones (geboren 1933) wurden hier geboren. Unter den zahlreichen **Schriftstellern** ragt ein Name heraus: Ernest Hemingway (1899–1947). Er kam im Vorort Oak Park zur Welt und „floh" als 19-Jähriger nach Kansas City. Auch **Walt Disney**, am 5. Dezember 1901 in Chicago geboren, kehrte der Stadt früh den Rücken.

Um beim Showgeschäft zu bleiben: **Oprah Winfrey** (geboren 1954), die afroamerikanische Talkshow-Queen, lebt seit 1984 in der Stadt und ist mittlerweile Ehrenbürgerin. Schauspieler **Harrison Ford** (geboren 1942) ist ebenso ein „Einheimischer" wie der Playboy-Herausgeber **Hugh Hefner** (geboren 1926), der in Chicago 1953 die erste Ausgabe des beliebten Magazins herausbrachte.

Ein großer Name aus der Sportszene ist **Michael Jordan** (geboren 1963). Zwar wurde der ehemalige Basketballstar weder hier geboren (Brooklyn/NY), noch ist er hier aufgewachsen (Wilmington, North Carolina), doch zwischen 1984 und 1998 trug er dazu bei, dass das Basketballteam der Chicago Bulls sechsmal

☒ Der Chicago River wird langsam wieder zur geschätzten Lebensader der Stadt *(s. S. 96)*

NBA-Meister und er selbst zum Idol der Stadt und der Basketballwelt wurde.

Wrigley-Kaugummi (s. S. 165) geht auf eine Idee von **William Wrigley Junior** (1861–1932) zurück. Über Waschpulver mit Beigaben landete er bei seinem Verkaufsrenner, dem Kaugummi. 1911 gründete er die W. Wrigley Jr. Company, die mit „Wrigley's Spearmint Chewing Gum" und „Juicy Fruit" weltberühmt wurde.

Aaron Montgomery Ward war ein weiterer erfolgreicher Geschäftsmann und gab 1872 den ersten Versandhauskatalog der Welt heraus, der 1904 schon auf fast zwei Kilo Gewicht angewachsen war und an drei Millionen Kunden verschickt wurde. Ward war aber auch politisch für die Stadt wegweisend: Er widersetzte sich erfolgreich – 1911 sogar vor Gericht – gegen die Bebauung der Lakefront und ermöglichte die Umfunktionierung wertvollen Baulandes in öffentlichen Grund. Ohne ihn wäre der Grünstreifen entlang dem Seeufer heute wohl bebaut.

Zwei bekannte Frauen aus Chicago sind **Hillary Rodham Clinton** (geboren 1947) und **Bertha Honoré Palmer** (1849–1918). Letztere war die Frau von Potter Palmer, einem Geschäftsmann und Hotelier. Sie legte mit ihrer Kunstsammlung (v. a. Impressionisten) die Basis für das Art Institute. **Barack Obama** (geboren 1961 auf Hawaii) war bis zu seinem Umzug ins Weiße Haus im Januar 2009 ebenfalls in Chicago zu Hause.

Going Green

„Going Green" heißt das neue Schlagwort in vielen amerikanischen Städten, besonders konsequent verfolgt man diesen Trend aber in Chicago. LEED-Zertifikationen für umweltbewusstes Bauen, der Ausbau von öffentlichen Grünflächen und Fahrradwegenetz, begrünte Dächer und öffentlicher Nahverkehr erhielten hier in den letzten Jahren zunehmende Beachtung.

035cg Abb.: mb

Chicago River – ein Fluss wird „wiederbelebt"

Ein Y in einem Kreis ist das ***Symbol Chicagos,*** *das der dänischstämmige Künstler A. J. Roewad 1892 entworfen hat. Es befindet sich z. B. auf dem Schriftzug des Chicago Theatre, im Siegel der Public Library, auf Brücken oder in der City Hall. Es symbolisiert den Chicago River und seine zwei Arme, North und South Branch. Die drei entstehenden Dreiecke sollen für North, South und West Side stehen.*

Der Chicago River ist zwar nur einer von vielen Flüssen und Kanälen in Chicago, über die insgesamt an die 70 Brücken führen sollen. Er ist allerdings der kurioseste, da er vom See wegfließt, statt in ihn zu münden. Das war aber nicht immer so. Einst erstreckte sich um den Fluss ***Sumpfland*** *und das Areal um seinen Südarm wurde „Mud Lake" genannt. Hier musste man durch, um die im Westen gelegenen, in den Mississippi mündenden Des Plaines River bzw. Illinois River zu erreichen. Diese* ***„Chicago Portage"****, eine kaum mehr als 15 km lange Landbrücke, verwandelte sich bei hohem Wasserstand in eine einzige Überschwemmungsfläche.*

Mit dem Wachstum der Stadt kamen die Probleme mit dem ***Abwasser,*** *das zunächst einfach in den Fluss geleitet wurde. Die Folgen waren Gestank und Cholera-Epidemien. Zwar pumpt man das Trinkwasser von jeher über einen Tunnel aus dem See in ein Auffangbecken und verteilte es von dort, aber das Abwasser landete eben auch im See. Mit der Zunahme der Mengen, auch aus den Schlachthöfen, und durch den wachsenden Schiffsverkehr wurde die* ***Wasserqualität*** *des Sees immer schlechter.*

1892 begann man mit dem Bau des ***Chicago Drainage Canal,*** *heute „Sanitary and Ship Canal" genannt, der über rund 40 km parallel zum alten Illinois-Michigan-Kanal verläuft und gut 8 m tief und 50 bis 100 m breit ist. „The Ditch" war damals das größte Erdbewegungsprojekt der Welt und beschäftigte rund 8500 Arbeiter. Als im Januar 1900 der letzte Damm zum Chicago River gesprengt wurde, floss dieser plötzlich nicht mehr in den See, sondern in den Kanal und damit Richtung Südwesten, zum Illinois River und weiter zum Mississippi.*

Das Wachstum der Stadt in den Außenbezirken erforderte eine neue Kanalisation und es wurde das sogenannte ***Tunnel and Reservoir Project*** *(TARP) initiiert. Dessen Kern bildet eine circa 200 km lange Reihe unterirdischer Wasserkanäle und Rückfangbecken. Hier kann Regenwasser, das über die Kanalisation transportiert wird, aufgefangen und gezielt an regionale Sammelbecken und Kläranlagen geleitet werden. Überschwemmungen*

Lange Zeit spielten Umwelt und Umweltschutz in Chicago keine große Rolle. Erst als der National Geografic 1973 in einem Artikel auf die Missstände in und um Chicago hinwies und fragte: „Ist es schon zu spät?", ging ein Ruck durch die Stadt. Strände waren damals gesperrt und der Fischverzehr verboten. Ein Umdenken setzte ein und betrachtet man heute den Chicago River und das grüne Ufer des Lake Michigan, denkt man längst nicht mehr allein an die Wasser-

der Innenstadt wie im Jahr 1992 und unkontrolliertes Abfließen von Abwasser sollen verhindert werden. Das gereinigte Abwasser wird wieder dem Fluss zugeführt, nachdem es vorher unterirdisch zu einem mächtigen künstlichen Wasserfall wurde, um es mit Sauerstoff anzureichern. Kanalisation und Abwasserreinigung sind zu einer ständigen Herausforderung in der Stadt geworden und die fast 7000 km an Rohren, 230.000 Auffangbecken und 148.000 Einstiege in die Unterwelt geben vielen Menschen Arbeit.

Inzwischen hat die Stadt den Chicago River auch wieder als ***Lebensader*** *erkannt. Dank verbesserter Wasserqualität tummeln sich wieder mehr als 50 verschiedene Fischarten in den Fluten und auch andere Tiere lassen sich im Uferbereich nieder. Der Ufer-Revitalisierung durch Parkanlagen, Promenaden, Wander- und Radwege gilt ein weiteres Hauptaugenmerk. Per Gesetz wurden neue* ***öffentliche Wege am Fluss entlang*** *vorgeschrieben – selbst dort, wo heute Wohnhäuser fast bis an den Fluss heranreichen (v. a. am North Arm). Neue Promenaden als Teil des „Chicago Riverwalk"-Projekts sind entstanden und Ziel ist, dass man eines Tages ungestört den ganzen Fluss entlangbummeln oder -radeln kann. Im Loop-Bereich ist das jetzt schon möglich.*

qualität. Der Fluss, der durch die Stadt fließt, ist wieder zur attraktiven Wasserader mit Promenade geworden. Auch im „Hinterland" tragen Renaturierungsmaßnahmen erste Früchte, wie die Graslandareale um Joliet beweisen Das gesamte vielschichtige Ökosystem der Großen Seen und dessen Erhalt sind mittlerweile in den Fokus gerückt.

Im Bereich **Nahverkehr** ist Chicago von den Fahrgastzahlen und von der Dichte des Netzes in den USA führend. Die Hoch-/U-Bahn wird ebenso fleißig genutzt wie das S-Bahn-System Metra, lediglich der Busverkehr lässt etwas zu wünschen übrig, was Zuverlässigkeit und Pünktlichkeit angeht.

Initiiert von Ex-Bürgermeister Daley soll Chicago zur **„grünsten" Stadt Nordamerikas** werden. Mehrere Hundert Bauten – davon fast 100 städtische – tragen ein **LEED-Zertifikat** (Leadership in Energy and Environmental Design) und damit nimmt Chicago vor New York, Portland und Seattle die Vorreiterrolle in den USA ein, was „grünes Bauen" angeht. Besonderes Gewicht kommt bei der Vergabe der Auszeichnung den Wasser- und Energieeinsparmaßnahmen bei Bau und Betrieb sowie der Nähe zum öffentlichen Nahverkehr zu.

Neu- und Umbauten, die sich umweltschonenden und energiesparenden Regeln unterwerfen, werden in Chicago besonders gefördert. Die Stadt selbst geht mit gutem Beispiel voran und plant, in der Zukunft 30 % der für öffentliche Bauten benötigten **Energie aus erneuerbaren Quellen** zu gewinnen. Inzwischen wurden deshalb zahlreiche öffentliche Bauten – auch Museen – mit Solaranlagen ausgestattet. Auch die Windenergie soll, besonders im privaten Wohnbereich, fortan eine größere Rolle spielen. **„Green roofs"** – Dachbegrünung, die das Sammeln von Regenwasser ermöglicht und zur Verbesserung des Raumklimas, verbunden mit Energieersparnissen, beiträgt – sind in den letzten Jahren vermehrt angelegt worden, sogar auf dem Rathaus.

Wie die Stadt der Zukunft aussehen kann, zeigen einige der neuen Wohnblöcke in der East Side musterhaft. So gilt beispielsweise der Hochhausbau an der **340 E Randolph St.** von 2007 als erstes „grünes" Apartmenthochhaus der Stadt. Hier wurden nicht nur alle Umwelt- und Energiesparauflagen erfüllt, sondern zugleich wurde ein eigenes Regenauffangbecken installiert, ein „green roof" zum Temperaturausgleich angelegt und den Bewohnern wird Carsharing angeboten. Auch die Wiederbelebung alter Bauten, inklusive einer umweltgerechten und energiefreundlichen Restaurierung, soll weiter forciert werden. Musterbeispiel ist schon jetzt der South Loop, wo in alte Bauten bevorzugt Hochschuleinrichtungen eingezogen sind.

Mehr als ein Dutzend Hotels, die größte Konzentration in ganz USA, gelten bereits als **„green hotels"** mit Gütesiegel, also als besonders umweltfreundlich und energiesparend. Weitere stehen kurz vor der Aufnahme. Kriterien für das Gütesiegel sind z. B. Müllreduzierung und Recyclingprogramme, Energie- und Wassereinsparung sowie die Vermeidung schädlicher Substanzen beim Bau und Betrieb. Dazu gehören z. B. Essex Inn (s. S. 289), Hotel Monaco (s. S. 287), Hotel Burnham (s. S. 287), Allegro Hotel (s. S. 287) und InterContinental.

„Green dining" bieten in Chicago Restaurants, deren Fenster einen Aufkleber mit der Aufschrift „Guaranteed Green" oder ein „Green Seal" tragen. Umweltschutz, die Verwendung regionaler Bioprodukte, umweltfreundliches Geschirr, Reinigungsmittel und Möbel und die Vermeidung von Energie- und Wasserverschwendung, Müllvermeidung und gute Luftqualität sind dabei wichtige Kriterien.

Das Nahverkehrssystem von Chicago gehört zu den dichtesten der Welt und auch als **Fahrradstadt** macht Chicago von sich reden. So soll bis 2015 das Radnetz von derzeit etwa 200 km auf das Fünffache ausgeweitet werden. Schon jetzt ist Chicago ein Paradies für Radler, Einheimische und Touristen gleichermaßen. Die **Millennium Park Bicycle Station** im Stadtzentrum mit Umkleiden, Duschen und Schließfächern, Fahrradbahnhof, Reparaturwerkstatt und Verleihstation mit Tourangebot ist in ihrer Art einzigartig. Von hier aus hat man Zugang zu den gut 30 km an Radwegen entlang dem Ufer des Lake Michigan. Abgesehen von diesem *lakefront trail* gibt es auch in der Stadt ein Radwegenetz.

› Weitere Infos zu „Green Chicago": www.choosechicago.com/things-to-do/green-chicago/

Chicago entdecken

005cg Abb.: mb

„Ich bin auf eine Stadt gestoßen, eine richtige Stadt – und man nennt sie Chicago.“ Wie diese Bemerkung von Rudyard Kipling (1865–1936) zeigt, erregte die Stadt am Lake Michigan schon Ende des 19. Jh. Aufsehen. Doch nicht nur den britischen Schriftsteller haben die Besonderheit und Kuriositäten Chicagos fasziniert, längst lassen sich auch Besucher aus aller Welt von dieser faszinierenden „Gigantopolis“ verzaubern. Chicago ist eine vielseitige und kontroverse Metropole, die bislang noch viel zu wenig bekannt ist. Doch gerade das wäre ein Grund, endlich in das „Herz Amerikas“, wie es der deutsche Autor Alfred Kerr 1925 nannte, vorzustoßen.

Gerade im deutschsprachigen Raum galt und gilt Chicago als eines der „Weltwunder“ Nordamerikas und angesichts dieser Euphorie wundert es auch nicht, dass lange Zeit der größte Teil der Bevölkerung Chicagos deutschstämmig war. Doch nicht jeder war damals so euphorisch. Die bayerische Dichterin **Emerenz Meier** (s. S. 188), die 1906 nach Chicago ausgewandert war, brachte ihrer neuen Heimat eher eine intensive Hassliebe entgegen.

Nun ist es aber Zeit, sich selbst ein Bild zu machen. Die Erkundung Chicagos wird einem dank des gut ausgebauten **öffentlichen Nahverkehrs** mit Hochbahn und Bussen leicht gemacht. Kernstück der Stadt ist der Loop mit seiner unvergleichlichen Hochhauskulisse, direkt daran schließt sich die Lakefront an, mit dem Grant Park und der neuesten Hinzufügung, dem Millennium Park. Auch die Einkaufsmeile, die „Mag Mile“, beginnt im Loop und die umgebenden Viertel sind leicht per „L“, per Hochbahn, erreichbar.

Orientierung in Chicago

*Das Herzstück Chicagos ist **The Loop,** der von der Hochbahn – der „L“ (Elevated Train) – auf jeweils etwa 1,5 km Seitenlänge begrenzte zentrale Bereich der Innenstadt in der Gabel von Chicago River und dessen Südarm.*

*Begrenzt wird der Loop im Norden von der Lake Street, im Süden von der Van Buren Street, im Westen von der Wells Street und im Osten von der Wabash Avenue. Landläufig meint man mit „Loop“ jedoch das ganze Areal zwischen den beiden Armen des Chicago River im Norden und Westen, dem **Congress Parkway** (Süden) und der Michigan Avenue am **Grant Park** 33 (Osten). Oft wird sogar dieser Grünstreifen zwischen Stadt und Lake Michigan selbst noch zum Loop gerechnet.*

*Das Herz des Loop und damit von Downtown schlägt an der Kreuzung von State und Madison Street [C6], **„the world's busiest intersection“.** Diese bildet die Schnittstelle für die Einteilung in West, East, North und South – Bezeichnungen, die den Straßennamen vorangestellt sind und die Orientierung erleichtern. Außerdem beginnt hier die Blockzählung. Eng verbunden mit dem Loop ist der anschließende South Loop mit der Printer's Row und dem Museum Campus am Lake Michigan.*

*Für Besucher interessante Viertel zum Bummeln und Einkaufen liegen v. a. im Norden. Die Hauptschlagader des Viertels **Near North** ist die **Magnificent Mile** 47 (Mag Mile), ein Abschnitt der Michigan Avenue, die vom Loop über eine Brücke nach Norden führt. Neben*

Chicago – Neighborhoods
0 3 km
© Reise Know-How 2013
Lake Michigan
ALBANY PARK
LINCOLN SQUARE
RAVENSWOOD
UPTOWN
IRVING PARK
NORTH CENTER
WRIGLEYVILLE
ROSCOE VILLAGE
LAKEVIEW
AVONDALE
LOGAN SQUARE
HERMOSA
BUCK-TOWN
N. Branch of Chicago River
DEPAUL
LINCOLN PARK
OLD TOWN
WICKER PARK
WEST-TOWN
HUMBOLDT PARK
GOLD COAST
NEAR NORTH
UKRAINIAN VILLAGE
NAVY PIER
WEST GARFIELD PARK
GARFIELD PARK
NEAR WEST SIDE
GREEKTOWN
LOOP
TRI-TAYLOR
LITTLE ITALY
GRANT PARK
OAK PARK
UNIVERSITY VILLAGE
LAWNDALE
NEAR SOUTH SIDE
PILSEN
Chicago River
CHINA-TOWN
S. Branch of
LITTLE VILLAGE
Chicago Sanitary and Ship Canal
BRIDGE-PORT
McKINLEY PARK
DOUGLAS
OAKLAND
BRIGHTON PARK
ARCHER HEIGHTS
CANARY-VILLE
BACK OF THE YARDS
GRAND BLVD.
KENWOOD
GAGE PARK
WEST ELSDON
WASHINGTON PARK
HYDE PARK
ENGLEWOOD
JACKSON PARK
WEST ENGLEWOOD
WOODLAWN
WEST LAWN
MARQUETTE
ASHBURN
GRESHAM
GRAND CROSSING
SOUTH SHORE
41
90
94
290
55

*der Mag Mile und dem sich östlich davon ausbreitenden **Streeterville** gehört auch das westlich gelegene **River North** (53) – mit seinem Gallery District als „SoHo" Chicagos bekannt – zu Near North, das wiederum Teil der **North Side** ist.*

*Am Übergang von Near North zum nördlich gelegenen Viertel Lincoln Park erstrecken sich zwei interessante Historic Districts: **Gold Coast** (55), Teil von Near North, und **Old Town** (57), ein Viertel, das sich wie ein Dreieck nördlich der North Ave. ins benachbarte Lincoln Park hineinschiebt. **Lincoln Park** (58) und das sich nördlich anschließende **Lakeview** (61) (mit Wrigleyville um das Baseballstadion Wrigley Field (62)) gehören zu den beliebtesten Wohngebieten der Stadt.*

*Hoch im Norden der Stadt liegen **Uptown** (64), westlich der **Lincoln Square** (66), ursprünglich ein deutsches Siedlungszentrum, **Edgewater** und **Rogers Park** mit dem schwedischen **Andersonville** (65) und der **Devon Avenue,** die wegen ihrer ethnischen Vielfalt auch „United Nations" genannt wird.*

*Südlich des South Loop erstreckt sich die **South Side,** zunächst die **Near South Side** (74) mit dem Prairie Avenue National Historic District und dem alten **Chinatown.** Weiter Richtung Süden folgt **Bridgeport** (75), ein irisches Viertel. Hier sind auch die White Sox, eine von zwei Baseballmannschaften der Stadt, zu Hause und hier lag einst mit den Union Yards der Schlachthof. **Far South** schließlich umfasst **Hyde Park** (77), als Heimat von Präsident Obama auch **„First Neighborhood"** genannt, und den Campus der **University of Chicago** (80), aber auch den **Kenwood Historic District, Washington Park** (81) und das ehemalige Gelände der Weltausstellung 1893 im **Jackson Park** am Lake Michigan.*

*Im Westen des Chicago River bzw. des Loop lohnt die **Near West Side** (67) bzw. der **West Loop** mit **Little Italy,** dem ehemaligen Italienerviertel, **Greektown,** dem griechischen Zentrum, und den Resten des **Maxwell Street Historic District.** Lebhaft und schick ist die **Northwest Side** (68) mit **Bucktown** und **Wicker Park** (70) – bei Künstlern beliebte „In-Viertel". Außerdem befinden sich hier das **Ukrainian Village** und die Reste von **Polish Chicago.** Im Zentrum der **Lower West Side** (71) liegt **Pilsen,** das ehemalige tschechische Viertel, heute schwerpunktmäßig von Latinos bewohnt.*

*Während es früher üblich war, den Bauten Namen wie „Majestic Building" zu geben, ist man aus praktischen Gründen (zur schnelleren Auffindung der Adresse in Notfällen) dazu übergegangen, **Wolkenkratzer** nur noch **nach ihren Adressen zu bezeichnen,** z. B. „333 W Wacker Drive". **Straßenschilder** tragen vielfach zusätzliche braune Täfelchen mit Zweitbezeichnungen: „Honorary ...", zu Ehren berühmter lokaler Persönlichkeiten.*

*Chicago wird von **Chicagoland** umgeben. Die Region ist durch monotone Wohnsiedlungen und große Einkaufszentren geprägt, hat aber auch malerische Orte und Naturreservate zu bieten. Zwar sind die meisten Orte mit Nahverkehrszügen (Metra) erreichbar, doch nur wenige Attraktionen liegen in der Nähe von Bahnstationen und es empfiehlt sich ein Mietwagen.*

The Loop

Von jeher schlägt das Herz der Stadt im Loop und schon immer zieht es alle hierher: „Going to the Loop!“ Hier sind Wirtschaft und Kommerz zu Hause, hier befinden sich legendäre Konsumtempel wie Macy's oder Sears, hier stehen mehrere wegweisende Wolkenkratzer. Es gab schon 1859 entlang der State Street eine Buslinie mit von Pferden gezogenen Wagen, in den 1880er-Jahren begann man dann mit dem Bau der Hochbahn, der „Union Loop Elevated Railway“, die 1897 bei ihrer Fertigstellung der Innenstadt zum Namen „Loop“ verhalf.

Im Nachhinein betrachtet, hatte das „Great Fire“ von 1871 auch sein Gutes: Nur durch den Wiederaufbau konnte ein **Stadtbild** entstehen, das heute beinahe spektakulärer ist als das von New York. Der Loop präsentiert sich heute nicht nur als **Freiluftmuseum** für historische, moderne und postmoderne Architektur, sondern ist auch einmalig hinsichtlich der Ansammlung moderner Kunstwerke im öffentlichen Raum, von Werken Picassos über Stahlkonstruktionen Calders hin zu Mosaiken Chagalls.

Nach Jahren der „Landflucht“ und Vernachlässigung des Stadtzentrums ist in jüngerer Zeit einer **Wiederbelebung** von Downtown zu beobachten. Neue Apartmentblöcke entstehen, alte Bürotürme werden zu Wohnungen umfunktioniert. Die großen Kaufhäuser an der State Street erstrahlen in neu renoviertem Glanz und die Straße und ihr Umfeld haben sich zu einer attraktiven Shoppingmeile gemausert, die der Mag Mile Paroli bietet. Auch kulturelle Institutionen und Hochschulen haben den Loop, v.a. den Südteil, für sich entdeckt: Hier entstand die Washington Library und einige Unis haben mit Zweigstellen bzw. Studentenwohnheimen zu einer Wiederbelebung der Innenstadt beigetragen.

1 Chicago Cultural Center ★★ [D5]

Erste Anlaufstation für jeden Besucher und idealer Ausgangspunkt für die Erkundung Chicagos sollte das Chicago Cultural Center sein. Hier befindet sich das **Visitor Information Center** (s. S. 266) mit Broschüren und Infomaterial und sachkundigem Personal. Man kann Touren buchen, Nahverkehrstickets kaufen und im Internet surfen.

Das Kulturzentrum lohnt sich aber auch wegen des Baus selbst – ein **architektonisches Meisterwerk**, in dem auch Konzerte, Lesungen, Wechselausstellungen und Touren stattfinden. Der „Volkspalast“, wie die Einheimischen das Gebäude nennen, war 1897 in stilistischer Anlehnung an italienische Renaissancepalazzi als Stadtbibliothek erbaut worden. Auf einer Seite befand sich die Bibliothek, auf der anderen ein Bürgerkriegsmuseum.

Die **Bibliothek** war durch eine Bücherspende des britischen Königshauses ins Leben gerufen worden. Die Briten hatten nach dem Brand im Jahr 1871 geglaubt, auch die öffentliche Bibliothek Chicagos sei zerstört worden – eine solche gab es jedoch damals noch gar nicht. Bis 1991 befand sich die Public Library (heute Washington Library 22) in dem Bau, seither dient er als Veranstaltungsort, Sitz von Kulturinstitutionen und Besucherinformation.

Der eigentliche prachtvolle **Haupteingang** des Gebäudes befindet sich an der

036cg Abb.: mb

Washington Street. Eine herrschaftliche Treppe aus Carrara-Marmor – gestaltet von Tiffany-Mitarbeitern – führt hinauf in die **Preston Bradley Hall** (s. S. 41) mit einer von L. C. Tiffany selbst geschaffenen Kuppel (ein Schuppenmosaik mit Arabesken).

Ein Gang führt vorbei am Garden Court in den Westtrakt und in diesem Baukomplex an der Randolph Street befinden sich das **Claudia Cassidy Theater** (s. S. 41) und die **Grand Army of the Republic Memorial Hall,** ebenfalls mit einer Kuppel von Tiffany.

Der Hauptzugang zum Besucherzentrum liegt an der Ecke Randolph/Michigan Ave. und dort tost der Verkehr. Gegenüber dem Cultural Center sticht ein moderner zweiteiliger Bau mit auffällig schrägem Dach aus zusammengefügten Dreiecken ins Auge: das Smurfit-Stone Center, auch **150 N Michigan Avenue** genannt, ein 1983/84 von A. Epstein & Sons entworfener Büroturm. Östlich davon reihen sich entlang der Randolph Street weitere moderne Bauten auf und im Süden beginnt der Millennium Park 35.

Zwischen Michigan Ave. (Cultural Center/Millennium Park) und LaSalle sowie Madison und Lake Street existiert ein unterirdisches **pedway system** (Fußgängerwegenetz), das Mo. bis Fr. von 6.30 bis 18 Uhr geöffnet ist und öffentliche Einrichtungen und Bürohochhäuser miteinander verbindet. Wendet man sich nach Westen, geht es, nachdem man Chicagos berühmte Hochbahn unterquert hat, hinein in den Loop.

› 77 E Randolph St., Brown, Purple, Green, Orange, Pink Line: „Randolph“, Eintritt frei. Kostenlose Architectural Tours durch das Chicago Cultural Center Mi./Fr./Sa. 13.15 Uhr ab Randolph Street Lobby.

‹ Das Chicago Cultural Center ist erster Anlaufpunkt für jeden Besucher

› Die Hochbahn, die den Loop umrundet, wird „L“ (Elevated Train) genannt

Die „L" – Chicagos Hochbahn

Am 6. Juni 1892 wurde die erste Hochbahn auf der „Alley L", vom Congress Parkway bis zur S 39th Street, feierlich in Betrieb genommen. Wegen des damals schon chaotischen Verkehrs war man auf die Idee gekommen, die Bahn auf einer eigenen Trasse über der Straße fahren zu lassen. Die Linie wurde bereits ein Jahr später bis zur 63rd Street und Stony Island Ave. verlängert - damit auch die im Süden gelegenen Wohnviertel angebunden waren. Im Laufe der Jahre wurden die Linien in alle Himmelsrichtungen ausgebaut.

1897 war die Bahnschleife in ihrer heutigen Form fertig und der Name „Loop" begann sich für den Kernbereich durchzusetzen. Auf jeweils etwa 1,5 km Länge rattert die ***„L"*** *(„Elevated Train" bzw. „Loop Train") oder auch „The Elevated" genannt, seither um die Innenstadt, oberhalb von Lake St., Wabash Ave., Van Buren und Wells St. Heute benutzen fünf Linien - Brown, Green, Orange, Pink und Purple - die Loop-Route, während die beiden anderen, Blue und Red Line, im Innenstadtbereich in den Untergrund verlegt wurden. Als* ***historische Linien*** *gelten die Brown und Green Line. Letztere ist „The City's Oldest L Line" und teilte sich ursprünglich auf in Green Line South und Green Line West. Der* ***älteste erhaltene Bahnhof*** *im Loop, die Quincy Station, befindet sich östlich des Willis Tower (W Quincy/S Wells) und wurde 1897 erbaut. Bis 1898 war die Bahn mit Dampf betrieben worden, dann wurde sie auf elektrischen Betrieb umgestellt.*

Im Laufe der Jahrzehnte war die „L" immer wieder ***vom Abriss bedroht*** *- sie sei zu laut, zu hässlich, zu unzuverlässig -, doch inzwischen scheint sie den Status der Unsterblichkeit erlangt zu haben und ist kaum mehr aus dem Stadtbild Chicagos wegzudenken.*

Tipp: *Loop-Train-Touren veranstaltet die Chicago Architecture Foundation* **29**.

037cg Abb.: mb

Spaziergang 1: Unterwegs im Loop

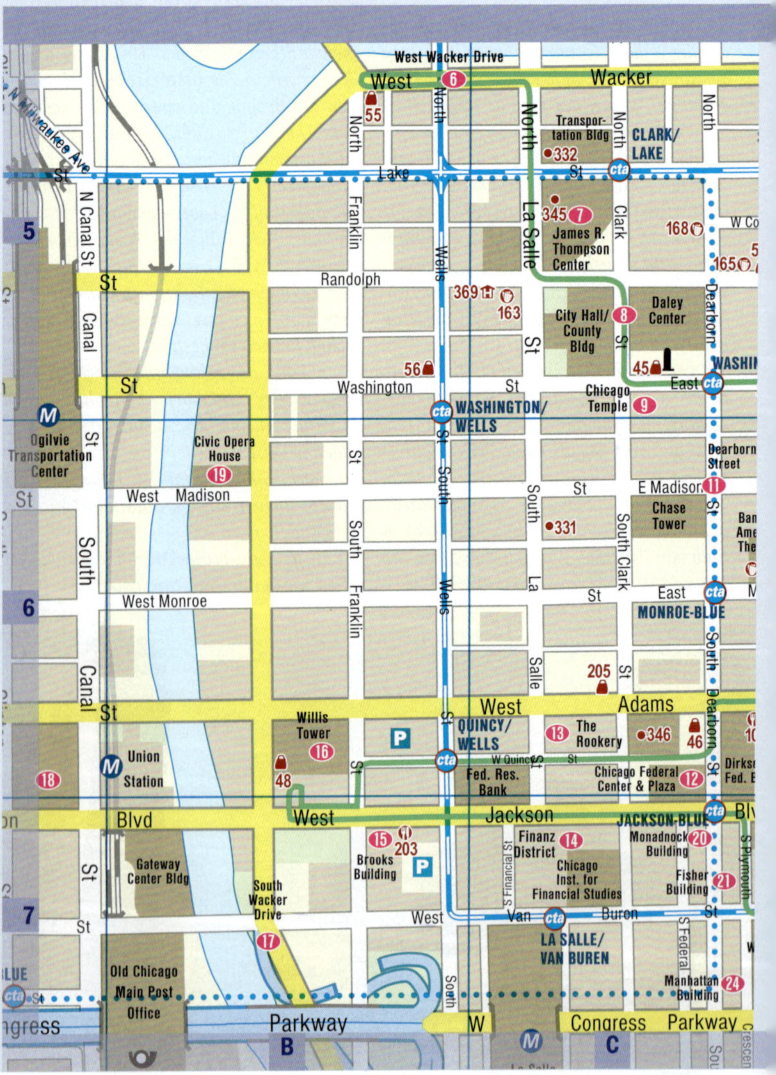

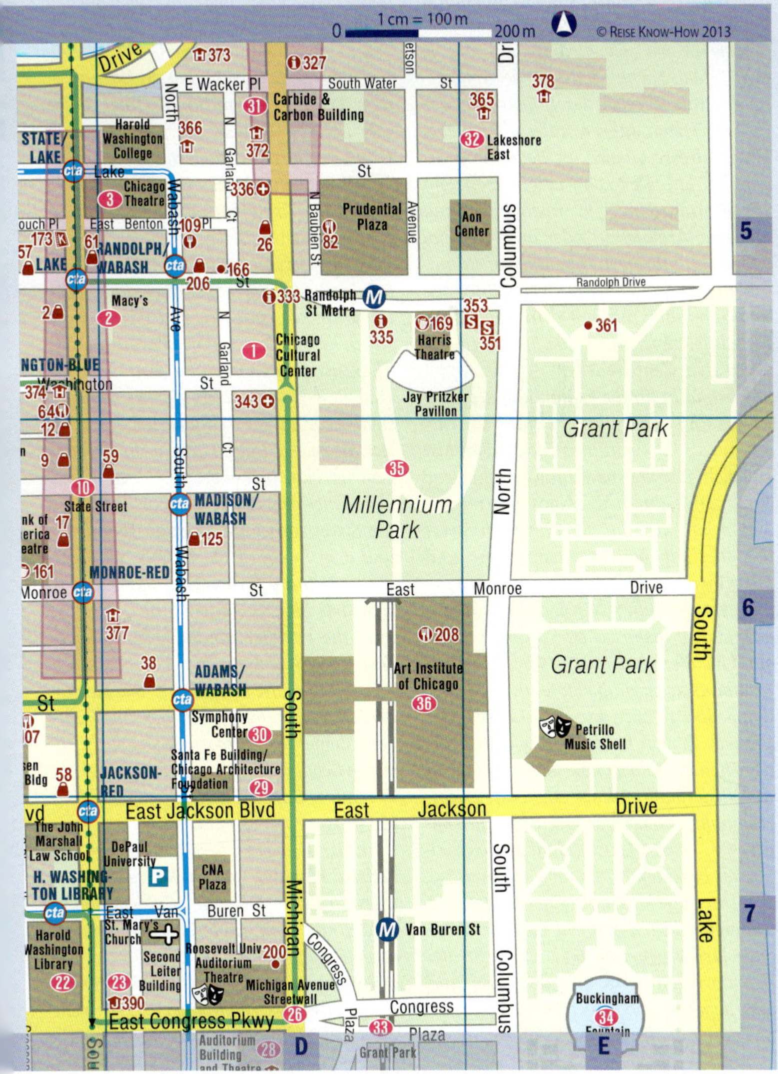
0
1 cm = 100 m
200 m
© Reise Know-How 2013
Drive
373
327
E Wacker Pl
North
South Water
St
Carbide & Carbon Building
31
Harold Washington College
366
372
365
32
Lakeshore East
378
STATE/LAKE
Lake
St
Chicago Theatre
3
336
Prudential Plaza
Aon Center
Columbus
N Baubien St
Avenue
East Benton Pl
109
173
61
82
26
RANDOLPH/WABASH
LAKE
57
206
166
Randolph Drive
333
Randolph St Metra
Macy's
2
353
351
169
335
Harris Theatre
361
Chicago Cultural Center
1
N Garland Ct
Jay Pritzker Pavillon
Washington
374
64
12
343
Grant Park
9
59
35
Millennium Park
North
10
State Street
MADISON/WABASH
17
125
161
MONROE-RED
Monroe
East
Monroe
Drive
South
377
208
Art Institute of Chicago
36
38
ADAMS/WABASH
Grant Park
Petrillo Music Shell
Symphony Center
30
Santa Fe Building/Chicago Architecture Foundation
29
JACKSON-RED
58
East Jackson Blvd
East
Jackson
Drive
The John Marshall Law School
DePaul University
CNA Plaza
South
H. WASHINGTON LIBRARY
East Van Buren St
St. Mary's Church
Michigan
Lake
Van Buren St
Harold Washington Library
22
Second Leiter Building
23
390
Roosevelt Univ Auditorium Theatre
200
Congress
Michigan Avenue Streetwall
Columbus
East Congress Pkwy
26
Congress Plaza
33
Buckingham
34
Auditorium Building
28
Grant Park
D
E
5
6
7

Spaziergang 1: Unterwegs im Loop

Das Herzstück Chicagos ist ***„The Loop“,*** *der von der Hochbahn, der „L“ oder „El“ (abgeleitet von „Elevated Train“), auf jeweils etwa 1,5 km Seitenlänge umgebene zentrale Bereich der Innenstadt, der in den letzten Jahren auch als beliebte Wohnadresse wieder an Bedeutung gewonnen hat. Der Loop ist einerseits ein „Freiluftmuseum“ für historische und moderne Architektur oder auch für moderne Skulpturen im öffentlichen Raum, andererseits ist er ein beliebtes Bummel- und Shoppingareal mit dem legendären Einkaufstempel Marshall Field's (heute Macy's) im Zentrum.*

Startpunkt für die Erkundung des Loop ist das ***Chicago Cultural Center*** *1. Diese zentrale Informationsstelle der Stadt ist zugleich Ausgangspunkt für verschiedene Rundgänge durch Chicagos Innenstadt. Kaum hat man auf der Randolph Street die oberhalb von Straßenverkehr und Fußgängern dahinrollende Hochbahn unterquert, ist man schon im Loop, genauer vor dem historischen Kaufhaus* ***Marshall Field's,*** *heute* ***Macy's*** *2. An diesem Kaufhaus kreuzen die State und die Randolph Street, zwei der Hauptachsen des Viertels. Zudem breitet sich von hier aus der* ***Theater District*** *aus, der nach Jahren des Niedergangs wieder eine Blüte erlebt. Highlight ist das legendäre* ***Chicago Theatre*** *3, dessen Leuchtschild zugleich eines der beliebten Fotomotive der Stadt ist.*

Nur wenige Schritte auf der State Street weiter nordwärts erreicht man den ***Wacker Drive*** *(4 und 6). Diese Straße markiert den Nordrand des Loop und folgt dem Chicago River. Selbst ein kurzer Spaziergang offenbart, wie fotogen dieser Straßenzug mit seiner unvergleichlichen Hochhausarchitektur ist.*

Zu den Highlights im Umkreis zählen neben dem ***Wrigley Building*** *44, dem* ***Trump International Hotel & Tower*** *(401 N Wabash Ave.) und* ***Marina City*** *5 zahlreiche moderne Wolkenkratzer direkt am Wacker Drive – z. B. 333 W Wacker Drive mit seiner markant geschwungenen Glasfassade.*

Zu den architektonischen Höhepunkten der Stadt gehört aber auch das wieder weiter im Loop gelegene und z. B. über die North Lasalle Street erreichbare ***James R. Thompson Center*** *7 des deutschen Architekten Helmut Jahn. Direkt nebenan steht die historische* ***City Hall*** *8, vor der sich die belebte Daley Plaza ausbreitet, der zentrale Platz im Loop.*

Von hier geht es über die East Washington Street vorbei am ***Chicago Temple*** *9 und dem Komplex Block 37 (s. S. 23) zurück zur* ***State Street*** *10. Folgt man ihr südwärts bis zur Adams Street, erreicht man die parallel zur State verlaufende* ***Dearborn Street*** *11. Hier reihen sich erneut sehenswerte Hochhäuser wie die modernen Chase Tower [C6] oder One Dearborn Center (1 Dearborn St.) sowie historische Gebäude – z.B. das Inland Steel (30 W Monroe St.) oder das Majestic Building (22 W Monroe St.) – auf.*

An der Dearborn Street liegt auch die ***Federal Plaza*** *12, wegen der Bauten von Mies van der Rohe und Calders rotem „Flamingo“ ein weiterer architektonischen Höhepunkt.*

Vorbei am architekturhistorisch wichtigen Hochhaus ***The Rookery*** *13 erreicht man den* ***Financial District*** *14 mit dem*

Chicago Board of Trade Building (141 W Jackson Blvd.). Von hier sind es nur ein paar Schritte zum unübersehbaren Wahrzeichen der Stadt, dem mächtigen ***Willis Tower*** *16. Hier sollte man sich bei gutem Wetter Zeit nehmen und auf die Aussichtsplattform hinauffahren: Der Ausblick ist unvergleichlich und wer möchte, kann von „The Ledge“, vier geschlossenen Glasbalkonen, das Erlebnis noch steigern.*

Nachdem man Chicago aus der Vogelperspektive genossen hat, geht es auf dem Jackson Boulevard am ***Brooks Building*** *15 vorbei zurück in den Loop. Unterwegs passiert man historische Bauten wie das* ***Monadnock Building*** *20 und erreicht zum Beispiel über die Plymouth, die Van Buren und die State Street das* ***Harold Washington Library Center*** *22, einen aufsehenerregenden postmodernen Bau (gegenüber befindet sich das* ***Second Leiter Building*** *23, ein Beispiel für den „kommerziellen Stil“ der Chicago Architecture).*

Von der ungewöhnlichen Bücherei ist es über den East Congress Parkway nur ein Katzensprung zur ***Michigan Avenue Streetwall*** *26 mit sehenswerten historischen und neuen Bauten wie dem* ***Spertus Institute for Jewish Learning & Leadership*** *27.*

Schlusspunkt dieses Rundgangs durch den Loop bildet das ***Art Institute of Chicago*** *36, eines der bedeutendsten Kunstmuseen der USA. Wenn man vorhat, dieses Museum ausführlich zu besichtigen, sollte man dafür mindestens einen halben Tag einplanen. In den vielen interessanten Abteilungen verliert man schnell das Zeitgefühl.*

Alle weiteren Karteneinträge (s. S. 328).

2 Macy's (Marshall Field's) ★★★ [D5]

Bevor man die Hauptachse des Loop, die State Street, erreicht, kommt man an dem seit 1865 existierenden zweitgrößten Kaufhaus der Welt vorbei, das immer noch ein Augenschmaus und Shoppingerlebnis ist. Ehemals hieß es Marshall Field's, heute gehörte es allerdings zu Macy's.

Marshall Field (1834–1906), nach dem das Kaufhaus benannt wurde, war 1856 aus Neuengland nach Chicago gekommen und hatte sich vom Händler zum Kaufhausbesitzer und Millionär hochgearbeitet. Bis 2005 hieß das Kaufhaus nach ihm, dann erwarb zum Ärger vieler Chicagoans **Macy's aus New York** die Kaufhauskette. Dennoch spricht man noch heute von „Marshall Field's" und immerhin blieb das alte Namensschild erhalten, da der Bau unter Denkmalschutz steht.

Das Gebäude besteht aus mehreren Teilen: Der älteste, noch existierende Teil an der Ecke Wabash Ave./Washington St. ist aus dem Jahr 1893, gleicht einem Renaissancepalast und war einst der Anbau zu einem nicht mehr erhaltenen Trakt von 1879. Nach dessen Abriss entstand 1907 der heutige Bau von D. H. Burnham und dieser diente als Vorbild für weitere Kaufhäuser vom Reißbrett dieses Architekten: Selfridge's in London, Gimble's in New York, Wanamaker's in Philadelphia, May Co. in Cleveland oder Filene's in Boston. Von außen präsentiert sich das **Gebäude** zweckmäßig: drei massiveren Sockelgeschossen folgen sieben Hauptetagen mit Bändern aus jeweils dreigeteilten Fenstern. Den oberen Abschluss bilden zwei etwas aufwendiger gestaltete Stockwerke mit abschließendem Gesims.

Der **Hauptzugang** liegt an der State Street und wird durch vier ionische Säulen aus Carrara-Marmor betont. Im Inneren ist die berühmte **Kuppel** von Louis Comfort Tiffany besonders sehenswert und außerdem in der Vorweihnachtszeit die aufwendige Dekoration. Um sich auf den neun Einkaufsebenen zurechtzufinden, ist ein Plan nötig. Wer „durch" ist, kann sich auf der siebten Ebene nach einem Blick auf die **Culinary School** (Vorführungen, Kurse, Workshops) im legendären **Walnut Room** (s. S. 111) von 1907 erholen. Oder sich preiswerter bei Seven on State oder an den Ständen von Marketplace Foods im Untergeschoss stärken und hinterher die legendären Frango Mints, eine hauseigene Pfefferminzschokolade, kaufen.

Ebenso berühmt wie das Kaufhaus selbst ist die **Great Clock** an der Ecke State/Randolph Street. Verabredete man sich einst im Loop, dann hieß es nur „Meet me under the clock", und jede/r wusste, was gemeint war. 1907 erhielt die Uhr ein Pendant an der Ecke State/Washington St., sodass eine Verabredung „unter der Uhr" heute zu Missverständnissen führen kann.

Die Hauptfassade des Kaufhauses liegt an der **State Street** und diese Straße bildet die Hauptachse des Stadtzentrums. Hierher begibt man sich zum Einkaufsbummel, aber auch zum Promenieren. Die „Great Street" erfuhr 1996 nach Jahren des Verfalls einen *facelift* und kann sich mittlerweile als zweite Shoppingmeile neben der Magnificent Mile behaupten. Zudem finden noch heute große Paraden und Kundgebungen hier statt, z. B. die „Thanksgiving Parade".

KLEINE PAUSE

Walnut Room

Der **Walnut Room** ist seit Eröffnung 1907 eine Institution im 7. Stock des Kaufhauses Marshall Field's bzw. Macy's und ein Muss für Chicagoans und Besucher. Speziell in der Vorweihnachtszeit laden Omas und Tanten ihre Enkel oder Neffen/Nichten hierher ein, um unter dem gigantischen Weihnachtsbaum bei einem leckeren Mittagessen in Festtagsstimmung zu kommen.

Der Macy's gegenüberliegende Block 37 (s. S. 23) eröffnete 2009 als **Büro-, Shopping- und Kinokomplex**, geplant und betrieben nach energiesparenden und umweltschonenden Kriterien. Auch der lokale Ableger des TV-Senders CBS ist hier zu Hause.

› 111 N State/Randolph St., www.visitmacyschicago.com, Red Line: „Lake", Blue Line: „Washington", Brown, Purple, Green, Orange, Pink Line: „Randolph"

3 Chicago Theatre/ Theater District ★★ [D5]

Die Kreuzung von State und Randolph Street markiert das **Zentrum des Theaterdistrikts** – und einst markierte sie auch die des Nachtlebens. 1837 fand in Chicago die erste Theateraufführung statt, 1839 wurde hier Shakespeares „Hamlet" erstmals außerhalb Großbritanniens aufgeführt, 1847 entstand dann das erste Theater der Stadt, das Rice's Theatre. Übrig geblieben sind heute vier historische Theater, die in den späten 1990er-Jahren renoviert und restauriert wurden: das Majestic, das Oriental, das Palace und das Chicago Theatre. Die Straße wurde 1998 vom Architekturbüro SOM mit historischen Straßenlaternen, Markern (Infotafeln) auf Gehwegen und Ticketkiosken versehen.

Zwei der schönsten Theater sind gleich von der Kreuzung aus zu sehen: das Chicago Theatre, dessen Reklameschild zu einem Wahrzeichen der Stadt wurde und das von George L. und Cornelius W. Rapp erbaute **Oriental**, das am 8. Mai 1926 als Kinopalast mit über 2000 Plätzen den Betrieb aufgenommen hatte. Der Bau mit seinen indisch inspirierten Mosaiken, Elefanten- und Buddha-Figuren wirkte zur Erbauungszeit wie ein Museum für fernöstliche Kunst. Bis in die 1970er-Jahre zogen Filme und Konzerte Besucher an, dann verfiel der Bau zusehends und wurde 1981 geschlossen. Erst auf Initiative von Bürgermeister Richard M. Daley begann man 1996 mit der Renovierung. Im Oktober 1998 wurde das Oriental als **Ford Center for the Performing Arts** (s. S. 42) wiedereröffnet.

Direkt neben dem Theaterzugang sticht die Fassade von **Old Heidelberg** ins Auge, einst ein beliebtes deutsches Lokal, das während der Weltausstellung 1936 errichtet worden war. Westlich des Theaters, an der Kreuzung Randolph/Dearborn St., steht das **Delaware Building** (36 W Randolph St.) von 1874, ein gutes Beispiel für die großen Geschäftshäuser, die nach dem Great Fire entstanden sind. Gegenüber, in der Dearborn Street, befand sich einst das **Garrick Theatre**, eine Bühne, die besonders von deutschstämmigen Chicagoans frequentiert wurde. Nach ihrem Abriss entstand hier das **Goodman Theatre** (s. S. 43), das wiederum zwei andere historische Bühnen (Harris und Selwyn Theatres) integrierte.

Die schmale Gasse hinter dem Oriental ist aus zwei Gründen interessant: Die „Eco Brick Road“ gilt zum einen als Musterbeispiel für Umweltbewusstsein – Regenwasser wird durch die Pflastersteine gefiltert und gereinigt ins Abwassersystem geleitet –, andererseits erinnern Plaketten an ein unrühmliches Kapitel in der Theaterszene: 1903 kamen beim Brand des Vorgängerbaus, des Iroquois Theatre, über 600 Besucher ums Leben. Zum Vergleich: Beim Brand von Chicago 1871 waren „nur“ 300 Tote zu verzeichnen. Nach dem „Iroqouis Desaster“ wurden die Feuervorschriften verschärft – und gelten im Kern bis heute.

Einige Blocks weiter westlich, an der Ecke Randolph/LaSalle Street, steht ein weiteres Theater der Gebrüder Rapp, der maßgeblichen Planungsfirma für Theaterbauten im frühen 20. Jh. Das **Palace Theatre** eröffnete ebenfalls 1926, dieses Mal hatten die Architekten beim Entwurf jedoch Palastbauten in Fontainebleau und Versailles vor Augen. Schon 1931 wurde der Bau zum Kino umfunktioniert, doch als die Besucherzahlen in den 1950er-Jahren zurückgingen, fanden auch Konzerte statt. 1999 wurde auch dieses Theater komplett renoviert, es firmiert jetzt unter dem Namen **Cadillac Palace Theatre** (s. S. 42) als Konzert- und Musicalbühne. Inzwischen wurde auch, ein paar Straßen weiter, das dritte Theater, das mit dem Cadillac Palace und dem Ford Center for the Performing Arts für „Broadway Chicago“ steht, renoviert: 1906 als Majestic Theatre eröffnet, dann 1945 in Shubert Theatre umbenannt, feierte das historische **Majestic Building** im Herbst 2005 sein Comeback und heißt heute **Bank of America Theatre** (s. S. 42).

Auch das dank seines Schriftzugs unübersehbare **Chicago Theatre** planten die Gebrüder Rapp im Auftrag von Balaban & Katz, dem Unternehmen, das zu Beginn des 20. Jh. über 50 Kinos im Großraum Chicago unterhielt. 1921 erbaut, ist es ein Paradebeispiel für die einst oft mehrere Tausend Zuschauer fassenden **Kinopaläste der „Roaring Twenties“**. Man konnte mit einer Eintrittskarte hier den ganzen Tag verbringen und verschiedene Filme, die konstant wiederholt wurden, anschauen. Fantasie und Illusion spiegelt auch der Bau wider, innen wie außen. Die Fassade gleicht einem römischen Triumphbogen mit neobarocken Zierelementen. Der Innenraum ist im französischen Second-

KURZ & KNAPP

Die Rapp-Brüder

Als in den ersten Jahrzehnten des 20. Jh. Kinos ihre Blütezeiten erlebten, war in Chicago ein Name untrennbar mit ihrem Bau verbunden: Rapp & Rapp. Das Architekturbüro der beiden deutschstämmigen Brüder **Cornelius W.** (1851–1926) und **George L. Rapp** (1878–1942) mauserte sich damals zu den führenden Firmen für die Planung von Kinos, die zu Recht als „Filmpaläste“ bezeichnet wurden. Neben dem Oriental Theatre, dem Cadillac Palace Theatre und dem Chicago Theatre, heute eines der Wahrzeichen Chicagos, bauten die beiden Brüder vier weitere Filmpaläste in Chicago: das Gateway Theatre (Jefferson Park), das Riviera Theatre (North Side), das Uptown Theatre und das nicht mehr existierende Central Park Theatre. Darüber hinaus planten Rapp & Rapp über 20 weitere Kinokomplexe im ganzen Land.

Empire-Stil gestaltet und weist barocke Elemente auf. Leider ist manches nachträglich umgestaltet worden und auch das markante Leuchtschild gehörte nicht ursprünglich zum Bau. Ab den 1940er-Jahren war der Verfall nicht mehr abwendbar, der Abriss drohte, konnte aber abgewendet werden. Das Chicago Theatre durfte einen zweiten Frühling erleben und wurde mit seiner Original-Wurlitzer-Orgel unter Denkmalschutz gestellt. Heute fungiert es nicht mehr als Kino, sondern als Bühne für Konzerte, Musicals und Shows.

› **Chicago Theatre,** 175 N State/Randolph St., www.thechicagotheatre.com, Red Line: „Lake", Blue Line: „Washington" sowie Brown, Purple, Green, Orange, Pink Line: „Randolph". Marquee Tour Mo.–Fr. 12, Sa. 11/12.30 Uhr, im Winter nur Di./Do./Sa. um 12 Uhr, $ 12.

4 East Wacker Drive ★★ [D4]

Der Chicago River liegt nur einen Block nördlich des Theaterviertels und der hier verlaufende **Wacker Drive** lohnt sich wegen seiner Architektur bzw. den ungewöhnlichen Aus- und Ansichten. Lange Zeit fungierte der Fluss in erster Linie als Abwasserkanal, inzwischen hat man ihn wieder als attraktive Lebensader entdeckt und seine Ufer attraktiv mit Promenaden umgestaltet.

An der Ecke State St./Wacker Dr. lohnt ein kurzes Innehalten: Rechter Hand, im Osten, fällt ein flacher geschwungener Baukörper inmitten der Wolkenkratzer auf: die **Seventeenth Church of Christ, Scientist.** Kirche und Verwaltungszentrum wurden 1968 von Harry Weese & Associates mit halbkreisförmigem Grundriss erbaut. Links neben der Kirche erhebt sich **75 East Wacker Drive,** ehemals Lincoln bzw. Mather Tower genannt. 1928 erbaut und 1983 durch Weese renoviert, wirkt der Bau wie eine Rakete mit gotischen Details. Zwischen beiden Bauten liegt das beliebte **Hotel 71** (s. S. 287) und rechter Hand der Kirche ein weiterer Wolkenkratzer aus dem Jahr 1928, das sogenannte **Jewelers Building,** einst als Pure Oil Building bekannt (35 E Wacker Dr.).

Jenseits des Flusses fällt der Blick auf so berühmte Bauten wie das **Wrigley Building** 44, den **Chicago Tribune Tower** 45 und im Hintergrund das **Hancock Center** 50. Neben dem Wrigley Building fügt sich ein moderner Turm ins Stadtbild ein: der **Trump International Hotel & Tower** (401 N Wabash Ave.) von SOM. An seiner Stelle stand bis 2004 das Chicago Sun-Times Building, 1957 für Chicagos zweite Tageszeitung errichtet. Im unteren Teil des 92 Stockwerke hohen Trump Tower befindet sich ein Luxushotel mit 339 Zimmern, Spa, Health Club und Restaurant Sixteen (s. S. 32), darüber die teuersten Apartments der Stadt. Mit 415 m Gesamthöhe ist der Bau nach dem Willis Tower 16 Chicagos zweithöchster Wolkenkratzer.

Das sich daneben befindende **IBM Building** – offiziell 330 N Wabash genannt – wurde 1971 als einer der letzten Bauten von Mies van der Rohe geplant. Der perfekt proportionierte schlichte Turm mit seinen 52 Stockwerken galt mit seiner *curtain wall,* einer vorgehängten Außenhaut aus dunklem Aluminium und bronzefarbener Isolierverglasung zur Temperaturkontrolle, schon 1971 als sehr fortschrittlich.

› Brown, Purple, Green, Orange, Pink Line: „State/Lake" sowie Red Line: „Lake"

0038cg Abb.: mb

5 Marina City ★ [C4]

Ein weiteres Kapitel Architekturgeschichte schrieb Marina City, 1959 bis 1967 nach Plänen des Büros Bertrand Goldberg Ass. gebaut. Die beiden **Türme** stehen im Kontrast zu den vorherrschend eckigen Bauten im Umfeld und galten bei ihrer Fertigstellung als erste zylindrische Apartmenthochhäuser der Welt und damit als Sensation, die später häufig imitiert wurde.

Bertrand Goldberg (1913–1997) hatte im Jahre 1932 seine Heimatstadt Chicago verlassen, um in Deutschland am Bauhaus bei Mies van der Rohe zu studieren. 1934 zurückgekehrt, schloss er am Armour Institute – dem heutigen IIT – sein Studium ab und betrieb ab 1937 ein eigenes Büro. Er propagierte „industrialisierte" Architektur, d. h. die Verwendung vorgefertigter Architekturteile, und machte mit Hausmodulen, modernen Utopien und demokratischen Ideen von sich reden. Auch **beim Raymond Hilliard Center** in der South Side verwendete Goldberg 1966 die Zellenstruktur der Marina City und **River City** von 1885 im South Loop trägt ebenfalls seine Handschrift.

› Brown, Purple, Green, Orange, Pink Line: „State/Lake" sowie Red Line: „Lake"

6 West Wacker Drive ★★ [B5]

Zurück zur Ecke State St./Wacker Dr. Hier fällt im Westen das Renaissance Hotel von 1991 ins Auge und daneben das **Leo Burnett Building** (35 W Wacker Dr.). Im Jahre 1989 nach Plänen von Kevin Roche, John Dinkeloo & Ass. erbaut, ist es ein Musterbeispiel für postmoderne Architektur: ein kubischer Baukörper mit vier angedeuteten Säulen an den Ecken und einer „Arkade" aus grau-grünem Granit als Sockel – ein Motiv, das im 15. Stock noch einmal aufgenommen wird.

Westwärts dem Wacker Drive folgend, fallen weitere interessante Bauten ins Auge: Das postmoderne **R. R. Donnelley**

Die maiskolbenartigen Türme von Marina City gelten als Meilenstein der modernen Architektur

Center (111 S Wacker Dr.), 1992 nach Plänen des spanischen Architekten Rocardo Bofill erbaut, wird wegen des tempelartigen Abschlusses auch „Parthenon on a Stick“ genannt. Einen Block weiter liegt das **LaSalle-Wacker Building** (221 N LaSalle St.) von 1930 (Holabird & Root), ein Beispiel für den klassizistischen Hochhausbau, und daneben das **Builders Building**, 1927 von dem Architektenbüro Graham, Anderson, Probst & White entworfen und 1986 von SOM um die **222 North LaSalle Street Addition** erweitert.

Während Letztere ein gelungenes Beispiel für postmoderne Architektur ist, repräsentiert das **Engineering Building** (205 W Wacker Dr.) den Art-déco-Stil der Gebrüder Burnham aus dem Jahr 1928. Wiederum der Postmoderne verpflichtet ist das Gebäude **225 West Wacker Drive**, 1989 nach Plänen von Kohn Pedersen Fox sowie Perkins & Will mit vier Ecktürmen und einer Arkade aus Marmor und Granit errichtet.

Bevor es zurück in den Loop geht, fällt gegenüber, auf der anderen Flussseite, ein massiger Großbau, der **Merchandise Mart**, ins Auge. 1930 errichtet, handelt es sich nach dem Pentagon um das **größte Gebäude der USA**, was die Fläche angeht. Es dient als Messe- und Tagungsort, als Möbelbörse und beherbergt u. a. Büros.

› Brown, Purple, Green, Orange, Pink und Blue Line: „Clark/Lake“

EXTRATIPP

Fotospot für Architekturfreunde

Den Spaziergang entlang dem Wacker Drive schließt einer der herausragenden modernen Bauten der Stadt ab: **333 W Wacker Drive.** 1983 wurde der Skyscraper mit seinem ungewöhnlichen Grundriss und der gewagt gekurvten, verspiegelten Wand zum Fluss hin nach Plänen von Kohn Pedersen Fox sowie Perkins & Will erbaut. Da sich im grünen Glas Fluss, Himmel und die Bauten der Umgebung effektiv spiegeln, handelt es sich um einen der besten **Fotospots** der Stadt!

039cg Abb.: mb

333 W Wacker Drive mit seiner kurvigen Glasfassade ist ein beliebtes Fotomotiv

7 James R. Thompson Center ★★ [C5]

Zurück ins Zentrum geht es am schnellsten auf der Lake Street, über der die Hochbahn dahinrattert. An der LaSalle Street fällt der Blick auf den Bau **200 North LaSalle Street** (1984, Perkins & Will), einen hellgrau verglasten Wolkenkratzer mit vielen Ecken und ständigen Rücksprüngen.

Quasi durch das Hintertürchen erreicht man von hier aus ein weiteres architektonisches Highlight der Stadt: das **James R. Thompson Center.** Die Pläne für diesen zwischen 1979 und 1985 als State of Illinois Center errichteten Komplex mit Büros, Läden, *food court* und Shops sowie der **Illinois State Museum (ISM) Chicago Gallery** (Wechselausstellungen) mit dem **Illinois Artisans Shop** entstand unter Federführung des deutschen Architekten **Helmut Jahn.**

Die Besonderheit des Baus erschließt sich v. a. im Inneren des riesigen Atriums und auf dem Vorplatz, der von Skulpturen wie dem „Monument with Standing Beast“, 1985 von Jean Dubuffet geschaffen, geschmückt wird. Die gekrümmte und sich nach oben verjüngende Glasfassade sorgte wegen ihrer Plastizität und wegen des Kontrasts zu den umliegenden konventionellen Regierungsgebäuden für Kontroversen. Jahn wurde durch gewagte Entwürfe wie diesen bekannt, auch der United Airlines Terminal am O'Hare International Airport oder das State Street Village auf dem Gelände des IIT stammen von ihm.

› 100 W Randolph St., Blue, Brown, Purple, Green, Orange, Pink Line: „Lake“

Von außen und von innen sehenswert: das James R. Thompson Center von Helmut Jahn

101cg Abb.: mb

8 City Hall und Daley Plaza ★ [C5]

Gegenüber dem Thompson Center erhebt sich die **Chicago City Hall/Cook County Building,** ein 1911 von Holabird & Roche im neoklassischen Stil erbauter zweiteiliger und zwölf Stockwerke hoher Komplex aus Kalkstein. Eindrucksvoll ist die mit Mosaiken zur Stadtgeschichte ausgestattete Eingangslobby. Die City Hall ist mit einem *green roof,* einem begrünten Dach, ausgestattet.

Das gegenüberliegende **Richard J. Daley Center** und die gleichnamige **Plaza** sind nach dem beliebten Bürgermeister, der 1976 nach 21 Amtsjahren starb, benannt. Das moderne Hochhaus fällt heute kaum mehr auf, als es 1965 als Gemeinschaftsprojekt von C.F. Murphy Ass., Loebl, Schlossman & Bennett sowie SOM erbaut wurde, galt der Bau jedoch als wegweisend.

Auf dem Platz finden Märkte statt, berühmt wurde er aber, weil hier 1967 als erste Skulptur in der Stadt ausgerechnet eine **Picasso-Plastik** aufgestellt wurde. Damals löste das heftige Diskussionen aus, heute ist „Chicagos Picasso" nicht mehr aus dem Stadtbild wegzudenken. Allerdings hat der Picasso mittlerweile enorm Konkurrenz durch Großplastiken berühmter Künstler auf anderen Plätzen bekommen.

› 118 N Clark St. bzw. 121 N LaSalle St., Blue Line: „Washington"

EXTRATIPP

Chicagos Christkindlmarket

Weihnachtsmärkte gehören auch in den USA zur Vorweihnachtszeit und der **Christkindlmarket** auf der **Daley Plaza** (www.christkindlmarket.com) gehört darunter zweifellos zu den schönsten. Hier bieten sogar Händler aus Deutschland ihre Produkte an – Holzschnitzereien, Glasornamente und vieles andere – und es gibt Glühwein, Bratwürste und Lebkuchen. Der Markt dauert von Ende November bis Heiligabend.

9 Chicago Temple ★ [C5]

Gegenüber „dem Picasso" fällt ein eigenartiger Bau ins Blickfeld: Sein Turmaufsatz gleicht einem Kirchturm, und das trifft auch zu: In dem 1923 von Holabird & Roche im neogotischen Stil erbauten Bürohochhaus befindet sich der **Chicago Temple.** Diese Methodistenkirche gilt mit 173 m als höchster Kirchenbau der Welt, den höchsten Kirchturm hat hingegen das Ulmer Münster (161,5 m).

Auf dem kleinen Platz direkt nebenan, der **Brunswick Building Plaza,** steht eine weitere berühmte Skulptur: **„Miró's Chicago",** 1981 von dem Spanier Joan Miró (1893–1983) geschaffen. Das anschließende **Brunswick Building** (1965, SOM) (heute Cook County Administration Building) ist ein Beispiel für frühen Stahlbetonbau mit tragenden Außenwänden.

› 77 W Washington St., Blue Line: „Washington"

10 State Street ★★ [C6]

Vorbei an dem Multifunktionskomplex **Block 37** (s. S. 23) mit den Studios des TV-Senders CBS gelangt man wieder zu Macy's 2 an der State Street. Gegenüber dem Kaufhaus liegt das **Reliance Building/Hotel Burnham** (1 W Washington/32 N State St.) nach Plänen von D.H. Burnham unter Mitarbeit des Designers Charles B. Atwood. Es gilt als Meilenstein der „Chicago School“, denn statt plumper, offen dargestellter Skelettkonstruktion dominieren hier Leichtigkeit, Transparenz und Eleganz. Nach dem Vorbild der Rookery ⓭ wird die Horizontale betont und Fensterbänder scheinen die Fassade in Glasflächen aufzulösen. Der Bau ist auch ein Beispiel dafür, wie Ästhetik und zweckmäßige Form zusammengeführt werden können: Sorgfältig platzierte Details und eine insgesamt plastische Oberflächenbehandlung mit Vor- und Rücksprüngen zeigen ebenso wie die alternierende Verwendung von Glas und Terrakotta Burnhams Handschrift.

An der Kreuzung State St./Madison Ave. befand sich das zweite historische Kaufhaus der Stadt, der Schlesinger & Mayer Department Store. Nachdem 1904 der Besitzer gewechselt hatte, nannte man das Gebäude **Carson Pirie Scott Building** (1 S State St.). Das Gebäude war für Kaufhäuser in aller Welt wegen seiner **feuersicheren Stahlskelettbauweise** wegweisend. Die Pläne für den 1899 bis 1903 errichteten Kernbau stammten von Henri Sullivan, für die State Street Addition, einen Erweiterungsbau von 1906, zeichnete D. H. Burnham verantwortlich, die Renovierung 1960/61 erfolgte unter Aufsicht von Holabird & Root und eine weitere im Jahr 1980 überwachte John Vinci. Seit der einstige Konkurrent von Macy's/Marshall Field's 2006 verkauft wurde, trägt der Bau den Namen **Sullivan Center.** 2011 wurde die Renovierung abgeschlossen und mittlerweile ist ein Teil des Gebäudekomplexes bezogen, z. B. von dem Kaufhaus CityTarget oder von DSW (Schuhe).

Sullivans Initialen „H.L.S.“ (für Henri Louis Sullivan) befinden sich an einem Ornamentband rings um den Haupteingang. Sein Stahlskelettbau vereint die beiden damals vorherrschenden Richtungen – ornamental-dekorativ (Sockelzone) und schlicht-geometrisch (Baukörper und Fassade). Die Fassade ist kraftvoll gegliedert, mit tiefen Rücksprüngen und durchgehenden Horizontalen. Die rechtwinkligen Felder, die der Stahlrahmen bildet, sind mit Glas und weißen Terrakottaplatten ausgefüllt, Ornament kam nur spärlich zum Einsatz. An der Sockelzone zeigt sich das wahre Können Sullivans: Hier ist die Gusseisenfassade überreich mit feinteiligem Dekor geschmückt. Damit sollte die Aufmerksamkeit auf den Sockel mit dem Eingang und den großen Schaufenstern gelenkt werden. Im Inneren herrscht hingegen wieder klare Funktionalität, getreu nach Sullivans Devise „Form follows function“. Dieses Kaufhaus war sein letztes, zugleich aber bedeutendstes Werk.

Ein gutes Beispiel für die chicagotypischen großen Fenster liefert das dem Kaufhaus gegenüberliegende **Chicago Building** (7 W Madison Ave.), 1904 vom Büro Holabird & Roche entworfen. Von den gleichen Architekten stammt jenseits der Madison Ave. **Sears on State** (s. S. 24), ein Baukomplex von 1905/1917. Mit der Renovierung des alten Boston Store 2001 und der Rückkehr von Sears kam die Wiederbelebung der State Street als Einkaufsmeile erst richtig ins Rollen.

Weiter südlich liegt das Hotel **Palmer House Hilton** (s. S. 287), ein Haus mit wechselvoller Geschichte: Kaufhausgründer Potter Palmer hatte an dieser Stelle 1871 ein Hotel errichten lassen, das zwei Wochen nach der Eröffnung beim Great Fire abbrannte. Palmer und seine Frau ließen sich jedoch nicht entmutigen und schon Ende 1873 eröffnete gegenüber eine neue Herberge, die zum kulturellen und gesellschaftlichen Treffpunkt wurde: „The World's Only Fire Proof Hotel" mit den ersten Aufzügen der Stadt. Die französischstämmige Kunstsammlerin Bertha Honoré Palmer schmückte es mit impressionistischen und anderen Kunstwerken aus, in der Lobby sind noch heute 24-karätige Gold-Leuchter und Bronzeengel von Tiffany zu bewundern. Ein Höhepunkt war 1879 ein Bankett für Bürgerkriegsgeneral Ulysses S. Grant, bei dem sogar Mark Twain als Redner auftrat.

Das jetzige Gebäude entstand nach dem Tod von Bertha Palmer zwischen 1925 und 1927 nach Plänen von Holabird & Roche. Der Prunk hätte der alten Frau Palmer sicher gefallen: 34 Sorten Marmor wurden verwendet, eine ägyptisierende Eingangshalle und eine fast 8 m hohe Rotunde geschaffen und 1933 wurde der goldene Empire Dining Room zum „Supper Club" umfunktioniert, in dem Frank Sinatra, Judy Garland, Ella Fitzgerald, Harry Belafonte und Louis Armstrong auftraten. Im Erdgeschoss befindet sich heute eine (moderne) Passage mit Nobelläden.

› Red Line: „Lake", „Monroe" oder „Jackson"

11 Dearborn Street ★ [C6]

Die Dearborn Street gilt als „Skyscraper Canyon", da sich hier Hochhausbauten fast lückenlos aneinanderreihen. An der Kreuzung Madison/Dearborn St. (Westseite) erhebt sich **Three First National Plaza** (70 W Madison St.), 1981 von SOM geplant, mit einem neun Stöcke hohen Lobby-Atrium und einer Henry-Moore-Statue. Gegenüber befindet sich der **Chase Tower** (1969, C.F. Murphy Ass.) mit seiner konkav geschwungenen Fassade und das 2005 eröffnete **One Dearborn Center** (DeStefano & Ass.), das Bezug nimmt auf das Inland Steel Building und als erster Bau ein LEED-Zertifikat erhielt. Auf der Südseite des **Bank One Building** steht – leider hässlich überdacht – Marc Chagalls „Four Seasons". Das byzantinisch anmutende Mosaik mit der Darstellung der vier Jahreszeiten in und um Chicago lädt mit seinem kleinen Park zur Pause ein.

Beim gegenüberliegenden **Inland Steel Building** (30 W Monroe/Dearborn St., 1955–1957) griffen die Planer von SOM die Idee der *curtain wall* (Vorhangwand) von Mies van der Rohe erstmals wieder auf. Dieser Bau war nach dessen großen Errungenschaften fast 50 Jahre zuvor zu seiner Entstehungszeit das erste Bürogebäude von Bedeutung im Loop und setzte dank seiner modernen Gestaltung mit glänzenden Stahlstreben und grünen Fenstern Maßstäbe. Das **Majestic Building** (22 W Monroe St.), 1905 von Edmund R. Krause erbaut, beherbergt das alte **Shubert**, heute **Bank of America Theater** (s. S. 42). Gegenüber brüstet sich **33 West Monroe Street**, 1980 von SOM gebaut, mit gleich drei großen Atrien, doch am auffälligsten ist an der Kreuzung Monroe/Dearborn St. der Bau der **PNC Bank – 55 West Monroe**. Er wurde 1980 mit postmodernem Sockel und geschwungener Glasfassade fertiggestellt und stammt von Murphy & Jahn. Ursprünglich sollte die Bank größer ausfallen, doch das Restaurant Italian Village daneben behauptete seine Stellung.

An der Kreuzung Adams/Dearborn St. fällt das verglaste, postmoderne **Citadel** (131 S Dearborn St.) auf. 2003 wur-

041cg Abb.: mb

de es nach Plänen von DeStefano und Bofill erbaut. Es verfügt über ein begrüntes Dach, wird nach umweltfreundlichen und energiesparenden Prinzipien betrieben und zieht mit einer vergoldeten Kopie der Nike von Samothrake – einem griechischen Meisterwerk des 2. Jh. v.Chr. – in der Lobby Blicke auf sich. Kontrastierend dazu belegt das **Marquette Building** (140 S Dearborn/ Adams St.) von 1893/94 (Holabird & Roche), wie eindrucksvoll ein nüchtern-funktionales Stahlskelett in ausdrucksstarke kommerzielle Architektur verwandelt werden kann. Das Gerüst ist komplett mit Ziegel und Terrakotta verkleidet und im Eingangsbereich sind Mosaiken mit Darstellungen aus dem Leben des französischen Missionars Jacques Marquette zu bewundern.

› Blue Line: „Monroe“ oder „Jackson“

Das mehrteilige Chicago Federal Center, dessen Platz beliebter Treffpunkt und Veranstaltungsort ist, stammt vom Reißbrett Mies van der Rohes

12 Chicago Federal Center & Plaza ★ [C6]

Das Chicago Federal Center & Plaza gilt als **Meilenstein der modernen Architektur.** Es ist Teil eines mehrteiligen Komplexes mit Platzanlage vom Reißbrett Mies van der Rohes. Der deutsche Architekt

KLEINE PAUSE

Gasthaus mit deutschen Wurzeln

Zu den Etablissements, die seit über 100 Jahren ihren Platz im Loop behaupten, gehört das legendäre **Berghoff** (s. S. 35). 2007 sorgte die vorübergehende Schließung für einen Aufschrei, doch inzwischen hat die Familie das Traditionslokal und das zugehörige Café wieder eröffnet. 1870 hatte der Dortmunder Hermann Joseph Berghoff in Fort Wayne, einem Städtchen im Bundesstaat Indiana, begonnen, Bier zu brauen. 1893 tauchte er in Chicago auf und eröffnete einen Biergarten direkt neben dem Weltausstellungsgelände. Es folgten 1898 ein Café in der Adams Street und 1904 das Restaurant. Nach der Prohibition erhielt das Berghoff als eine der ersten Gaststätten wieder eine Schanklizenz. Mittlerweile wurde die 1845 in Monroe/Wisconsin gegründete Joseph Huber Brewing Co., die bisher das Berghoff-Bier gebraut hatte, an eine kanadische Brauerei verkauft und in „Minhas Craft Brewery" umbenannt. In Chicago brauen dagegen einige Unentwegte das Berghoff-Bier weiter (www.berghoffbeer.com).

hatte 1959 mit den Planungen für dieses **Bundesverwaltungszentrum** an der Dearborn St. begonnen, zwischen 1966 und 1974 folgten zwei weitere Bauten (Schmidt, Garden & Erikson, C.F. Murphy Ass. sowie A. Epstein & Sons) und zum Komplex gehört zudem das Hauptpostamt. Die Gruppierung der drei Stahlskelettbauten erfolgte so, dass nicht nur Sichtbezüge entstanden, sondern auch die zentrale Platzanlage in das von Mies van der Rohe benutzte Modularsystem einbezogen wurde. Die Pflasterfugen spiegeln nicht nur das der ganzen Planung zugrundeliegende Modul wider, die Fugen stehen auch mit den Achsen der Gebäude in direktem Bezug. Nur die auf dem Platz aufgestellte, gigantische rote Plastik „Flamingo" von William Calder bricht aus dem festgefügten Konstruktionssystem aus und bildet einen kontrastreichen und markanten Blickpunkt.

› Dearborn St., zwischen Adams St. und Jackson Blvd., Blue Line: „Jackson"

13 The Rookery ★★ [C6]

Zu den **architektonischen Highlights** Chicagos gehört The Rookery, zwischen 1885 und 1888 nach Plänen von Burnham & Root erbaut. Zuvor standen an derselben Stelle vorübergehend das Rathaus, dann ein Wassertank und die Stadtbücherei. Der Name „Rookery" geht zurück auf „Krähenhorst" (auf dem alten Wassertank sollen Krähen genistet haben), zum anderen bedeutet „rook" aber auch „wankelmütig sein" oder „die Meinung laufend ändern" – was gut zu den Ratsherren passen würde.

Der **zwölf Stockwerke** hohe Skelettbau kombiniert tragendes dunkelrotes Mauerwerk, gusseiserne Pfeiler sowie schmiedeeiserne und stählerne Balken und verbindet Struktur und Ornament. Der quadratische Grundriss um einen Lichthof – „Square Donut" genannt – war damals revolutionär. Er war 1906/07 von Frank L. Wright gestaltet worden, ebenso die Lobbys. Die Außenfassade mit ihrem orientalischen Dekor wirkt plastisch und ist zugleich ein frühes Beispiel für das später übliche Fensterband und die dadurch erzeugte Horizontalbetonung. Die beiden Architekten Burnham & Root, die hier auch ein Büro bezogen, setzten mit dem Bau neue Richtlinien für Bürogrößen, Flurbreiten und Fahrstuhlkonstruktion, waren aber v. a. maßgeblich am Wandel von der alten Ziegel- zur Skelettbauweise beteiligt. The Rookery wurde 1970 ins National Register of Historic Places aufgenommen und 1972 zum **Chicago Landmark** erklärt.

Schräg gegenüber befindet sich **190 South LaSalle Street**, 1987 von John Burgee Architects zusammen mit Philip Johnson geplant. Es ist der einzige Bau Johnsons – einem der Hauptprotagonisten des postmodernen Stils – in Chicago. Sehenswert ist nicht nur das Gebäude selbst, das Elemente der Rookery (Farbgebung!) und des heute abgerissenen Masonic Temple (1892, Burnham & Root) aufgreift, sondern auch die überdimensional große Lobby, die einer italienischen Piazza gleicht. Sie ist edel ausgestattet mit Blattgolddecke und teurem Marmor sowie einer Plastik von Anthony Carot („Cultural Fuge") und einem großen Wandbehang in der Seitenlobby, der den Chicago-Stadtplan von Burnham zeigt.

› 209 S LaSalle St., Zugang auch Adams St., Brown, Orange, Pink oder Purple Line: „Quincy"

14 Chicagos Finanzdistrikt ★ [C7]

Die **LaSalle Street**, an deren südlichem Ende das Hochhaus der Warenbörse emporragt, gilt als **Chicagos Wall Street** und Finanzzentrum. Hier befinden sich große Banken wie die **Federal Reserve Bank** (Nr. 230) oder das **LaSalle National Bank Building** (Nr. 135, früher Field Building) von 1934. Das **Chicago Board of Trade Building** (141 W Jackson Blvd.) war 1848 von 82 Händlern gegründet worden und 1885 entstand nach Plänen von William W. Boyington, der auch für den Water Tower zuständig war, ein repräsentatives Gebäude, das jedoch 1930 durch einen Neubau nach Plänen von Holabird & Root ersetzt wurde. Bei diesem handelte es sich um eines der besten Beispiele für einen Art-déco-Wolkenkratzer in Chicago. In der neunstöckigen Basis des „himmelsstrebenden Baus" verbirgt sich der einst sechs Stockwerke hohe **Trading Room.** Er wurde 1975 horizontal in zwei Hallen geteilt. Darüber erhebt sich ein 45-stöckiger Turm, durch Vor- und Rücksprünge und Fenstergruppierung klar gegliedert und bekrönt durch ein pyramidales Dach mit der Statue der römischen Göttin Ceres. Ein Meisterwerk des Art déco ist auch die dreistöckige Lobby. 1980 fügten Murphy/Jahn zwei weitere Lobbys im 1. und 12. Stockwerk hinzu, Ende der 1990er-Jahre erfolgten Umbauten und die Aufstellung eines Brunnens auf der East Plaza.

Auf der Rückseite des Gebäudes sind zwei Anbauten von SOM zu erkennen: das **Chicago Board Options Exchange** (141 W Van Buren, 1985), das einer fensterlosen Schachtel gleicht (hier befindet sich der neue *trading floor,* das Börsenparkett), und **One Financial Place** (440 S LaSalle, 1985), ein eher unauffälliger Büroturm über einem Nahverkehrsbahnhof (Metra) und dem Eisenhower Expressway.

› **Chicago Board of Trade Building,** 141 W Jackson/LaSalle St., Brown, Orange, Pink oder Purple Line: „Quincy". Besichtigung derzeit nicht möglich.

Höchstes Gebäude der Stadt und zugleich eines der Wahrzeichen: der Willis Tower

⑮ Brooks Building ★ [B7]

Das Brooks Building wurde 1910 von Holabird & Roche als **spätes Beispiel der Chicago School** errichtet und nach Entwürfen von Sullivan mit Ornamenten versehen. Die klar gegliederte Fassade lässt deutlich die Skelettbauweise erahnen und die Vertikalität wird durch vorgesetzte schmale Pilaster, die die dreiteiligen Fenster voneinander trennen, verstärkt. Sie enden in stilisierten korinthischen Kapitellen mit plastischen Löwenköpfen und filigrane Ornamentbänder schmücken das Gesims.

› 223 W Jackson St., Brown, Orange, Pink oder Purple Line: „Quincy"

⑯ Willis Tower ★★★ [B6]

Der Willis Tower mit seinen dunklen, würfelförmig aufeinander gestapelten und stufig zurückspringenden Baukörpern ist ein beeindruckendes Bauwerk und gilt zu Recht als das Wahrzeichen Chicagos. Das belegen auch die Besucherzahlen: Jährlich zieht es über 1,5 Mio. Menschen auf die Aussichtsplattform, um von hier den Blick auf die Stadt zu genießen.

25 Jahre lang, bis 1997, war der Willis Tower (früher Sears Tower) der welthöchste Bau. Mittlerweile wurde er mehrfach überholt (s. S. 76), doch das Gebäude nimmt allein schon wegen seiner **Ästhetik** und der gebotenen **Aussicht** noch immer eine Sonderstellung ein. Zwischen 1968 und 1974 hatte Bruce Graham von SOM den Turm für die Kaufhausfirma Sears, Roebuck & Co. erbaut. Bei 110 Geschossen, einer Höhe von 442 m (mit Antenne 527 m) und einer Grundfläche von 418.064 m² beliefen sich die Baukosten auf rund $ 186 Mio.

Die Architekten hatten für den Bau, den heute täglich etwa 25.000 Menschen – Angestellte und Besucher – frequentieren, ein Prinzip gebündelter Rohre, Stahlsäulen und Streben, sogenannte **„Mega-Module"**, eingesetzt. Das Gebäude besteht aus **neun Einzelkuben:** Zwei enden im 50. Stock, zwei im 66. und weitere drei im 90. Am Ende ragen nur noch zwei Baukörper in den Himmel. Die Idee dazu stammt vom SOM-Bauingenieur

042cg Abb.: id

Fazlur Khan, der mit einer **Schachtel Zigaretten** und verschieden weit herausgezogenen Zigaretten experimentiert hatte.

Anders als beim Hancock Center 50 wurde die Außenhaut hier nicht durch Diagonalen stabilisiert. Vielmehr lenkt ein neuartiges Stützensystem die Kraftverteilung in der Außenhaut und beim „Würfelbaustil" wurden die **Windverhältnisse** mitberücksichtigt. Dennoch schwingt der Bau schon bei geringem Wind um 15 cm. An der **Außenfassade** dominieren bronzefarbenes Glas – eine Roboter-Putzmaschine ist für die 16.100 Fenster zuständig – und schwarzes Aluminium, ähnlich wie beim Hancock Center. Die Platzanlage aus Granit selbst ist wenig spektakulär, Calders Skulptur „Universe" hingegen schon.

Hauptanziehungspunkt ist die **Aussichtsplattform** („Skydeck Chicago") im 103rd Floor in 412 m Höhe. Der Aufzug braucht für den Weg eine knappe Minute. Von oben genießt man einen grandiosen Ausblick, bei schönem Wetter bis zu 80 km weit, hinein nach Indiana, Michigan und Wisconsin. **The Ledge**, vier geschlossene balkonartige Kästen komplett aus Glas, bietet das besondere Gänsehautfeeling:. Blickt man durch den Glasboden hinab, glaubt man über der Stadt zu zu schweben.

› 233 S Wacker Dr., Eingang Skydeck Observatory: Jackson Blvd., www.theskydeck.com, Brown, Orange, Pink oder Purple Line: „Quincy", Okt.-Mai tgl. 10-20, Apr.-Sept. 9-22 Uhr, $ 18, Fast Pass $ 40

KURZ & KNAPP

Die höchsten Bauten Chicagos

527 m: **Willlis Tower** (1974, früher Sears Tower), 108 Stockwerke
423 m: **Trump Tower** (2009), 96 Stockwerke
346 m: **AON Center** (1973), 83 Stockwerke
344 m: **Hancock Center** (1969), 100 Stockwerke
307 m: **Franklin Center North Tower** (1989), 61 Stockwerke

17 South Wacker Drive ★ [B7]

Im Schatten des Willis Tower 16 steht eine Reihe sehenswerter moderner Hochhausbauten. Südlich befindet sich beispielsweise **311 South Wacker Drive**, 1990 von Kohn Pedersen Fox zusammen mit Harwood K. Smith & Partners geplant. Die ungewöhnliche turmartige Bekrönung ist bei Nacht beleuchtet, sehenswert ist außerdem der mit (künstlichen) Palmen bestückte Wintergarten.

Südlich davon steht die **Exelon Thermal Technologies District Cooling Plant** (1996, Eckenhoff Saunders Architects). Im Inneren befindet sich die **größte Eisbereitungsanlage der Welt** mit einem Riesentank, der mittels Rohrleitungen die Kühlung der alten Hochhäuser, die nicht über eigene Klimaanlagen verfügen, gewährleistet. Auf das Zentrum verteilen sich weitere solche Kühlanlagen, u. a. an der State Street.

Westlich des Willis Tower fällt das **200 South Wacker Drive Building** auf, 1981 von Harry Weese geplant. Der Schüler von Mies van der Rohe löste sich, wie hier deutlich sichtbar wird, stilistisch von seinem Lehrer. Seine Bauten sind wesentlich stärker plastisch und farbiger, dazu kommt ein ungewöhnlicher polygonaler Grundriss. Weeses Spezialität sind unkonventionelle Grundrissformen – er plante auch das **Swiss Grand Hotel** (323 E Wacker Dr., 1988) als Dreieck.

Im Hintergrund, bereits auf der westlichen Flussseite, fällt der Blick auf einen Baukörper mit ungewöhnlich geschwungener Glasfassade: **300 South Riverside.** Der 1983 von SOM entworfene Bau greift den Flussverlauf auf. Hier am Südarm des Chicago River stehen mehrere Gebäude vom Reißbrett dieses renommierten Büros und alle ähneln sich in ihrer Konstruktionsweise: Stahlskelett mit Außenwänden in Betonverschalung bzw. mit vorgefertigten Stahlbetonelementen.

Dazu gehört auch der **Union Station Multiplex** (444 W Jackson Blvd.), der 1971 (Umbau 2001) einen Teil der Union Station ersetzte und dessen dicke Stahlstreben an die Außenfassade des Hancock Center erinnern. Daneben befindet sich **222 South Riverside Plaza** (1983), ein massiger Bau über rechteckigem Grundriss, dessen Vertikalen durch vorgesetzte Pfeiler betont werden. Der Kontrast zwischen glattem, hellen Beton und dunklen Fenstern sorgt zudem für eine plastische Wirkung der Fassade.

› Brown, Orange, Pink oder Purple Line: „Quincy"

18 Union Station ★★ [A6]

Die prächtige Union Station, deren moderner Zugang von der Riverside Plaza sich gegenüber dem einstigen Hauptzugang an der Canal Street wenig repräsentativ ausnimmt, wurde 1913 bis 1925 nach Plänen von Graham, Anderson, Probst & White erbaut und 1992 renoviert. Nach der Gründung der ersten Eisenbahngesellschaft Galena and Chicago Union 1836 hatte sich Chicago in wenigen Jahrzehnten zum **Eisenbahnzentrum der USA** entwickelt. Um 1855 gab es bereits fast 5000 km Schienen, 96 Personenzüge verließen täglich Chicago und bis Ende des Jahrhunderts waren vier große Bahnhöfe entstanden.

Die Union Station war zweiteilig an der Canal Street gebaut worden. Dominant ist das **achtstöckige Hauptgebäude** mit mächtiger Säulen-Vorhalle, die in eine riesige Wartehalle führt. Dort misst das Tonnengewölbe fast 35 m in der Höhe, getragen von korinthischen Säulen, auf denen allegorische Figuren für Tag und Nacht stehen, mit riesigen Bogenöffnungen dazwischen. Bis heute gelangen die Fahrgäste von der Halle aus unter der Canal Street hindurch zu den Bahnsteigen. Darüber erhob sich der zweite Teil des Bahnhofes, das Concourse Building, das 1969 abgerissen und durch den Union Station Multiplex ersetzt wurde.

Während der **Blütezeit des Personenverkehrs** existierten gleich zwei Bahnsteigkomplexe: einer mit zehn Gleisen für Züge nach Norden und einer mit 14 in Richtung Süden. Theoretisch wäre täglich die Abfertigung von 420 Zügen und 400.000 Passagieren möglich gewesen. Heute ist Chicago das wichtigste Drehkreuz der halbstaatlichen Personenzuggesellschaft **Amtrak** (s. S. 256). Hier kommen Züge aus New York, Boston und Washington an und Überlandzüge, die so legendäre Namen tragen wie „City of New Orleans", „Empire Builder", „California Zephyr", „Southwest Chief" oder „Lake Shore Limited", fahren Richtung Süden und Westen.

Nur drei Blocks nördlich der Union Station befindet sich ein weiterer Bahnhof: die ehemalige Chicago & Northwestern Station, heute das **Ogilvie Transportation Center** (Madison St./Canal–Clinton

KLEINE PAUSE

Einkehren bei Lou an der Route 66

Der beliebte Diner **Lou Mitchell's Restaurant and Bakery** (s. S. 35), nur einen Steinwurf westlich der Union Station, ist seit 1923 eine Institution und bietet nicht nur Frühstück (Gebäck aus eigener Backstube), sondern ab 10.30 Uhr auch Mittagessen. Besonders Burger und Sandwiches sowie Nachspeisen sind zu empfehlen. Der Diner liegt an der historischen Route 66 und ist die erste Attraktion auf dem Weg in den Westen.

St.). Der ursprüngliche Bahnhofsbau aus dem Jahr 1911 mit Eingangsportikus und Uhrtürmen wurde 1987 nach Plänen von Murphy & Jahn durch das **Citigroup Center** (500 W Madison St.) ersetzt, dessen farbiges Glas, Art-déco-Elemente und rhythmisch bewegte Fassade an den sogenannten Streamline-Stil der 1920er-Jahre erinnern. 1996 baute Harry Weese hier den Knotenpunkt der Nahverkehrsgesellschaft **Metra**, das Ogilvie Center, aus.

Einen Block westlich ragen die vier Wohntürme der **Presidential Towers** (555–625 W Madison St., 1986) gen Himmel und gegenüber, auf dem Platz vor dem **Great Lakes Programm Service Center** (600 W Madison St.), steht eine Skulptur mit dem Titel **„Bat Column"** des Künstlers Claes Oldenburg – ein überdimensionierter Baseballschläger – symbolisch für eine Stadt, die baseballverrückt ist.

› **Union Station,** 210 S Canal St, www.chicagounionstation.com, Blue Line: „Clinton", Brown, Orange, Pink oder Purple Line: „Quincy"

19 Civic Opera House ★ [B6]

Direkt an der Madison Street Bridge kombinierten die Architekten Graham, Anderson, Probst & White beim Civic Opera House in zeittypischer Manier verschiedene **historische Stile,** v. a. Elemente von Art déco und Renaissance, und schmückten es mit **symbolhaft auf die Kunst bezogenem Dekor.** Der Bau wurde 1929 mit Giuseppe Verdis Oper „Aida" eröffnet und bis heute finden Opernaufführungen und klassische Konzerte in dem 3500 Zuschauer fassenden Konzertsaal statt. Der Ostfassade sind Arkaden vorgeblendet und das Grand Foyer ist beachtliche 13 m hoch.

Nicht weit entfernt passiert man die **Chicago Mercantile Exchange/CME** (30 S Wacker Dr.), 1983 und 1988 von Fujikawa, Johnson & Ass. geplant. „The Merc" ist schwerpunktmäßig ein Terminmarkt für Agrarprodukte.

› 20 N Wacker Dr./Madison Ave., www.civicoperahouse.com, Brown, Orange, Pink oder Purple Line: „Washington"

20 Monadnock Building ★ [C7]

„Eindrucksvolle Klippe aus Mauerwerk" nannte Louis Sullivan einmal das Monadnock Building. 1889 bis 1891 von Burnham & Root geplant und 1893 im Süden von Holabird & Roche (weniger spektakulär) erweitert, galt es mit seinen 16 Stockwerken damals als das höchste **Backsteinhochhaus** der Welt. Sullivans Worte bezogen sich auf das **wegweisende System der Lastenverteilung:** Hier gibt es nämlich kein stützendes Skelett, sondern nur **tragende Außenwände.** Die Grundstücksform, ein lang gezogenes Rechteck, hatte einen schmalen, hohen

Baukörper nötig gemacht, der auch aufgrund seiner spärlichen Ornamentik als Vorläufer der Hochhäuser des 20. Jh. gilt.

Root galt wie Sullivan als „imaginativer Architekt", der es verstand, schlichte Geometrie und Massigkeit mit dosiert eingesetzter Ornamentik zu vereinen und einen Baukörper zur **Skulptur** werden zu lassen. Die reduzierten, klaren Formen nehmen zugleich eine These des Bauhaus-Architekten Adolf Loos von 1907 vorweg: „Ornament ist Verbrechen". Lediglich sanft ausschwingende Erker mildern die strenge Geometrie.

› 53 W Jackson Blvd., Brown, Orange, Pink oder Purple Line: „LaSalle"

21 Fisher Building ★ [C7]

Das nahe Fisher Building (Burnham & Co., 1895–96) ist deutlich von den Bauten der Weltausstellung 1893 beeinflusst und ähnelt dem ein Jahr früher entstandenen Reliance Building (s. S. 117). Es wirkt ebenso transparent und elegant, plastisch und filigran wie dieses, ist jedoch stilistisch stärker dem Eklektizismus und Historismus verpflichtet. Beim Fisher Building wurden erstmals **gotisierende Elemente** an einen Wolkenkratzer verwendet – ein Stil, der in den 1920er-Jahren, z. B. beim Tribune Tower, verstärkt zum Einsatz kam.

› 343 S Dearborn/Van Buren St., Brown, Orange, Pink oder Purple Line: „LaSalle"

043cg Abb.: mb

Die postmoderne Harold Washington Library Chicago

22 Harold Washington Library Center ★★ [C7]

Die Harold Washington Library, die mit 80.000 m² Fläche **größte öffentliche Bibliothek in den USA**, löste zunächst wegen ihrer postmodernen Architektur wenig Begeisterung aus. Die Bibliothek selbst, mit ihren mehreren Millionen Büchern und anderen Medien, erfreute sich hingegen von Anfang an größter Beliebtheit und wird täglich von rund 7000 Besuchern genutzt. Es gibt Führungen, Ausstellungen (u.a. im 9. Stock), Lesungen und Konzerte im Auditorium und dazu ein Blues-Archiv. Dazu sind auf den Bau verteilt **Kunstwerke** im Wert von über eine Million Dollar zu bewundern.

$ 144 Mio. hat der ungewöhnliche Bau verschlungen, der 1991 nach Plänen von Thomas Beeby (Büro Hammond, Beeby & Babka) erbaut wurde. Es macht Spaß, die **Details** außen näher zu betrachten: Es werden andere lokale Gebäude zitiert, es gibt Rückgriffe auf historische Stile wie die griechisch-römische Architektur und kuriose Details. So bilden an der Front lesende Eulen die Seitenakrotere (dekorative Architekturelemente am Giebel) und ein flammenförmiger Akroter ziert die Mitte. Die Wände sind mit Girlanden geschmückt, die wiederum von Reliefköpfen – Philosophen, der Göttin Ceres oder des „Windy City Man" – unterbrochen werden.

Vor dem Großen Feuer 1871 gab es in Chicago keine öffentliche Bibliothek. Erst als beim Wiederaufbau der Stadt große Mengen Bücher, u.a. aus der Privatbibliothek von Queen Victoria, in die Stadt gelangten, überredeten Marshall Field und andere wichtige Geschäftsleute Bürgermeister Joseph Medill zur Einrichtung einer „Free Public Library". 1872 wurde die **Chicago Public Library** ins Leben gerufen und am 1. Januar 1873 an der LaSalle/Adams St. der Öffentlichkeit zugänglich gemacht. Heute verfügt sie neben der Hauptstelle über **rund 80 Teilbibliotheken** im gesamten Stadtgebiet.

Abgesehen von mehreren einladend luftigen Etagen, die prall gefüllt sind mit Bücherregalen, ist man auf das **Chicago Blues Archive (CBA)** besonders stolz. Das CBA wurde 1981 durch eine Spende der Radiostation WXRT ins Leben gerufen und umfasst nicht nur Bild- und Tonaufnahmen, sondern auch Werbematerial und andere Memorabilien.

› 400 S State St., Mo.–Do. 9–21, Fr./Sa. 9–17, So. 13–15 Uhr, Eintritt frei, www.chipublib.org/branch/details/library/harold-washington, Brown, Orange, Pink oder Purple Line: „Library", wie in allen Public Libraries gibt es kostenloses WLAN und außerdem Computerstationen

23 Second Leiter Building ★ [D7]

Östlich der Bibliothek liegt an der State Street das Second Leiter Building. Es war ursprünglich ein Kaufhaus (erst Siegel, Cooper & Co., dann Sears Roebuck Store) und wird heute als **Robert Morris Center Campus** der gleichnamigen Hochschule genutzt.

Dieser Bau, der von Le Baron Jenney zwischen 1889 und 1891 errichtet wurde, gilt als Musterbeispiel für den **„kommerziellen Stil" der Chicago Architecture** mit imponierenden Ausmaßen und schlichter, zweckgebundener Gestaltung. Die acht Geschosse werden außen durch eine Art Gitter aus massigen durchlaufenden Pfeilern und dünneren Pilastern, die die innere Eisenkonstruktion widerspiegeln, gegliedert.

› 403 S State St., Brown, Orange, Pink oder Purple Line: „Library"

24 Manhattan Building ★ [C7]

Der Zwiespalt zwischen Traditionalismus und Moderne bei William Le Baron Jenney wird auch am nahe gelegenen Manhattan Building (1890) deutlich. Hier

Chicagos „König des Blues“

In South Loop befindet sich einer der legendären ***Biuesklubs*** *der Stadt,* ***Buddy Guy's Legends*** *(s. S. 39). Hier tritt nicht nur der Hausherr selbst auf, sondern v. a. Nachwuchskünstler und Stars der internationalen Bluesszene - wie Andenken und Requisiten berühmter Musiker an den Wänden des Klubs bestätigen.*

Buddy Guy (geboren 1936) gilt als Chicagos Version von B. B. King und war zusammen mit Muddy Waters der ***Begründer des Chicago Blues.*** *Zusammen mit dem Mundharmonikaspieler Junior Wells prägte er den Blues der 1970er-Jahre in der West Side von Chicago, den* ***West Side Blues,*** *gewissermaßen eine Annäherung an den Massengeschmack.*

Guy hatte im Alter von 13 Jahren mit dem Gitarrespielen begonnen und wurde nach seinem Umzug von Baton Rouge/Louisiana nach Chicago 1957 im Klub 708 von Muddy Waters „entdeckt“ und gefördert. Im Frühjahr 1960 kam es zur Aufnahme in den „Klub der besten Chicago Bluesmen“ und zum Vertrag mit der Plattenfirma Chess. Das Album „Folk Festival of the Blues“ brachte 1964 den ***musikalischen Durchbruch*** *- aufgenommen wurde es im Club Copa Cabana mit Muddy Waters und Howlin' Wolf.*

Die besten Aufnahmen von Guy stammen aus den ***1970er-Jahren,*** *darunter u. a. zusammen welche mit „Slowhand“ Eric Clapton (Livemitschnitt vom „Montreux Jazz Festival“ 1974), den er ebenso wie Jimi Hendrix oder Stevie Ray Vaughan stark beeinflusste.*

In den ***1990er-Jahren*** *kam der „bluesman“ mit dem eigenen Stil - eine Mischung aus Louisiana Blues, Muddy Waters und B. B. King - mit Alben wie „Damn Right“, „I've Got The Blues“, „Feels Like Rain“ und „Slippin' In“ zurück ins Rampenlicht. Sie brachten ihm drei* ***Grammys*** *und internationale Anerkennung ein. Guy besaß früher die Checkerboard Lounge in der South Side, heute gehört ihm der legendäre Nightclub „Buddy Guy's“. Die Blueslegende wurde 2005 in die* ***Rock'n'Roll Hall of Fame*** *aufgenommen und tritt regelmäßig auf dem „Blues Festival“ auf.*

kommt die charakteristische **Vielfalt bei der Gestaltung der Fensterfronten** erneut zum Ausdruck. Mit seinen 16 Stockwerken in konsequenter Skelettkonstruktion zählt das Gebäude zu den ersten Chicagoer Hochhäusern, stilistisch gesehen wirkt es mit seinen vorspringenden Fenstererkern und den flachen Bogenstellungen oben allerdings nur wenig harmonisch.

› 431 S Dearborn St., Brown, Orange, Pink oder Purple Line: „Library“

25 Printing House Row Historic District ★ [C7]

Die zuletzt erwähnten Bauten einschließlich der Bibliothek befinden sich schon südlich der Hochbahn und damit streng genommen außerhalb des Loop. Für Einheimische stellt jedoch der breite W Congress Parkway die Grenze nach Süden, zum Viertel **South Loop**, dar und quasi am Übergang liegt der **Printing House Row Historic District.** Seine Hauptachse fällt mit der Dearborn Street bis zur Dearborn Street Station zusammen und Letztere bildet auch baulich einen Endpunkt. Das Viertel war einst Ausgangspunkt für ein Revival des South Loop, das in seinen südlichen Arealen noch andauert.

Der Name „Printing House Row" erinnert an jene Tage, als hier zahlreiche **Druckereien** ihren Sitz hatten. Zu Beginn der Revitalisierung eröffneten ein Restaurant mit dem Namen Printer's Row (550 Dearborne St., heute eine Bank) und zahlreiche Buchläden. Das Viertel gilt als **Mekka der Bibliophilen** und neben regelmäßigen Lesungen in Buchläden findet im Juni im Freien eine große Buchmesse, das **Printers Row Lit Fest** statt.

Zu den sehenswerten Bauten zählt das **Pontiac Building** (542 S Dearborn St.), 1891 erbaut und damit das älteste erhaltene Bauwerk aus dem Büro Holabird & Roche. Hier ummantelt eine geschwungene Backsteinmauer den Skelettrahmen, beachtlich sind v. a. die charakteristischen **„Chicago Windows"** im mittleren Fassadenteil, erkerförmige, dreiteilige Fenstermodule mit breiter Front und seitlichen Drehfenstern, die sich öffnen lassen.

Die **Dearborn Street Station** (47 W Polk St.) von 1885 ist der älteste erhaltene Bahnhof der Stadt. Markenzeichen ist der quadratische Ziegel-Uhrturm. Bis in die 1920er-Jahre endeten hier die Nahverkehrszüge aus dem Süden, dann entstand ein Straßenbahn-Endbahnhof. 1971 wurde er aufgegeben und in den 1980er-Jahren zogen eine kleine Shoppingmall und Büros ein. Dort, wo sich einst Gleisanlagen befanden, sind in den letzten Jahrzehnten neue Wohnareale entstanden. Dazu gehören **River City** (1984–1988) mit eigener Bootsanlegestelle am Südarm des Chicago River und **Dearborn Park** direkt südlich der Dearborn Station zwischen S Clark und S State Streets.

› S Dearborn St., Dearborn Street Station: www.dearbornstation.com, Red Line: „Harrison"

26 Michigan Avenue Streetwall ★★★ [D7]

Die Michigan Avenue gehört zu den Wahrzeichen Chicagos. Während der Nordteil als Shoppingstrip Magnificent Mile 47 *Besucher lockt, ziehen im Südteil Millennium* 35 *und Grant Park* 33 *mit dem Art Institute* 36 *Interesse auf sich. Dabei bildet die S Michigan Avenue, die Straßenflucht entlang dem Grant Park von der Roosevelt Road bis zur Randolph Street, „Chicagos Gesicht". Einer Mauer gleich reihen sich an ihr hinter Grant Park und Lake Michigan Bauten aneinander, weswegen man auch von der „Michigan Avenue Streetwall" spricht.*

„Gesicht" nennt man den Streifen wohl auch deshalb, weil der Blick vom See oder Seeufer auf den Loop die meistfotografierte Ansicht der Stadt ist. Obwohl

Das „Gesicht der Stadt", die Michigan Avenue Streetwall

044cg Abb.: mb

die (modernen) Wolkenkratzer im Hintergrund alles überragen, prägt sich zunächst die Frontreihe entlang der Michigan Ave. ein. Entstanden ist die Skyline in den Jahren nach dem Brand 1871, doch sorgen nach über 100 Jahren Baupause in letzter Zeit **einige Neubauten** für Aufsehen: z. B. The Columbian (1160 S Michigan Michigan, DeStefano & Partners, 2008), The Heritage at Millennium Park (hinter dem Cultural Center, Michigan/Randolph St., 2005) von Solomon Cordwell, The Legacy (E Monroe/S Wabash, 2009) oder das Spertus Institute 27.

Angeregt wurde der neue Bauboom durch den Millennium Park und seine ungeahnte Popularität. Seit etwa 1900 verstanden sich die in Chicago jeweils amtierenden Bürgermeister gut darauf, allzu eifrige Bauherren in ihre Grenzen zu verweisen. Richard Daley Jr. erklärte im Jahr 2002 fast die gesamte Michigan Avenue Streetwall (mit Ausnahme des südlichen Blocks) zum **historischen Denkmal.** Für künftige Baumaßnahmen wurde ein Richtlinienkatalog aufgestellt. Das Spertus Institute zeigt, dass trotz strenger Vorschriften dennoch ungewöhnliche Bauten möglich sind. Um drohende Neubauprojekte zu verhindern, die das Straßenbild an der Michigan Avenue verändern könnten, wurde die Straße von der nationalen Denkmalschutzbehörde 2008 auf die **Liste der bedrohten Baudenkmäler** gesetzt.

Der erste sehenswerte Bau im südlichen Teil der „Streetwall“ ist der wuchtige Komplex des **Chicago Hilton & Towers** (720 S Michigan Ave., Holabird & Roche, 1922–27), gegenüber dem das **Black-**

stone (Renaissance) Hotel (Nr. 636, Marshall & Fox, 1908) fast schmächtig wirkt. Nächster sehenswerter Bau in nördliche Richtung ist das **Harvest Building** von 1907 (Nr. 600), in dem das **Columbia College** residiert und wo sich das **Museum of Contemporary Photography** (s. S. 47) befindet, das neben einer eigenen modernen Sammlung Wechselausstellungen zeigt. Zwischen beiden historischen Bauten wurde 2007 das Spertus Museum errichtet.

Bis heute zu den Tophotels der Stadt zählt ein Stückchen weiter das **Congress Plaza Hotel** (s. S. 287). 1893 errichtete Clinton J. Warren diesen Bau als Annex zum damaligen Auditorium Hotel. Während Letzteres abgerissen wurde, blieb der Anbau stehen und wurde 1902/07 von Holabird & Roche auf den ganzen Block ausgeweitet. Das Hotel liegt am Congress Parkway, dem „offiziellen" Zugang zum gegenüberliegenden Grant Park.

› Brown, Green, Orange, Pink, Purple Line: „Adams/Wabash", Red und Blue Line: „Jackson"

27 Spertus Institute for Jewish Learning & Leadership ★ [D8]

Im Zentrum des südlichen Bereichs der Michigan Avenue Streetwall befindet sich das Spertus Institute, das mehr als 3000 **Ausstellungsstücken zur jüdischen Kultur und Kunst** zu bieten hat. Jeweils eine Auswahl davon wird in sehenswerten Wechselausstellungen gezeigt.

Die 1924 gegründete jüdische Hochschule (Spertus Institute of Judaic Studies) erhielt 1967 Maurice Spertus' Sammlung jüdischer Kunst und Manuskripte unter der Bedingung, ein Museum dafür einzurichten. Das geschah 1913.

2007 wurde ein gelungener, luftig-heller **Neubau** mit Café, Shop und Veranstaltungsflächen von Krueck & Sexton Architects eröffnet, dem Architekturbüro, das bereits für den Crown Fountain im Millennium Park 35 verantwortlich zeichnet. Auf relativ schmaler Fläche wurde eine dynamische Glasfassade harmonisch in die historische Bausubstanz eingepasst. Die kristallinen Glasflächen aus über 726 Einzelplatten in 556 verschiedenen Formen scheinen sich zu falten und zu schwingen.

› 618 S Michigan Ave., Red Line: „Harrison", Brown, Orange, Pink oder Purple Line: „Library", www.spertus.edu, So.-Mi. 10-17, Do. 10-18, Fr. 10-15 Uhr, Eintritt je nach Ausstellung

045cg Abb.: mb

㉘ Auditorium Building and Theatre ★ [D7]

Einen Höhepunkt an der Michigan Avenue Streetwall stellt das Auditorium Building dar. Der 1887 bis 1889 errichtete Bau begründete das internationale Ansehen des deutschstämmigen Ingenieurs Dankmar Adler und des Architekten Louis H. Sullivan. Es handelte sich um eine für damalige Zeit ungewöhnliche **Kombination aus Theater, Bürogebäude und Hotel.** Den blockhaft-massigen Bau überragt ein 17-stöckiger Turm, in dem sich einst das Büro von Adler und Sullivan befand.

Von Anfang an galt dieses Theater als etwas Besonderes, schließlich waren zur Grundsteinlegung 1887 Präsident Grover Cleveland und zur Einweihung, zwei Jahre später, Präsident Benjamin Harrison gekommen. Und Frank Lloyd Wright schwärmte vom „greatest room for music and opera in the world".

Den Ruf machten jedoch zunächst weniger die Architektur und die Lösung statischer Probleme aus, sondern vielmehr die **perfekte Akustik** und damals sensationelle **bühnentechnische Neuerungen** – wie eine hydraulische Bühne oder eine Klimaanlage. **Technische Besonderheiten** wie ein extra tiefes Fundament und die Verlegung des Eisenskeletts ins Innere, als Träger der Wirtschaftsräume über der Bühne, waren ebenfalls revolutionär. Kennzeichnend für die **Fassade** sind die plastische Gestaltung der einzelnen Geschosse und die starke rhythmische Gliederung mithilfe einfacher Formen. Der Blick wird dabei automatisch nach oben gelenkt.

◁ Ungewöhnliche Architektur in einer engen Baulücke: das Spertus Institute

Auf ein hohes Sockelgeschoss, dessen tragende Ziegelmauern mit rustikalem Naturstein verkleidet sind und wo drei massive Bögen den Eingang markieren, folgt eine Mittelzone mit mächtigen Kalksteinpfeilern, die zusammen mit den in Zweiergruppen angeordneten Fenstern für klare Gliederung sorgen. Nach oben werden die Bogenstellungen niedriger und schmaler – weniger plastisch – und den oberen Abschluss bildet wiederum eine Säulenreihe.

4300 Zuschauer haben im **größten Opernhaus der Welt** Platz, dazu 110 Orchestermitglieder. Zu den großen Stars, die hier auftraten, gehören Richard Strauss, Sergej Prokofiew oder Nikolaj Rimskij-Korsakow. Booker T. Washington hielt hier ebenso eine Rede wie Theodore Roosevelt. Im Unterschied zum Außenbau ist das Innere üppig dekoriert. Hier hat Sullivan seine ganze Fantasie und sein volles Formenrepertoire ausgeschöpft. Das Ornament repräsentiert den damals „modernen" Art-nouveau-Stil und damit den Einzug des **Jugendstils** in Chicago. Besonders sehenswert sind die grandiose **Long Bar** und der riesige **Dining Room.** Bis in die 1930er-Jahre war das Theater in Betrieb, dann stand es leer, wurde 1946 von der Roosevelt-Universität gekauft, in den 1960er-Jahren renoviert und 1968 als Bühne wiedereröffnet.

Neben dem Auditorium erhebt sich das stilistisch nicht unähnliche **Fine Arts Building** (410 S Michigan Ave.), 1884/85 nach Plänen von Solon S. Beman erbaut. 1898 kam ein Anbau dazu und 1917 zog das Studebaker Theatre ein, ein Kinotheater, dessen Lobby damals als Ausstellungshalle für die Fahrzeuge der Firma Studebaker diente. Heute befinden sich hier fünf Veranstaltungshallen und u.a. Performing Arts Chicago, das Jazz Institute of Chicago (s.S. 85), die Ballet Company und das Fine Arts Theater (Kino) sind hier zu Hause.

› 50 E Congress Parkway, Brown, Green, Orange, Pink oder Purple Line: „Adams", http://auditoriumtheatre.org

29 Santa Fe Building/ Chicago Architecture Foundation ★★ [D6]

An seine Tage als Büro einer legendären Eisenbahngesellschaft erinnert nur noch der Name. Das **Santa Fe Building** war nach Plänen von D. H. Burnham 1904 als Chicagoer Zentrale der Santa Fe Railroad errichtet. Heute hat hier u.a. die **Chicago Architecture Foundation (CAF)** ihren Sitz.

Die **Rettung des Glessner House** (s.S. 46) im Jahr 1966 gab den Anstoß, die Organisation ins Leben zu rufen und seit 1992 ist sie in diesem historischen Gebäude untergebracht. Abgesehen von einem hervorragend sortierten **Shop** mit eigenen Produkten, Kunsthandwerk und Designerstücken, Karten, Postern, Spielzeug und Geschenkartikeln können hier Tickets für gut **85 (!) verschiedene Touren** erworben werden (s.S. 282). Rund eine Viertelmillion Menschen schließen sich pro Jahr einer der insgesamt über 8000 Führungen an.

Eine Besonderheit der Organisation, die weltweit Modellcharakter aufweist, ist, dass alle Touren von *volunteers* – **ehrenamtlichen Mitarbeitern** – ausgeführt werden. Es handelt sich bei den gut 450 *guides* überwiegend um eingefleischte Chicagoans – Studenten, Freiberufler, Hausfrauen oder Rentner – aus den unterschiedlichsten Berufen, Ethien und Altersklassen. Obwohl die Führer für die Touren nicht bezahlt werden, müssen sie eine Ausbildung – ein preisgekröntes „docent education program" – durchlaufen, ehe sie Führungen selbstständig leiten dürfen. Die CAF achtet bei ihren Touren nämlich nicht allein auf den Unterhaltungswert, sondern auch auf **Fachkompetenz.** Und sie hat ein glückliches Händchen, die richtigen Leute für ihre breite Palette an Touren zu finden. Es überrascht immer wieder, mit wie viel Enthusiasmus, Humor und enormem Kenntnisreichtum die ehrenamtlichen *guides* agieren.

Im Atrium des Gebäudes befindet sich seit 2009 ein sehenswertes **Modell der Innenstadt** (www.chicagomodelcity.org), bei dem sich das Licht alle 15 Minuten (gemäß Sonnenstand) ändert und ständig neue Bauten eingefügt werden. Außerdem gibt es eine **Ausstellungshalle,** in der wechselnde Präsentationen zu architektonischen und städteplanerischen Themen gezeigt werden und im **Vortragsraum** finden regelmäßig Vorträge, Lesungen und Workshops statt.

Im selben Gebäude befinden sich übrigens auch die Räume des berühmten **Architekturbüros SOM.**

› **Chicago Architecture Foundation,** 224 S Michigan Ave., tgl. 9–18.30, Fr. bis 19 Uhr, www.architecture.org, Brown, Green, Orange, Pink oder Purple Line: „Adams". Mit großem Shop und Corner Bakery.

30 Symphony Center ★ [D6]

Neben dem Sante Fe Center wurde das Symphony Center 1905 nach Plänen von D. H. Burnham erbaut. Die Orchestra Hall ist Heimatbühne des weltberühmten **Chi-**

cago Symphony Orchestra. Der Bau wurde mehrmals renoviert bzw. erweitert, sodass es sich heute um einen mehrteiligen Komplex handelt, dessen Teile durch eine Rotunde (erreichbar von der Michigan Ave.) verbunden sind. Gegenüber rückt der mächtige Bau des **Art Institute of Chicago** 36 ins Blickfeld.

› 220 S Michigan Ave., http://cso.org, Brown, Green, Orange, Pink oder Purple Line: „Adams"

31 Carbide & Carbon Building ★ [D5]

Noch ein Bau an der Michigan Avenue ist sehenswert, das Carbide & Carbon Building. Die **Fassade aus dunkelgrünem Granit**, die an eine überdimensionale Champagnerflasche erinnert, zieren **goldene Art-déco-Elemente.** Erbaut wurde das Haus 1929 von D.H. Burnham. 2003 funktionierte Lucien Lagrange den schönsten Bau an diesem Abschnitt der Michigan Ave. in das **Hard Rock Hotel** (s.S.287) um.

› 230 N Michigan Ave., Brown, Green, Orange, Pink oder Purple Line: „Randolph"

32 Lakeshore East ★ [E5]

Einst eine verrufene Ecke zwischen Loop, Chicago River, Grant Park und Lake Michigan, hat sich das Viertel Lakeshore East in den letzten Jahrzehnten zu einer **Boomregion** mit **sehenswerten Wolkenkratzern** gemausert. Es erstreckt sich nördlich des Millennium Park (E Randolph St.) zum Fluss hin (E Wacker Dr.) bzw. zwischen Michigan Avenue und Seeufer (Lakeshore Dr.).

Den Anfang des Revival machte in den 1960er-/70er-Jahren das **Illinois Center** mit einer Reihe wegweisender Bauten, für die besonders Mies van der Rohe sowie dessen Schüler Fujikawa Johnson & Associates verantwortlich zeichnen. Herausragend sind **One** (111 E Wacker Dr.) **and Two Illinois Center** (150 E South Water St., beide Mies van der Rohe, 1969/72), Bürobauten, die ihr Pendant im Equitable Building (s.S.168) finden. Nach Plänen des Van-der-Rohe-Schülers Fujikawa entstanden **Columbus Plaza** (233 E Wacker Dr., 1980), **303 East Wacker Dr.** (1980) und die **Fire Station** (259 N Columbus Dr., 1982).

Hinter der Feuerwehr steht das auffällige, prismaförmige **Swissôtel Chicago** (323 N Columbus Dr.), das 1989 vom Architekturbüro Harry Weese & Ass. erbaut wurde. Mit seinem L-förmigen Grundriss mit gerundeten Kanten, seiner Verkleidung aus rosa Granit, dem Kupferdach sowie den Türmchen als Bekrönung sehenswert ist auch das **Fairmont Hotel** (200 N Columbus Dr., 1987), geplant vom Büro Hellmuth, Obata & Kassabaum.

Überragender Bau in Lakeview East, wenn auch architektonisch eher schlicht geraten, ist das 1973 von den Büros Edward Durell Stone/Perkins & Will erbaute **AON Center**, ehemals Standard Oil Building genannt. Es gilt als das derzeit dritthöchste Gebäude der Stadt Chicago mit 346 m und 83 Stockwerken und ist zugleich ein Beleg für die Hybris der Planer: Die ursprünglich angebrachte Verkleidung aus Carrara-Marmor platzte wegen der starken Temperaturschwankungen und Wettereinflüsse ab und wurde zwischen 1990 und 1992 durch Granitplatten aus North Carolina ersetzt. Diese Maßnahme kostete mehr als der ganze übrige Bau.

102cg Abb.: mb

Architektonisch wesentlich auffälliger, mit einer Spitze, die einem Uhrzeiger gleicht, präsentiert sich der Bau westlich daneben: **Two Prudential Plaza** (180 N Stetson Ave., 1990), kurz „Pru Two" genannt. Loebl, Schlossmann & Hackl zitieren dabei offensichtlich das New Yorker Chrysler Building. Eine Platzanlage verbindet diesen Turm mit **One Prudential Plaza** (130 E Randolph St.), 1955 von Naess & Murphy in Anlehnung an Hochhäuser der 1920er-Jahre errichtet. In den 1950er-Jahren war dies der höchste Bau der Stadt und läutete nach der Krise in den 1930er-Jahren einen neuen Boom ein. Das sehenswerte Relief „Rock of Gibraltar" am Haupteingang wurde zum Markenzeichen der Versicherungsfirma Prudential, es stammt von Wright-Mitarbeiter Alfonso Iannelli.

Östlich des AON Center, quasi hinter dem Jay Pritzker Music Pavilion (s. S. 146), erhebt sich der jüngst erhöhte Bau (243 m) der Versicherungsfirma **Blue Cross/Blue Shield.** Bei der Erbauung in den Jahren 1995 bis 1997 war bereits vorgesehen, dass er erhöht werden konnte. Dahinter schimmert der neueste Wolkenkratzer durch, der **Aqua Tower** (430 E Waterside Dr./Lakeshore East). Es handelt sich dabei nicht nur um den größten von einer Frau (Jeanne Gang) geplanten Bau, er gilt auch als einer der schönsten modernen Bauten der Stadt.

› 200 E Randolph St., Brown, Green, Orange, Pink oder Purple Line: „Randolph"

Gastronomie und Shopping im Loop

› **Atwood Café** (s. S. 29). Kreative amerikanische Küche in Art-déco-Ambiente.

› **Garrett Popcorn** (s. S. 27). Seit 1949 gibt es hier das wohl beste Popcorn der Welt, besonders gut sind Caramel oder Cheese Popcorn!

203 [B7] **Giordano's Famous Stuffed Pizza** $$, 223 W Jackson Blvd. (Brooks Building). Filiale der berühmten Pizzeria, in der es aber nicht nur die legendäre „stuffed pizza", sondern auch dünne Pizza, Pasta, Sandwiches u. a. gibt.

204 [C8] **Hackney's** $$, 733 S Dearborn St. Familienbetrieb mit eigener Metzgerei in der Printers Row, bekannt für seine Burger, aber auch für anderes zu günstigen Preisen.

› **The Berghoff** (s. S. 35). Restaurant und Café mit deutscher Küche.

205 [C6] **Books-a-Million** (BAM), 144 Clark/ Adams St. Bücher zu Sonderpreisen.

206 [D5] **Farmstand Farmers Market**, 66 E Randolph St., Mo.–Fr. 7–15 Uhr. Produzenten aus dem Umland verkaufen hier Obst, Gemüse, Honig, Cidre u. a. unter einem Dach.

207 [E4] **Faycurr's Urban Market**, 233 E Wacker Dr. Wein, Bier, Deli mit Salatbar – ideal für den sparsamen, selbstversorgenden Besucher.

› **Hawk Quarters** (s. S. 26). Eishockeyshop für Fans der Blackhawks.

7 [C5] **James R. Thompson Center.** Läden wie der Illinois Artisan Shop (Kunst und Kunsthandwerk), außerdem *food court* im UG (Mo.–Fr. 8.30–18 Uhr) sowie Postamt (LaSalle St.).

◁ Blick auf Lakeshore East mit dem AON Center als höchstem Gebäude

Central Lakefront

Der Grant Park bildet das Kernstück der Lakefront, des über 40 km langen Grünstreifens zwischen Stadt und Seeufer. Er zieht sich über 124 Blocks als Park- und Erholungslandschaft mit Badestränden und anderen Attraktionen vom Süden (Jackson Park) bis zum Norden (Lincoln Park) und verleiht der Stadt am Lake Michigan ihren unverwechselbaren Reiz.

Der **Grant Park** beginnt mit seinem neuesten Abschnitt, dem **Millennium Park**, auf der Höhe des Loop. An seinem Südende schließt sich der **Burnham Park** mit dem **Museum Campus** an. Aufgrund der Tatsache, dass der Grant Park weder industriell noch privat bebaut werden durfte, entstanden hier zu Anfang des 20. Jh. mehrere Museen, die dem Areal zu seinem Namen verhalfen. Der Burnham Park zieht sich südwärts bis über das Messezentrum McCormick Place hinaus. In den 1990er-Jahren war der viel befahrene **Lake Shore Drive** nach Westen, an den Parkrand, verlegt worden und dadurch gewann das Areal als durchgehender Grünstreifen an Attraktivität.

33 Grant Park ★★ [D7]

Der Grant Park zählt zu den ältesten Parks der Stadt. Sein Kern geht auf das alte **Fort-Dearborn-Areal** zurück, welches als „Staatsland" nicht besiedelt werden durfte. Ursprünglich war das damals noch Lake Park genannte Areal nur ein schmales Stück Land zwischen Lake Michigan und Michigan Ave., und für dieses war 1836 erstmals festgeschrieben worden, dass es „forever open, clear and free", also „allzeit offen, unbebaut und frei zugänglich" sein solle. Seither haben die Chicagoans vehement für die Einhaltung dieser Regel gekämpft, obwohl es im Laufe der Zeiten immer wieder Unternehmer und Politiker gab, denen es lieber gewesen wäre, wenn man die Stadt bis ans Seeufer ausgebaut hätte.

Nur der **Illinois Central Railroad** war es 1852 erlaubt worden, Schienen bis zum Chicago River zu legen. Sie musste sich dafür verpflichten, einen Steindamm als Wellenbrecher zu bauen. Nach dem Großen Feuer von 1871 wurde Bauschutt im See entsorgt und damit **Land aufgeschüttet.** In der Folge vergrößerte sich der Park planlos nach Osten, in den 1890er-Jahren kamen dann Pläne auf den Tisch, den Park zu „gestalten". Damals wurde auch erwogen, größere Bauten im Parkareal zu errichten, das konnte jedoch dank der Initiative des Versandhandelsbarons Aaron Montgomery Ward, der sich vehement für die Einhaltung des Gesetzes von 1836 einsetzte, verhindert werden. Zwischen 1890 und 1911 führte er deshalb mehrere Prozesse gegen die Stadtverwaltung und deren Bebauungspläne.

Im Rahmen eines städteplanerischen Projekts hatten die Brüder Olmsted von 1903 bis 1907 erste Parkpläne entworfen. 1909 entwickelte Daniel Burnham dann ein Gesamtkonzept für die Stadtentwicklung, den wegweisenden **„Plan of Chicago"**. Dieser sah auch eine Uferpromenade mit Parks, Lagunen, Stränden, Bootshäfen und Inseln vor. Zwar wurden seine Ideen nie gänzlich umgesetzt, doch basiert die Anlage der Lakefront grundsätzlich auf diesen Ideen.

Vorgesehen war damals schon, den Grant Park als Nahtstelle zwischen südlicher und nördlicher Lakefront, sozusagen als Herzstück der gesamten Promenade, zu gestalten. Zwischen 1917 und 1929 machte sich das Büro Bennett, Parsons, Frost & Thomas – Edward H. Bennett war 1909 an Burnhams Plan beteiligt gewesen – an die Realisierung. Basierend auf französischen Gartenanlagen sah man einzelne „Parkräume" mit formalen Beeten und Baumreihen sowie einzelnen Architekturelementen im Beaux-Arts-Stil vor – wie sie heute noch um den Buckingham-Brunnen 34 zu sehen sind.

› Brown, Green, Orange, Pink, Purple Line: „Adams/Wabash", Red, Blue Line: „Jackson"

34 Clarence F. Buckingham Memorial Fountain ★★ [E7]

Der Grant Park ist nicht nur Chicagos „grüner Balkon" oder „front yard" zum Lake Michigan hin, hier trifft man sich am Wochenende, man treibt Sport, picknickt oder nimmt an einer der zahlreichen kostenlosen Veranstaltungen wie Jazz- und Bluesfestival oder „Taste of Chicago" teil. Der Park, begrenzt durch Randolph St. im Norden, Lake Michigan im Osten, Michigan Ave. im Westen und Museum Campus (Roosevelt Rd.) im Süden, umfasst rund 80 ha Grünfläche. Er ist ein Musterbeispiel dafür, was man mit Energie, Bürgerinitiative, Umweltbewusstsein und Spenden erreichen kann.

Einer der Hauptanziehungspunkte im Grant Park ist der Buckingham Fountain von 1927

Dreh- und Angelpunkt des Parks ist der **Clarence F. Buckingham Memorial Fountain**, nach französischen Vorbildern 1927 entstanden und im Jahr 2008 runderneuert. Das Geld für den Bau stammte von Kate Buckingham, die den Brunnen zu Ehren ihres toten Bruders Clarence finanzierte. Geplant und ausgeführt wurde er von Marcel Francois Loyau und Jacques Lambert Bennett sowie Parsons & Frost Architects.

Die Monumentalität der Brunnenanlage wird verstärkt durch ihre Lage am Schnittpunkt der West-Ost-Achse E Congress Parkway sowie einer Nord-Süd-Achse mit formalen Rosengärten und Baumalleen. Die Platzanlage am Eingang von der Michigan Ave. aus, die **Congress Plaza**, entstand erst 1929. Flankiert wird der Zugang von zwei heute nicht mehr aktiven Brunnen von 1931, den Eagle Fountains, und von zwei Statuen reitender Indianer, nach den benutzten Waffen als „Spearman" und „Bowman" (1928, Ivan Mestrovic) bezeichnet.

EXTRATIPP

Radeln in Chicago

Bike Chicago Rentals & Tours bietet vom McDonald's Cycle Center Millennium Park (s. S. 278) nicht nur verschiedene Radtouren wie Lakefront-, Neighborhood- oder Abend-Tour ($ 39), sondern man kann hier auch einfach für eine bestimmte Zeit ein Fahrrad ausleihen (ab $ 10/Std.).

Jeder, der die Sitcom „Married with Children" („Eine schrecklich nette Familie") gesehen hat, kennt den Brunnen

047cg Abb.: mb

Spaziergang 2: An der Lakefront

1 cm = 110 m
0
200 m
© Reise Know-How 2013
40 Adler Planetarium
39 John G. Shedd Aquarium
37 Burnham Park
38 Field Museum of Natural History
East Solidarity Drive
Shore Drive
Grant Park
Balbo Avenue
East
Drive
Museum Campus/ 11th St
Indiana
13th St
South Michigan Avenue
27 Spertus Institute for Jewish Learning & Leadership
371
185
82
379
136
G
F
E
D
8
9

Die zentrale ***Lakefront,*** *das Herzstück von Chicagos Promenade am Ufer des Lake Michigan, steht im Mittelpunkt des zweiten Spaziergangs. Insgesamt zieht sich die* ***grüne Uferpromenade*** *rund 40 km am Seeufer entlang. Hier im Stadtzentrum, nur wenige Schritte östlich des Loop, bildet der Grant Park das Kernstück der Lakefront.*

Abgesehen von den Erholungsmöglichkeiten in den großzügigen und vielseitigen Parkanlagen lohnen hier am Seeufer auch drei ungewöhnliche Museen – vor allem für Familien: ein Wissenschaftsmuseum, ein Aquarium sowie ein Planetarium.

Gegenüber dem Ausgangspunkt dieses Spaziergangs, dem ***Chicago Cultural Center*** *1, fällt der 2004 eröffnete* ***Millennium Park*** *35 als beliebteste und ungewöhnlichste Grünanlage der Stadt ins Auge. Die Architekturfirma SOM hat zusammen mit anderen Fachleuten das Gesamtkonzept entwickelt, zu dem ein sehenswerter botanischer Garten (Lurie Garden), Kunstinstallationen, Brunnen und Veranstaltungsflächen gehören. Zu den stets umlagerten Highlights gehören neben dem* ***Crown Fountain*** *das ungewöhnliche Kunstwerk* ***„Cloud Gate“,*** *von den Einheimischen kurz „Bean“ genannt. Architektonisch bemerkenswert ist der* ***Pritzker Music Pavillion*** *von Frank Gehry mit seiner beliebten „Liegewiese“. Er bildet vor der Hochhauskulisse von Lakeshore East außerdem ein perfektes Fotomotiv. Der* ***Nichols Bridgeway*** *von Renzo Piano führt als Fußgängerbrücke vom Millenium Park hinüber zum modernen Anbau des* ***Art Institute of Chicago*** *36. Wer dieses bedeutende Kunstmuseum noch nicht besichtigt hat, kann das jetzt nachholen.*

An der Ostseite des Museums vorbei, geht es hinein in den ***Grant Park*** *33. Dieser zentrale Park enstand schon in den 1920er-Jahren als ein Resultat des 1909 von dem berühmten Architekten und Städteplaner Daniel Burnham ins Leben*

109cg Abb.: chi@CesarRussPhotography

gerufenen wegweisenden „Plan of Chicago", der eine begrünte Uferpromenade mit ausgedehnten Parkanlagen vorsah. Im Mittelpunkt steht der mächtige ***Clarence F. Buckingham Memorial Fountain*** *34 (s. Foto), Chicagos berühmter neobarocker Brunnen, der nach französischen Vorbildern 1929 errichtet wurde.*

Im Süden folgt auf den Grant Park der ***Burnham Park*** *37, der 1933 als Teil des Weltausstellungsareals angelegt wurde. In diesem Park befindet sich mit dem* ***Soldier Field*** *42 nicht nur das modern umgestaltete, historische Football-Stadion der Stadt, sondern es sind auch drei sehenswerte* ***Kultureinrichtungen*** *zu besuchen.*

Erste Anlaufstation sollte das ***John G. Shedd Aquarium*** *39 sein - eines der größten Aquarien der Welt. 1929 eröffnet, liegt es direkt am Ufer des Lake Michigan und beschäftigt sich in verschiedenen Ausstellungsabteilungen mit den „Waters of the World", bietet eine Reise den Amazonas entlang oder Tiershows mit Delfinen oder Belugas.*

Wer sich für Astronomie interessiert, sollte einen Abstecher zum ***Adler Planetarium*** *40 einplanen. In dem kuppelförmigen Bau befindet sich nicht nur ein Planetarium, sondern auch ein Museum mit astronomischen Gerätschaften und verschiedene Kinosäle.*

Höhepunkt des Spaziergangs entlang der Lakefront könnte der Besuch im ***Field Museum of Natural History*** *38 sein. Das naturgeschichtlich-anthropologische Museum bietet zahlreiche interessante Abteilungen für die ganze Familie. So wird man beispielsweise in die Welt der Indianer einführt oder unternimmt eine Zeitreise nach Afrika oder in die Südsee. Darüber hinaus gibt es eine umfangreiche Mineraliensammlung und eine interaktive Ausstellung zur Evolutionsgeschichte. Aushängeschild des „Field" ist jedoch* ***„Sue"****, das Skelett eines Tyrannosaurus Rex. 1990 in South Dakota gefunden, sind fast 90 % der Knochen original. Von der zentralen Freitreppe des Museums bietet sich zudem ein fantastischer Blick auf die Lakefront und die gesamte Skyline der Stadt vom Loop bis hinüber zum Navy Pier: „The City from the Field".*

Alle weiteren Karteneinträge (s. S. 328).

vor der Skyline Chicagos aus dem Vorspann. Im muschelförmigen Becken von 93 m Durchmesser – es soll den Lake Michigan symbolisieren – tummeln sich vier bronzene, Wasser speiende Paare von Meereslebewesen, die die angrenzenden Bundesstaaten repräsentieren. Die drei nach oben gestaffelten Bassins bestehen aus rosa Marmor, ragen gut 8 m auf und sind reich ornamental verziert. Das oberste Becken lagert auf einem zentralen Sockel und wird außen von acht Pfeilern gestützt, von hier aus strömt das Wasser in die darunter liegenden Behältnisse.

Mit dieser **Art-déco-Interpretation des Bassin de Latone** von Versailles gewann der französische Bildhauer M. F. Loyau im Jahre 1927 den Preis des Pariser Salons. Die Wasserfontänen und das Beleuchtungssystem wurden erst 1995 bei einer Renovierung durch Harry Weese computerisiert und seither schießen aus 134 Wasserdüsen im Sommer einmal stündlich für 20 Minuten (8–23 Uhr) 45 m hohe Wasserfontänen in den Himmel und der Brunnen zeigt am Abend ein sehenswertes Farbspiel, untermalt von Musik.

Zwei weitere sehenswerte **Skulpturen** befinden sich nahe dem Eingangsbereich: Einmal eine **Sitzstatue von Abraham Lincoln** (nördlich, Höhe van Buren St.), die Augustus Saint-Gaudens 1908 schuf, die aber erst 1926 aufgestellt wurde. Sie sollte Mittelpunkt einer Galerie von Präsidentenporträts werden, doch bis heute sitzt „Abe" einsam und allein. Südlich des Eingangs (S Michigan Ave./Balbo St.) steht seit 1991 **„The Spirit of Music"** (1923, Albin Polasek), in Erinnerung an Dirigenten und Musiker des Chicago Symphony Orchestra.

35 Millennium Park ★★★ [D6]

Der Name deutet es an: Der Millennium Park hätte eigentlich im Jahr 2000 fertig sein sollen. Er wurde zwar erst am 16. Juli 2004 eröffnet, doch das Warten hat sich gelohnt. Inzwischen gilt er als Wahrzeichen und Aushängeschild von Chicago und als Musterbeispiel für eine gelungene Symbiose von Architektur, Kunst und Landschaft. Was hier nach dem Gesamtkonzept von SOM unter Mitwirkung vieler weiterer Fachleute entstand, wird heute überschwänglich als „Achtes Weltwunder" gefeiert.

Oberstes Ziel war es, hässliche **Eisenbahnanlagen** und **Parkplätze** an der Nordwestecke des Grant Park unter einer Grünfläche zu verbergen. Bevor Eisenbahnen und Autos das Areal in Beschlag genommen hatten, befand sich hier von 1878 bis 1884 das Baseballstadion der Chicago Cubs – damals noch „White Stockings" genannt –, der sogenannte Lakefront Park. Neben dem alten *ballpark* stand schon damals ein Bahnhof der Illinois Central Railroad. Er fungiert heute als neu gestaltete Metra Randolph Street Station (mit Läden, Zugang: Michigan Ave./Randolph St.) und verbirgt sich ebenso wie drei Tiefgaragen unter dem Park.

Der Park bildet eine Art **green roof** (grünes Dach) und erstreckt sich über knapp 10 ha. Zunächst hatte er erhebliche Kontroversen ausgelöst, nicht nur, weil der Ausbau viel länger dauerte als vorgesehen, sondern v. a. weil die **Kosten** die veranschlagten $ 150 Mio. bei Weitem überstiegen. Am Ende kostete das Projekt $ 475 Mio., der Pritzker Music Pavilion (s. S. 146) allein $ 65 Mio.! Davon hat die Stadt allerdings „nur" $ 270 Mio.

aufgebracht, der Rest wurde durch private Spenden finanziert.

Schon kurz nach der Eröffnung verstummten die meisten Kritiker und viele Chicagoans loben ihr neues „Wohnzimmer" heute in den höchsten Tönen. Dazu zog die Anlage eine Reihe **positiver Nebeneffekte** nach sich: So änderte das Art Institute seine ursprünglichen Pläne und ließ den spektakulären neuen Flügel nicht an der Südseite, sondern im Norden mit direkter Verbindung über eine Fußgängerbrücke (Nichols Bridgeway) zum Park errichten. Nördlich der Grünanlage, am Chicago River (E North Water St.) wuchs ein neues Wohnviertel (East Side) heran und auch die Entstehung des ungewöhnlichen Neubaus des Spertus Museum 27 an der Michigan Ave. wäre ohne den Park und Gehrys Jay Pritzker Music Pavilion undenkbar gewesen.

Zu den wenig auffälligen Bauten im Park, an der nördlichen Schmalseite, im Schatten des AON Center, zählen die beiden **Exelon Pavilions** (Randolph St.), die Pendants im Süden (am Monroe Drive) haben. Wichtig für Besucher sind diese zwei mit schwarzem Glas verkleideten Bauten, die das Harris Music and Dance Theater flankieren, aber deswegen, weil sich im Nordwest-Pavillon das **Millennium Park Welcome Center** (s. S. 266) befindet und hier Touren der **Millennium Park Greeters** starten. Im Northeast Pavilion gibt es einen Souvenirladen. Beide Gebäude fungieren dank Sonnenreflektoren zugleich als Energielieferanten für den Park.

Das **Harris Theater for Music and Dance** (s. S. 43) verfügt über 1500 Plätze und wird von zwölf Musik- und Theatergruppen der Stadt genutzt. Wegen der strikten Bebauungsregeln fiel das Gebäude äußerlich sehr schlicht aus. Durch eine minimalistische Lobby mit einem Holzwandbild der Künstlerin Louise Nevelson gelangt man in den Untergrund, wo sich das eigentliche Theater befindet.

Wenige Schritte östlich stößt man auf eine Einrichtung, die Chicagos Ruf als „Fahrradstadt" untermauert hat: das **McDonald's Cycle Center** (s. S. 278). Dieses verfügt nicht nur über 330 Rad-Parkplätze in einer beheizbaren Halle, sondern auch über Schließfächer, Duschen, eine kleine Werkstatt und ein Café. Dazu gibt es eine Verleihstation und es werden Fahrradtouren veranstaltet. Berufspendler sollten so animiert werden, mit dem Fahrrad anstatt mit dem Pkw in die Stadt zu kommen, und es scheint zu funktionieren: Chicago hat sich in den letzten Jahren zu einer *der* Fahrradstädte in den USA mit gut ausgebautem Radwegenetz entwickelt.

Gegenüber dem Chicago Cultural Center 1 an der Ecke Randolph St./Michigan Ave. bildet der **Wrigley Square**, benannt nach dem Stifter der Anlage, der Wm. Wrigley Jr. Foundation, den Ausgangspunkt für einen Parkrundgang. Am Nordende dieses Platzes erhebt sich das **Millennium Monument**, eine Kopie des Baus, den Edward Bennett 1917 an dieser Stelle als Teil des Burnham-Plans realisiert hatte. 1953 war das Original zerstört worden und ein Nachbau in etwas verkleinertem Maßstab mit halbkreisförmiger Basis und 24 jeweils 13 m hohen dorischen Säulen wurde installiert. Auf dem Sockel stehen die Namen der Stifter, die mindestens $ 1 Mio. (!) für das Parkprojekt gespendet haben.

Südlich an den Wrigley Square schließt der **Ice Rink at McCormick Tribune Plaza** an. Die Eisbahn ist von Ende November

103cg Abb.: mb

bis März in Betrieb, im Sommer wird der Platz für verschiedene Veranstaltungen genutzt. Außerdem können im Sommer Gäste des Park Grill und des Park Café hier im Freien sitzen.

Etwas erhöht schließt sich ostwärts auf einer Plattform die **AT&T Plaza** mit dem **„Cloud Gate"** an, einem riesigen Kunstwerk des britischen (1954 in Indien geborenen) Künstlers Anish Kapoor. Die elliptische Installation wiegt an die 100 t, ist etwa 20 m lang, 10 m hoch und gut 14 m breit. Dank der reflektierenden Oberfläche des polierten Stahls kommt es zu fantastischen Spiegelungen der Skyline. Die von den Chicagoans wegen der Form „Kidney Bean" oder kurz **„The Bean"** genannte Skulptur wurde von einer Firma in Oakland (Kalifornien) hergestellt und in fast 170 Einzelteilen hertransportiert, vor Ort zusammengeschweißt und im Sommer 2005 auf Hochglanz poliert. Wie der Crown Fountain ist die „Bohne" nicht nur zum Symbol der Stadt, sondern zugleich zum beliebten Treff geworden – ganz im Sinne des Künstlers, der meinte: „Öffentliche Plätze sollen nicht dekoriert werden, sondern der Interaktion zwischen Menschen, Stadt und Platz dienen."

Hinter der Skulptur kreuzt die **Chase Promenade** den Millennium Park und bietet Raum für Ausstellungen, Stände und Veranstaltungen. Fast automatisch fällt der Blick von hier auf das Herzstück des Parks: den **Jay Pritzker Music Pavilion and Great Lawn.** Die Musikbühne von **Stararchitekt Frank O. Gehry** gehört zu den aufsehenerregendsten Bauten – oder, wie Gehry es nennt, „Skulpturen" – der Stadt. Die Bezeichnung „Skulptur" wurde bewusst gewählt, um das alte Bebauungsverbot zu umgehen. Das Ungewöhnlichste an der Struktur ist das Dach, eine 40 m hohe, monströse, silberglänzende, vielfach gefaltete und geschwungene Stahlkonstruktion. Sie erinnert an andere Gehry-Bauten wie etwa das Guggenheim Museum in Bilbao. Benannt ist der Konzertpavillon nach dem lokalen Geschäftsmann Jay Pritzker, der mit seiner Frau den „Pritzker Architecture Prize“ ins Leben gerufen hat. Diese Auszeichnung hatte Frank O. Gehry 1989 gewonnen, war den Pritzkers seither verbunden und konnte daher für das Projekt gewonnen werden.

Die überdachte **Konzertbühne** bietet einem kompletten Symphonieorchester bzw. einem 150-köpfigen Chor Platz, davor können rund 4000 Besucher das bestuhlte Areal, 7000 weitere den Rasen ringsum nutzen, der mit einem speziellen Drainagesystem ausgestattet ist. Mittels gläserner Rolltüren kann die Orchesterbühne im Winter auch verschlossen werden. Der Great Lawn wird netzartig von einer Stahlkonstruktion überspannt, die den Eindruck eines Glasgewölbes vermittelt und Lautsprecher trägt. Selbst in großer Distanz wird so eine ungewöhnlich gute Akustik garantiert, beispielsweise wenn im Rahmen des **Grant Park Music Festival** (s. S. 43) kostenlose Klassikkonzerte des Grant Park Orchestra and Chorus stattfinden, wenn das Symphony Orchestra oder die Lyric Opera auftreten, bei Jazzkonzerten („Jazz Celebration“), Theateraufführungen oder während Festivals wie dem Weltmusik- oder Gospelmusikfestival (s. S. 17).

Den östlichen Abschluss des Millennium Park zum Columbus Dr. (See) hin bildet die **BP Pedestrian Bridge**, die bislang einzige Brücke vom Reißbrett Gehrys. Wie eine Schlange windet sie sich am Parkrand entlang und über den Columbus Drive hinüber zur Daley Bicentennial Plaza, dem Ostteil des Grant Park mit Sportflächen. Die ungewöhnliche Brücke aus Holzplanken und Stahlgeländer ist rund 280 m lang, doch nur ein Teil dient tatsächlich als „Brücke“. Weit ausholend dient sie auch als Sicht- und Lärmschutz zum viel befahrenen Columbus und Lake Shore Drive hin, und nicht zuletzt bietet sie einen schönen Ausblick auf Park und Stadt.

Der **Lurie Garden** – südlich des Great Lawn, in der Südostecke des Parks – ist ein Muss für botanisch Interessierte und Hobbygärtner. Entworfen wurde die Gartenanlage von der schwedischen Landschaftsarchitektin Kathryn Gustafson in Zusammenarbeit mit Piet Oudolf und Robert Israel. Sie besteht aus zwei Hauptteilen, die von einer 5 m hohen Hecke nach außen begrenzt und durch einen diagonal verlaufenden Holzplankenweg voneinander getrennt sind. Ein Teil heißt „Dark“ und verkörpert, bepflanzt mit Präriegewächsen, die Vergangenheit. „White“ steht hingegen für die „Wiederauferstehung“ der Stadt nach dem Brand 1871 und zeigt eher streng angeordnete und aufeinander abgestimmte Staudenrabatten.

Von der Südwestecke des Great Lawn führt seit Mai 2009 der 190 m lange **Nichols Bridgeway** als Stahl- und Aluminiumkonstruktion über die Monroe Street hinauf zum Modern Wing des Art Institutes mit Café und Terrasse. Brücke wie Museumsanbau wurden von dem weltberühmten italienischen Architekten Renzo Piano geplant.

◁ *Der Jay Pritzker Music Pavilion ist ein skulpturales Meisterwerk von Frank O. Gehry*

049cg Abb.: mb

049cg Abb.: mb

Der Rundgang durch den Millennium Park endet am Südende bei einem weiteren Highlight: dem **Crown Fountain.** Die Brunnenanlage des spanischen Künstlers Jaume Plensa (geboren 1955) aus Barcelona besteht aus zwei rund 15 m hohen, ständig wasserüberspülten Glastürmen an beiden Enden eines nur wenige Zentimeter tiefen „Reflecting Pools", spiegelnde Wasserflächen. Da der Boden des Beckens aus weichem, rutschfestem Material besteht, ist hier ein beliebtes Kinderplanschbecken entstanden.

Die beiden Türme sind mit **LED-Bildschirmen** ausgestattet und zeigen auf den einander zugewandten Seiten **wechselnde Videobilder,** genauer gesagt **Porträts** von etwa 1000 Chicagoans. Dafür ließ Plensa Studenten der School of the Art Institute of Chicago Bewohner der Stadt filmen. Die überdimensional groß projizierten Köpfe wechseln alle fünf Minuten und spritzen durch ihren gespitzten Mund eine Wasserfontäne ins Becken – eine stets umlagerte Sommererfrischung! Für den Winter gibt es eine eigene Porträtserie ohne Wasserstrahl, abwechselnd mit Bildern von etwa 100 verschiedenen Wasserfällen und Flüssen. Plensa selbst sieht die Anlage nicht als pures Kunstobjekt, sondern als „interaktiven Platz" und „Platz zum Reflektieren, aber auch um aktiv zu sein" – als lebendigen Treff. Und tatsächlich sind die Zedernbänke ringsum bei fast jedem Wetter belagert.

› E Randolph St./S Michigan Ave./E Monroe St., www.millenniumpark.org, Brown, Green, Orange, Pink oder Purple Line: „Randolph"

36 Art Institute of Chicago ★★★ [D6]

Allein die Warteschlangen, die sich schon am Morgen vor der eigentlichen Öffnung zwischen den zwei flankierenden mächtigen Löwen bilden, deuten an, dass das Art Institute of Chicago einfach ein Muss ist. Um die 1,4 Mio. Besucher sollen jährlich in dem monumentalen Bau mit seinen derzeit 273 Galerien ein- und ausgehen. Die über 300.000 Kunstobjekte verteilen sich auf mehreren Ebenen und in verschiedenen Gebäudeteilen – der Komplex ist so groß, dass man sich verlaufen kann.

Größenmäßig ist das Art Institute vergleichbar mit dem Metropolitan Museum in New York – es gilt als größtes Museum im Mittleren Westen und **eines der besten Kunstmuseen der USA.** Die Palette reicht von alten chinesischen Bronzen und ägyptischen Fayum-Porträts über Bilder (von Botticelli über Monet bis Andy Warhol) bis hin zu afrikanischen Holzschnitzereien, Ritterrüstungen und japanischen Holzschnitten. Berühmt ist das Museum zum einen für seine Sammlung amerikanischer Kunst, zum anderen wegen der Meisterwerke von Impressionisten und Nachimpressionisten.

Das Museum geht auf die am 24. Mai 1866 gegründete **Chicago Academy of Design** zurück, die sich ab 1879 Chicago Academy of Fine Arts nannte. Schnell wuchs die Sammlung und nach einer neuerlichen Umbenennung in The Art Institute of Chicago zog man 1887 in ein Gebäude an der Ecke Michigan Ave./Van Buren St. ein, das nach Plänen von John Wellborn Root aus dem Büro Burnham & Root 1885 bis 1887 erbaut worden war. Bereits am 8. Dezember 1893 erfolgte aus Platzgründen ein neuerlicher Umzug in den derzeitigen Kernbau von Shepley, Rutan & Coolidge. Zum Glück, denn 1929 stürzte das alte Gebäude ein.

Der für die World's Columbian Exposition **1893 im Beaux-Arts-Stil** mit klassizistischem Dekor erbaute und danach zum Museum umfunktionierte massige Kalksteinbau erhebt sich über einem Sockel aus grobem Quadermauerwerk und wird oben durch einen Fries abgeschlossen, der eine Nachbildung der Panathenäen-Prozession vom Fries des Parthenon (Akropolis, Athen) zeigt.

Im Laufe der Jahrzehnte kamen diverse **Anbauten** hinzu: 1924 der McKinlock Court im klassizistischen Stil, 1958 das Ferguson Building von Holabird & Root, 1962 die Morton Wings von Shaw, Metz & Ass., 1976 das Rubloff Building von SOM, 1977 wurde der Stock Exchange Trading Room von Sullivan/Adler (1893) durch Vinci/Kenny rekonstruiert und 1988 das Rice Building von Hammond, Beeby & Babka.

Seit Mai 2009 vergrößert ein Anbau im Nordosten den Komplex um ein Drittel. Er ist nicht nur über den Hauptzugang erreichbar, sondern auch über den **Nichols Bridgeway** (s. S. 147) mit dem Millennium Park 35 (West Pavilion) verbunden und hat zudem einen eigenen Zugang an der Monroe Street. Der **Modern Wing** gilt als „grüner Bau", als umweltfreundlich und energiesparend und erhielt bereits ein LEED-Silver-Zertifikat. Er wurde aus Glas, Stahl und Kalkstein nach Plänen

◁ Der ungewöhnliche Crown Fountain des spanischen Künstlers Jaume Plensa

des italienischen Architekten Renzo Piano gebaut und kostete $ 300 Mio.

„Architecture should swim in nature", so erklärte Piano sein Baukonzept und setzte einen bewussten Gegenpol zum gegenüberliegenden Pritzker Music Pavilion (s. S. 146) seines Kollegen Gehry. Auf dünnen Säulen scheint das Dach, von Piano „Flying Carpet" genannt, über dem luftigen Glasbau zu schweben. Auch im Inneren versucht der Architekt mit optischen Tricks, wie der Verwendung unterschiedlicher Materialien oder verschiedener Maßstäbe, die Schwerkraft außer Kraft zu setzen.

Betritt man das „alte" Art Institute über die große Freitreppe am Haupteingang an der Michigan Ave., seit 1894 gerahmt von Löwen des Bildhauers Edward L. Kemeys (1843–1907), steht man im großen zentralen Treppenhaus des **Allerton Building.** Von hier aus führen Korridore zu Kassen, Shop und Ausstellungssälen. Würde man alle 300.000 Kunstwerke aus 5000 Jahren Geschichte aus aller Welt und den unterschiedlichsten Genres ansehen wollen, bräuchte man Wochen, wenn nicht Monate. Im Folgenden soll daher nur ein Überblick mit Hinweisen auf besonders Sehenswertes gegeben werden.

Allerton Building

Im Hauptbau befindet sich im **Erdgeschoss** u. a. die umfangreiche Sammlung **asiatischer Kunst.** Daneben werden **Drucke und Zeichnungen** präsentiert. Hier steht außerdem mit den Ryerson and Burnham Libraries die zweitgrößte **kunsthistorische Bibliothek** in den USA zur Verfügung. Im **Untergeschoss** gibt es eine **Fotoausstellung,** die auf der Fotosammlung von Alfred Sieglitz basiert und die seine Ehefrau Georgia O'Keeffe 1949 dem Museum vermacht hat. Dazu werden Werke anderer großer Fotografen – wie Edward Weston, Paul Strand, Eugene Atget oder André Kertész – gezeigt.

In den Thorne Miniature Rooms sind eine **Miniaturwelt** mit 68 Räumen (Maßstab 1 : 12), teilweise Nachbauten historischer Räume, teilweise Beispiele für Dekorationsstile, sowie die **Arthur Rubloff Paperweight Collection,** eine ungewöhnliche Sammlung von über 1400 **Briefbeschwerern** zu bewundern.

Zudem befindet sich hier eine Ausstellung zur **Chicago School of Architecture** mit Plänen, Zeichnungen und Modellen von Daniel Burnham – darunter auch der berühmte Plan von Chicago –, John W. Root, Louis Sullivan, Ludwig Mies van der Rohe, Stanley Tigerman oder Frank L. Wright.

Viel Zeit können Kunstfreunde im **Obergeschoss** verbringen: Hier befindet sich die Sammlung europäischer Malerei des 15. bis 20. Jh. mit Schwerpunkt auf der **französischen Malerei des 19. Jh.** (Claude Monet, Auguste Renoir, George Seurat, Paul Gauguin, Paul Cézanne, Henri Toulouse-Lautrec). Es handelt sich um die größte Sammlung außerhalb Europas mit fast 400 impressionistischen und nachimpressionistischen Gemälden. Ihr Kern geht auf Bertha Honoré Palmer (s. S. 95) zurück, die für die Weltausstellung 1893 40 Werke in Frankreich erworben und später dem Museum vermacht hatte. Zu sehen sind außerdem eine Auswahl aus der **grafischen Sammlung** (u. a.

Zwei Löwen flankieren den Eingang zum Art Institute

Albrecht Dürer, Rembrandt, Francisco de Goya oder James McNeill Whistler) und die **Harding Collection of Arms and Armour** – Prunkwaffen und Rüstungen des 15. bis 19. Jh. aus Europa, dem Mittleren Osten und den USA.

Gunsaulus Hall

Dieser **Verbindungstrakt** zwischen Allerton und Rubloff bzw. Rice Building setzt im Erdgeschoss die asiatische Sammlung fort. Im Obergeschoss sind wie im Allerton Building wieder Impressionisten zu sehen.

Rubloff Building

Die Gunsaulus Hall führt zum McKinlock Court, Teil des Rubloff-Trakts. Hier ist um den Innenhof eine kleine, aber bedeutende Sammlung **antiker Kunstwerke** aus Ägypten, Griechenland und dem Römischen Reich ausgestellt. Zudem kann man hier die **„American Windows"** von Marc Chagall und die Rekonstruktion des Handelsparketts der **Chicago Stock Exchange** von 1893/94 von Sullivan & Adler bewundern. An diesen Saal schließt die School of the Art Institute, die zum Art Institute gehörige Kunstschule, an.

Rice Building

Rechts der Gunsaulus Hall führt ein Gang in das Rice Building. Hier wartet mit der beachtlichen Sammlung an **amerikanischer Kunst** ein weiterer Höhepunkt. Im **Erdgeschoss** steht die amerikanische Kunst **bis 1900** im Zentrum – Malerei (u. a. John Singleton Copley, Thomas Eakins, Mary Cassatt), Skulpturen (u. a. William Rush), Möbel und Kunsthandwerk.

Im **Obergeschoss** setzt sich die Sammlung mit Schwerpunkt auf dem **20. Jh.**

051cg Abb.: mb

fort: Werke von Edward Hopper, Grant Wood, Georgia O'Keeffe, Jackson Pollock, David Hockney, Frank Stella oder Andy Warhol sind ausgestellt. Im **Untergeschoss** befinden sich schließlich eine umfangreiche **Textiliensammlung** aus aller Welt und europäische **dekorative Kunst** vom Mittelalter bis zur Neuzeit (v. a. Silberarbeiten des 18. Jh. aus England und des 19. Jh. aus Frankreich sowie Keramik aus Deutschland, England und Frankreich).

Modern Wing

Auf drei Stockwerken werden im Neubau **europäische Malerei und Skulpturen des 20. Jh.** sowie **zeitgenössische Kunst** aus Europa und Nordamerika gezeigt. Abteilungen zu **Architektur und Design** und **moderner Fotografie** sowie

EXTRATIPP

Modern Wing Tour

Mit Architektur und Inhalt des Modern Wing befasst sich eine Walkingtour des CAF (29). Infos und Termine unter www.architecture.org/tours.

KLEINE PAUSE

Schlemmen mit Ausblick

208 [D6] **Terzo Piano** $$$, Art Institute (New Wing). Nicht nur der Ausblick vom 2. Obergeschoss im Neubautrakt – dem Terzo Piano – ist genial, auch das Museumscafé bzw. Restaurant (mit Plätzen auf der Terrasse des Neubaus) genießt dank Chefkoch Tony Mantuano einen guten Ruf. Highlight ist der Lagerkeller, wo die ausgezeichneten Käsesorten reifen.

Wechselausstellungen runden das Angebot ab. Neben einem Schulungszentrum gehören ein Innenhof und ein Restaurant zum Komplex. Besonders die (auch über den Nichols Bridgeway vom Millennium Park aus) frei für jeden zugängliche **Skulpturen-Terrasse** sollte man sich nicht entgehen lassen, da man von hier oben einen traumhaften Blick auf den Millennium Park 35 und die Skyline hat.

› 111 S Michigan Ave., www.artic.edu/aic, Brown, Green, Orange, Pink oder Purple Line: „Adams", tgl. 10.30–17, Do. bis 20 Uhr, $ 23

37 Burnham Park ★ [E9]

Am südlichen Ende des Grant Park führt ein *pedestrian underpass*, ein Fuß- bzw. Radweg, vom Lake Shore Dr. zum Burnham Park mit dem Museum Campus. Da der Grant Park nicht bebaut werden durfte, entstanden Anfang des 20. Jh. hier im Süden mehrere **Kultureinrichtungen** – Field Museum 38, Shedd Aquarium 39 und Adler Planetarium 40 – und verhalfen dem Areal zu seinem Namen. Um diese drei, allesamt riesigen Institutionen zu besuchen, reicht ein Tag kaum aus.

Mit der Planung des Parks, in dessen nördlichem Teil das Soldier Field 42 liegt und der Teil der **Century of Progress International Exposition** war, wurde 1933 Alfred Caldwell beauftragt. Zu der anlässlich der Ausstellung ins Leben gerufenen Architekturkommission gehörte u. a. Hubert Burnham, der Sohn von Daniel H. Burnham. Man sprach von der „Rainbow City", denn anders als bei der Ausstellung 1893, die unter dem Motto „The White City" weiße Bauten hervorgebracht hatte, wurden die – heute nicht mehr erhaltenen – Gebäude damals bunt bemalt und farbig illuminiert.

› Lake Shore Dr., Red Line: „Roosevelt", Bus 146: „Field Museum"

38 Field Museum of Natural History ★★★ [E9]

Das Field Museum of Natural History gehört zu den kulturellen Highlights der Stadt. Viel bestauntes Aushängeschild ist das „Maskottchen" des Museums: Sue, das Skelett eines Tyrannosaurus Rex. Doch auch die anderen Abteilungen, besonders die über die Indianer, machen das Museum zu einem Muss für die ganze Familie.

Ehe man das Museum betritt, sollte man von der mächtigen Freitreppe den grandiosen Blick auf den Grant Park und die **Skyline Chicagos** bis hin zum Navy Pier genießen – „The City from the Field", wie die Einheimischen sagen. Vor dem Museum fällt ein hoher Totempfahl ins Auge. Der **„Big Beaver Totem Pole"** von Norman Tair vom Stamm der Nisga'a-Indianer aus Kincolith (British Columbia) erzählt die Geschichte des Großen Bibers und weist auf einen besonderen Schatz im Museum hin: die sehenswerte und einzigartige Abteilung „People of the Northwest Coast", die 1982 eröffnet wurde.

Die **Wurzeln** des naturgeschichtlichen und anthropologischen Museums liegen in der World Columbian Exposition von 1893. Einige der Ausstellungsstücke stammen noch von der damaligen Weltausstellung, doch erst eine Spende über $ 8 Mio. von Marshall Field 1906 ermöglichte den Bau. Architekt Burnham hatte ursprünglich ein Museum im Grant Park, am Ostende des Congress Parkway, vorgesehen, aber Montgomery Wards gerichtliches Vorgehen gegen Bebauungspläne hatte das Projekt verzögert. Kaufhausbesitzer Field überzeugte schließlich die Illinois Central Railroad, Aufschüttungsland am Seeufer, am damaligen Südrand des Grant Park, für das neue Museum abzutreten.

1909 begann man mit dem Bau am Ende der Roosevelt Rd., fertiggestellt wurde er 1920. Nach symmetrischem Plan entstand der Hauptpavillon im klassizistischen Stil, nach Vorbild der Athener Akropolis, v.a. des Erechtheions, wurden seitlich Korenhallen zugefügt. Eingänge im Norden und Süden führen in eine große **Zentralhalle**, beiderseits davon befinden sich **Seitenflügel** mit Ausstellungssälen. 1977 wurde der Bau vom Architekturbüro Harry Weese & Ass. renoviert, der Brunnen in der Halle und Glaswände zwischen den Eingangssäulen zugefügt und 2004 gestaltete SOM den neuen Osteingang und die Ausweitung des Untergeschosses.

Mit rund 72.000 m² Fläche ist das Field Museum eines der größten naturgeschichtlichen Museen der Welt. Es besitzt angeblich über 19 Mio. Exponate aus den Bereichen Geologie, Mineralogie, Paläontologie, Botanik, Zoologie und Anthropologie. Hauptattraktion ist das 13 m hohe, etwa 70 Mio. Jahre alte **Skelett eines Tyrannosaurus Rex**, genannt **Sue.** Es wurde 1990 in South Dakota entdeckt und ab 1997 von Präparatoren und Wissenschaftlern des Museums untersucht und bearbeitet. Da es sich um das bis dato vollständigste und mit 90 % der Knochen auch besterhaltene Skelett eines ausgewachsenen Dinosauriers handelt, gilt es als wegweisender Beitrag zur Paläontologie. Dazu ist es eines der größten je gefundenen Exemplare: Allein der Schädel wiegt 272 kg und ist daher gesondert ausgestellt; am Skelett ist eine Kopie angebracht. „Inside Sue's Head" zeigt die Welt aus der Sicht eines Dinosauriers und bei „Sue Discovery Digs" können Besucher an Schaugrabungen teilnehmen.

Außer **Sue** ist besonders die Dauerausstellung **„Ancient Americas"** sehenswert. Hier geht es um die unterschiedlichen Kulturkreise von der Arktis bis zur Südspitze von Südamerika in unterschiedlichen Epochen. Das Konzept geht dabei neue Wege: Die indianischen Kulturkreise werden nicht isoliert und chronologisch vorgestellt, sondern im Mittelpunkt stehen unterschiedliche Versuche der Menschen, mit den Anforderungen ihrer Umwelt fertig zu werden. So durchwandert man in aufwendig gestalteten Abteilungen mit Originalen, multimedialen Ausstellungsstücken und 1:1-Nachbauten unterschiedliche Bereiche wie „Ice Age Americans", „Innovative Hunter-Gatherers", „Farming Villagers", „Powerful Leaders", „Rulers and Citizens", „Empire Builders" und „Living Descendents".

In der Abteilung **„Maritime People of the Arctic and Northwest Coast"** – über die Indianer und Inuit des Nordwestens – sind Totempfähle, Kunsthandwerksstücke, religiöse und Alltagsgegenstände in selten präsentierter Fülle und Qualität zusammengestellt. Auch andere Indianerstämme Nordamerikas werden gewürdigt; sehenswert ist v.a. der Nachbau einer Erdhütte *(earth lodge)* der Pawnee-Indianer.

„**Africa**" bietet Gelegenheit zu einer Reise durch den Kontinent von früher und heute. Der nachgebaute Sahara-Markt (in Kano) und ein Sklavenschiff sind besonders beeindruckend. Bei dem sich ebenfalls im Erdgeschoss befindenden „**Nature Walk**" – verschiedene Dioramen von unterschiedlichen Naturräumen – stellen die **Löwen von Tsavo** eine Besonderheit dar. 1898 töteten diese beiden seltenen mähnenlosen Löwen 140 Arbeiter, die in Kenia eine Eisenbahnbrücke bauten. Die Tiere wurden von dem britischem Lieutenant Colonel J. H. Patterson erlegt und er verkaufte die Felle für $ 5000 an das Field Museum.

Im **Obergeschoss** informiert die große Ausstellung „**Pacific Spirits**" über die Kultur der Südsee, während man in der **Grainger Hall of Gems** etwa 500 Edelsteine und Mineralien, darunter eine Kopie des Hope-Diamanten, durch Glasfiberlicht beleuchtet, bestaunen kann. „**Life Over Time**" ist eine interaktive Ausstellung zur Evolutionsgeschichte und damit ein Muss für Jurassic-Park-Fans.

Highlights im **Untergeschoss** sind „**Inside Ancient Egypt**", die altägyptische Abteilung mit dem Nachbau eines Pharaonengrabes und einer Siedlung, und das viel besuchte „**Underground Adventure**". Dort erlebt man die unterirdische Welt in 100-facher Vergrößerung aus der Sicht eines Käfers – besonders toll für Kinder.

› 1400 S Lake Shore Dr., www.fieldmuseum.org, tgl. 9–17 Uhr (16 Uhr letzter Einlass), $ 15 (ohne Sonderausstellungen), Gesamtticket $ 30, Red Line: „Roosevelt", besser aber Bus 146: „Field Museum"

39 John G. Shedd Aquarium ★★ [F9]

Ein paar Schritte vom Field Museum 38 entfernt, steht das John G. Shedd Aquarium. In dem 1928/29 erbauten eleganten klassizistischen Bau aus weißem Marmor verbirgt sich **eines der größten Aquarien der Welt** mit etwa 8000 Wasserlebewesen aus über 650 Arten. Mit rund 2 Mio. Besuchern jährlich handelt es sich zugleich um eines der weltweit meistbesuchten Aquarien.

Wie das Field Museum geht auch das Aquarium auf eine **private Spende** aus dem Bekanntenkreis des Kaufhausmagnaten Marshall Field zurück. 1924 hatte John Graves Shedd $ 2 Mio. für das „weltgrößte Aquarium" gespendet. Ein Jahr vor seinem Tod im Jahr 1926 legte er noch eine Million drauf. Shedd war 1872 als einfacher Bauer von New Hampshire nach Chicago gekommen und hatte sich bei Marshall Field's vom kleinen Angestellten zum Präsidenten des Kaufhauses emporgearbeitet.

Die Shedd Aquarium Society übernahm die Realisation des Projektes und erwarb aufgeschüttetes Land am Lake Michigan, wenige Schritte östlich des Field Museum. Mit der **Planung** wurde das Architekturbüro Graham, Anderson, Probst & White beauftragt, das auch das Field Museum zu Ende gebaut hatte. Mit seiner Marmorverkleidung, aber auch stilistisch, wurde das Aquarium optisch an dieses angepasst.

Der verantwortliche Architekt, Peirce Anderson, schuf einen klassizistischen Tempel, der auf dem Grundriss eines griechischen Kreuzes außen als Oktagon erscheint. Ein achteckiger Turm mit Oberlicht erhebt sich über der zentralen Rotunde, ringsum sind die Ausstellungshallen angeordnet.

Nach zweijähriger Bauzeit und $ 3,25 Mio. Kostenaufwand wurde das Shedd im Dezember **1929 eröffnet** – allerdings mit leeren Becken. Kurioserweise erwies sich jedoch allein schon der Bau als Publikumsmagnet. Einige Wochen später wurde das erste Salzwasser aus Key West (Florida) in Eisenbahntankwagen hergeschafft – erst seit den frühen 1970er-Jahren verwendet man selbstgemischtes Salzwasser – und am 30. Mai 1930 erfolgte die offizielle Einweihung des ersten Aquariums in den USA, das gleichzeitig über Süß- und Salzwasserbecken für die entsprechenden Tiere verfügte.

1971 wurde der zentrale Tropical Pool durch das **Caribbean Reef** mit tropischen Fischen und einem Korallenriff ersetzt – bis heute ein Highlight! 1975 kam das **Helen Shedd Keith Aquatic Science Center** dazu. Eine gerundete moderne Glas-Stahl-Konstruktion umschließt seit 1991 die Rückseite des Baus zum See hin. Dieses **Ozeanarium** für Belugawale, Otter, Delfine und Pinguine verdoppelte die Größe des Aquariums und gilt mit seinen gut 11 Mio. Litern Salzwasser als das **weltweit größte geschlossene Meeressäuger-Habitat.** Thema ist die pazifische Nordwestküste und Ziel ist, Besucher auf die Schutzbedürftigkeit ebendieser Landschaft aufmerksam zu machen. Zwei Wege (Beluga und Otter Trail) führen an Unterwassergalerien vorbei durch den Regenwald und durch die Ökozonen zwischen Nordkalifornien und Alaska. Die täglichen **Vorführungen** im großen Salzwasserbecken sind weniger showmäßig und spektakulär als in Vergnügungsparks, es steht eher der wissenschaftliche und didaktische Aspekt im Vordergrund. Von der Tribüne des Auditoriums fällt der Blick durch die Panoramafenster auf den Michigan-See und die Stadt.

2000 wurde **„Amazon Rising: Seasons of the River“**, eine Reise entlang dem Amazonas mit seinen sich wandelnden Ökosystemen, durch verschiedene Jahreszeiten (Trocken-/Regenzeit) und neun südamerikanische Länder, zugefügt. Das **Wild Reef** (2003) wurde einem Korallenriff auf der pazifischen Vulkaninsel Apo Island (Philippinen) nachempfunden und beherbergt eine Vielfalt unterschiedlicher Tiere in 26 Habitaten, unter anderem 20 Haifischarten. Weitere Abteilungen informieren Besucher über regionale Ökosysteme, u. a. „Local Waters“, „Islands and Lakes“ oder „Rivers“.

In der Abteilung **„Worldwide Fishes“** gibt es schließlich Themenaquarien mit über 300 verschiedenen Arten. Hier lebt seit 1933 der mittlerweile älteste Fisch des Aquariums, „Granddad“, ein australischer Lungenfisch. 2005 feierte das Aquarium den 75. Geburtstag. In den letzten Jahren sind mehr und mehr die **Wildlife Conservation**, Schutzprogramme für gefährdete Arten, und die Betreuung geretteter Tiere in den Mittelpunkt gerückt.

› 1200 S Lake Shore Dr., Mo.–Fr. 9–17/18, Sa./So. 9–18 Uhr, $ 28,95, Gesamtticket (mit Shows) $ 37,95, www.sheddaquarium.org, Red Line: „Roosevelt“, besser aber Bus 146: „Shedd Aquarium“

40 Adler Planetarium ★★ [G9]

Es war ein deutscher Immigrant namens **Max Adler**, der das Planetarium in Auftrag gab. Er tat es in der Hoffnung, dass die Betrachtung des Universums dem Menschen seine Bedeutungslosigkeit einerseits und den nötigen Zusammenhalt der Nationen andererseits vor Augen führen möge. 1930 entstand im Stil eines klassisch-römischen Rundbaus oder Mausoleums ein streng geometrischer **zwölfeckiger Bau** aus grauem Granit, bekrönt von einer Kupferkuppel. Der Architekt Ernest A. Grunsfeld Jr. (1897–1970) schuf rings um den Bau Terrassen, die zur Himmelsbeobachtung genutzt wurden.

An den zwölf äußeren Ecken wurden vertikal zum Himmel strahlende Scheinwerfer angebracht, zudem Bronzeplaketten von Alfonso Ianelli (1888–1965), die die zwölf Tierkreiszeichen nach Ptolemaios (Astronom 367/66–283/82 v. Chr.) zeigen. Vor dem Platz steht eine **Sonnenuhr** von Henry Moore aus dem Jahr 1980, das Wahrzeichen des Planetariums, zudem eine Statue, die an **Nikolaus Kopernikus** (1473–1543) erinnert.

Bronzene Eingangstüren führen in den Zuschauerraum unter der Kuppel, die Räume ringsum bergen im Astronomy Museum die **Adler-Sammlung astronomischer Instrumente.** 1973 wurde der Komplex von Murphy & Ass. erweitert und 1981 entstand ein moderner Glas-Stahl-Pavillon als neuer Zugang, der in einen Ausstellungssaal und das **Samuel C. Johnson Family Star Theater** im Untergeschoss, wo dreidimensionales Sternenabenteuer im IMAX-Format gezeigt wird, führt. Um das zentrale **Grainger Sky Theater,** in dem der Nachthimmel durch ein Teleskop betrachtet werden kann, gruppieren sich auf zwei Ebenen die Ausstellungsräume zur Astronomie mit einer Sammlung historischer Geräte zur Weltraumforschung und Navigation im Weltraum sowie einer ausführlichen Einführung in unser Sonnensystem und die Milchstraße.

Eine der Dauerausstellungen heißt **„Shoot for the Moon"** und befasst sich mit der Erforschung des Weltraums und Amerikas Plänen zur Rückkehr auf den Mond. Gezeigt werden die komplett restaurierte Raumsonde Gemini 12 und Weltraumartefakte von Jim Lovell. Die bisher umfangreichste **Teleskopausstellung** „Telescopes: Through the Looking Glass" dokumentiert die Entwicklung vom 400 Jahre alten Teleskop Galileos bis zum Hubble Space Telescope und verweist auf künftige Technologien. Im kleineren **Definiti Space Theater** werden neue Shows gezeigt, darunter „Earth, Moon & Sun" oder „Night Sky Live!".

› 1300 S Lake Shore Dr., Mo.–Fr. 9.30–16, Sa./So. 9.30–16.30 Uhr, jeden 3. Do. im Monat 18–22 Uhr, $ 12, Gesamtticket inkl. Shows $ 28, www.adlerplanetarium.org, Red Line: „Roosevelt", besser aber Bus 146: „Adler Planetarium"

41 Northerly Island ★ [G10]

Northerly Island schließt sich südlich an das Adler Planetarium 40 an. Der Chicago-Stadtplan von D. H. Burnham sah eine Reihe dem Seeufer vorgelagerter künstlicher Inseln vor. Doch nur diese eine wurde realisiert und bei der Weltausstellung „A Century of Progress" 1933 bis 1934 als Ausstellungsareal mitgenutzt. Die Insel wurde dann gleich nach der Ausstellung durch Aufschüttung eines Damms ans Festland angebunden. Eine Straße verbindet sie heute mit dem Museum Campus. Gleichzeitig mit ihr entstand der **Burnham Harbor**, ein geschützter Jachthafen. 1947 wurde auf der Insel der **Merrill C. Meigs Field** als Regionalflughafen eingerichtet und nach dessen Stilllegung kam 2003 die Idee auf, hier einen Natur- und Erholungspark anzulegen. Im Sommer 2005 wurde der Park zusammen mit dem **Charter One Pavilion** (s. S. 41), einer Freiluft-Konzertarena mit 3600 Plätzen, feierlich eröffnet.

› Bus 146: „Adler Planetarium"

42 Soldier Field ★★ [E10]

Unübersehbar überragt südlich des Field Museum 38 das Soldier Field den Burnham Park 37. Die Chicagoans selbst stehen dem Stadion seit seinem Umbau 2003 mit gemischten Gefühlen gegenüber. Manche sprechen von einer „modernen Kloschüssel", andere meinen, ein Ufo sei eines Nachts mitten im alten Stadion gelandet. Nur die **Chicago Bears**, die beliebte American-Football-Profimannschaft der Stadt, freuen sich über ihre moderne und zugleich historische „Arbeitsstätte".

Besucher sollten sich das Stadion zumindest während einer **Führung** – Karten für Bears-Spiele sind ähnlich schwer zu ergattern wie jene für die Cubs – ansehen. Eine derart eigenwillige Mischung

◁ Das Adler Planetarium wurde von einem deutschen Immigranten gegründet

Die Bären sind los!

Seit 1971 heißt der Hauptmieter des Soldier Field, des heute technisch brillant ausgestatteten Stadions mit seinen 61.500 Plätzen, ***Chicago Bears.*** *Diese professionelle* ***American-Football-Mannschaft*** *ist Mitglied der renommierten NFL (National Football League), der derzeit florierendsten Sportliga der Welt. Die Bears überweisen jede Saison etwa $5,7 Mio. Miete an die Stadt, den Besitzer des Stadions, was ihnen aber angesichts der über 62.000 Zuschauer pro Heimspiel nicht sonderlich schwer fällt.*

Wie die beiden Baseballklubs sind die Bears seit Jahrzehnten untrennbar mit der Stadt und ihren Bewohnern verbunden. Gegründet 1920 im ländlichen Decatur, östlich von Springfield, der Hauptstadt von Illinois, siedelte ***George S. Halas*** *(1895–1983) die Bears schon ein Jahr später nach Chicago um. Halas war Teambesitzer, Spieler und Trainer in einer Person und ist längst eine Legende. Er hat den Verein im American Football groß gemacht.*

Auch wenn die Bears regelmäßig in der oberen Tabellenhälfte mitmischen, konnte die Mannschaft bis dato nur einmal die begehrte Meistertrophäe der NFL gewinnen: Am 26. Januar 1986 holte sie sich nach einem 46:10-Erfolg über die New England Patriots die ***Super Bowl*** *und damit den bislang einzigen Meistertitel in der Vereinsgeschichte. Die Stars dieser Meistermannschaft, Trainer Mike Ditka oder Spieler wie Mike Singletary, Jim McMahon und Walter Payton, sind bis heute unvergessen. Gerade der 1999 verstorbene Payton zählt zu den Symbolfiguren des Vereins. 13 Jahre lang hatte er zwischen 1975 und 1987 das Trikot der Bears getragen und unzählige unvergessliche Spiele absolviert.*

Dass die Bears dennoch als ***Topteam*** *gehandelt werden müssen, belegten sie Anfang 2007, als sie erneut ins Finale einzogen um dann 17:29 gegen die Indianapolis Colts zu unterliegen. Auch in den letzten Jahren gehörten die Bears regelmäßig zu den Spitzenteams der NFL.*

Ungeachtet wie das Team alljährlich auftritt, meisterlich oder nur mittelmäßig, die ***Euphorie der Fans*** *ist immer groß. Schon Stunden vor dem Spiel stimmt man sich auf den Parkplätzen um das Stadion und im nahen Grant Park mit einem Picknick, einer „tailgate party", auf die Partie ein – und feuert bis zum Ende die Bears frenetisch an, besonders wenn es gegen die „Lokalrivalen" aus Green Bay, Minnesota oder Detroit geht.*

› *Infos: www.chicagobears.com*

aus historischer Substanz und modernen Einbauten, dazu vor so großartiger Kulisse, ist einmalig.

Bereits der Stadtplan Burnhams von 1909 sah ein **großes Stadion im Grant Park** vor, doch auch in diesem Fall konnte erst nach Landaufschüttungen 1919/20 jenseits des Geländes der Illinois Central Railroad gebaut werden. Den Architekturwettbewerb gewann die renommierte Firma Holabird & Roche und nach ihren Plänen wurde 1922 bis 1926 ein ungewöhnlicher hufeisenförmiger Entwurf umgesetzt. Eröffnet wurde das Stadion am 27. November 1926 mit dem traditionsreichen American-Football-Spiel zwischen den Teams der Army und der Navy, das mit einem Unentschieden (21:21) endete. Den Namen Soldier Field erhielt das Stadion im Gedenken an die Soldaten des Ersten Weltkriegs.

460 m lang und 125 m breit, war das Stadion variabel nutzbar und für unterschiedlich großes Publikum geeignet. Bis heute liegt der Rekord bei 123.000 Zuschauern, die am 26. November 1927 das American-Football-Spiel zwischen den Universitätsmannschaften Notre Dame und Southern California (Los Angeles) verfolgten. Am 8. September 1954 pilgerten sogar 230.000 Leute in die Arena, allerdings nicht zum Sport, sondern zu einer Papst-Messe.

Im Rahmen des Chicago Lakefront Improvement Plans wurde das Stadion bis 2003 für $ 606 Mio. **umgebaut.** Wohlgemerkt nicht aus allgemeinen Steuergeldern finanziert, sondern durch eine erhöhte Hotelsteuer und von den Bears selbst, die allein $ 200 Mio. aufbrachten. Markenzeichen sind bis heute die beiden monumentalen dorischen Kolonnaden an der West- und Ostflanke und der halbkreisförmige Südkomplex, die South Wall. Diese Teile standen unter **Denkmalschutz** und mussten deshalb von den Planern des neuen Stadions, den Büros Wood & Zapata und Lohan Caprile Goettsch, in den Neubau integriert werden. Inzwischen gilt das Stadion als erstes NFL-Stadion mit Umweltschutzauszeichnung.

› 425 E McFetridge Dr., Red Line: „Roosevelt", besser aber Bus 146: „Soldier Field" bzw. „Field Museum", Infos über Touren ($ 15) unter www.soldierfield.net/content/stadium-tour-information

Near North

Neben dem Loop und dem Grant Park ist die unmittelbar nördlich an den Chicago River angrenzende Region Near North das von Besuchern am stärksten frequentierte Areal der Stadt. Während im Loop und im Grant Park die kulturellen Attraktionen im Mittelpunkt stehen, lautet hier die Devise vor allem „Shopping and Fun".

Near North wird vom Chicago River (im Süden), dessen Nordarm (im Westen), der North Avenue (im Norden) und dem Lake Michigan (im Osten) begrenzt. Zunehmend werden in diesem Areal historische Hochhäuser in Eigentumswohnungen, sogenannte *condominium buildings*, umfunktioniert, denn es ist in den letzten Jahren wieder schick geworden, im oder zumindest nahe am Loop zu wohnen. Am begehrtesten sind die Wohnungen in den alten Büros und Lagerhäusern am North Arm des Chicago River um Goose Island.

Die Hauptattraktionen in Near North sind die **Magnificent Mile** 47 – Chicagos weltberühmte Einkaufsstraße – und der **Navy Pier** 54 – ein beliebtes Vergnügungsareal auf einem historischen Hafenpier.

Lohnend sind aber auch das westlich an die Mag Mile anschließende Viertel **River North** 53, sozusagen das trendige „SoHo" von Chicago, das östlich liegende **Streeterville** sowie die Stadtviertel **Gold Coast** 55 und **Old Town** 57. Letzteres gehört zwar offiziell zum Viertel Lincoln Park, doch das Übergreifen eines Teils auf Near North sowie die unmittelbare Nähe zur Gold Coast ließen eine Einordnung in dieses Kapitel sinnvoll erscheinen.

Spaziergang 3: Bummel über die Magnificent Mile

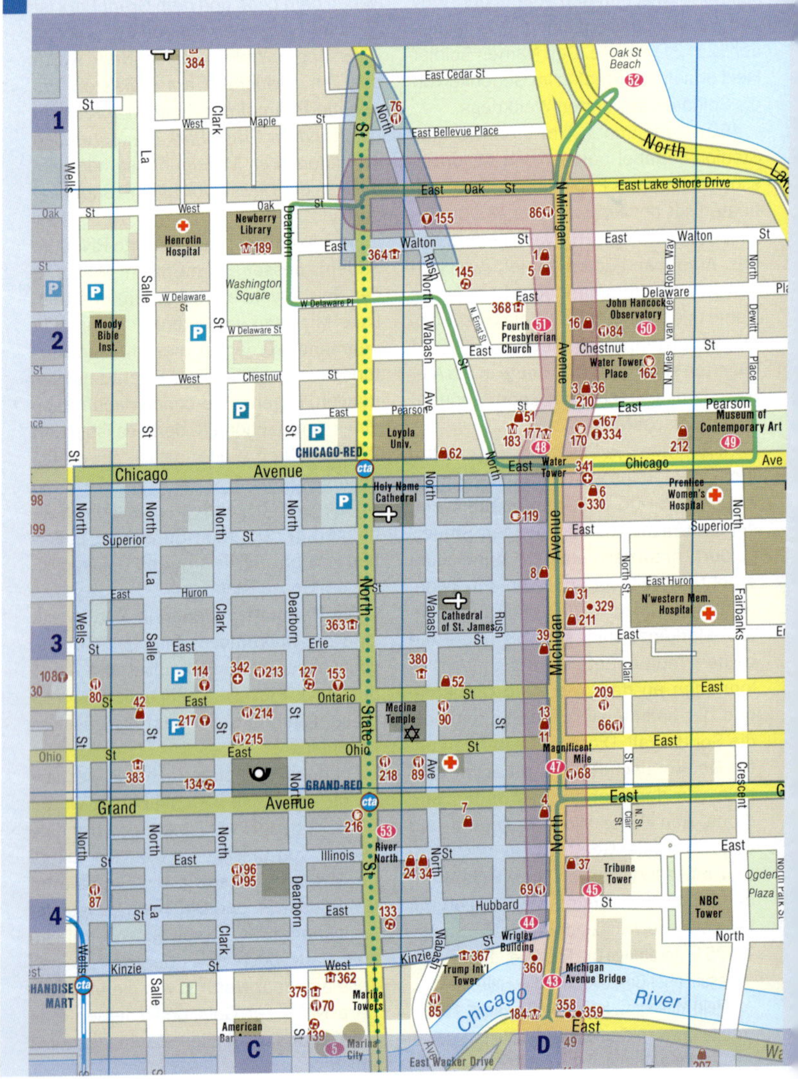

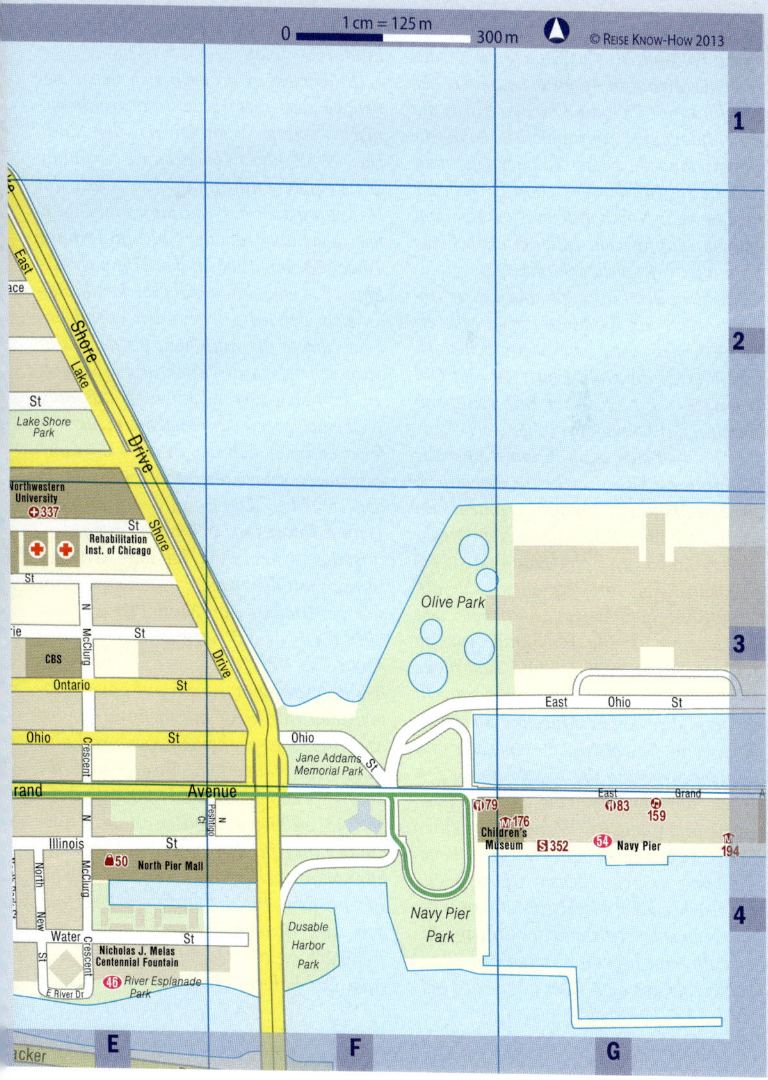
1 cm = 125 m
0
300 m
© Reise Know-How 2013
1
2
3
4
E
F
G
East
Shore
Lake
Drive
St
Lake Shore Park
Northwestern University
337
St
Rehabilitation Inst. of Chicago
St
N McClurg
St
CBS
Ontario
St
Ohio
St
Crescent
Avenue
N Peshtigo Ct
Illinois
St
North
New
McClurg
50
North Pier Mall
Water
St
Crescent
Nicholas J. Melas Centennial Fountain
46
River Esplanade Park
E River Dr
Olive Park
East
Ohio
St
Ohio
Jane Addams Memorial Park
St
East
Grand
79
83
159
176
Children's Museum
352
54
Navy Pier
194
Navy Pier Park
Dusable Harbor Park

Im Loop schlägt das Herz der Stadt, der Grant Park gilt als die „Gute Stube“, während die ***Michigan Avenue,*** *besonders der Abschnitt nördlich des Chicago River, die Prachtmeile der Metropole am Lake Michigan darstellt. Dieser Teil der Michigan Avenue im Norden des Loop ist Teil der Region* ***Near North*** *und wurde unter dem Namen* ***Magnificent Mile*** *47 als beliebte Einkaufsstraße weltberühmt.*

Nördlich des Einkaufs- und Entertainment-Areals um die Magnificent Mile erstrecken sich noch zwei weitere historische Viertel, die ***Gold Coast*** *55 und* ***Old Town*** *57 – für Besucher mit genügend Zeit durchaus einen Abstecher wert.*

Es handelt sich beim Bummel über die Magnificent Mile um keine eigentliche „Sightseeingtour“, sondern vielmehr um ein geruhsames Schlendern von Attraktion zu Laden und von Boutique zu Sehenswürdigkeit mit dem einen oder anderen Abstecher. Ausgangspunkt für den Spaziergang ist die ***Michigan Avenue Bridge*** *43. Die 1920 erbaute Zugbrücke über den Chicago River beherbergt ein kleines, aber feines Museum über den Fluss, seine Geschichte, die Brücken und die Renaturierung des Flusslaufs. In den letzten Jahrzehnten hat der Chicago River einen unglaublichen Wandel von einer Kloake zum wieder naturnahen Lebensraum mit ursprünglichem Uferbewuchs und wachsendem Fischbestand gemacht. An seinen Ufern entstand der* ***Chicago Riverwalk,*** *eine begrünte Fußgänger-/Rad-Promenade, die dem Fluss auf beiden Seiten – quasi durch Wolkenkratzercanyons hindurch – folgt.*

Unübersehbar erheben sich neben der Brücke zwei historische und architektonisch wichtige Wahrzeichen der Stadt. Das 1919 bis 1921 erbaute zweiteilige ***Wrigley Building*** *44 war einst das Hauptquartier des Kaumgummi-Giganten. Gegenüber ragt der* ***Chicago Tribune Tower*** *45 von 1925 in den Himmel. Weniger der eher langweilig wirkende Bau an sich, der historisierenden Vorbildern folgt, sorgte für Aufsehen, als der dafür ausgeschriebene Architekturwettbewerb, an dem sich 264 Architekten aus aller Welt beteiligten. Nur einen Steinwurf entfernt befindet sich der in starkem Kontrast zu den beiden altehrwürdigen Gebäuden stehende, 2009 eröffnete, moderne* ***Trump Tower*** *(401 N Wabash Ave.).*

Ist das Wetter schön, hat man Zeit oder ist man mit der Familie unterwegs, lohnt sich ein Umweg zum ***Navy Pier*** *54 (z. B. über die E Grand Avenue oder – besser – mit Bus Nr 2, 29 oder 65). Dieses beliebte Vergnügungsareal auf einem historischen Hafenpier hat nicht nur Shops und Imbissgelegenheiten, Riesenrad und Spiele, Fahrradverleih, Theater und das Smith Museum of Stained Glass Windows (s. S. 48) zu bieten, sondern ist auch Ausgangspunkt für Bootstouren. Allerdings kann man auch gemütlich auf einer Bank sitzend dem Treiben auf dem Pier und dem Lake Michigan zusehen.*

Zurück an der Magnificent Mile steht etwa auf halber Strecke der historische

__Water Tower__ 48. Der Wasserturm mit seinem Pumpenhaus auf der anderen Straßenseite entstand in den 1860er-Jahren und überstand sogar den Großen Brand von 1871. Nur wenige Schritte dahinter (ostwärts) befindet sich das __Museum of Contemporary Art__ 49, ein lohnendes Ziel für Freunde der modernen und zeitgenössischen Kunst (erreichbar über die E Chicago Avenue).

Einen Block vom Water Tower entfernt ragt unübersehbar das __John Hancock Center__ 50 in den Himmel, nach dem Willis Tower 16 Chicagos zweiter weltbekannter Wolkenkratzer. Auch hier lohnt bei klarer Sicht die Fahrt im Aufzug hinauf zur Aussichtsplattform. Gegenüber bietet der Innenhof der __Fourth Presbyterian Church__ 51 eine Oase der Ruhe.

Am Ende der Magnificent Mile zeigt Chicago ein ganz anderes Gesicht: Am __Oak Street Beach__ 52 fühlt man sich bei schönem Wetter fast an den Strand einer Südseemetropole versetzt. Baden ist zwar nur im Hochsommer empfehlenswert, doch allein zum Erholen und Leute beobachten ist dies ein prima Ort. Wer noch Energie hat, sollte der __Oak Street__ mit ihren kleinen Boutiquen, Shops und Cafés in das historische Viertel __Gold Coast__ 55 und zum __Washington Square__ [C2] folgen. Dieser wurde 1842 als erster öffentlicher Park der Stadt eröffnet und in seinem Umfeld entstand in der Folge ein Nobelviertel, was prächtige Villen, Reihenhäuser und gediegene Apartmentbauten belegen.

Das eigentliche Zentrum der Gold Coast liegt heute jedoch nördlich, jenseits der Division Street im __North Astor Street District.__ Am Nordrand des Washington Square entstand Ende des 19. Jahrhunderts die __Newberry Library__ (s. S. 48), heute eine bedeutende Forschungs- und Bildungseinrichtung. Die östlich des Platzes verlaufende __Rush Street__ [D2] gilt dagegen als Zentrum des Nachtlebens. Folgt man ihr südwärts, erreicht man wieder die „Mag Mile" nahe dem Water Tower.

Alle weiteren Karteneinträge (s. S. 328).

104cg Abb.: mb

43 Michigan Avenue Bridge ★ [D4]

Das Tor zum Einkaufsparadies Mag Mile ist die **Michigan Avenue Bridge** (offiziell **DuSable Bridge**), die angeblich rund 600.000 Menschen täglich überqueren. Die **Zugbrücke** über den Chicago River an der N Michigan Avenue wurde 1920 für rund $ 16 Mio. Baukosten errichtet. Die Reliefs an den Brückenköpfen erzählen die Geschichte der Stadt, die Markierungen im Süden erinnern an das alte Fort Dearborn.

Im südwestlichen Brückenhaus lohnt das **McCormick Bridgehouse & Chicago River Museum** (s. S. 47) einen Besuch, das von den „Friends of the Chicago River" betrieben wird. Es informiert über die Geschichte der Stadt und die Bedeutung des Flusses, außerdem kann man die Funktionsweise einer Zugbrücke studieren. Man erhält Informationen über die Fischarten im Fluss und erfährt, dass es 52 bewegliche Brücken gibt und Chicago somit die meisten der Welt besitzt.

◸ Die Michigan Avenue Bridge 43 ist eine Zugbrücke über dem Chicago River

Entlang dem Süd- und an Teilen des Nordufers des Chicago River wurde der **Chicago Riverwalk** angelegt. Er folgt, vorbei an Cafés, historischen Infotafeln und Bootsanlegestellen (Wassertaxis, Ausflugsboote), abseits vom Trubel des Straßenverkehrs dem Fluss von der State Street bis zum Lakeshore Trail.

Die Zugbrücke selbst besteht aus zwei Teilen, die mittels Gegengewichten hochgezogen werden – ein Brückentyp, der in Chicago „erfunden" wurde. Zudem handelt es sich um die erste **Doppeldeckerbrücke**, die je gebaut wurde. Der Architekt war Edward H. Bennet (1874–1954), der damit eine Idee des Burnham-Plans von 1909 aufnahm. Der Südwest- und der Nordostturm dienen allein der Symmetrie, nur die beiden anderen werden zum Hochziehen benötigt, beispielsweise wenn zu gewissen Zeiten Segelboote durchgelassen werden.

› N Michigan Ave./E Wacker Dr., Red Line: „Grand", besser jedoch u. a. Bus 3, 145, 146, 147, 151: „Michigan/Wacker"

44 Wrigley Building ★★ [D4]

Im Umkreis der Mag Mile bildete sich nach dem Brückenbau 1920 ein zweites architektonisches Zentrum mit sehenswerten Wolkenkratzern heraus. Den Anfang machten **vier Bauten** im Bereich der Michigan Avenue Bridge 43: das Wrigley und das London Guarantee and Accident Building, der Tribune Tower 45 und das 333 North Michigan Building.

Ein Kaugummi als Zugabe

***William Wrigley Junior** (1861–1932), geboren in Philadelphia, hatte als 13-Jähriger begonnen, als Seifenvertreter in der Firma seines Vaters, Wrigley's Scouring Soap, zu arbeiten. 1891 übernahm er den Waschmittelvertrieb des Unternehmens in Chicago und legte dort den Grundstein für sein späteres Imperium – über ein paar Umwege. Mit der Beigabe eines Backpulverdöschens versuchte Wrigley anfangs sein Waschmittel besser an die Kundinnen zu bringen. Bald war die Beigabe jedoch beliebter als das Waschmittel und deshalb gab es 1892 als neuesten Gag zum Backpulver auch noch **zwei Streifen Kaugummi** dazu.*

*Der Kaugummi wurde schnell zum vollen Erfolg. Wrigley kaufte den Kaugummi-Zulieferbetrieb auf und konzentrierte sich ab 1911 ganz auf die Herstellung des aus **Chicle** (Gummibaumsaft) produzierten und schon bei den Mayas beliebten Produkts. Dank effektiver Werbekampagnen wurden 1893 „Wrigley's Spearmint Chewing Gum" und „Juicy Fruit" schnell zu weltweiten Rennern – woran sich bis heute kaum etwas geändert hat, obwohl Wrigley inzwischen zum Mars-Imperium gehört. Es sind **neue Varianten** dazugekommen – z. B. Big Red, Hubba Bubba oder Orbit – und heute wird Wrigley-Kaugummi in über 180 Ländern verkauft.*

*1924 gab der alte Firmenboss das Wrigley Building in Auftrag, ehe er 1925 das Geschäft an seinen Sohn Philip übergab. Die Familie interessierte sich jedoch nicht ausschließlich für Kaugummi: 1921 erwarb William Wrigley die **Chicago Cubs** und ihr Baseballstadion. Unter seiner Ägide wurden die Cubs zum Lieblingsteam der Stadt und als Dank benannte man das Stadion in **Wrigley Field** (62) um. 1981 verkauften die Wrigleys die Cubs an die Chicago Tribune, die das Team 2009 an die Ricketts-Familie – Besitzer der Online-Börsenmaklerfirma TD Ameritrade – abgaben.*

Art-déco-Elemente sind typisch für das **333 N Michigan Building** von Holabird & Roche (1928). „The 333" war wegweisend, zumal es auf Saarinens Entwurf für den Tribune Tower von 1922 basierte. Es fällt durch seine himmelsstrebende, schlanke Gestalt mit kraftvollen Vertikalen, durch sorgfältig gewählte Materialien, vorwiegend geometrisches Ornament und Reliefs zur Stadtgeschichte über der marmornen Sockelzone auf.

Es befindet sich wie das bereits fünf Jahre früher gegenüber erbaute **London Guarantee and Accident Building** (360 N Michigan) von Alfred Alschuler (1876–1940) auf der Südseite des Flusses, steht jedoch zu diesem in scharfem Kontrast. Letzteres ist ein gelungenes Beispiel für einen klassizistischen Bau mit ungewöhnlichem Grundriss und bekrönt von einem Rundtempelchen.

An der Nordseite der Brücke folgt unübersehbar das **Wrigley Building.** 1919 bis 1921 nach Plänen von Charles G. Beersman (Graham, Anderson, Probst & White) erbaut und 1923/24 um einen „Zwillingsbau" im Norden erweitert, galt es als Musterbeispiel für Extravaganz. Besonders die Zweiteilung des höheren Südtrakts in einen Basisblock und einen

überragenden, gut 120 m hohen Turm, der der Giralda in Sevilla gleicht, fallen auf. Er wird bekrönt von einer Kopie des Athener Lysikrates-Monuments und fungierte einst als Aussichtspunkt. Bauherr und Besitzer dieses Komplexes, der aus zwei separaten, aber durch zwei Brücken – eine über dem Sockelbereich, die andere, später zugefügt, weiter oben – verbundenen Hochhäusern um einen Innenhof besteht, ist die berühmte **Kaugummifirma William Wrigley Jr. Company.**

Dahinter fällt der **Trump International Hotel & Tower** (401 N Wabash Ave.) ins Auge, der von der einflussreichen Architekturfirma SOM geplant wurde. Er steht zu den konventionell-historischen Bauten ringsum in einem Kontrast, der nur in Chicago vorstellbar ist. Nach mehrfach veränderten Plänen wurde die 423 m hohe Stahlbetonkonstruktion von 2005 bis 2009 gebaut. Sie ist heute der dritthöchster Wolkenkratzer der USA nach dem Willis Tower 16 und One World Trade Center (New York). Der mehrfach gestaffelte, silbrige Glasbau setzt sich zwar aus Oktagonen und Hexagonen, teils mit gerundeten Kanten, zusammen, doch ist eine gewisse Ähnlichkeit zum Willis Tower nicht abzustreiten. Ein 5-Sterne-Luxushotel mit knapp 350 Zimmern und Suiten belegt einen Teil des Gebäudes, Wohnungen den Rest.

› 400–410 N Michigan, Red Line: „Grand“, besser u. a. Bus 3, 145, 146, 147, 151: „Michigan/Grand“

45 Chicago Tribune Tower ★★★ [D4]

Der vierte wegweisende Bau an der Michigan Avenue Bridge, neben Wrigley Building, 333 North Michigan Building und London Guarantee Building, ist der Chicago Tribune Tower. Zwischen 1923 und 1925 wurde das Bürohaus der renommierten Tageszeitung nach einem Entwurf von Raymond Hood und John Mead Howells erbaut.

Der damalige Herausgeber, der legendäre **Colonel Robert R. McCormick,** hatte es sich beim Neubau seiner Zeitungszentrale nicht leicht gemacht. 1922 hatte er einen **Architekturwettbewerb** (s. S. 167) ausgerufen und unter den 264 Einsendungen gewannen ausgerechnet New

Alt und neu: das Wrigley Building aus den 1920er-Jahren und der 2009 eröffnete Trump Tower

Ein wegweisender Wettbewerb

Die ganze Architektenwelt blickte in den 1920er-Jahren nach Chicago: Anlass war die Wettbewerbsausschreibung für das ***„most beautiful building in the world“,*** *veranstaltet vom Verlagshaus der Chicago Tribune. Zum 75. Jubiläum der 1847 gegründeten Tageszeitung sollte nördlich des Chicago River ein Neubau entstehen. Nach dem Vorbild eines 1921/22 in Berlin abgehaltenen Wettbewerbs für ein Hochhaus am Bahnhof Friedrichstraße erfolgte am 10. Juni 1922 die Ausschreibung für ein neues Verwaltungsgebäude, das stilistisch und größenmäßig Rücksicht auf das sich zu diesem Zeitpunkt allein hier befindliche Wrigley Building nehmen sollte.*

Die eingegangenen ***264 Wettbewerbsentwürfe,*** *darunter 37 deutsche, waren in erster Linie Beleg für den damals herrschenden* ***Stil-Eklektizismus.*** *Keine Spur mehr von den innovativen Schöpfungen der Chicago School of Architecture, stattdessen herrschte Historismus vor, daneben fielen ein gemäßigter Modernismus – besonders der skandinavischen und holländischen Teilnehmer – und eine radikale, vom Bauhaus geprägte moderne Auffassung mitteleuropäischer Architekten auf. Von den 145 amerikanischen Teilnehmern schlugen 20 einen Bau im Gothic-Revival-Stil vor, andere nahmen klassische Tempel oder orientalische Kuppelbauten zum Vorbild oder planten mit Beaux-Arts-Elementen. Die deutschen Entwürfe von Gropius, Meyer, Taut oder Hilberseimer waren dagegen eindrucksvolle Vorläufer der Neuen Sachlichkeit und besonders ein sehr provokativer Entwurf von Adolf Loos – eine gigantische dorische Säule aus schwarzem Granit – sorgte für Aufsehen.*

Den ***ersten Preis*** *und damit $ 100.000 bekamen* ***John Mead Howells*** *und* ***Raymond M. Hood,*** *die einen neogotischen Turm mit einem Kranz aus Strebepfeilern – ein moderner Stahlskelettbau hinter historischer Fassade – vorschlugen. Der* ***zweite Preis*** *ging an* ***Eliel Saarinen*** *(1873–1950), der 1943 für seine Städtebautheorie „The City“ berühmt werden sollte. Saarinens Entwurf galt als stilfrei und elegant und übte Einfluss auf Art-déco-Hochhäuser in New York aus. Der* ***dritte Preis*** *ging an das Chicagoer Büro* ***Holabird & Roche*** *– die ebenfalls gotisierende Elemente einsetzten.*

Howells & Hood wie auch Holabird & Roche gehörten zu den zehn von der Jury speziell zur Einreichung von Entwürfen aufgeforderten Architekturbüros, und das wurde von Kritikern wie Sullivan (der wie F. L. Wright gar nicht am Wettbewerb teilnahm) als Zeichen gewertet, dass von vornherein eine ***Richtung vorgegeben*** *war: der Historismus. Und der siegreiche Entwurf trug – wohl ganz im Sinne der Jurymitglieder – dem vom englischen Architekturtheoretiker John Ruskin geforderten Vorrang des* ***Gothic Revival*** *Rechnung. Gemäß dessen Maxime von der gotischen als „einziger rationaler Architektur“ wurde der Tribune Tower mit Kathedralen wie Notre Dame, Köln oder Canterbury verglichen.*

Der Chicago Tribune Tower war der letzte historisierende Bau in Chicago, danach begann mit Mies van der Rohe die Moderne.

EXTRATIPP

Zeitungssouvenirs
Im **Chicago Tribune Gift Store** (s. S. 25), dem Laden der bekannten Tageszeitung, gibt es interessante Souvenirs zur Zeitung, aber auch zur Stadt und den lokalen Sportteams.

Yorker Architekten. Das festungsartige Gebäude mit gotisierenden Elementen kam zwar den Forderungen nach Funktionalität und Berücksichtigung des „Zoning Law“, der gültigen Bauvorschriften, sowie Sullivans Forderung nach Dreigliedrigkeit nach, griff dabei aber auf die **Gotik** als „einzig wahre Architektur“ zurück, was nicht unbedingt als modern angesehen und vielfach kritisiert wurde.

Bis 1982 waren in dem Bau nicht nur die Büros der Zeitung, sondern auch die Druckerpressen untergebracht, dann zog die Produktion in die W Chicago St., an den Nordarm des Chicago River, um. **Bruchstücke weltbekannter Bauten,** die Korrespondenten der Zeitung ihrem Chef als Souvenirs von Reisen mitbrachten oder die er geschenkt bekam, wurden in Augenhöhe an der Außenfassade des Baus **eingemauert.** Darunter befinden sich Teile der Berliner Mauer, der Cheops-Pyramide, der Chinesischen Mauer, des Athener Parthenon, aber auch von Grabmälern und Steinproben historischer Orte.

› 435 N Michigan Ave., Red Line: „Grand“, besser jedoch u. a. Bus 3, 145, 146, 147, 151: „Michigan/Grand“

Die exklusive Einkaufsstraße „Mag Mile“ ist mit der 5th Avenue oder den Champs Elysées vergleichbar

46 Nicholas J. Melas Centennial Fountain ★ [E4]

In interessantem Kontrast zum neogotischen „Trib Tower“ 45 steht südlich daneben das **Equitable Building** (401 N Michigan Ave.). Es ist ein Musterbeispiel für die Moderne.

Das zur Entstehungszeit 1965 Ungewöhnliche an dem von SOM (Bruce Graham) errichteten Stahlskelettbau war die freie große Platzanlage davor, der **Pioneer Square.** Am Bau selbst ist das Spiel mit Horizontalen und Vertikalen interessant, außerdem fallen die Materialkontraste auf: beiges Aluminium, bronzefarbenes Glas und grüne Marmorstreifen unter den Fenstern.

Ein weiteres Gebäude vom Reißbrett des Büros SOM erhebt sich dahinter: der **NBC Tower at Cityfront Center** (200 E Illinois St.) von 1989. Er ist aus symmetrisch um einen Mittelstreifen angeordneten Kuben unterschiedlicher Höhe komponiert.

Südlich davon, direkt am Chicago River, liegt der **Nicholas J. Melas Centennial Fountain.** Dieser mehrteilige Brunnen schickt im Sommer im Stundentakt eine Fontäne über den Fluss. Von dem ihn umgebenden kleinen Park aus hat man zudem einen guten Ausblick auf den Loop.

In unmittelbarer Nähe war **The Spire** (E North Water), ein spektakuläres Hochhaus des spanischen Architekten Santiago Calatrava, als höchster Bau Chicagos geplant, doch Probleme finanzieller Natur haben das Projekt zum Erliegen gebracht.

› Nicholas J. Melas Centennial Plaza, Red Line: „Grand“, besser u. a. Bus 3, 145, 146, 147, 151: „Michigan Ave.“

47 Magnificent Mile ★★★ [D3]

Jenseits der Brücke beginnt die Magnificent Mile und sie ist vom Chicago River bis zum Ende an der Oak Street tatsächlich eine Meile (1,6 km) lang. Heute gilt dieser Abschnitt der N Michigan Avenue als Kombination von Beverly Hills' Rodeo Drive, New Yorks 5th Avenue und Minneapolis' Mall of America – eine Einkaufsmeile mit einer riesigen Auswahl an (überwiegend exklusiven) Läden, die Chicago zu einem der Top-Shoppingziele in den USA macht.

Der werbewirksame Name „Magnificent Mile" bzw. kurz „Mag Mile" kam für den Nordteil der Michigan Aveue im Jahr 1946 auf, als sich große Kaufhäuser und exklusive Spezialläden angesiedelt hatten. Bummelt man hier, ist es schwer zu glauben, dass sich nördlich des Flusses um 1920 noch sumpfiges Brachland erstreckte.

An einem heißen Sommertag im Juli 1886 hatte **George Wellington „Cap" Streeter**, Bürgerkriegsveteran, Händler, Show- und Zirkuspromoter – ein „jack of all trades" („Hansdampf in allen Gassen") –, sein Schiff bei Niedrigwasser dort, wo heute das Hancock Center 50 steht, auf Sand gesetzt. Damals reichte der See noch bis zur heutigen Michigan Ave. Da das Wasser in jenem heißen Sommer nicht steigen wollte, baute sich „Cap" einfach eine Straße zu seinem Schiff und bot den Baufirmen, die in der nahen Gold Coast Häuser errichteten, an, ihren **Bauschutt** einfach um sein Schiff herum abzulagern.

Im Laufe der Zeit entstand auf diese Weise **Neuland**, allerdings lag dieses nach der letzten Landvermessung von 1821 eigentlich im See und gehörte da-

105cg Abb.: mb

mit nach damaligem Recht nicht dem Staat Illinois. Schlitzohr Streeter erklärte „sein" Land kurzerhand als der Bundesregierung in Washington, D.C. unterstellt, setzte sich selbst als Gouverneur des neuen Bundeslandes ein und begann Parzellen zu verkaufen. Bis 1918 konnte er seinen **„District of Lake Michigan"** gegen den Zugriff der Stadt behaupten.

Längst war weiteres Land aufgeschüttet worden, Lagerhäuser und Büros am Fluss und weiter nördlich Wohnareale entstanden, dazwischen lag aber noch immer ein großer, unbebauter Bereich. 1909 war im Burnham-Plan ein „europäischer Boulevard“ entlang der Pine Street, wie die Michigan Avenue einst hieß, vorgesehen gewesen, doch erst der Bau der Michigan Avenue Bridge 1920 initiierte den **Ausbau der Straße.** Nun entstanden entlang der Michigan Avenue nicht nur Wohnbauten, sondern auch Kaufhäuser und Luxushotels und bald mauserte sich die Straße zur zweiten Shoppingmeile der Stadt neben der State Street. Inzwischen hat die Mag Mile dieser den Rang als Topadresse abgenommen.

Schon im Jahr 1929 wurde eines der heutigen Tophotels der Stadt in der Michigan Ave. Nr. 505 als Luxusklub eröffnet: das **Inter-Continental.** Gegenüber liegt mit der **Westfield Shoppingtown North Bridge** (Nr. 520, s. S. 23) die erste große Shoppingmall an der Magnificent Mile mit rund 50 Läden, zahlreichen Lokalen und angeschlossenem Hotel. Im Kern wurde sie 1929 als McGraw-Hill Building erbaut, 2000 aber renoviert und umgebaut.

Entlang der Mag Mile reihen sich nicht nur Shops auf, sondern auch sehenswerte Architektur – wie das **Chicago Marriott Downtown** (Nr. 540, 1978, Harry Weese, 1998 Fassade von DeStefano), das sogenannte **Jacques Building** (Nr. 543/35), ein interessanter Art-déco-Bau von Philip B. Maher (1929), oder das **Lake Shore Trust Building** (Nr. 605, 1922 von Marshall & Fox, 1982/1996 renoviert). Ein weiterer Art-déco-Bau von Philip B. Maher ist das 1928 erbaute **Woman's Athletic Club Building** (Nr. 626).

In lebhaftem Kontrast dazu steht der helle, luftige Bau von 1990, **646 N Michigan Ave.** (von Solomon Cordwell Buenz & Assoc.), in dem sich das Hauptgeschäft des 1962 in Chicago gegründeten **Crate & Barrel** (s. S. 26) befindet. Der Bau ist zugleich eine Hommage an den großen Lehrmeister der Moderne, Le Corbusier.

KLEINE PAUSE

Pause in Streeterville

George Wellington „Cap“ Streeter ist heute in Vergessenheit geraten, doch immerhin gab er dem Viertel östlich der Magnificent Mile seinen Namen: **Streeterville.** Das Viertel östlich der Mag Mile, besonders die **Ontario Street,** wo sich gehäuft kleine Cafés und Lokale befinden, lohnt sich für eine Kaffeepause, einen Drink oder auch zum Essen. Empfehlenswert sind z. B. **Caliterra** (s. S. 29) oder **Viand,** eine „American Brasserie“ im Art-déco-Design mit offener Küche. Bekannt ist das Lokal vor allem für seine ausgefallenen (Dessert-)Martinis, außerdem sind die preisgünstigen *small plates* (kleine Portionen) genial und die Nachspeisen delikat.

209 [D3] **Viand,** 155 E Ontario St., Tel. 312 2558505, Mo.–Sa. Frühstück, Lunch, Dinner, So. nur Frühstück und Dinner.

Vom Architekturbüro Loebl, Schlossmann & Hackl stammt der **City Place** von 1990 (Nr. 676), der aber mit „Pru Two“ (s. S. 136) – von denselben Architekten – nicht mithalten kann.

› N Michigan Ave., Red Line: „Grand“, besser u. a. Bus 3, 145, 146, 147, 151: mehrere Haltestellen entlang der Michigan Ave. Ende August findet das Magnificent Mile Shopping Festival statt (Infos unter: www.themagnificentmile.com).

Der älteste Bau der Stadt: der Water Tower mit dem Hancock Center 50 im Hintergrund

48 Water Tower ★★ [D2]

Ein markanter Punkt an der Mag Mile sind **Water Tower** und **Water Works**, Teile des Old Chicago Water Tower District. Der zweiteilige Komplex aus Wasserturm (1869) und Pumpenstation (1866, Umbau 2003) hatte sogar den Großen Brand von 1871 überstanden. Dem Planer William W. Boyington (1818–1898) war es gelungen, die zentrale Trinkwasserpumpstation möglichst unauffällig in einem Gebäude unterzubringen, das vom Baustil wie vom Material (gelblicher Kalkstein) her eher einer Burg gleicht und besser nach Disneyland gepasst hätte.

Heute befinden sich im ehemaligen Pumpenhaus auf der östlichen Straßenseite der Mag Mile die **City Galerie**, eine Ausstellungshalle, ein **Infozentrum** der Stadt (s. S. 266), außerdem das **Lookingglass Theater** (s. S. 43), eine Verkaufsstelle des **Ticketservice Hot Tix** (s. S. 42) und ein Café. Ebenfalls am Platz, wenn auch nicht im Wasserturm selbst, befindet sich das **Loyola University Museum of Art** (s. S. 47) mit der Martin D'Arcy Collection of Medieval, Renaissance and Baroque Art.

Rings um den Water Tower Park reihen sich zahlreiche Läden wie American Girl Place (s. S. 174) oder Hershey's (s. S. 27) und eine weitere Shoppingmall auf: **Water Tower Place** (s. S. 23). 1976 von Loebl, Schlossman & Hackl erbaut, hatte sie wesentlichen Anteil daran, dass sich das Einkaufsviertel von der State Street verstärkt an die Mag Mile verlagerte. Das **Shoppingcenter** – eines der beliebtesten der Stadt – erstreckt sich über acht Etagen, verfügt über gut 100 Läden, einen attraktiven *food court* (Imbiss-Areal) und den interessanten asiatischen Imbiss Wow Bao. Außerdem gibt es mehrere Kaufhäuser und Restaurants.

› 806 N Michigan, Red Line: „Chicago" oder u. a. Bus 3, 145, 146, 147, 151: „Michigan/ Chicago"

49 Museum of Contemporary Art ★ [E2]

Kunstfreunden sei ein kleiner Abstecher von den Water Works ostwärts ans Herz gelegt. Vorbei am **Chicago Fire Dept. Nr. 98** (202 E Chicago St.) aus dem Jahr 1902 und dem **Seneca Park**, erreicht man in wenigen Minuten das **Museum of Contemporary Art.** Das MCA eröffnete 1967 in einer ehemaligen Bäckerei als „Kunsthalle" und Depot für das Art Insti-

106cg Abb.: mb

KLEINE PAUSE

Kunst und Kulinarisches

Puck's at the MCA, die Filiale der Lokalkette des österreichischen Starkochs Wolfgang Puck im Museum of Contemporary Art 49 ist nach dem Museumsbesuch für eine Pause gut.

tute, heute sieht man sich als eigenständiger Partner und steht in fruchtbarem Wettbewerb, da mittlerweile auch das Art Institute zeitgenössische Kunst zeigt.

Über eine mächtige Freitreppe betritt man vom Vorplatz den Bau, den 1996 der Berliner Architekt Josef Paul Kleihues entworfen hat. Mit etwa 6000 Objekten handelt es sich um **eine der größten Sammlungen internationaler zeitgenössischer Kunst,** u. a. gehören Werke von René Magritte, Joan Miró, Max Ernst oder Andy Warhol dazu. Die meisten Stücke werden allerdings aus Platzgründen nur in Wechselausstellungen gezeigt. Von der Lobby fällt der Blick über den Skulpturengarten auf den Lake Michigan und die Skyline am Lake Shore Drive. Empfehlenswert ist der zweistöckige **Museumsladen** mit exzellenter Buchauswahl und das **Puck's at the MCA.**

› 220 E Chicago, Di. 10–20, Mi.–So. 10–17 Uhr, $ 12, www.mcachicago.org, Red Line: „Chicago" oder u. a. Bus 3, 145, 146, 147, 151: „Michigan/Chicago"

50 John Hancock Center ★★★ [D2]

Neben dem Sears Tower ist das John Hancock Center der beherrschende Punkt in Chicagos Skyline. 1969 nach Plänen von Bruce Graham und dem Ingenieur Fazlur R. Khan (beide aus dem Architekturbüro SOM) erbaut, 1994 im Sockelbereich umgebaut und um eine Plaza erweitert, wirkt „Big John" mit seinen diagonalen Strebepfeilern wie ein Käfig oder eine Brückenkonstruktion.

Ästhetisch mag der Turm umstritten sein, doch Ende der 1970er-Jahre stand die Suche nach einer **technisch perfekten Lösung** für den (ohne Antennen) 343,50 m (mit Antennen 457m) hohen Bau noch im Vordergrund, weniger die Schönheit. Die Bauhöhe zwang zu einer damals noch wenig erprobten **Rohrkonstruktion für die tragenden Außenwände,** die durch Innenstützen ergänzt wurde. Die von Khan entwickelten **Diagonalverstrebungen** wurden zum Markenzeichen des Baus, ebenso die Verschlankung nach oben und die Verkleidung mit schwarzen Aluminiumtafeln und bronzefarbenem Glas. Architekt Graham und Ingenieur Khan fanden damit beim „Big John" eine komplett andere Lösung als beim Willis Tower 16 – für den die beiden ebenfalls federführend waren.

Die **Aussichtsplattform** ist zwar um neun Etagen niedriger als die des Willis Tower, aber dennoch eröffnet sich vom **John Hancock Center Observatory** im 94. Stock bzw. in 314 m Höhe ein toller Ausblick, unter Dach und im Freien. Dazu gibt es oben eine **Ausstellung** („History Wall"), das **Lavazza Espression Café** und sogar eine **Eislaufbahn,** den „World's Highest Ice Skating Rink". Besonders lohnt sich das Anstehen vor Kasse und Aufzug, wenn an Sommer- oder Herbstabenden ein Feuerwerk auf dem Navy Pier 54 stattfindet.

› 875 N Michigan Ave., Observatory täglich 9–23 Uhr (letzter Zugang 22.30 Uhr), $ 18 bzw. $ 24,50 (2 Tage gültig), Total Experience $ 28 (mit Skywalk), Fast Pass $ 35 (ohne Anstehen), Red Line: „Chicago“ oder u. a. Bus 3, 145, 146, 147, 151: „Michigan/Chestnut“, www.jhochicago.com/en

51 Fourth Presbyterian Church ★ [D2]

Bevor man den Strand erreicht, passiert man auf der Mag Mile noch einige interessante Bauten, z. B. die Fourth Presbyterian Church. Die Kirche duckt sich bescheiden im Schatten der Wolkenkratzer und dabei zählt ihr **Innenhof** zu den romantischsten Plätzen der Stadt, eine **Oase der Ruhe** inmitten all des Trubels der Mag Mile. Kaum war die Kirche 1871 eingeweiht, wurde sie durch das Große Feuer zerstört. Erst 1914 erfolgte nach einem Entwurf von Ralph Adams Cram, einem der Baumeister der New Yorker Cathedral of St. John the Divine, der Wiederaufbau. Nach dem Water Tower ist die Kirche – stilistisch eine Mischung aus englischer und französischer Neogotik – der **zweitälteste noch erhaltene Bau an der Mag Mile** und beherbergt eine der größten Orgeln der Welt mit 6603 Pfeifen. Hinter der Kirche liegt mit dem **Whitehall Hotel** (s. S. 287) ein empfehlenswertes Luxushotel.

› 126 E Chestnut St., Red Line: „Chicago“ oder u. a. Bus 3, 145, 146, 147, 151: „Michigan/Chestnut“

52 Oak Street Beach ★ [D1]

Auch die beiden letzten Blocks der Mag Mile protzen mit sehenswerter Architektur: **900 North Michigan Ave.** (1987–89) von Kohn Pedersen Fox und Perkins & Will ist mit seinen aufgesetzten Türmchen ein typisches Beispiel für die Postmoderne und beherbergt eine Shoppingmall. Daneben befindet sich mit Nr. 940–980: **One Magnificent Mile** (1983, Bruce Graham/Fazlur Khan von SOM) mit drei ungewöhnlichen hexagonalen Türmen. Auf der anderen Straßenseite liegen zwei weitere historische Bauten: Zum einen das **Palmolive Building** (919 N Michigan Ave./159 E Walton St.), 1928 bis 1929 von Holabird & Root im Art-déco-Stil erbaut und später zum Apartmentgebäude umfunktioniert, zum anderen das legendäre **Drake Hotel** (140 E Walton Pl.). Es war zu Silvester 1920 mit einem großen Ball eröffnet worden und fungierte als glamouröser Treff von Stars wie Marilyn Monroe, von Adeligen und Politikern. Noch immer gilt es als „Grand Dame“ der Hotels und Genießer finden sich v. a. gerne zum „Five o’Clock Tea“ im Palm Court ein.

Die Mag Mile endet am Hotel bzw. an der hier befindlichen Kreuzung mit der Oak Street, deren erster Block westwärts, bis zur Rush St., ebenfalls zahlreiche exklusive Designer- und Trendboutiquen wie Armani, Prada, Kate Spade, Ultimo oder Sonia Rykiel aufweist. Nördlich davon beginnt das Nobelwohnviertel Gold Coast und im Osten, am Lake Shore Drive, lockt der Strand: Oak Street Beach ist durch einen Fußgängertunnel nahe dem Drake Hotel erreichbar. Der Sandstrand ist sauber und weitläufig und lädt bei Hitze zum erfrischenden Bad ein.

EXTRAINFO

Informationen zur Mag Mile

Tipps zu Lokalen, Hotels, Shops, Events u. a. Aspekten der **Mag Mile** und auch Karten gibt es im Internet unter www.themagnificentmile.com.

Gastronomie und Shopping an der Mag Mile

Einkaufszentren wie **Westfield Shoppingtown North Bridge** (s. S. 23), **Water Tower Place** (s. S. 23) oder auch **900 North Michigan** (s. S. 23) bieten verschiedenste Shops und Lokale unter einem Dach. **Weitere Shops** an der Mag Mile sind z. B. Original Levi's Store (s. S. 24), Eddie Bauer (s. S. 24), Crate & Barrel (s. S. 26), Apple Store (s. S. 25), Hershey's (s. S. 27), The North Face (s. S. 24) oder Accent Chicago (s. S. 25).

- **210** [D2] **American Girl Place,** 835 N Michigan. Laden für große und kleine Mädchen.
- **211** [D3] **Niketown,** 669 N Michigan Ave. Sportladen der bekannten Marke.
- **212** [D2] **Streeterville Farmers Market,** MCA Plaza (Museum of Contemporary Art), 220 E Chicago St., Juni–Ende Okt. Di. 7–15 Uhr
- › **Billy Goat Tavern** (s. S. 31). Frühstück, Lunch und Dinner. Filiale u. a. am Navy Pier.
- › **Signature Room at the 95th** $$$, im 95. Stock des Hancock Center 50. Moderne Küche mit Ausblick, beliebt ist auch der Sonntagsbrunch.

53 River North ★ [C4]

Ursprünglich war River North – zwischen Chicago River und dessen Nordarm, Michigan und Chicago Ave. gelegen – ein **Industrie- und Arbeiterviertel.** Entlang der Kinzie Street war damals die erste **Eisenbahnlinie** der Stadt gebaut worden, die **Industrie** konzentrierte sich auf das Flussufer und die vom Nordarm umflossene Goose Island, während Richtung Michigan Avenue und nach Norden Wohnareale entstanden, die durch das Feuer 1871 zerstört, aber rasch wieder aufgebaut wurden. Östlich der LaSalle Street befanden sich die besseren Wohnviertel, westlich die eher dicht bevölkerten *neighborhoods* der Iren, Schweden und später Italiener. Hier befand sich auch das erste **Armenviertel** der Stadt, das „Irish Ghetto".

In den 1920er-Jahren begann der Niedergang des Areals, die Besserverdienenden zogen weiter nach Norden, in die Gold Coast 55, die Industrie wanderte an den Stadtrand ab und River North verfiel

057cg Abb.: mb

bis in die 1970er-Jahre rasant. Erst seit **Künstler** und **Galeriebesitzer** die alten Lagerhäuser entdeckten und in den letzten Jahrzehnten Restaurants, Boutiquen und Immobilienbüros folgten, geht es wieder bergauf. Heute sind die zu Wohnblöcken umgewandelten Büro- und Lagerhäuser am Fluss begehrte Adressen – ebenso die neu entstandenen Luxustürme wie die spektakulären **Residences at Riverbend** (333 N Canal St., DeStefano & Partners, 2002) am Zusammenfluss von Nord und Südarm.

Zu den wenigen wirklichen Sehenswürdigkeiten im Viertel gehört die **Holy Name Cathedral** (735 N State St.). 1874 nach Plänen von Patrick Charles Keely erbaut, 1915 umgebaut und 1969 renoviert, handelt es sich um die Hauptkirche der Erzdiözese Chicago. Ein dunkler Fleck in der Geschichte war 1926 die Ermordung von Hymie Weiss, einem der Hauptwidersacher von Al Capone, auf den Kirchenstufen, ein Highlight stellte hingegen der Besuch von Papst Johannes Paul II. 1979 dar.

Drei Blocks weiter südlich fällt ein eigenartiger Bau ins Auge: der **Castle Entertainment Complex (Excalibur)** (s. S. 38). 1892 von Henry Ives Cobb erbaut, wirkt er wie eine mittelalterliche Festung. Ein kritischer Zeitgenosse bezeichnete den Bau einmal als „pyramidalen Haufen von Sandsteinen". Die „Burg" wechselte häufig Besitzer und Funktionen und heute sind hier zwei Nightclubs, ein Kabarett und ein Pub zu finden.

Hauptachsen von River North sind die **Ontario** und die **Ohio Street** und an ihnen drängeln sich Lokale und Bars. Obwohl Einheimische die Ecke gerne als *tourist trap* (Touristenfalle) bezeichnen, ist querbeet alles vertreten: Ketten wie das Hard Rock Café oder lokale Legenden wie Portillo's Hot Dogs (s. S. 35). Irgendwo dazwischen liegen Restaurants wie Gino's East (s. S. 32) mit seiner legendären Deep Pan Pizza oder Ed Debevic's (s. S. 35). Rund 2,5 Mio. Gäste pro Jahr begrüßt die legendäre und angeblich weltweit meistbesuchte McDonald's-Filiale: Sie wurde als zweite Niederlassung der Kette 1955 nach dem Startschuss im Chicagoer Vorort Des Plaines eröffnet. **Rock'n'Roll McDonald's** ist prall gefüllt mit Andenken aus der Blütezeit des Rock'n'Roll (u. a. von Marilyn Monroe, Frankie Avalon, Little Richard, den Beatles, Elvis), darunter eine Corvette aus den 1960er-Jahren.

Auch unter Kunstfreunden hat sich River North einen guten Ruf erworben: Hier gibt es die größte Konzentration an **Kunstgalerien** (s. S. 49) außerhalb von Manhattan, speziell in **„SuHu"**, benannt

Chicago hat auch Strände zu bieten, hier der stadtnahe Oak Street Beach

058cg Abb.: mb

nach der Lage zwischen Superior und Huron, sowie Wells und Franklin St. Mittlerweile reicht der Gallery District bis zur Chicago Ave. im Norden bzw. bis zur Orleans St. im Westen.

› Red Line: „Grand" bzw. „Chicago" oder Brown/Purple Line: „Chicago"

Gastronomie und Shopping in River North

213 [C3] **Chicago Chop House** $$$, 60 W Ontario St., Tel. 312 7877100. In einem historischen Gebäude werden Steaks in allen Variationen angeboten, dazu gute Weinauswahl.

› **Ed Debevic's** (s. S. 35). Beliebter Diner, berühmt für Chiliburger und Fries.

› **Gino's East** (s. S. 32). Hier gibt es die legendäre Deep Pan Pizza.

214 [C3] **Hard Rock Café,** 63 W Ontario St. Restaurant mit Musikmemorabilien.

River North – früher ein Arbeiterviertel, heute beliebt für einen Bummel

› **House of Blues** (s. S. 39). Lokal und Bühne.

› **Portillo's** (s. S. 35). Preisgekrönte Hot Dogs und italienische Spezialitäten.

215 [C3] **Rainforest Café,** 605 N Clark/Ohio. Lokal mit Tropenambiente, gut für Kids.

216 [C4] **Rock Bottom Restaurant & Brewery,** 1 W Grand Ave. Filiale der mittelgroßen Brauerei aus Boulder/Colorado mit guten Bieren und Speiseangebot.

217 [C3] **Rock'n'Roll McDonald's,** 600 N Clark St. Weltweit zweite Niederlassung der berühmten Kette mit Andenken aus der Blütezeit des Rock'n'Roll.

218 [C3] **Weber Grill** $$, 539 N State St. Burger in verschiedensten Variationen, daneben andere BBQ-Gerichte, natürlich großteils vom gleichnamigen Grill.

› **after-words** (s. S. 25) und **Jazz Record Mart** (s. S. 25) sind beides empfehlenswerte Musikläden.

› **Fox & Obel** (s. S. 27). Gourmetlebensmittelgeschäft mit Imbisstheke.

› **Sports Authority** (s. S. 26). Großes Sportartikelkaufhaus.

54 Navy Pier ★★ [G4]

Der Navy Pier ist ein viel besuchtes **Vergnügungsareal** und eine der Hauptattraktionen der Stadt. Als „Family Entertainment Center“ mit Riesenrad, Karussell, Ausflugsbooten, Bühnen und Feuerwerk, einem Kinder- und einem Glasmalereimuseum, Shakespeare- und IMAX-Theatern, Läden, Imbissständen und Lokalen hat er viel für jeden zu bieten.

Der Pier hat eine wechselvolle **Geschichte** hinter sich. Nach dem „Master Plan of Chicago“, den D. H. Burnham 1909 entwickelte, sollten an Chicagos Seeufer fünf Piers entstehen. Realisiert wurde jedoch nur dieser eine rund 2,5 km lange Anlegepier für Fracht- und Passagierschiffe nahe der Mündung des Chicago River. Auf der einen Seite des Piers legten Frachtschiffe, auf der anderen Passagierdampfer an und an der Spitze wurde eine Veranstaltungshalle errichtet.

Die Bauarbeiten begannen 1914 und nach circa zwei Jahren und etwa $ 4,5 Mio. Baukosten wurde der **Municipal Pier** eröffnet. Während des Ersten Weltkriegs nutzte man die Lagerhallen auch zu Militärzwecken, danach entstand hier eine erste bescheidene Vergnügungsmeile: 1918 bis 1921 verband noch eine eigene Straßenbahnlinie Theater und Restaurants und es fanden regelmäßig Veranstaltungen statt.

Dann gewann wieder das **Militär** die Oberhand und 1927 wurde die Anlage in Navy Pier umbenannt. Bis 1946 nutzte die Marine das Areal, anschließend richtete die University of Illinois at Chicago hier einen Campus ein. In den 1960er-Jahren zog sie in den Südwesten der Stadt um. Schiffe legten weiter an, manchmal mehr als 200 Überseefrachter jährlich, und 1959 wurde eine **Erweiterung** dieses zu den größten Inlandshäfen weltweit zählenden Hafens um das South Dock nötig.

Mit der Verlagerung des Hafens zum Lake Calumet und dem Wegzug der Uni begann der Pier in den 1970er-Jahren mehr und mehr zu verfallen. Nachdem er 1977 als **Chicago Landmark** unter **Denkmalschutz** gestellt worden war, konnten 1994 endlich umfassende Sanierungs- und Renovierungsarbeiten für rund $ 150 Mio. in Angriff genommen werden. Nach Vorbild von Baltimores Inner Harbor und New Yorks South Street Seaport wurde das Areal erfolgreich in eine Freizeitattraktion verwandelt.

Durch den **Gateway Park**, die dem Pier vorgelagerte Grünanlage, die zugleich als Zugangs- und Verteilerbereich mit Taxiständen und Bus-Stopps dient, gelangt man zum **Family Pavilion**. Hier befinden sich das Navy Pier IMAX Theater (24 m breite Leinwand, 440 Plätze) und das **Chicago Children's Museum** (s. S. 45), dazu Läden und Lokale sowie ein **Infokiosk**. Den Abschluss des Family Pavilion nach Osten bildet der **Crystal Garden**, bestehend aus dem Navy Pier Market – vielerlei Verkaufsständen – im Erdgeschoss und einem Botanischen Garten unter Glas im Obergeschoss.

Von diesem „Glashaus“ erreicht man den **Navy Pier Park**, das Herzstück der Anlage. Hier befinden sich ein Kettenkarussell, ein nachgebautes historisches Musikkarussell und das alles überragende **Ferris Wheel**. Von 40 Gondeln aus hat man einen tollen Blick auf die Stadt. Das 45 m hohe Riesenrad ist ein verkleinerter Nachbau des 80 m hohen Originals, das 1893 anlässlich der Weltausstellung gebaut und 1904 zur Weltausstellung nach St. Louis geschafft worden war. Zu Füßen des Riesenrads liegt eine **Minigolfanlage** – an jedem der 18 Löcher wurde ein Wahrzeichen der Stadt als Hindernis oder Bunker nachgebaut –, dahinter die **Skyline Stage,** eine Freilichtbühne mit 1500 Plätzen, wo von Mai bis September Konzerte und Veranstaltungen stattfinden und im Winter eine Eisbahn eingerichtet wird.

Im Süden des Navy Pier Parks führen Treppen hinunter auf Straßenniveau, zu den **South Arcade Shops.** Außer Läden gibt es Lokale wie Billy Goat Tavern and Grill, Imbissbuden wie Häagen-Dazs (mit Internetzugang) sowie Attraktionen wie „Time Escape 3D Thrill Ride" oder „Amazing Chicago's Funhouse Labyrinth". Mittendrin befindet sich seit 1999 das Shakespeare Theater (s. S. 42).

Entlang der South Arcade verläuft im Freien die **Dock Street,** Fußgängerzone (Pier Walk) und Straßenbühne in einem. Hier legen Ausflugsboote und Wassertaxis an und Skulpturen-Ausstellungen finden statt. Den größten Teil des Piers machen im Osten große Ausstellungs- bzw. Veranstaltungshallen aus. Im Durchgangsbereich lohnt das **Smith Museum of Stained Glass Windows** (s. S. 48). Es stellt mit seiner Fülle an religiösen und profanen Buntglasfenstern vom 19. Jh. bis heute ein Unikum in der Museumslandschaft dar. Ein Schwerpunkt liegt auf Art-nouveau-Glaskunst aus Chicago und modernen Glasfenstern. Es gibt Werke von Louis Comfort Tiffany, John LaFarge oder F. L. Wright zu bestaunen, aber auch Werke bayerischer Künstler, die für Auftraggeber in Chicago, zumeist Kirchen, arbeiteten. Dazu gehören Fenster im sogenannten Munich Style von Franz Xaver Zettler, der Franz Mayer'schen Hofkunstanstalt (beide München) oder der TGA/Tyroler Glas Anstalt (Innsbruck). Sie alle unterhielten einst Studios in Chicago und ihre Fenster waren bei katholischen Einwanderern jeglicher Nationalität in der zweiten Hälfte des 19. Jh. beliebt. Am äußersten Ostende des Piers – dem **Historic East End** – lohnt ein Blick in den prächtigen **Grand Ballroom,** wo immer wieder Veranstaltungen wie das Annual Powwow (s. S. 18) stattfinden.

› 600 E Grand Ave., www.navypier.com, kostenloser Trolley zwischen State St. und Navy Pier entlang Grand Ave. und Illinois St. (Ende Mai–Anf. Sept., tgl. 10–22, Fr./Sa. bis 0.30 Uhr), außerdem Bus Nr. 29, 65, 66 oder 124: „Navy Pier", geöffnet: So.–Do. 10–23, Fr./Sa. 10–1 Uhr, im Winter verkürzt, Mai–Ende Aug. Mi. 21.30 und Sa. 22.15 Uhr Feuerwerk. Ausgangspunkt für Ausflugsboote wie Odyssey Cruises oder Tall Ship Windy sowie Fahrradverleihstation (s. S. 278).

059cg Abb.: mb

KLEINE PAUSE

Kühles Blondes vor Traumkulisse

Beer Garden at Navy Pier bietet nicht nur Gelegenheit zur Stärkung mit einem kühlen Bier, von der Promenade aus hat man dazu einen traumhaften Ausblick auf die Stadt, den Pier und den See.

219 [H4] **Beer Garden at Navy Pier,** 700 E Grand Ave.

55 Gold Coast ★ [dl]

Die **Gold Coast** erstreckt sich zwischen Lake Michigan (O) und LaSalle St. (W) sowie Oak St. bzw. Washington Square (S) und North Ave. (N) und ist Teil von Near North. **Old Town** 57 schließt sich nördlich an, wird durch North Ave., Lincoln Park, Chicago River und Armitage Ave. begrenzt und bildet ein eigenes Viertel. Einst standen beide in krassem **Gegensatz** zueinander: Die Gold Coast war das Wohnviertel der Betuchten, ersichtlich an prächtigen Villen, großen Reihenhäusern und Apartmenthochhäusern, in Old Town hingegen lebten die Ärmeren in kleinen Häuschen entlang enger Straßen. Mittlerweile haben sich die Standesgrenzen verwischt, zumal in Old Town die ehemaligen Arbeiterhäuschen liebevoll restauriert und modernisiert wurden und damit beliebte Adressen geworden sind.

Bis ins späte 19. Jh. hinein war die Gold Coast **Brachland** und nahe der North Ave. befand sich ein katholischer Friedhof. Nachdem Chicago 1880 Erzdiözese geworden war, ließ sich Erzbischof Feehan auf diesem Kirchenland eine Villa errichten. Dann erwarb 1882 Kaufhauschef und Hotelier Potter Palmer Teile des Grundstücks zwischen Banks St. und Burton Place am Lake Shore Dr. und beauftragte Ives Cobb und Charles S. Frost zwischen Schiller und Banks St. das „Palmer Castle" zu bauen (1950 abgerissen). Reste des Landes verkaufte Palmer an wohlhabende Chicagoans weiter und machte damit bis zu 400 % Gewinn.

Bis um 1900 waren viele kleine Luxusvillen, aber auch Apartmenthäuser entstanden, zunächst im Bereich des Lake Shore Drive, dann in den angrenzenden Straßen Astor, Burton und Dearborn. Architektonisch waren alle Stile der Zeit vertreten – Italianate, Queen Anne und Romanesque ebenso wie Neo-Classical oder Georgian Revival – und allein dieser Umstand macht einen Spaziergang durch die **Astor Street** lohnend. Sie wurde 1975 unter Denkmalschutz gestellt, zu einer Zeit, als sich das Gesicht des Viertels durch den Bau großer (und vielfach charakterloser) Wohnblöcke bereits enorm gewandelt hatte.

Der **Washington Square** (Red Line: „Chicago") gilt als **erster öffentlicher Park** und wurde 1842 angelegt. Er bildet den Schnittpunkt zwischen Gold Coast (Norden) und River North (Süden) und ist eine angenehm grüne Ruheoase mitten im Großstadtrummel. Berühmt wurde der Park, als hier 1855 deutschstämmige Biergarten- und Kneipenbesitzer gegen Änderungen der **Alkohollizenz** protestierten. Protestantische, immigrantenfeindliche Gruppen hatten gegen deutsche und irische Katholiken polemisiert und der neue „Law and Order"-Bürgermeister Levi Boone stand wie die „Chicago Tribune" auf Seiten der Abstinenzler. Seine

Kunstwerk am Navy Pier, einem Vergnügungsareal am See

Erhöhung der Lizenzgebühr bei gleichzeitiger Senkung der Gültigkeitsdauer stieß auf heftigen Widerstand seitens der trinkfreudigen Deutschen und Iren. Als dann auch noch eine Schließung der Kneipen an Sonntagen gefordert wurde, kam es, angeführt von deutschstämmigen Chicagoans, die damals gut ein Drittel der Bevölkerung stellten, am 21. April 1855 zum Aufstand. Der **„Lager Beer Riot"** wurde zwar mit Waffengewalt niedergeschlagen, doch hatte die radikale Stadtverwaltung nicht lange Bestand.

Am Nordrand des Parks liegt die **Newberry Library** (s. S. 48). Dem Kaufmann, Bankier und Immobilienspekulanten Walter L. Newberry ist diese „für jedermann frei zugängliche Bibliothek" zu verdanken. 1892 wurde aus seinem Nachlass ein Gebäude errichtet, das mit rund 1,5 Mio. Büchern, 5 Mio. Manuskripten und 75.000 Landkarten nicht nur eine großartige Bibliothek ist, sondern zugleich **eine der wichtigsten Forschungs- und Bildungseinrichtungen in den USA.** Kulturprogramme, Veranstaltungen, Lesungen und Wechselausstellungen finden statt, Letztere vor allem dank der beachtlichen Sammlung zu Geschichte und Kultur Westeuropas vom Mittelalter bis zur Mitte des 20. Jh. und Amerikas von den frühen Anfängen bis heute. Nicht zuletzt stammt das wohl wichtigste Kompendium zur Geschichte der Stadt von hier: die „Encyclopedia of Chicago" mit über 1000 Seiten.

Am Ostrand des Parks erhebt sich die **Scottish Rite Cathedral** (935 N Dearborn St.) von 1867 – eines der besten und ältesten Beispiele für einen Bau aus dem berühmten Kalkstein aus Joliet 87. Die Holzbauteile wurden beim Feuer 1871 zerstört, 1873 wurde renoviert und der Südturm kam 1882 dazu. Neben der Kirche errichteten 1888 Cobb & Frost das **John Howland Thompson House** (heute Scottish Rite Bodies), das mit dem Glessner House (s. S. 46) vergleichbar ist.

Nur wenige Schritte vom Washington Square entfernt, liegt nicht nur die Mag Mile 47, sondern auch die **Rush Street.** Sie ist besonders im Bereich der Division St. lebhaft und dicht mit Kneipen, Cafés, Restaurants und Klubs bestückt. „Viagra Triangle" nennen die Einheimischen spöttisch das Areal, da viele der Bars bei älteren Herren beliebt sind. Der Schwerpunkt liegt zwischen Cedar und Division St. und ein Wandel ist spürbar: Es ziehen vermehrt noble Boutiquen und Lokale ein und mehr und mehr Apartments entstehen.

56 Chicago History Museum ★★ [dk]

Günstiger Ausgangspunkt und Informationsquelle für einen Rundgang durch die Gold Coast und Old Town ist das Chicago History Museum. Gegründet wurde das Museum von der **Chicago Historical Society (CHS)** im Jahr 1856 und zum 150. Geburtstag 2006 erfolgte eine grundlegende Umgestaltung.

Unter dem Motto **„Chicago: Crossroads of America"** geht es in dem sehenswerten multimedialen Museum mit vielen 1:1-Modellen (Pioneer Locomotive, „L" Car Nr. 1 etc.) um die **Geschichte der Stadt**, von Fort Dearborn und „Frontier Chicago", über Abraham Lincoln bis hin zum großen Feuer und anderen wichtigen Ereignissen in der Stadtgeschichte. Außerdem gibt es übergreifende Wechselausstellungen zur Stadt und zum Staat Illinois, eine interessante Sammlung von Dioramen aus den 1950er-Jahren mit Szenen aus der Stadtgeschichte von der Gründung 1804 bis zur Weltausstellung von 1893 sowie eine eigene Children's Gallery.

„Schätze“ sind beispielsweise Abraham Lincolns Totenbett und Souvenirs von den Weltausstellungen, während ein Leckerbissen für Autofreunde im Foyer steht: ein liebevoll renovierter 1978 Chevrolet Monte Carlo Lowrider.

Auch der **Bau** selbst ist interessant: 1932 von Graham, Anderson, Probst & White (Fassade zum Lincoln Park) errichtet, fügten 1988 Holabird & Root die moderne Clark Street Addition hinzu. 1989 wurde die **Skulptur** „Commemorative Ground Ring“ von Sheila Klein aufgestellt.

Gegenüber dem Chicago History Museum fällt ein imponierender Kirchenbau auf: die **Moody Church** (5 N LaSalle St./North Ave.) – einer der größten protestantischen Kirchenbauten im Mittleren Westen. Gegründet hat die Gemeinde der Bostoner Schuhverkäufer und Evangelist Dwight L. Moody, der 1856 nach Chicago gekommen war. Die Backsteinkirche war 1925, inspiriert von der Hagia Sophia, erbaut worden.

Wenige Schritte östlich des Museums liegt am Rand von Lincoln Park die **Cardinal's Mansion** (1555 N State/Astor St.), Sitz der katholischen Erzdiözese, 1880 von Alfred F. Pashley im Queen Anne Style erbaut. Daran schließt sich der **North Astor Street District** mit zahlreichen alten **Nobelvillen** an: z. B. die Patterson-McCormick Mansion (1500 N Astor St./Burton Pl.) von 1892 (Stanford White), das Edward P. Russell House (1444 N Astor St.) von 1929 aus dem Büro von Holabird & Root oder das Carnley-Persky House (1365 N Astor St., Touren Mi. 12 und Sa. 10/12 Uhr, $ 10) aus dem Jahr 1891 von Louis Sullivan und F. L. Wright. „39 East Schiller“ ist ein Wohnhochhaus und wurde 1895 von William LeBaron Jenney erbaut. „Playboy“-Erfinder **Hugh Hefner** richtete in der 1336 N State St. seine erste „Playboy Mansion“ ein.

› 1601 N Clark St./North Ave., am Lincoln Park, Brown/Purple Line: „Sedgwick“ oder Bus Nr. 22 oder 36: „North/Clark“, Mo.–Sa. 9.30–16.30, So. 12–17 Uhr, $ 14, www.chicagohs.org. Mit Big Shoulders Café, gut sortiertem Museumsshop und vielseitigem Veranstaltungskalender mit Lesungen, Vorträgen und Filmen sowie Touren.

57 Old Town ★★ [dk]

Bis Mitte des 19. Jh. galt Old Town als „Vorgarten“ der Stadt, denn hier hatten sich viele **deutsche Bauern** niedergelassen. 1852 war die Kirchengemeinde St. Michael entstanden, in der nach dem Großen Feuer 1871 viele einfache Leute Obdach suchten, bis die *relief shanties,* provisorische hölzerne Einraumhäuser, fertig waren. Diese wurden nach und nach vergrößert und das Holz durch brandsichereren Ziegel ersetzt.

Auch nach dem Brand blieb Old Town ein Zentrum der deutschen Immigranten, daher tauchen Namen wie Schiller oder Goethe in Straßennamen auf. Lange Zeit nannte man den Abschnitt der North Ave. bis zur Halsted auch **„German Broadway“.** Später wanderten andere Nationalitäten zu, besonders aus Osteuropa, und in den 1940er-Jahren war nicht mehr viel Deutsches übrig. Rund 20 Jahre später entstand ein Zentrum der **Künstler** und Aussteiger und die Wells Street wurde zum Treff der „Gegenkultur“. Heute handelt es sich wieder um ein eher exklusives **Wohnviertel.**

Das Zentrum von Old Town ist wie eh und je die **N Wells Street** südlich und nördlich der North Avenue mit ihren Läden, Restaurants und Cafés. Eine Institution ist die **Piper's Alley Commercial Mall** (s. S. 183), 1974 bis 1977 von dem postmodernen Stararchitekten Stanley Tigerman erbaut. Außer Shops und Lokalen befindet sich hier das bekannte **Second City Theatre,** in dessen Foyer ein Terrakottafries des abgerissenen Schiller Theater (von Adler & Sullivan) mit den Porträts bedeutender deutscher Dichter und Philosophen angebracht ist.

Die Pipers Alley liegt bereits im **Old Town Triangle District.** Im Bereich zwischen N Clark St., Lincoln Park, W North Ave. und W Armitage Ave. datieren noch zahlreiche Bauten in die Zeit um 1900, als hier die deutsche Gemeinde lebte. Man schlendert durch begrünte Wohnstraßen, manche noch mit Backsteinbelag, vorbei an historischen Häusern. Ein besonders schönes Beispiel ist die **W Eugenie Street** mit den Olsen-Hansen Row Houses (Nr. 164–172), fünf von ursprünglich zwölf Reihenhäusern

060cg Abb.: mb

von 1886, die ein norwegischer Architekt entwarf.

In der **Menomonee Street** (zwischen North Park und Sedgwick St.) stehen neun historische Häuschen, die eine Vorstellung geben, wie die Stadt vor dem Brand 1871 ausgesehen hat. Besonders interessant ist Nr. 348, eines der wenigen erhaltenen *fire relief cottages.* Diese Einraumhäuser wurden unmittelbar nach dem Brand Betroffenen zur Verfügung gestellt. Eine Reihe von Häusern in der **Sedgwick Street** (Nr. 1811–1847, Menomonee-Wisconsin St.) – genannt „The Beauty Pageant" – stellen ein Beispiel für den Städtewohnbau der 1970er-Jahre dar. Nachdem eine einheitliche Bebauung nicht zustande gekommen war, ging jeder seinen eigenen Weg und so entstand ein wildes Konglomerat unterschiedlichster Baustile, Farben und Formen. Stanley Tigerman, einer der beteiligten Architekten, meinte hierzu: „This is an American Street ... It's quiet, dumb, Wild West, egocentric, and typically American."

In der **St. Michael's Roman Catholic Church** (447 W Eugenie St.) lag einst der religiöse und kulturelle Nukleus der deutschen Gemeinde. Die Kirche wurde 1869 erbaut, 1871 zerstört und im Folgejahr durch August Wallbaum wiedererrichtet. 1888 und 1913 folgten Umbauten, 1889 kam eine Uhr dazu und im Laufe der Zeit wurde die Kirche mit zahlreichen Werken deutscher Künstler ausgestattet, sodass man heute eine beeindruckende bayerisch-barocke Innenausstattung bewundern kann. Der Hochaltar stammt aus der Werkstatt von E. Hackner & Sons aus La Crosse/Wisconsin und die Buntglasfenster aus der Franz Mayer'schen Hofkunstanstalt München

KLEINE PAUSE

Pause in Old Town

Zur Brotzeit oder auf ein kühles Bier in Old Town empfiehlt sich das **Old Town Ale House,** seit über 30 Jahren eine Institution in Old Town.

223 [dk] **Old Town Ale House,** 219 W North Ave., Mo.-Fr. 15-4, Sa. 12-5, So. 12-4 Uhr

– sie waren 1902 anlässlich des Goldenen Jubiläums der Gemeinde geschaffen worden.

Noch weiter westlich liegt am ehemaligen „German Broadway“ das **Steppenwolf Theater** (s. S. 43), das zu den renommiertesten Bühnen der Stadt zählt. In zwei Sälen fanden und finden Aufführungen von Stücken berühmter Autoren wie Tennessee Williams, John Steinbeck oder William Faulkner statt.

› Brown/Purple Line: „Sedgwick“ oder Bus Nr. 22 oder 36: „North/Clark“

Gastronomie und Shopping in Gold Coast und Old Town

220 [dk] **Nookies** $-$$, 1746 N Wells St. Kleines Restaurant, preiswerte und leckere Gerichte, gemütlich und mit Freiplätzen. Tgl. Frühstück, Lunch und Dinner, prima Salate und Sandwiches!

› **Tavern on Rush (s. S. 32).** Bekannt für Steaks und Seafood.

221 [dk] **Handle with Care,** 1704 N Wells St. Ein Laden mit ausgefallener, dennoch preiswerter Mode.

222 [dk] **Piper's Alley Commercial Mall,** N Wells St./North Ave. Mit Second City Theater, Läden und Lokalen wie Adobe Grill (1610 N Wells St.), mexikanische Küche.

› **Treasure Island Foods** (s. S. 27). Supermarkt mit Ware aus aller Welt.

Northside Neighborhoods

Chicagos Norden beginnt streng genommen schon am Nordufer des Chicago River. Das Viertel der „North Siders“ erstreckt sich zwischen dem Fluss und seinem Nordarm sowie dem Lake Michigan. Von jeher als Wohnareal beliebt, wurde die North Side weit über die Stadt hinaus bekannt als Heimat des Baseballvereins Chicago Cubs.

In der North Side befand sich früher einmal das Zentrum des „deutschen Chicago“ und zu dessen berühmten Bewohnerinnen zählte die bayerische Dichterin **Emerenz Meier** (s. S. 188).

Auch hier im Norden hatten sich die Siedlungen um einen alten Indianerpfad herum entwickelt, der später als „Green Bay Trail“ von weißen Siedlern benutzt und ausgebaut wurde. Noch heute stellt er als **North Clark Street** eine wichtige Verkehrsachse aus der Stadt in Richtung Norden dar und durchzieht viele Stadtviertel der North Side zugleich als Lebensader.

In Old Town laufen die Uhren langsamer und es geht idyllisch zu

Chicagos Neighborhoods

Chicagos „neighborhoods" oder ***Stadtviertel*** *sind ebenso besonders wie unterschiedlich. Einige wirken wie kleine eigenständige Gemeinden und sind von einer bestimmten* ***ethnischen Gruppe*** *geprägt, andere sind „nur" lebhafte Stadtteile mit besonderem Flair.*

Die vormals zahlreich existierenden ethnischen Viertel haben sich in den letzten 50 Jahren stark verändert. Vermehrt sind Menschen aus dem Zentrum in die „suburbs", die Vororte, gezogen und vielfach blieben dort nur noch rudimentär ethnische Charakteristika wie spezielle Läden oder Restaurants erhalten.

Ein gutes Beispiel für diese Entwicklung ist das Viertel ***Pilsen:*** *Um 1910 galt es noch als drittgrößte böhmische Stadt der Welt, heute ist es Zentrum der Spanisch sprechenden Chicagoans und wird „La Villa Chiquita" bzw. „Little Village" genannt. Auch in* ***Polish Chicago*** *muss man mittlerweile nach typisch Polnischem suchen, die meisten polnischstämmigen Chicagoans leben heute nämlich in den Vororten.* ***Lincoln Square,*** *einst fest in deutscher Hand, trägt mit Ausnahme von ein paar Läden und Kneipen kaum noch deutsche Züge. Entsprechendes gilt für* ***Little Italy.*** *Andererseits hat sich in* ***Greektown*** *oder* ***Chinatown*** *der ethnische Charakter noch deutlicher erhalten.*

Dennoch wirken die Stadtviertel Chicagos alles andere als gleichförmig. Dazu verlief die Entwicklung zu unterschiedlich: In einem Stadtteil zogen beispielsweise vermehrt Künstler und Intellektuelle zu und es bildete sich eine Alternativszene heraus, in anderen entstand ein Schwulenzentrum oder aber ein Latino-Viertel.

Generell ist in den letzten Jahren ein neuer Trend feststellbar: die Rückkehr der Jüngeren in die Stadt. Oft zwar nicht mehr in jene Viertel, in denen einst ihre Eltern wohnten, und nicht mehr in ärmliche Reihenhäuser, Firmenwohnungen oder Wohnblöcke, sondern in neu errichtete Condos, Stadthäuser und Apartments – gehäuft im South Loop, Old Town, Lincoln Park, Lakeview und Wicker Park/Bucktown zu finden – oder in großzügige Lofts in ehemaligen Lagerhäusern oder Fabrikbauten. Es sind ***lebendige, bunt gemischte Viertel*** *entstanden, die eher von besonderen gemeinsamen Interessen der Bewohner als von deren Herkunft geprägt sind.*

Von Migrationsbewegungen sind die Viertel der ***sozial Schwächeren*** *im Westen und Süden der Stadt hingegen kaum betroffen. Hier lebt die Mehrheit der afroamerikanischen und hispanischen Bevölkerung. Der Anteil der Hispanics, besonders im Süd- und Nordwesten, hat in den letzten Jahren enorm zugenommen – von 2 % im Jahr 1980 auf derzeit rund 26 % – und ist weiter steigend. In Chicagos Humboldt Park ist heute beispielsweise die drittgrößte puerto-ricanische Gemeinde der USA nach New York und Florida zu Hause.*

Für ***Sightseeing*** *im eigentlichen Sinne sind nur* ***wenige Viertel geeignet,*** *dafür macht es Spaß, mehr oder weniger ziellos durch die Straßen zu bummeln und nach Lokalen und Shops Ausschau zu halten.*

Offiziell gibt es insgesamt 77 „neighborhoods" in Chicago, wobei manche Teile größerer Stadtbezirke sind. In den folgenden Kapiteln kann es nicht um Vollständigkeit gehen, sondern vielmehr um eine Charakterisierung prägnanter Viertel. Ein weiteres Auswahlkriterium war die gute Erreichbarkeit mit öffentlichen Verkehrsmitteln, v. a. mit der „L".

Zu den Vierteln, die besonders einen Besuch lohnen, gehören neben Wicker Park/ Bucktown auch Lakeview (Boystown und Wrigleyville) und Lincoln Park.

Stadtviertel im Überblick:

- 65 *[S. 326]* ***Andersonville:*** *schwedisches Erbe und neben Boystown zweites Zentrum der LGBT-Szene*
- 75 *[S. 336]* ***Bridgeport:*** *bis heute fest in irischer Hand. Hier befand sich einst der Schlachthof, heute ist hier das Baseballstadion der White Sox, das U.S. Cellular Field (Comiskey Park).*
- › ***Boystown:*** *ein Teil von* ***Lakeview*** 61, *zwischen N Halsted St. und Broadway sowie Belmont Ave. und Addison St., in dem eine große LGBT-Gemeinde zu Hause ist*
- 74 *[dp]* ***Chinatown:*** *Es gibt zwei asiatische Zentren: eines am Rand des South Loop und eines in der North Side im Viertel Uptown.*
- › ***Devon Avenue:*** *Zentrum indischer und südostasiatischer Bewohner im Norden um die Kreuzung Devon Ave./N Clark St.*
- 67 *[cn]* ***Greektown:*** *Abschnitt der S Halsted St. zwischen W Van Buren und W Adams St., der ein bisschen an Athen erinnert*
- › ***Historic Bronzeville:*** *das historische Zentrum der Afroamerikaner im Süden*
- › ***Humboldt Park:*** *Heimat der Puerto Ricaner*
- 77 *[S. 336]* ***Hyde Park/Jackson Park:*** *Einst Zentrum der Weltausstellung 1893, handelt es sich heute um die Heimat der University of Chicago und des Museum of Science and Industry sowie um den vormaligen Wohnort des Präsidenten Obama – der „First Neighborhood".*
- 58 *[ck]* ***Lincoln Park:*** *berühmt für den Zoo, aber auch ein beliebtes Wohnviertel junger Leute*
- 66 *[ag]* ***Lincoln Square:*** *das frühere deutsche Zentrum*
- › ***Little Italy:*** *nur noch ein Hauch von Italien im Westen Chicagos*
- › ***Pilsen/Little Village:*** *Hier wurden die Tschechen von den Latinos abgelöst.*
- › ***Polish Chicago:*** *einst die größte „polnische Stadt" nach Warschau, heute nur noch ein schwacher Abglanz dieser Zeit*
- 82 *[S. 326]* ***Pullman Historic District:*** *einstige Eisenbahnersiedlung im Süden*
- › ***Ukrainian Village:*** *kleines Wohnareal der Ukrainer im Westen*
- 70 *[bl]* ***Wicker Park und Bucktown:*** *einst Teil von Polish Chicago, heute trendige Alternativviertel im Westen*
- › ***Wrigleyville:*** *lebendiger Teil von Lakeview rund um das Baseballstadion der Cubs, das Wrigley Field* 62

58 Lincoln Park ★★ [ck]

Genau genommen ist auch das unter „River North" vorgestellte Old Town 57 bereits Teil von Lincoln Park, doch das Viertel ist weit größer und hat mehr zu bieten, z. B. den gleichnamigen Park am See mit Zoo, Notebaert Nature Museum (s. S. 48) und Lincoln Park Conservatory. Das Viertel **Lincoln Park** erstreckt sich zwischen North Ave. und Diversey Pkwy. sowie Lincoln Park/Lake Michigan und Halsted St. Westlich der Halsted Street bis zum Nordarm des Chicago River grenzt **DePaul** an, benannt nach der katholischen **Universität**, deren Campus im Zentrum liegt.

Beide Viertel haben einen **Wandel** wie kaum eine andere Region durchgemacht. 1824 befand sich im Sumpfgebiet lediglich ein kleiner Posten der **US Army**, zu dem sich einige Bauern gesellten. Dann legte die Stadt am LaSalle Drive einen **Friedhof** an, von dem als einziges Grabmonument das Couch Mausoleum erhalten ist – hier liegt Ira Couch, einer der ersten Hoteliers der Stadt, der 1835 das Tremont House eröffnete, begraben. Nach dem Feuer 1871 breitete sich die **Industrie** entlang dem Nordarm des Chicago River aus und neue Arbeiterwohnviertel entstanden.

Zusammen mit Lakeview wurde Lincoln Park 1889 eingemeindet und mit dem Bau der Northwestern Elevated Railroad begann der Zustrom **neuer Siedler.** Nahe dem Seeufer lebten besser situierte Deutsche, westlich davon der Mittelstand (Deutsche, Polen und Iren). Bis in die 1920er-Jahre hinein hielt die Entwicklung zum Wohngebiet an, nach dem Zweiten Weltkrieg wirkte sich die **Landflucht** dann gravierend aus. Um 1950 sagte man das Ende von Lincoln Park voraus – doch in den 1960er- und 1970er-Jahren entdeckten die Chicagoans den

061cg Abb.: mb

KLEINE PAUSE

Bier mit Häppchen

Der **Goose Island Brewpub** (s. S. 40) schenkt in zwei Brewpubs eigenes Bier in verschiedenen Sorten vom Fass aus, dazu gibt es schmackhafte Gerichte wie Chicken Wings, Burger, Suppen, Salate oder Sandwiches.

Wohnwert der Region neu. Das führte dazu, dass Lincoln Park und DePaul heute zu den **vitalsten und ethnisch durchmischtesten Wohnvierteln** zählen.

Der Lincoln Park, die **Grünanlage**, ist die „gute Stube" der Stadt und an Wochenenden ein beliebtes Ausflugsziel. Der **Parkrundgang** kann leicht mit einem Besuch des Chicago History Museum 56, an der Südwestecke gelegen, kombiniert werden, **Bus** oder die **„L"** bringen einen dorthin. Eine weitere gute Möglichkeit, den Park zu entdecken, ist per **Fahrrad** (s. S. 278).

In den 1850er-Jahren hatten die Chicagoans bereits gefordert, das Areal an der damals nördlichen Stadtgrenze zu einer Parkanlage umzugestalten. Nach Auflösung des Friedhofs und zusätzlichem Landerwerb wurde 1860 „Lake Park" angelegt und um ihn herum entstanden erste Wohnareale. 1865 wurde diese Grünanlage nach der Ermordung des Präsidenten in Lincoln Park umbenannt. Die Stadt stiftete $ 10.000, der Landschaftsgärtner Swain Nelson entwarf einen ersten Plan und 1869 gab es drei Verwaltungseinheiten: South, West und Lincoln Park Commission. Überlaufbecken wurden angelegt und die damit verbundenen Landaufschüttungen vergrößerten nach 1885 das Parkland erheblich. 1934 wurde der **Chicago Park District** ins Leben gerufen und der Lincoln Park wurde nordwärts bis zur Foster Ave. ausgeweitet. In den 1950er-Jahren wuchs er auf die heutige Größe von knapp 500 ha an.

› Red/Brown/Purple Line: „Fullerton" (ins Viertel) bzw. Bus Nr. 151 und 156: „Stockton/Fullerton" (zum Park)

Der Eli Bates Fountain von 1887 im Lincoln Park vor der Stadtkulisse

59 Lincoln Park Zoo ★ [dk]

Dem Park zum See hin vorgelagert ist der **North Ave. Beach** mit vielerlei Sport- und Freizeitmöglichkeiten und dem North Avenue Beach House (1600 N Lake Shore Dr.) von 1938, das einem Dampfschiff gleicht. Im Zentrum des Parks, der sich zwischen dem gleichnamigen Viertel und dem Lake Michigan erstreckt, befindet sich der **Lincoln Park Zoo**, zu dem es drei Zugänge gibt: im Osten (Cannon Dr., vom Parkplatz), im Süden (Dr. Lester Fisher Dr., für Fußgänger) und Westen (Stockton Dr., Bus-Stopp).

Den Betrieb aufgenommen hatte der Zoo 1868 und damit gilt er als einer der ältesten in Nordamerika. Nach Schenkungen verschiedener Tiere, konnte der Zoo 1874 sein erstes selbst kaufen: ein Bärenjunges, das derart beliebt wurde, dass sich der 1876 gegründete Baseballverein später den Spitznamen „Cubs" („cub" wird hier für „Bärenjunges" verwendet) gab. Hauptattraktion ist heute v. a. das Affenhaus („Center for African Ape"), außerdem sehenswert ist „African Experience", eine afrikanische Landschaft mit entsprechenden Tie-

Emerenz Meier – ein „geniales Bauerndirndl“ in Chicago

Kaum jemand in der deutschen Gemeinde Chicagos wusste, dass unter ihnen eine bereits berühmte **Dichterin** *weilte: Emerenz „Senz“ Meier, im Deutschland des ausgehenden 19. Jh. als „literarisches Ereignis“ und „geniales Bauerndirndl“ gefeiert. 1874 als Wirtstochter in Schiefweg bei Waldkirch im Bayerischen Wald geboren, war die Dichterin mit ihrer Mutter im März 1906 ihrem Vater und zwei Schwestern nach Chicago gefolgt. Der Traum vom Wohlstand sollte sich für sie jedoch nicht erfüllen und verarmt, verbittert und vom übermäßigen Genuss des selbst gebrauten Bieres gezeichnet, starb sie 1928 54-jährig in Chicago.*

Obwohl schon als Kind lesebegierig und begabt, war der Wirtstochter kaum Zeit geblieben, um ihren Talenten nachzugehen. Stattdessen war ihre Hilfe auf dem väterlichen Hof und im Wirtshaus gefragt. Erst als es ihr nach 1893 gelang, ihre **Gedichte zu veröffentlichen,** *schwand die anfängliche Skepsis der Eltern. Beflügelt durch ihre Freundschaft mit Auguste „Gusti“ Unertl und dem Arzt Hans Carossa, der Meier 1898 als schwärmerischer Medizinstudent kennengelernt hatte, versuchte sich die „Naturdichterin“ als frei schaffende Künstlerin. Würdigung fand vor allem ihre Fähigkeit, in ihren volkstümlichen Geschichten* **Naturalismus** *mit der* **Heimatkunst** *zu verbinden – dabei klang jedoch immer wieder Verbitterung über das Unrecht in der Welt durch.*

Eine kurze Affäre mit Hugo Miller aus Würzburg ermöglichte ihr zwar einen Bildungsaufenthalt in der Unistadt, doch nach Hugos Entscheidung, Pfarrer zu werden, scheiterten ihre Träume, als **Lehrerin** *zu arbeiten – ebenso wie die Eröffnung eines „Literarischen Wirtshauses“. So blieb nur der Ausweg, dem Vater und den beiden Schwestern ins gelobte Land* **Amerika** *zu folgen. Zwar war sie als Dichterin damals bereits angesehen – berühmt sind bis heute ihre Gedichte „Mein Wald, mein Leben“ oder „Wödaschwüln (Hü, meine Öchsl, hü!)“ –, doch in den USA sollte sich ihre Lage nicht zum Besseren ändern.*

1907 **heiratete** *die 33-Jährige den Auswanderer Josef Schmöller, doch die Ehe, aus der 1908 der Sohn Joseph Frank hervorging, war unglücklich. Nach dem frühen Tod ihres Mannes heiratete sie 1910 den Schweden John Lindgren. Mit ihm erlebte Senz in* **Lakeview** *(W Wellington Ave. Nr. 1239, dann Nr. 1254) im Haus ihrer Schwester Marie die glücklichsten Jahre ihres Lebens. 1919 nahm Emerenz den Briefkontakt zu ihrer Waldkirchener Freundin und Förderin Gusti Unertl wieder auf und in diesen* **Briefen** *kam ihre Bewunderung für Chicago ebenso zum Ausdruck wie die* **Kritik** *an den herrschenden politischen, wirtschaftlichen und sozialen Verhältnissen.*

Nach dem Tod von John im Jahr 1925 fiel Emerenz Meier in eine schwere **Lebenskrise,** *aus der sie nicht mehr herausfand. Sie starb am 28. Februar 1928 nach schwerer Krankheit. Trotz einiger Bücher und Verfilmungen, darunter der Kinofilm „Wildfeuer“ von Jo Baier (1991), ist vielen der Name Emerenz Meier nicht mehr geläufig. Schade, denn kaum jemand fand so kraftvolle Worte wie sie.*

ren. Zu den Highlights für **Kinder** zählen der „Pritzker Family Children's Zoo", die „Farm in the Zoo" und das „Endangered Species Carousel".

Im Nordwesten des Tierparks liegt das **Lincoln Park Conservatory** von 1893. Es handelt sich um einen großen, ab den 1860er-Jahren angelegten Gewächshauskomplex mit sehenswerten Palmen-, Farn- und Orchideenabteilungen. In den Gewächshäusern ist es stets 40 °C warm und es gedeiht eine üppige und vielfältige Vegetation.

Nördlich von Zoo und Conservatory, zwischen North Pond und South Lagoon, bleibt das **Peggy Notebaert Nature Museum** (s. S. 48) beim Thema Natur: Das privat gestiftete Museum verfügt über sechs der Natur nachempfundene Bereiche, in denen es mit modernsten Medien v. a. über die Ökologie der Region zwischen Waldland, Prärie und See geht. Die Hauptattraktion ist der **„Butterfly Haven"**, das Schmetterlingshaus. Die Gebäudefassade erinnert mit ihrer beigen Farbe und geschwungenen Form an Sanddünen, rings um das Museum wurde Prärielandschaft rekonstruiert.

Der Lincoln Park zieht sich entlang dem Ufer des Lake Michigan bis fast zur Nordgrenze der Stadt. Egal, ob man mit dem Bus bis zum Chicago History Museum 56 oder dem Zoo fährt, man kann immer wieder ein Stück durch den Park spazieren und dabei auf Denkmäler berühmter Persönlichkeiten stoßen: Ulysses S. Grant, Alexander Hamilton, William Shakespeare, Friedrich Schiller, Hans Christian Andersen, Benjamin Franklin oder Abraham Lincoln. Mit dem **Fahrrad** unterwegs, könnte man die Fahrt nordwärts fortsetzen, ohne allerdings auf größere Sehenswürdigkeiten, dafür aber auf idyllische Jachthäfen, einen Golfplatz, ein Theater und über zehn Badestrände zu stoßen.

› **Lincoln Park Zoo,** 2200 N Cannon Dr./Fullerton Pkwy., www.lpzoo.org, tgl. mind. 10–17 Uhr, Gebäude und Farm 10 bis mind. 16.30 Uhr, Eintritt frei, Parken bis 3 Std. $ 20, Café Brauer mit Biergarten und Park Place Café (mexikanische Spezialitäten)
› **Lincoln Park Conservatory,** 2391 N Stockton Dr./Fullerton Pkwy., tgl. 9–17 Uhr, Eintritt frei
› Bus Nr. 151 und 156: „Stockton/Webster", Trolley (im Sommer bis Zoo und Nature Museum) oder Lincoln Park Shuttle (von den „L"-Stopps „Armitage" und „Fullerton", nur an Wochenenden)

60 DePaul University ★ [cj]

Der Campus der DePaul University liegt mitten in einem Wohngebiet – **Wrightwood,** noch Teil von **Lincoln Park** – und wird durch W Fullerton Avenue, N Halsted Street, N Sheffield Street und W Belden Avenue begrenzt. 1864 zog das 1829 im benachbarten Bundesstaat Indiana gegründete **Presbyterian Theological Seminary** hierher. Von den alten Bauten aus dem 19. Jh. sind nur noch wenige erhalten, so die McCormick Row Houses (832–40 und 844–58 W Belden Avenue sowie Nr. 833–41, 845–59, 901–03 und 917–27 W Fullerton Avenue), alle zwischen 1884 und 1889 nach Plänen von A. M. F. Colton erbaut. Der „moderne" Kern des Seminars entstand um 1929 im neogotischen Stil.

Nach dem Umzug dieser Hochschule, die heute McCormick Theological Seminary genannt wird, in den Hyde Park im Jahr 1973, siedelte sich an dessen Stelle die **DePaul University** an. Sie war wie-

Sound of Chicago

So etwas hatte man in den Musikklubs um die (katholische) DePaul Uni und in der South Side noch nicht gehört: Eine Rockband brachte mit orchestralen Bläserarrangements in den 1960er-Jahren die Zuhörer zum Toben. Walt Parazaider (Saxophon), James Pankow (Posaune) und Lee Loughnane (Trompete), allesamt Musikstudenten der Hochschule, wollten mit Auftritten ihrer Band „Big Thing" eigentlich nur ihre Finanzen etwas aufbessern. Dabei kam jedoch zusammen mit Terry Kath (Gitarre), Peter Cetera (Bassgitarre und Gesang), Robert Lamm (Keyboards) und Danny Seraphine (Drums) eine so ungewöhnliche ***Mischung aus Rockband und Blasorchester*** *zusammen, dass der Erfolg nicht ausblieb.*

1969 in „Chicago Transit Authority" umbenannt, erhielt die Band ihren ersten ***Plattenvertrag*** *bei Columbia Records. Mit dem ersten Album „Chicago" begann im gleichen Jahr der steile Aufstieg der Band, die sich ab 1970 nur noch „Chicago" nannte. Ein Hit folgte dem nächsten, man eroberte zwischen 1970 und 1985 mit 29 Tophits die Charts. „25 or 6 to 4", „Feelin' Stronger Every Day", „Saturday in the Park" oder „Just You'n'Me" wurden zu Ohrwürmern und zeigten alle den unverkennbaren Stil zwischen Rock'n'Roll und Big-Band-Sound. Selbst nach über* ***40 Jahren*** *locken Konzerte der Band noch Tausende von Fans an, zum Beispiel im Grant Park 1999, und selbst tragische Unfälle wie der Tod von Kath oder das Ausscheiden einzelner Bandmitglieder wie Cetera konnten die musikalische Produktivität nicht stören. Noch heute bilden die Gründungsmitglieder Parazaider, Pankow und Loughnane sowie Robert Lamm den Kern der siebenköpfigen Band und garantieren den unverwechselbaren Sound von Chicago – inzwischen mit „Chicago XXXIV", dem 34. Album. Zudem tourt die Band immer noch regelmäßig durch Nordamerika.*

derum 1898 als „St. Vincent College" gegründet und nach dem heiligen Vincent dePaul benannt worden. Zu Anfang handelte es sich um eine kleine katholische Privatuniversität, inzwischen lockt der gute akademische Ruf jedoch rund 25.000 Studenten verschiedener Konfessionen an. Darüber hinaus sind die Basketballmannschaften der Hochschule weit über Chicago hinaus bekannt, ebenso ein paar Musik-Absolventen, die unter dem Bandnamen „Chicago" weltberühmt wurden.

Das **Zentrum des studentischen Lebens** mit Kneipen und Läden liegt an der Kreuzung Fullerton Avenue/Lincoln Avenue/Halsted Street nahe der L-Station „Fullerton". Von hier zieht sich die Halsted Street als Hauptschlagader des Viertels nach Süden bis zur Armitage Avenue. Hier reihen sich Läden, Cafés und Lokale auf, ebenso an der N Lincoln Avenue zwischen Fullerton Avenue und Montana Street. Um die Kreuzung Halsted Street/Armitage Avenue und entlang Letzterer westwärts, vorbei an der L-Station „Armitage" bis zur Racine Avenue, sind in Häuser aus der Zeit um 1900 ebenfalls ausgefallene, kuriose **Läden, Cafés und Kneipen** eingezogen.

EXTRATIPP

Kunst- und Musikfestival

› **Lincoln Park Arts & Music Festival,** N Racine St., zwischen Fullerton und Webster Ave., www.chicagoevents.com/event.cfm?eid=189. An einem Wochenende im Juni bzw. Juli stellen fast 100 Künstler verschiedener Genres hier aus, dazu gibt es Konzerte und Imbissstände.

Da das Viertel leicht mit der Hochbahn erreichbar ist, lohnt ein Spaziergang zwischen den beiden erwähnten L-Stationen. Erst recht, da es hier zudem eine ganze Reihe **historischer L-Bahnhöfe** – Sedgwick, Armitage, Fullerton, Diversey – aus dem Jahr 1900 zu sehen gibt.

› Red/Brown/Purple Line: „Fullerton" und Brown/Purple Line: „Armitage"

Gastronomie und Shopping in Lincoln Park

224 [ck] **Beaumont,** 2020 N Halsted St. Preiswerte Sandwiches und Pizza sowie preiswerte Specials. Sportsbar und Restaurantbereich, gelegentlich auch Livebands.

225 [ck] **Café Ba-BaReeba** $-$$, 2024 N Halsted St. Beliebtes spanisch angehauchtes Restaurant mit Tapas und Paella, Live-Flamenco und anderen Events.

› **Clark's** (s. S. 36). 24-Stunden-Diner. Frühstück, Lunch und Dinner mit Suppen, Salaten, Sandwiches und Burgern sowie Pizza.

226 [cj] **ZigZag,** 2436 N Lincoln Ave. Frühstück, Lunch und Dinner mit verschiedenen Kebab-, Hühnergerichten, Hackbraten oder Lachs.

› **Apple Store** (s. S. 25). Alles für Apple-Fans.

227 [cj] **Century Shopping Centre,** 2828 N Clark St. Kleines Einkaufszentrum im renovierten alten Century Centre Cinema.

228 [ck] **Lincoln Park Farmers Market,** Armitage Ave./Orchard St., Highschool-Parkplatz, Mai–Okt. samstags 7–13 Uhr

229 [cj] **The Blues Jean Bar,** 2210 N Halsted St. Ausgefallener Jeans- und Modeladen mit angeschlossener Bar.

61 Lakeview ★★ [ci]

Lakeview, das sich direkt nördlich an Lincoln Park anschließende Viertel, ist ähnlich lebendig und vital, wird aber aufgrund der niedrigeren Immobilien- und Mietpreise stärker von einer **alternativen, jungen Szene** bevölkert. Bis zur Mitte des 19. Jh. handelte es sich um eine Art „Vorgarten der Stadt", 1857 erhielt man Stadtrecht, wurde zum **Lake View Township** und lockte wohlhabende Chicagoans an, die nahe dem See in einer „Urbs in Horto" leben wollten. Eine „Gartenstadt" war Lakeview schon deswegen, weil sich hier im 19. Jh. das Zentrum der **Midwest Greenhouse Industry** befand, eines Gartenbaubetriebs, der um 1837 von dem Schweizer Conrad Sulzer gegründet worden war. Da eines der Hauptanbauprodukte Sellerie war, nannte man sich stolz „Celery Capital of the World". Die grüne Stadt erstreckte sich damals vom See bis zur Western Avenue sowie von der Fullerton bis zur Devon Avenue.

Der **Name** des Viertels geht angeblich auf ein 1854 am Seeufer erbautes Luxushotel, das „Lake View House", zurück. 1889 wurde das Lake View Township als „Lakeview" eingemeindet und heute ist dies nur noch die Bezeichnung für ein wesentlich kleineres Areal zwischen Lake Michigan (O) und N Ashland Avenue (W) sowie W Diversey Parkway (S) und W Irving Park Road (N). Mit der Eingemein-

Boystown, Teil von Lakeview East, ist vor allem bei der LGBT-Gemeinde beliebt

063cg Abb.: mb

Einer der „verrückten“ Läden an der Belmont Ave. [ci] in Lakeview East

062cg Abb.: mb

dung begann die **Urbanisierung**, doch der Charakter einer Gartenstadt blieb erhalten, mitsamt Biergärten und Baseballstadion. Der Ausbau der „L“ nach Norden sorgte ab 1900 für weiteren **Zuzug** – unter anderem vieler Deutscher wie Emerenz Meier (s. S. 188). Nach dem Zweiten Weltkrieg ging es dann mit dem Viertel bergab und erst in den 1980er-Jahren setzte eine Wiederbelebung ein.

Interessant für Besucher sind **Lakeview East** und **Wrigleyville**, um die Kreuzung N Clark Street und Addison Street. Beide Viertel lassen sich auch leicht kombinieren, da sie zwischen den beiden L-Stationen „Belmont“ und „Addison“ (Red Line) liegen. Im Rahmen der Renovierung von Wrigley Field 62 soll Wrigleyville, das Viertel ringsum, ebenfalls ein Facelift erhalten – was viele Bewohner mit Skepsis betrachten. Lohnend, v. a. am Abend, ist ein Abstecher nach **Roscoe Village** (Brown Line: „Paulina“), wo sich an der Roscoe Avenue westlich der N Ravenswood Ave. ein Wohnviertel mit vielen renovierten „Victorians“ mehr und mehr zum neuen jungen Trendviertel mit Läden und Restaurants entwickelt.

In **Lakeview East**, im Bereich zwischen N Halsted St. und Broadway sowie Belmont Avenue und Addison Street, schlägt das Herz des Viertels und hier befindet sich mit **„Boystown“** das Zentrum der *gay and lesbian community* mit Bars, Nachtklubs, Restaurants, ausgefallenen Shops und der Gay and Lesbian Hall of Fame (s. S. 277). Ein Bummel durch die Halsted Avenue oder den östlich fast parallel verlaufenden Broadway lohnt allein schon wegen der ausgefallenen Läden und Kneipen.

› Red Line: „Belmont“ oder „Addison“

⑥② Wrigley Field ★★ [ci]

Zugegeben, Wrigley Field ist „nur" ein Sportstadion und keine eigentliche Sehenswürdigkeit. Allerdings handelt es sich hier um eine Legende, um eine Pilgerstätte und einen Mythos. Das bald 100 Jahre alte Baseballstadion trotzte wie viele andere historische Bauten allen Stürmen der Zeiten und hat sich sein ungewöhnliches Flair erhalten.

Den nördlichsten Teil von Lakeview bildet **Wrigleyville,** benannt nach dem hier gelegenen Baseballstadion Wrigley Field. An der Hauptachse **N Clark Street** geht es rund, wenn die heiß geliebten Cubs spielen, und die Kneipen und Bars drohen dann aus allen Nähten zu platzen.

Nach dem Fenway Park in Boston von 1912 ist das Wrigley Field das **zweitälteste Baseballstadion der Welt:** 1914 wurde es erbaut und seit 1916 ist es die Heimat der Cubs. Zachary Taylor Davis hatte im „Goldenen Zeitalter des Baseball" zwischen 1910 und 1925 nicht nur den alten Comiskey Park für den Lokalrivalen White Sox erbauen lassen (1910), sondern auch diesen *ballpark.* Er setzte

„It's a Way of Life" – die Chicago Cubs

*Die **Chicago Cubs** zählen zu den ältesten Baseballvereinen der Welt. Schon am 25. April 1876 absolvierten sie ihr erstes Profi-Baseballspiel in der National League. Die „NL" bildet heute zusammen mit der American League (AL) die Profiliga „Major League Baseball" (MLB). Damals hießen die Cubs noch „White Stockings", erst 1907 übernahm man den jetzigen Namen, nachdem das erste vom Zoo gekaufte Bärjunge, ein „cub", zum Liebling der Stadbewohner im Norden Chicagos geworden war. Seither ist ein Teddybär das Maskottchen des Vereins.*

*Das erste Spiel im Wrigley Field, damals noch „Weeghman Field" genannt, bestritten die Cubs am 20. April 1916, nachdem Stadionbesitzer Charles Weeghman die Mannschaft erworben hatte. Der 7:6-Erfolg gegen die Cincinnati Reds im ersten Spiel sorgte dafür, dass sich die Fans schnell mit dem neuen Team identifizierten. 1920 wurde das Stadion nach dem Team in „Cubs Park" umbenannt. Damals hatte der **Kaugummi-Baron Wrigley** Team und Stadion erworben. 1926 wurde daher zu Ehren des Teambosses der Name **Wrigley Field** ⑥② eingeführt. Inzwischen sind der „ballpark" und die Cubs zu einem „Wallfahrtsort" für jeden Baseballfan, gleich welcher Couleur, geworden. Hier ein Spiel zu erleben, ist ein unvergleichliches Erlebnis, denn die **Fans** sind einzigartig - und stehen treu und enthusiastisch hinter ihrer Mannschaft, auch wenn der letzte Meistertitelgewinn über 100 Jahre zurückliegt: 1908 holten ihn die Cubs zum letzten Mal. Seither haben die „Cubbies", wie die Fans ihre Mannschaft auch gerne liebevoll nennen, keine große Rolle bei der Meisterfrage mehr gespielt, was die Begeisterung der Fans jedoch nicht mindert. Die Heimspiele sind immer ausverkauft und das Team gehört zu den beliebtesten Baseballvereinen der USA - sie sind mehr als ein gewöhnlicher Sportverein, eher schon ein „Way of Life".*

dabei erstmals Stahl und Beton ein, um größere Zuschauertribünen zu ermöglichen. Der vieleckige Grundriss, der nicht den Maßen eines modernen Stadions entspricht, ergab sich aus dem vorhandenen beengten Bauplatz. Heute tragen gerade die Häuser ringsum, zum Teil mit **Dachtribünen** versehen, dazu bei, dass das einzigartige Flair eines „oldtime ballpark" bewahrt blieb.

Der Name des Stadions geht auf den bekannten Kaugummifabrikanten **William Wrigley** zurück, der lange Vereinsbesitzer war. Bis 1920 hieß es jedoch „Weeghman Park", nach Charles H. Weeghman, Besitzer der Federals oder Whales (beide Teamnamen wurden benutzt), die ab 1914 in der Federal League spielten.

Das erste Spiel am 23. April 1914 gewannen die Feds vor rund 14.000 Fans in dem neuen, $250.000 teuren Stadion mit 9:1 gegen Kansas City. Schon ein Jahr später löste sich die Liga auf und Weeghman kaufte die 1876 gegründeten **Chicago Cubs.** Ihr erstes Spiel im Wrigley Field fand am 20. April 1916 statt und ein 7:6-Erfolg gegen die Cincinnati Reds markierte den Anfang einer engen Beziehung zwischen Verein und Fans, unabhängig davon, ob das Team oben mitmischt – oder wie zumeist – eher im Mittelfeld der Tabelle anzutreffen ist.

2013 wurde bekannt, dass der in die Jahre gekommene Ballpark eine umfangreiche Modernisierung durchlaufen soll. Dabei ist jedoch beabsichtigt, den historischen Charakter des alten Stadions unangetastet zu lassen.

› 1060 W Addison, Red Line: „Addison", Touren April–Okt. $25, Daten und Infos: http://chicago.cubs.mlb.com

Gastronomie und Shopping in Lakeview

230 [ci] **Ann Sather Restaurant** $$, 929 W Belmont Ave. Beliebt zum Frühstück und mittags. Leichte Küche und Vegetarisches, Backwaren, Sandwiches, Suppen und Salate.

231 [bi] **Bittersweet,** 1114 W Belmont Ave. Tolle Bäckerei und Konditorei im europäischen Stil zum Einkaufen und dort Essen, außer Kuchen und Gebäck auch kleine Gerichte (außer Mo.).

› **Chicago Diner** (s. S. 34). Vegetarische/vegane Gerichte wie Sandwiches, Burger.

232 [ci] **Home Bistro** $$, 3404 N Halsted St., Tel. 773 6610299. Eines der besten Restaurants in Boystown, in dem kreative Küche zu günstigen Preisen serviert wird.

› **Nookies Tree** (s. S. 36). Kleines Restaurant/Café, tgl. und am Wochenende sogar 24 Stunden geöffnet, der Treff in Boystown. Weitere Filialen in Lincoln Park und Old Town.

233 [ci] **Beatnix,** 3400 N Halsted/Roscoe St. Allerlei ausgefallene, gebrauchte Dinge, Verrücktes zum Anziehen.

› **Borderline Music** (s. S. 25). Riesenauswahl an CDs.

234 [ci] **Hollywood Mirror,** 808 W Belmont. Ausgeflipptes und Schnickschnack.

235 [ci] **Tulip Toy Gallery,** 3459 N Halsted St., weitere Filiale in Andersonville (1480 W Berwyn Ave.). Ausgefallener, von Frauen betriebener Sexshop der ungewöhnlichen Art mit ausgefallenen „sex goodies".

› **Unabridged Bookstore** (s. S. 25). Großes und breit gefächertes Literaturangebot.

63 Graceland Cemetery ★ [bh]

Seinen ganz eigenen Reiz hat der Graceland Cemetery, ein riesiger Friedhof. Am Eingang zu dem **parkartigen Riesenareal** erhält man einen Plan mit den wichtigsten Gräbern, z. B. jenen der Architekten Louis Sullivan (1856–1924), Ludwig Mies van der Rohe (1886–1969) oder Daniel Burnham (1846–1912). Letzterer ist auf einer kleinen Insel im zentralen Friedhofsteich beigesetzt. Auch der Unternehmer und Sozialutopist George M. Pullman (1831–1897), der Pianohersteller William W. Kimball (1828–1904) oder die deutsche Dichterin Emerenz Meier sind hier begraben.

› Eingang: 4001 N Clark St., Red Line: „Sheridan", auch Touren (Infos unter www.gracelandcemetery.org/pages/tours.html)

64 Uptown/ North Town ★ [S. 326]

Die Viertel weiter im Norden werden der Einfachheit halber oft zu North Town oder auch Uptown zusammengefasst. Sie gehörten einmal zu Lakeview 61 und waren bis zur Eingemeindung 1889 und dem Bau der Hochbahn reine **Agrargebiete.** Einige der hier befindlichen ethnischen Enklaven lohnen einen Abstecher mit der „L", wenngleich Attraktionen dünn gesät sind. Man bummelt hier vielmehr durch verschiedene „Welten" und kann Spezialitäten kosten: z. B. zwischen Broadway und Sheridan Rd. in der zweiten chinesischen Gemeinde, **New Chinatown** (Red Line: „Argyle"), oder in **Klein-Saigon** an der Argyle Street.

An der **Devon Avenue** (Red Line: „Granville") – „Chicago's United Nations" – laden über 60 Restaurants und unzählige Läden mit Spezialitäten aus aller Welt ein. Die Straße trennt die beiden nördlichsten Stadtviertel, **Edgewater** und **Rogers Park.** 1889 wurden sie eingemeindet und mit dem Bau der Hochbahn (Red Line) hatte ab 1908 ein Aufschwung eingesetzt. Edgewater, südlich der Devon Ave., wurde einst landwirtschaftlich genutzt und war eine Hochburg der Deutschen und Skandinavier. Auch in Rogers Park, nördlich der Straße, lebten einst viele Deutsche. Bekannt wurde das Viertel jedoch aufgrund der 1922 hier in malerischer Lage am See angesiedelten katholischen **Loyola University.**

65 Andersonville ★ [S. 326]

Andersonville – nördlich der N Clark St. zwischen Foster St. und Bryn Mawr Ave. – nimmt die Südwestecke von Edgewater ein und hat sich als kleine **schwedische Enklave** behauptet. Die Wurzeln reichen in die 1840er-Jahre zurück, als deutsche und schwedische Immigranten hier als Landwirte eine neue Heimat fanden. Heute fungiert Andersonville neben Boystown zugleich als zweites **LGBT-Zentrum.**

EXTRATIPP

Für Schnäppchenjäger

236 Broadway Antique Market/BAM, 6130 N Broadway, www.bamchicago.com, Mo.–Sa. 11–19, So. 11–18 Uhr, Red Line: „Granville". Hier bieten verschiedene Händler z. B. Kunsthandwerk, Antiquitäten, Möbel, Schmuck, Kleidung zu günstigen Preisen bzw. in Auktionen an.

Midsommar

Mitte Juni findet in der Clark Street zwischen Foster und Catalpa St. zwei Tage lang das **Andersonville Midsommarfest** mit Musik, Tanz, Essen und vielerlei Unterhaltung statt.

› www.andersonville.org/events/midsommarfest.

Günstiger Ausgangspunkt für einen Bummel ist das **Swedish American Museum Center** (s. S. 48), ein kulturhistorisches Museum zur Geschichte der Schweden in Chicago. 1976 von Kurt Mathiasson, einem schwedischen Immigranten, gegründet, wurde es 1987 von König Carl XVI. Gustaf an heutiger Stelle im schwedischen Viertel neu eröffnet. Entlang der N Clark St. reihen sich einige Geschäfte und Lokale mit **skandinavischen Spezialitäten** aneinander.

› www.andersonville.org, Red Line: „Berwyn"

Gastronomie und Shopping in Andersonville

- 237 **Kopi. A Traveler's Café**, 5317 N Clark St. Reiseführer, Vegetarisches, Kaffee u. a. für die Pause zwischendurch.
- 238 **Svea** $-$$, 5236 N Clark St. Schwedischer Diner in Andersonville, preiswert und im Stil der 1950er-Jahre. Besonders das „Viking Breakfast" ist empfehlenswert, außerdem Lunch (z. B. „Lutfisk").

66 Lincoln Square ★ [ag]

Westlich von Andersonville weht über dem Lincoln Square, einem Teil von **Ravenswood**, noch ein deutsches Lüftchen. Viel ist von dem **einstigen Zentrum der deutschstämmigen Chicagoans** jedoch nicht geblieben, sieht man von einem 29 m hohen Wandbild ab, das ein deutsches Dorf zeigt. Es befindet sich gleich an der L-Station, von wo aus es nur ein paar Schritte ins Zentrum an der Lincoln Avenue sind. Dazu kommen eine Handvoll deutscher Läden und Restaurants wie das berühmte **Chicago Brauhaus** (s. S. 40) und das **Dankhaus – German Cultural Center** (4740 N Western Ave., www.dankhaus.com), wo Ausstellungen gezeigt werden und Veranstaltungen stattfinden.

Um 1900 galt Chicago noch als sechstgrößte „deutsche Stadt" der Welt, und phasenweise stellten die Deutschen die **Bevölkerungsmehrheit.** Heute sollen immerhin noch über 600.000 Einwohner deutschstämmig sein, ohne

> **EXTRATIPP**
> ### German Day Festival
> Anfang September gibt es gleichzeitig mit der Steuben Parade auf dem Lincoln Square (Leland/Western Ave.) drei Tage „Oompha-"(Blas-)Musik, Bratwürste und Bier.

0643cg Abb.: mb

Zugangstor zum einstigen deutschen Viertel Lincoln Square

sich allerdings zwangsläufig ihrer Wurzeln bewusst zu sein. Anders als Polen, Schweden oder Italiener, die eher darauf bedacht waren, ihre Identität zu wahren, bildeten die deutschen Einwanderer im 19. Jh. keine eingeschworene Gemeinschaft. Dazu waren Herkunft, Religion und Standeszugehörigkeit oft zu unterschiedlich.

Dabei reicht das **„deutsche Erbe“** in Chicago weit zurück: Bereits in Fort Dearborn befanden sich unter den Soldaten Deutsche und auch nach der Stadtgründung mischten sie überall mit: bei der Gründung der Chicago Symphony und der Loyola University, bei Zeitungsverlagen, Krankenkassen und Armenspitälern und natürlich im Brauereiwesen. Dennoch wurden sie von anderen Volksgruppen eher schief angesehen, zumal sich unter ihnen viele Gewerkschaftler und Anarchisten befanden. Auch die „eigenartige“ Sitte, sonntags Bier zu trinken und zu singen, stieß bei den Puritanern eher auf Staunen und Ablehnung.

› Lincoln Avenue, Brown Line: „Western“

Gastronomie und Shopping in Lincoln Square

› **Chicago Brauhaus** (s. S. 40). Bierkneipe im deutschen Stil mit Biergarten.

239 [ag] **The Huettenbar,** 4721 Lincoln Ave. Seit 1885 besteht diese deutsche Kneipe, die wie das Brauhaus deutsche Spezialitäten und Events anbietet.

240 [ag] **Gene's Sausage Shop,** 4752 Lincoln Ave. Hier gibt es eine große Auswahl an Würsten, zumeist polnische Spezialitäten.

241 [ag] **Lincoln Square Farmers Market,** Lincoln Square (Leland/Western Ave.). Juni–Okt. Do. 16–20 Uhr Wochenmarkt, im Dezember Christkindlmarket.

Westside Neighborhoods

Chicagos West Side genoss bis vor einer Weile einen ähnlich schlechten Ruf wie große Teile der Stadt im Süden. Gemeinsam ist beiden Arealen, dass hier ein hoher Anteil sozial Schwacher, häufig Afroamerikaner und Hispanos, lebt. Es gibt Teile, die man als Fremder besser meiden sollte, andererseits lohnen bestimmte Viertel – wie das polnische, das ukrainische, das griechische oder das italienische – durchaus einen Abstecher. Allerdings sollte man nicht zu viel erwarten, meist wird man lediglich eine Handvoll „landestypischer“ Einrichtungen entlang eines begrenzten Straßenabschnitts vorfinden.

Früher einmal begann der Westen Chicagos westlich des Südarms des Chicago River, doch nachdem der Loop auf das Areal jenseits des Flusses übergriff, fungiert nun eher die Autobahn I–94, die die Stadt einige Blocks westlich des Loop durchschneidet, als Grenze. Die **Northwest Side** besteht im Wesentlichen aus **Avondale** mit den Überresten von **Polish Chicago,** südöstlich schließen dann **Bucktown** und **Wicker Park** als neue „Trendviertel“ an. Zur **Near West Side** werden **Greektown,** das **University Village** und **Little Italy** gerechnet, wohingegen **Pilsen** Teil der **Lower West Side** ist. Noch weiter westwärts liegt **Garfield Park,** das wegen seines Botanischen Gartens, dem **Garfield Park Conservatory** mit mehreren Gewächshäusern (u. a. Palmen, Aroiden, Wüstenpflanzen) und Themengärten, einen Abstecher wert ist, und die eigenständige Gemeinde **Oak Park,** berühmt als Wohn- und Wirkungsort des großen Architekten Frank L. Wright.

67 Near West Side/ West Loop/Greektown ★ [cn]

Die Near West Side verkörpert das „neue“ Chicago und ist ein Patchwork aus historischen Vierteln und neu entstandenen Wohngebieten. Die Südgrenze bildet der Eisenhower Expressway (I-290), jenseits davon breiten sich der Illinois Medical District und der Campus der University of Illinois at Chicago aus. **Little Italy** liegt eigentlich bereits im University Village, wohingegen **Greektown** und der Randolph Street Market nördlich der Autobahn zu finden sind. Im Westen der Near West Side, in einer sonst wenig attraktiven Umgebung, liegt das **United Center**, die Sporthalle der **Bulls** (Basketball) und **Blackhawks** (Eishockey, s. S. 279).

Das Herz von **Greektown** schlägt an der S Halsted Street. Gleich neben der Hochbahnstation macht in einem kleinen Park ein griechisches Tempelchen klar, wo man sich befindet. Trotz seiner geringen Größe ist Greektown noch ein recht **typisches ethnisches Viertel:** Es wird Griechisch gesprochen und teils auch geschrieben, Läden und Restaurants offerieren griechische Spezialitäten und das chaotisch-lebendige Treiben gleicht dem in einer griechischen Stadt. Ausstellungen und Veranstaltungen bietet das **National Hellenic Museum** (s. S. 47).

Der Bereich nördlich von Greektown, besonders um die **Randolph Street**, entwickelt sich in den letzten Jahren zu einem beliebten Wohnareal und beliebten Ziel der Nachtschwärmer mit entsprechender Infrastruktur. Hier befindet sich auch der **Randolph Street Market** (s. S. 26), früher wegen seiner Lebensmittelhersteller und -händler mit dem Beinamen „The street that feeds Chicago“ versehen. Seit Showstar Oprah Winfrey zudem hier ihre Harpo Studios (1058 Washington Blvd.) eröffnete, hat das Viertel auch als Wohnareal an Attraktivität gewonnen.

Little Italy – südlich des Eisenhower Parkway – ist nur noch ein Schatten seiner selbst und wird fast komplett von der University of Illinois at Chicago, der im 20. Jh. neu gegründeten Stadtuniversität, umschlossen. Die Reste des einstigen Zentrums der Toskana-Auswanderer findet man heute noch an der Taylor St. (zwischen Morgan und Racine St.). Ein paar Pizzerien und Trattorien, Statuen von Kolumbus und Joe DiMaggio und v. a. aber der Stand, an dem Mario's Italian Lemonade (s. S. 198) u. a. Köstlichkeiten verkauft werden, halten die Erinnerung wach.

Interessant ist ein Besuch im **Jane Addams Hull-House Museum** (s. S. 46) am Ostrand des Unicampus. Hier betrieb die Bürger- und Sozialrechtlerin Jane Addams (1860–1935) eine soziale Einrichtung für Arbeiter. Im Haus wurde ein kleines Museum eingerichtet und das Büro der Friedensnobelpreisträgerin (1931) nachgebaut.

Nicht nur Little Italy wurde durch den Unicampus verdrängt, auch der **Maxwell Street Historic District** musste weichen. Das Areal war einst erster Anlaufpunkt für

KLEINE PAUSE

Kühles Eis für heiße Tage

242 [cn] **Mario's Italian Lemonade,** 1068 W Taylor St. Kleiner Eisladen in Little Italy, vor dem sich an warmen Tagen lange Schlangen bilden, da die *Snowballs, Granitas* und die Limonade in zahlreichen Geschmacksrichtungen legendär sind.

EXTRATIPP

New Maxwell Street Market

Seit 2008 findet sonntags in und um die Desplaines St. der New Maxwell Street Market (s. S. 26) statt, eine Reminiszenz an einen von etwa 1875 bis Mitte der 1990er-Jahre existierenden Markt. Die **Basarstimmung** mit Imbiss- und Flohmarktständen und Verkaufsbuden ist geblieben. Hier trafen sich einst die neu aus dem Süden gekommenen afroamerikanischen **Bluesmusiker.** Muddy Waters, Hound Dog Taylor oder Big Bill Broonzy traten auf und es wurden sogar Liveaufnahmen gemacht. Heute ist der älteste Outdoor-Markt in Chicago fest in **lateinamerikanischer Hand** und es gibt von Lebensmitteln über Importwaren und Antiquitäten bis hin zu Kleidung, Elektronik- und Haushaltsartikeln beinahe alles, inklusive authentisch mexikanischer Kost (wie spottbillige Tacos) – und in letzter Zeit finden sich auch wieder Musiker ein, die Straßenkonzerte bieten. Nahe dem New Maxwell Street Market lohnt zudem ein Einkauf in der gigantischen Filiale des Biosupermarkts **Whole Foods** (s. S. 28).

065cg Abb.: mb

deutsche, italienische, irische und dann jüdische Einwanderer und erlebte v. a. in der zweiten Hälfte des 19. Jh. enormen Zulauf. Auf dem hier ansässigen Markt verdienten sich die Zuwanderer ihr erstes Geld, so beispielsweise William Paley, Gründer von CBS, oder Musiker wie Benny Goodman. Im 20. Jh. zogen vermehrt Afroamerikaner und Hispanos zu, doch dann wurden ab den 1960er-Jahren viele Gebäude für den Bau der Uni abgerissen.

› **Greektown,** S Halsted St. (Van Buren-Adams St.), www.greektownchicago.org; Blue Line „UIC-Halsted“

Gastronomie in Greektown

243 [cn] **Greek Islands** $$, 200 S Halsted St. Hervorragende, authentisch griechische Inselküche, riesige Auswahl an Gemüse-, Fleisch- und Fischgerichten, auch *mezedes* (Vorspeisen).

244 [cn] **The Parthenon Restaurant** $$, 314 S Halsted St. Griechische Spezialitäten und Standards mit zugehöriger Bouzouki Lounge.

Mobiler Verkaufsstand auf dem New Maxwell Street Market

68 Northwest Side ★ [bl]

Die Region nördlich Near West bis hinauf nach Avondale wird als „Northwest Side" bezeichnet. Hier erstreckte sich **Polish Chicago** und im Zentrum befinden sich mit **Bucktown** und **Wicker Park** 70 die neuen „In-Viertel" der Stadt mit Galerien, Restaurants, ausgefallenen Läden und Nachtklubs. Die beiden letztgenannten Viertel sind durch ihren ähnlichen Charakter und die Lage an der Milwaukee Avenue, der Lebensader der Region, eng verbunden. Als Besucher kann man die Northwest Side gut mit der Blue Line zwischen Chicago und Belmont Avenue erkunden.

Wie viele diagonal verlaufende Straßen der Stadt, die scheinbar willkürlich das sonst rechtwinklige Raster durchbrechen, geht auch die **Milwaukee Avenue** auf einen alten **Indianerpfad** zurück. Dieser wurde von weißen Siedlern weiter benutzt und entwickelte sich zur Hauptstraße. Ab Mitte des 19. Jh. hatte sich die Stadt bis zur Western und North Avenue ausgedehnt und Häuser deutsch-katholischer Immigranten waren entstanden, zu denen sich in den 1860er-Jahren die polnischer Einwanderer gesellten. Der eigentliche Boom setzte nach 1895 mit der Verlängerung der Hochbahn entlang der Milwaukee Avenue bis zum Logan Square ein. Nach dem Ersten Weltkrieg zogen v.a. russische Juden zu und die bis dato letzte große Einwandererwelle bildeten die Hispanos, die mittlerweile in einigen Teilen dieses Viertels die Mehrheit der Bevölkerung stellen.

Als Teil der Northwest Side breitete sich um die Milwaukee Avenue zwischen Chicago Avenue (S) und Belmont Avenue (N) **Polish Chicago** aus, heute ist nur ein kleiner Kern übrig, mit einigen typischen Läden und Lokalen auf wenige Blocks um die Kreuzung Milwaukee und Belmont Avenue. Chicagos „Klein-Warschau" gilt mit seinen rund 90.000 Bewohnern dennoch als größte „polnische Stadt" außerhalb Polens, allerdings leben mittlerweile rund zwei Drittel der polnischstämmigen Einwohner in den *suburbs*. Man hat sich dennoch ein Zusammengehörigkeitsgefühl bewahrt und ist stolz auf Herkunft und Traditionen.

„Polish Chicago" hat seine Wurzeln im Jahr 1876, als erstmals polnische Familien kamen und ein eigenes Wohnviertel bildeten. Damals wie heute spielten die **katholischen Kirchengemeinden** eine große Rolle, z.B. St. John Cantius 69 und St. Stanislaus Kostka. Heute finden die Gottesdienste jedoch nicht mehr nur in polnischer Sprache, sondern auch auf Englisch und Spanisch statt.

Um die Chicago Ave. hat sich dort, wo ursprünglich das erste Zentrum der polnischen Gemeinde lag, das **Ukrainian Village** herausgebildet. Interessant sind um die Kreuzung W Chicago Avenue und N Western Avenue neben Läden und Cafés das **Ukrainian Institute of Modern Art** (2320 W Chicago Ave.) sowie das **Ukrainian National Museum** (s.S. 48).

Über den Einfluss Polens auf die amerikanische Gesellschaft und Geschichte kann man sich im **Polish Museum of America** (s.S. 48) informieren. Der Kern der Sammlung geht auf den polnischen Beitrag zur Weltausstellung 1939 in New York zurück. Sie wurde ständig erweitert und aktualisiert und erzählt heute auch die Geschichte berühmter Polen wie Nikolaus Kopernikus, Marie Curie, Frédéric Chopin, Lech Walesa oder Papst Johannes Paul II.

Inmitten des Historic Polish Neighborhood, heute Teil von Wicker Park, liegt die **St. Stanislaus Kostka Roman Catholic Church** (1327 N Noble St.). Zwischen 1876 und 1881 wurde sie nach Plänen von Patrick C. Kelley erbaut, für die Türme war 1892 Adolphus Druiding zuständig.

Der südliche Turm wurde durch einen Blitzschlag 1964 teilweise zerstört. Ihr Innenraum ist sehenswert, denn er ist mit Fresken ausgemalt, die Szenen aus dem Leben des heiligen Stanislaus zeigen. Die Ziegelwände wurden 1923 mit Stuck überzogen und imitieren eine massive Quaderwand aus Stein.

Die Kirche liegt am **Pulaski Park**, 1912 nach Plänen von Jens Jensen mitten in einer dicht besiedelten Gegend angelegt, um der Bevölkerung etwas Grün zu bieten. Im dort stehenden Locker Building (1913) befanden sich öffentliche Bäder und im Field House (1914) im Tudor Style getrennte Sporthallen für Männer und Frauen, ein Auditorium und eine Filiale der Chicago Public Library.

› Bus Nr. 56 oder Blue Line: „Chicago", „Division" oder „Belmont"

KLEINE PAUSE

Polnische Spezialitäten

245 **Czerwone Jabluszko/ Red Apple,** 3121 N Milwaukee Ave., tgl. 11 bis mind. 20 Uhr. Ein polnisches Restaurant, das supergünstige und üppige Mittagsbuffets mit polnischen u. a. Spezialitäten – Würste, Innereien, Hackbraten, Schnitzel, Huhn, Fisch, Krautwickel, Sauerkraut, Piroggen oder Kartoffelpuffer – anbietet.

69 St. John Cantius Roman Catholic Church ★ [cl]

Eine der interessantesten und am prächtigsten ausgestatteten Kirchen der Stadt ist **St. John Cantius.** Die 1893 bis 1898 von **Adolphus Druiding** erbaute, 1901 erweiterte und 1940 renovierte Kirche sollte 1988 abgerissen werden. Energische Gemeindemitglieder konnten das in letzter Minute verhindern und da man knapp bei Kasse war, blieb die Kirche zunächst einmal in dem Zustand, in dem sie damals war. Erst in den letzten Jahren begannen Instandhaltungs- und Modernisierungsmaßnahmen. Finanziert wurden diese aus Spenden – wegen der **Kirchenmusik** (es gibt allein fünf Chöre) ist die Kirche nämlich heute stadtbekannt. Die Gemeinde ist ein gutes Beispiel für die neue Entwicklung des Stadtviertels: Einst wurde sie von Polen gegründet, heute stellen sie aber nur noch die Minderheit der Gemeindemitglieder und Ende der 1980er-Jahre drohte sogar die Auflösung der Gemeinde. Inzwischen finden sich jedoch wieder rund 1000 Gläubige verschiedenster Herkunft – auch Afroamerikaner und Latinos – zu den Messen ein.

In Anlehnung an die Bauten ihrer polnischen Heimat ließen die Gründer 1893 eine Kirche im **Barockstil** erbauen, innen reich und farbig ausgemalt. Marmorsäulen und Mosaiken wurden aus Kostengründen „vorgetäuscht", nachträglich zugefügt wurde der schöne Holzfußboden in Einlegearbeit. Im Zentrum steht der beachtliche **Hauptaltar** mit zwei Seitenaltären. Er entstand anlässlich der Weltausstellung 1893 und wurde der Kirche gestiftet. Stolz ist die Gemeinde v.a. auf eine Kopie des Hauptaltars der Marienkirche in Krakau, die ein Drittel so groß ist wie das vom Nürnberger Künstler Veith Stoß im 15. Jh. geschaffene Original. Ein Holzschnitzer aus Krakau fertigte die Nachbildung 2002. Sehenswert ist auch die **Madonna von Szestochowa,** ebenfalls eine Kopie der Originalstatue aus dem 19. Jh. und von Papst Johannes Paul II. bei seinem Besuch 1979 gesegnet. Relikte diverser Heiliger sind in einer kleinen Ausstellung von Sakralobjekten im Obergeschoss zu sehen. Betreut wird die Gemeinde von der Society of St. John Cantius, einer 1998 gegründeten religiösen Gemeinschaft, deren Ziel ein authentisch katholisches Leben wie zu Ursprungszeiten ist.

› 813–17 N Carpenter St., www.cantius.org, Blue Line: „Chicago"

70 Bucktown/ Wicker Park ★★ [bl]

Die beiden benachbarten Viertel **Bucktown** und **Wicker Park** gelten als **Shoppingmekka** für ausgefallene („Vintage"-) Kleidung, trendige Accessoires aller Art, Musik, Bücher und Antiquitäten, als Tipp für angesagte und gute **Lokale und Cafés** sowie als Treff der Nachteulen. Da die **Milwaukee Avenue** die Hauptachse beider Viertel ist, kann man beide gemeinsam erkunden. Ausgangspunkt sollte die L-Station „Damen" (Blue Line) an der Kreuzung Milwaukee/Damen Avenue sein. Sie wird vom einzigen „Skyscraper" der Region, dem **Northwest Tower** von 1929, markiert. Von hier spaziert man die Milwaukee Avenue südwärts bis zur L-Station „Division" (Blue Line). Die North Avenue trennt die beiden Viertel: Im Süden, im Dreieck N Milwaukee Avenue, Damen Avenue und Division Street, liegt Wicker Park, nördlich der Kreuzung North/Damen Avenue erstreckt sich Bucktown.

In **Bucktown** befand sich im 19. Jh. zunächst ein deutsches Wohnviertel, später verdrängten **polnische Immigranten** die Deutschen. Der Roman „The Man with the Golden Arm" von Nelson Algren gibt eine gute Charakterisierung des Polenviertels. Ab den 1950er-Jahren hatte mit dem Wegzug vieler Bewohner der allmähliche Verfall eingesetzt, seit den 1980er-Jahren erlebt Bucktown jedoch eine **Renaissance** als Künstler- und alternatives Viertel. Das macht sich besonders entlang der **Milwaukee Avenue** bemerkbar.

In **Wicker Park**, südlich der Kreuzung North/Damen Avenue, setzt sich entlang der Milwaukee Avenue die Ansammlung alternativer Cafés, Musikkneipen und kurioser Geschäfte fort. Auch ein Bummel entlang der Division Street (zwischen Ashland Avenue und Western Avenue) lohnt sich – auch hier Shops, Cafés und nette Restaurants. Wicker Park erhielt seinen **Namen** von einer kleinen Grünanlage ein paar Blocks südlich der Blue-Line-Station „Damen". Ringsum breitete sich einst das Wohnviertel wohlhabender Deutscher aus. Einige ihrer **Villen**, großteils zwischen 1871 und 1900 entstanden, sind noch an der Pierce Street zu sehen: beispielsweise das Haus des Möbelfabrikanten Hermann Weinhardt (Nr. 2135, 1888) oder das des Holzbarons Hans D. Runge (Nr. 2138, 1884), auch „Paderewski House" genannt. 1930 soll der polnische Pianist und Komponist Jan Paderewski hier ein Konzert gegeben haben.

Humboldt Park ist Stadtviertel und Park in einem. Es handelt sich um eine von drei größeren **Grünanlagen** – Humboldt, Garfield und Douglas Park – die im späten 19. Jh. im Westen der Stadt angelegt und durch Boulevards verbunden wurden. 1871 bis 1877 von William Le Baron Jenney und Jens Jensen geplant, wurde Humboldt Park bis 1912 mehrfach ausgeweitet.

Östlich des Parks befindet sich heute das Zentrum der Puerto Ricaner, das drittgrößte in den USA. Hauptachse des Viertels ist die **Division Street.** Markiert wird sie von den Division Street Gateways – monumentalen Metallbögen über der Straße, die an puerto-ricanische Fahnen erinnern sollen und 1995 von DeStefano & Partners gefertigt wurden.

Nördlich davon liegt um den **Logan Square** – im ehemaligen polnischen Zentrum – ein weiteres **Latino-Viertel,** das jedoch mehr und mehr ein bunt gemischtes Völkchen, ähnlich wie in Bucktown/Wicker Park, anzieht.

› Blue Line: „Damen" bzw. „Division"

Gastronomie und Shopping in Bucktown/Wicker Park

246 [bl] **Alliance Bakery,** 1736 W Division St. Leckere Backwaren und Desserts, aber auch Espressobar – seit über 80 Jahren eine Institution.

247 [al] **Ann Sather Restaurant** $$, 1448 N Milwaukee Ave. Beliebt zum Frühstück und mittags. Leichte Küche und Vegetarisches, Backwaren, Sandwiches, Suppen und Salate.

248 [ak] **Café Absinthe & The Tavern** $$-$$$, 1954 W North Ave. Gemütliches „French-American Bistro", in dem kreative internationale Küche serviert wird. Gute Cocktails und ausgewählte Weine.

› **Café Milk & Honey** (s. S. 36). Gemütliches, preiswertes Café mit *weekly specials.*

› **Nick's Beergarden** (s. S. 41). Handfestes Lokal mit Biergarten.

249 [ak] **The Goddess and Grocer,** 1646 Damen Ave. Deli mit ausgezeichneten Biowaren und kleinem Imbiss.

250 [bl] **Ben's Shoes,** 1424 N Milwaukee Ave. Riesige Auswahl flotter Schuhe zum Schnäppchenpreis, unglaubliches Angebot an „Chucks" (Converse).

066cg Abb.: mb

Entlang der Milwaukee Ave., Hauptachse von Bucktown und Wicker Park, reihen sich ausgefallene Shops, Lokale und Cafés aneinander

› **Myopic Books** (s. S. 25). Ausgewählte Bücher (alt und neu), Konzerte und andere Veranstaltungen.

251 [al] **Reckless Records,** 1532 N Milwaukee Ave. Platten, CDs, neu und gebraucht, Videos, DVDs sowie T-Shirts und Poster, auch Gratiskonzerte.

252 [al] **Wicker Park & Bucktown Farmers Market,** Wicker Park/Damen Ave. (1500 N-1800 W), Juni-Okt So. 7-14 Uhr

71 Lower West Side ★ [bo]

Im Südwesten der Stadt, in der Lower West Side, befindet sich **Pilsen,** das vor dem Zweiten Weltkrieg größte **böhmisch-tschechische Viertel** der USA. Heute wird es meist „Little Village" oder „Pueblo Pequeño" genannt. Es erstreckt sich zwischen der Western Avenue im Westen, der Ogden Street (Route 66) im Norden sowie dem Südarm des Chicago River im Osten bzw. dem Sanitary and Ship Canal im Süden. Bekannt ist das Viertel für hübsche Häuschen mit Vorgärten und Schmiedeeisenzäunen. An der Halsted Street, zwischen 17th und 19th St., haben sich zudem eine rege Künstlergemeinde und zahlreiche Galerien angesiedelt und der **Chicago Arts District** entstand, der derzeit den Ton in der Kunstszene angibt (www.chicagoartsdistrict.org). Jeden zweiten Freitag im Monat finden „Gallery Nights" mit besonderen Angeboten statt.

Als in den 1950er-Jahren die Bewohner ihr Glück in den Vororten suchten, zog es besonders **Immigranten aus Mexiko** hierher und so entstand die größte mexikanische Gemeinde im Mittleren Westen – lebhaft, mit bunten Wandmalereien, mexikanischen Restaurants und Läden. Das Zentrum liegt um die **W 18th Street,** im Umfeld der L-Station (Pink Line) „18th St." und dort reihen sich preiswerte Taquerien und mexikanische Läden auf.

Nicht weit entfernt, am Harrison Park, liegt das sehenswerte **National Museum of Mexican Art** (s. S. 48), das als größtes seiner Art in den USA gilt. Es beschäftigt sich mit Geschichte und Kultur Mexikos im weitesten Sinn (das Motto lautet: „sin fronteras"), stellt Kunstwerke von mexikanischen und mexikanisch-amerikanischen Künstlern (u. a. von Diego Rivera) aus und veranstaltet Konzerte, Wechselausstellungen und Lesungen.

› Pink Line: „18th St."

72 Garfield Park Conservatory ★ [S. 326]

Der Garfield Park entstand nach 1869, nach der Eingemeindung der Orte im Westen, und auch hier waren William Le Baron Jenney und Jens Jensen als Planer aktiv. Das den Park überragende **Field House** wurde 1929 im spanischen Barockstil gebaut, angeregt durch die Panama-California Exposition in San Diego im Jahr 1915.

Ein Besuch des Parks lohnt allein schon wegen des **Garfield Park Conservatory.** Der **Botanische Garten** unter Glas verfügt über sechs sehenswerte Abteilungen. Neuester Teil ist der „New City Garden" im Außenbereich. In den Gewächshäusern finden auch Kunstausstellungen mit Bezug auf die Pflanzenwelt statt, dauerhaft aufgestellt sind ungewöhnliche Glasblätter des Künstlers Dale Chihuly im Teich des Aroid House. Hinter den Betriebsanlagen im Norden bietet der **Garfield Market Place** Läden mit Gartenartikeln und Accessoires, dazu gibt es das Blue Duck Café und Marktstände, die aber großteils nur samstags geöffnet sind. Man kann diesen Abstecher mit einem Besuch in Oak Park 73 kombinieren, da beide Attraktionen an der gleichen Hochbahnstrecke liegen.

› 300 N Central Ave., tgl. 9–17, Mi. bis 20 Uhr, Eintritt und Parken frei, www.garfield-conservatory.org, Green Line: „Conservatory-Central Park Dr."

73 Oak Park ★★★ [S. 335]

Oak Park ist ein idyllischer Villenvorort mit reizvoller Innenstadt und der Geburtsort von Ernest Hemingway. Das Besondere an dem Ort ist jedoch die Tatsache, dass der berühmte Architekt Frank Lloyd Wright hier lebte und wirkte. Er hob den „Prairie Style" als ersten „ureigenen" amerikanischen Baustil aus der Wiege und in Oak Park sind zahlreiche seiner Bauten zu bewundern.

Oak Park ist leicht mit der Green Line vom Stadtzentrum aus erreichbar und mühelos zu Fuß zu erkunden. Erste Anlaufstation sollte das **Infozentrum** gegenüber dem Austin Garden (einem öffentlichen Park) und nahe der L-Endstation sein. Von hier starten auch Walking Touren (s. S. 207) durch den **„Frank Lloyd Wright Prairie School of Architecture National Historic District"** – ein Areal, das etwa 25 Gebäude vom Reißbrett des Architekten bzw. seines Büros umfasst. Schon auf dem Weg von der Haltestelle entlang der Forest Avenue zum Wright Home (s. S. 207) fällt erstmals die grandiose Ansammlung von **Wright-Bauten** ins Auge, die allerdings, da Privatbesitz, nur von Weitem betrachtet werden können. Innen zu besichtigen sind nur **Wrights Home and Studio** und der **Unity Temple.**

Am besten beginnt man die Tour im **Frank Lloyd Wright Home and Studio** (s. S. 207). Hier lebte der Architekt von 1889 bis 1909 und entwarf im zugehörigen Büro mehr als 150 Häuser. Wright war als 19-Jähriger nach Chicago gekommen, bei Louis Sullivan in die Lehre gegangen und hatte sich mit einem Kredit 1889 das Grundstück in Oak Park gekauft. Der Bau des Wohnhauses zog sich über 13 Jahre hin und kostete schon damals $ 3 Mio. Wright lebte hier mit seiner ersten Frau Catherine Tobin und sechs Kindern bis 1909.

Wenig später wurde das Gebäude in sieben Apartments aufgeteilt und befand sich 1974, als das Frank Lloyd Wright Preservation Trust Research Center den Bau erwarb, in schlechtem Zustand. Bis 1987 fanden Restaurierungsarbeiten statt, man versetzte das Haus zurück in den Zustand von 1909 und machte es der Öffentlichkeit zugänglich. Interessant ist es, beim Rundgang auf den Unterschied zwischen dem Wohntrakt und dem erst 1898 zugefügten Studio zu achten. Bei Letzterem ist die stilistische Entwicklung zum ausgeprägten Prairie Style deutlich erkennbar.

Nur wenige Schritte von seinem Wohnhaus entfernt liegen die ersten eigenständigen Bauten Wrights, die **bootlegged houses.** Diese Häuser an der Chicago Avenue entwarf er, noch als Angestellter im Büro Sullivans, „schwarz": das **Robert P. Parker House** (Nr. 1019) und das **Thomas H. Gale House** (Nr. 1027). Bei ihnen spielen viktorianische Stilelemente noch eine Rolle, dazu kamen aber bereits eigene Ideen, wie die klare Fassadengliederung. Das benachbarte **Walter H. Gale House** (Nr. 1031) von 1893 war dann die erste offizielle selbstständige Arbeit Wrights.

067cg Abb.: caf/ae

Die Chicago Avenue stößt auf die alleeartige **Forest Avenue** und dort kann man auf dem Weg zurück in die Innenstadt noch einmal einen intensiveren Blick auf die Wright-Bauten werfen und nun die verschiedenen Entwicklungsstufen bzw. die allmähliche Verselbstständigung des Prairie Style studieren. Zu den von Wright entworfenen sehenswerten Bauten gehören beispielsweise:

Ein Detail des Unity Temple in Oak Park

- **Nathan G. Moore House** (333 Forest Ave.), 1895 im Tudorstil erbaut, nach einem Brand 1922 kamen Prairie-Style-Elemente im Obergeschoss dazu.
- **Dr. William H. Copeland House** (400 Forest Ave.), von 1908/09, noch mit viktorianischen Zügen.
- **Arthur B. Heurtley House** (318 Forest Ave.), von 1902, ein klassisches Beispiel für den Prairie Style.
- **Edward R. Hills House** (313 Forest Ave.), 1906 von Wright im Prairie Style umgebaut.
- **Laura Gale House,** (6 Elizabeth Court), 1909, eines der ungewöhnlichsten Beispiele für Wrights Prairie Style.
- **Peter A. Beachy House** (238 Forest Ave.), ursprünglich gotisierendes Cottage, 1906 von Wright mit japanischen Elementen komplett umgestaltet.
- **Frank W. Thomas House** (210 Forest Ave.), 1901 erbaut und von Wright selbst als das erste „Prairie House“ in Oak Park bezeichnet.

Den Abschluss des Rundgangs auf Wrights Spuren bildet der **Unity Temple.** 1905 war die Oak Park Unity Church durch Blitzschlag komplett zerstört worden und Wright wurde mit dem Neubau beauftragt. Die 1908 fertiggestellte „Unitarian Universalist Church", wie der Unity Temple offiziell heißt, gleicht äußerlich einer futuristischen Burg aus Stahlbeton, bestehend aus einfachen kubischen Baukörpern. Das sorgte anfangs für heiße Diskussionen, Frank L. Wright selbst betrachtete hingegen den schlichten, perfekt proportionierten und geschmackvoll ausgestatteten Kirchenraum als Wendepunkt zur Moderne.

Zu den weiteren Attraktionen in Oak Park gehört der **Ernest Hemingway Birthplace** mit dem angeschlossenen **Museum.** In dem viktorianischen Haus wurde der Autor am 21. Juli 1899 geboren, lebte hier bis 1905 und dann weitere zwölf Jahre an anderen Adressen in Oak Park. Einige Schritte südlich befindet sich im lokalen Kulturzentrum das Museum, eine Ausstellung zum Leben und Werk des Schriftstellers (Schautafeln u. a. Medien), die nach einzelnen Lebensabschnitten und Hemingways Hauptwerken gegliedert ist.

Oak Parks **Downtown** liegt gegenüber der L-Station „Harlem/Lake" und hat eine kleine Fußgängerzone (N Marion St.) zu bieten. Auch um die nahe Kreuzung Oak Park Avenue und Lake Street mit der L-Station „Oak Park" lohnt sich ein Bummel mit Stopp in einem der Cafés.

› **Infos zu Oak Park:** www.downtownoakpark.net, Green Line: „Harlem/Lake" (Endstation) oder „Oak Park". Es gibt ein kostenloses Shuttle (ab 10 Uhr, alle 30 Min.) zwischen den Attraktionen und den beiden L-Stationen.

253 [S. 335] **Oak Park Visitor Center,** 1010 Lake St., www.visitoakpark.com, tgl. 10–17, Fr. im Sommer bis 18 Uhr. Es gibt Infomaterial und einen Shop und es werden auch Touren durch das Viertel angeboten.

254 [S. 335] **Frank Lloyd Wright Home and Studio,** 951 Chicago Ave., tgl. 11–16 Uhr, 45-minütige Haustouren ($ 15) tgl. 11–16 Uhr, Nov.–März stündl., sonst alle 20 Min., Tickets im Shop (tgl. 10–17 Uhr). Es gibt auch Touren durchs Viertel (Kombitickets!) und Spezialführungen, Infos: www.gowright.org.

255 [S. 335] **Hemingway Birthplace,** 339 N Oak Park Ave. Bei 200 N Oak Park Ave. befindet sich das zugehörige Hemingway Museum, Green Line: „Oak Park", So.–Fr. 13–17, Sa. 10–17 Uhr, stdl. Touren, $ 10 (beide Häuser), www.ehfop.org.

256 [S. 335] **Unity Temple,** 875 Lake St., www.utrf.org/visit.html, Mo.–Fr. 10.30–16.30, Sa. 10–14, So. 13–16 Uhr, $ 10

Gastronomie und Shopping in Oak Park

257 **Petersen's Ice Cream Parlour,** 1100 Chicago Ave. (nahe Wright Home). Seit fast 90 Jahren eine Institution. Eigene Bäckerei/Konditorei und hausgemachtes Eis.

258 [S. 335] **Prairie Bread Kitchen,** 103 N Marion St. In der Bäckerei gibt es neben hervorragendem Brot auch vielerlei Gebäck.

259 [S. 335] **Book Table,** 1045 Lake St. Großer, noch unabhängiger Buchladen mit neuer und gebrauchter Literatur.

260 [S. 335] **Frank Lloyd Wright Home & Studio Museum Shop,** 951 Chicago Ave. Spezialisiert auf Wright-Literatur und -Kunsthandwerk, auch im Internet: www.shopwright.org.

261 [S. 335] **Marion Street Cheese Market,** 102 N Marion St. Ausgezeichneter Spezialladen mit großer Käseauswahl, darunter viele exzellente Käse aus dem nahen Wisconsin.

Frank Lloyd Wright – Genie und Lebemann

Für Kritiker war Frank Lloyd Wright (1867–1959) ein „Weiberheld" und „Lebemann", Kunstkenner schätzen ihn als genialen Architekten und Begründer eines neuen, des ersten eigenständigen amerikanischen Architekturstils, genannt ***„Prairie Style".*** *Um die Jahrhundertwende war Wright seiner Zeit meilenweit voraus, baute modern, als andere noch auf historische Zitate zurückgriffen. Wie Louis Sullivan ist Wright untrennbar mit Chicago verbunden und prägte zwischen 1889 und 1909 20 Jahre lang die Architektur der Stadt mit – nicht nur als Baumeister, sondern als* ***gestalterisches Universalgenie.***

Er wurde am 8. Juni 1867 als Sohn eines wandernden ***Baptistenpfarrers*** *in Richland Center (Wisconsin) geboren und Wrights Mutter,* ***Anna Lloyd-Jones,*** *war bereits von Geburt ihres Sohnes an der festen Überzeugung, dass er einmal Architekt werde würde.*

Auf der Farm seiner Onkels mütterlicherseits bei Spring Green, lernte Frank Lloyd Wright im Kreise einer stark religiös und puritanisch geprägten Familie das Landleben kennen – und stellte fest, dass er ***für körperliche Arbeit ungeeignet*** *war. Mit 18 Jahren verließ er deshalb seine Familie, jobbte bei einer Baufirma und belegte Zeichenkurse an der University of Wisconsin in Madison. 1887 kaufte er sich ein Zugticket und begann in Chicago als* ***Architekturzeichner*** *zu arbeiten. 1888 trat Wright in das renommierte Büro von Louis Sullivan (Architekt) und Dankmar Adler (Ingenieur) ein und stieg dort schnell vom Handlanger zum Chefzeichner und Entwerfer von Wohnhäusern auf.*

Nach einem ***Streit um „Schwarzarbeit"*** *hinter dem Rücken seiner Chefs machte sich Wright 1893* ***selbstständig*** *und richtete sich in seinem Haus in Oak Park ein Büro ein. Es folgte eine sehr fruchtbare Zeit, er entwarf mit zahlreichen Mitarbeitern Bauten wie am Fließband – noch heute sind über 25 davon im „Frank Lloyd Wright Prairie School of Architecture National Historic District" erhalten – und wurde berühmt. Das erste eigentliche „Prairie House" entstand 1894 mit dem Winslow House in River Forest und 1900 veröffentlichte Wright im „Ladies Home Journal" einen Artikel mit dem Titel „A Home in A Prairie Town", in dem er erstmals die Stilmerkmale zusammenfasste.*

Ein Rundgang durch Oak Park macht die ***Grundprinzipien des Prairie Style*** *klar: lang gestreckte, klar gegliederte Baukörper, Fensterbänder und eine starke Horizontalbetonung, massive Sockel, große Mauerwerksflächen und oft weit vorkragende Dächer, natürliche Materialien und Farben und die Einbeziehung der das Haus umgebenden Landschaft. Es ist eine organische Architektur, die mit der Natur eine Harmonie in Form und Farbe eingeht, beeinflusst von Sullivan, aber auch durch das Bauhaus und Le Corbusier, japanische Architektur und englischen Landhausstil. Wrights Häuser sind zeitlos und weisen individuellen Charakter auf. Als Musterbei-*

spiel gilt das ***Frederick C. Robie House*** *aus dem Jahr 1909 auf dem Campus der University of Chicago, das Wright selbst als „cornerstone of modern architecture" bezeichnete.*

Im Inneren bieten Wrights Bauten erstaunliche ***Raumeindrücke.*** *Gleich beim Eintreten fällt stets der offene Grundriss auf, das Ineinanderübergehen der Räume, die in Höhe und Form stark variieren und für Überraschungen sorgen. Nach Belieben wird Intimität oder Repräsentativität vermittelt. Ungewöhnlich sind auch die vorwiegend lokalen* ***Materialien:*** *viel warmes Holz, rauer Stein und bemaltes Glas in sanften Farben, im Sinne der Arts-and-Crafts-Bewegung qualitativ hochwertig bearbeitet. Indirekte* ***Beleuchtung*** *spielte eine große Rolle und die von Wright entworfenen Glasfenster, Lampen und Möbel wurden in Kunsthandwerk und Design wegweisend. Er setzte auf* ***moderne Technik*** *wie Beleuchtungs-, Belüftungs-, Heizungs- und akustische Systeme zeigen und dachte „praktisch": platzsparende Regal- und Schrankeinbauten, genial platzierte, zentral gelegene Kamine, versteckte Belüftungen und Heizkörper – vieles davon würde man sich in modernen Wohnungen wünschen.*

Im Jahr 1909 verließ Wright Frau und Kinder, um in Begleitung seiner Geliebten, Margaret (Mamah) Borthwick Cheney, nach ***Berlin*** *zu gehen und dort seine Arbeiten auszustellen und im Wasmuth Portfolio weltweit bekannt zu machen. Fast zwei Jahre blieb er in Europa und gab der dortigen Architekturszene wichtige Anregungen. Bei seiner* ***Rückkehr*** *war seine Ehe gescheitert, sein Büro lag danieder und sein Ruf war dahin. Zusammen mit Cheney lebte Wright ab 1912 bei Spring Green in einer Villa namens* ***Taliesin*** *– was in der Sprache von Wrights walisischen Vorfahren „Shining Brow" (Name eines walisischen Barden) bedeutet –, doch 1914 wurden seine Lebensgefährtin und andere Angehörige und Bedienstete von einem verrückten Diener brutal umgebracht und Taliesin ging in Flammen auf. Wright war am Boden zerstört und begann mit dem Wiederaufbau, bis Geldnot ihn zwang, einen gut bezahlten* ***Auslandsauftrag*** *anzunehmen: Zwischen 1915 und 1921 baute er das Imperial Hotel in Tokio. Nach einer zweiten, kurzen und unglücklichen Ehe mit der Bildhauerin Miriam Noel heiratete Wright 1925 Olga „Olgivanna" Milanoff Hinzenberg.*

Wright plante nach seiner Rückkehr aus Japan mehrere Häuser in Kalifornien, doch die 1930er-Jahre, die Jahre der Depression, bremsten die Realisierung vieler Projekte und Wright verdiente sein Geld in erster Linie mit Vorträgen und Publikationen. 1932 rief er das ***„Taliesin Fellowship"*** *ins Leben, eine* ***Architekturschule*** *in Spring Green, Wisconsin, die 30 ausgewählte Studenten besuchen durften – und die bis heute fortbesteht. Zwischen 1934 und 1939 entstand das wohl bedeutendste Bauwerk Wrights,* ***„Fallingwater"*** *– ein Wohnhaus auf einem Felsen direkt über einem Wasserfall bei Bear Run in Pennsylvania.* ›

Gleichzeitig baute der Architekt in Scottsdale (Arizona) für seine Architekturschule einen Wintersitz namens ***„Taliesin West"*** *– ein Projekt, das ihm viel Ruhm und neue Aufträge einbrachte. Die späteren 1940er- und 1950er-Jahre waren die* ***produktivsten Schaffensjahre*** *Wrights: Über 250 Privathäuser und zahlreiche öffentliche Bauten entstanden, darunter sein berühmtestes Werk, das erst nach seinem Tod im Jahr 1959 eröffnete* ***Guggenheim Museum*** *in New York.*

Mehr und mehr experimentierte Wright außerdem mit Fertigbauteilen und die ***„Usonian Houses"*** *traten ihren Siegeszug an – ökonomisch produzierbare flache Einzelhäuser in verschiedenen Varianten, die ästhetisch ansprechenden Lebensraum für den „kleinen Mann" bieten sollten.*

Als Frank L. Wright am 9. April 1959 im Alter von 92 Jahren in Arizona starb, hatte er über ***800 Bauten*** *geplant und dazu in unzähligen Artikeln und Büchern seine Thesen zu organischer Baukunst, „demokratischer Architektur" und der sozialen Rolle des Städtebaus dargelegt. Er wurde im Familiengrab in Taliesin (Spring Green) bestattet, doch 1985 ließ seine Frau Olgivanna seine sterblichen Reste nach Taliesin West bringen, wo Wright endlich seine letzte Ruhe fand.*

› ***Lesetipp:*** *Margo Stipe, „Frank Lloyd Wright. Sein Leben erzählt in Briefen, Plänen, Dokumenten", Callwey Verlag 2009. Ein ungewöhnlich aufgemachtes Buch über das Leben und Werk des großen Architekten Frank Lloyd Wright.*

Southside Neighborhoods

Mag der Süden Chicagos auch gemeinhin als weniger attraktiv als der Norden gelten, so gibt es durchaus besuchenswerte Punkte: z. B. Chinatown, das U.S. Cellular Field – das Baseballstadion der White Sox –, den Campus des Illinois Institute of Technology oder Hyde Park mit der University of Chicago und einem sehenswerten, von Frank Lloyd Wright gebauten Wohnhaus. Angrenzend befindet sich der Jackson Park mit dem Museum of Science and Industry.

Im Osten durch den Lake Michigan begrenzt, dehnte sich das Stadtgebiet Chicagos zunächst nach Süden, dann erst nach Westen und Norden aus. Bei der Stadternennung 1837 reichte das Siedlungsgebiet bis zur Cermak Road, dem heutigen Beginn von Chinatown. Südlich davon befand sich damals „Wildnis", die lediglich durch zwei alte Indianerpfade (heute Vincennes und Cottage Grove Avenue) erschlossen war. Mit dem Bau der **Eisenbahn** in den 1850er-Jahren veränderte sich alles, da die meisten Linien von Süden her in die Stadt geführt wurden. Im Umfeld der Gleise entstanden Industrieanlagen und Arbeitersiedlungen, 1853 reichte die Stadt schon bis zur 31st Street, zehn Jahre später bildete die 40th Street die Grenze. 1889 wurde schließlich das im Süden gelegene Hyde Park Township eingemeindet.

Dass sich gerade im Süden so früh **Wohn- und Industrieareale** entwickelten, hat auch mit der Geografie der Stadt zu tun. Norden und Westen waren durch den Chicago River und seine Seitenarme vom Loop abgetrennt und es gab damals kaum Brücken. Nach dem Feuer von 1871 zogen viele Chicagoans, die ihre Häuser verloren hatten, nach Süden. Um Michigan und Prairie Ave., im heutigen South Loop, war in den 1880er-Jahren ein großzügig begrüntes Nobelviertel mit Villen und Alleen entstanden und als 1893 die Weltausstellung ausgerechnet in Hyde Park, im tiefen Süden der Stadt, abgehalten wurde, entwickelte sich auch dieses Areal zum Wohnviertel der Oberschicht. **Hyde Park** ist bis heute eine exklusive Adresse geblieben - auch Barack Obama war hier zu Hause -, obwohl nach 1900 viele Bessersituierte nach Norden zogen - auch um den Industrieanlagen und dem Schlachthof im Süden zu entkommen. Arbeiter und ab den 1920er-Jahren v.a. afroamerikanische Zuwanderer aus den Südstaaten rückten nach. Der zunehmenden Gettoisierung weiter Teile des Südens versuchte man ab den 1950er-Jahren mit neuen **Sozialwohnbauprojekten** entgegenzuwirken - und machte dafür viele historische Viertel dem Erdboden gleich.

Wie die Zukunft des Südens aussehen könnte, zeigt die **Near South Side**, auch „South Loop" genannt: Wo alte Bausubstanz erhalten ist, z.B. im Prairie Avenue National Historic District, versucht man diese zu erhalten, an anderen Stellen entstanden und entstehen neue Reihenhäuser oder Apartmentbauten, auch für weniger gut Verdienende.

74 Near South Side – Chinatown ★★ [dp]

Was für den Süden insgesamt gilt, trifft besonders auf die Near South Side zu, in deren Zentrum Chinatown liegt: Zunächst Siedlungsgebiet der Wohlhabenden, dann ab Ende des 19. Jh. Heimat vieler Zuwanderer und Arbeiter, versucht man nach Jahrzehnten der Vernachlässigung in letzter Zeit die Region wiederzubeleben. Das macht sich besonders im Umkreis des Prairie Avenue National Historic District und des McCormick Place, des Kongresszentrums der Stadt, bemerkbar. Direkt an der L-Station „Cermak/Chinatown" (Red Line) findet sich mit den **Raymond Hilliard Homes** (2030 S State St.) von 1966 ein Beispiel für architektonisch gelungenen Sozialwohnbau. Bertrand Goldberg führte hier das revolutionäre „Maiskolben"-Design der Marina City fort.

Wie ein Fremdkörper - bunt, geschäftig und exotisch - wirkt **Chinatown** im sonst monotonen Einheitsbrei der Wohnareale. Etwa 10.000 chinesischstämmige Chicagoans wohnen verteilt auf nur acht Blocks um die Kreuzung Wentworth Avenue/Cermak Road. Im 19. Jh. lag das Chinesenviertel noch im Zentrum der Stadt, dann verdrängten um 1900 steigende Mietpreise die Chinesen hierher. Heute existiert ein **Old Chinatown** hier im Süden der Stadt und ein ab den frühen 1990er-Jahren entstandenes **New Chinatown.**

Der Hochbahn entstiegen, blickt man gleich auf ein Symbol des kleinen Viertels und zugleich die erste Attraktion Chinatowns: die **Nine Dragon Wall.** Das Mosaik verdeutlicht die Bedeutung des Drachens in der chinesischen Welt. Es gibt nur zwei weitere derartige Mauern: in Datong und Peking (China). Das am 9. Dezember 2003 in Chicago eingeweihte Kunstwerk ist eine Kopie der Pekinger Dragon Wall.

Ehe man die Hauptstraße von Old Chinatown erkundet, lohnt ein kurzer Abstecher ins Zentrum von **New Chinatown.** Zentraler Punkt an der Archer Street ist der **Chinatown Square** von 1993, auf dem unterschiedlichste Veranstaltungen stattfinden. Zwei Löwen, der männliche mit einem Ball, der weibliche mit einem kleinen Löwen unter der Tatze, dienen als Wächter. Vier Reliefs erinnern daneben an bedeutende chinesische Erfindungen (Kompass, Pulver, Papier, Drucktechnik), wohingegen ein großes Mosaik am Eingang die Rolle der Chinesen in der Geschichte Nordamerikas hervorhebt. Es wurde 1993 aus etwa 100.000 handgefertigten Steinen geschaffen.

Um den ansonsten sterilen Platz reihen sich ein paar kleine Restaurants und Läden sowie zwölf Skulpturen auf, die die chinesischen Sternzeichen symbolisieren (Ratte, Stier, Tiger, Hase, Drache, Schlange, Pferd, Widder, Affe, Hahn, Hund, Schwein). Hinter dem Platz schließt sich ein properes Neubaugebiet an mit dem **Ping Tom Park** am Südarm des Chicago River, benannt nach dem Gründer der Chinesischen Handelskammer.

Old Chinatown beginnt an der Kreuzung Cermak Road/Wentworth Avenue nahe der L-Station „Cermak/Chinatown“. Durchschreitet man das **Chinatown Gate**, betritt man an der Wentworth Avenue eine andere Welt mit fremden Schriftzeichen und unverständ-

⊡ *Die Nine Dragon Wall empfängt die Besucher an der Hochbahnstation*

068cg Abb.: mb

EXTRATIPP

Prairie Avenue National Historic District

Der Prairie Avenue National Historic District, wenn auch etwas abseits gelegen, ist das Richtige für **Architekturfreaks** (Bus Nr. 1, 3 oder 4 ab „Michigan/18th"). Man erreicht ihn zu Fuß von Chinatown über die Cermak Road, wenn man ostwärts in Richtung McCormick Place läuft, vorbei an den Hilliard Homes (2030 S State St.). Das **Nobelwohnviertel** an der Prairie Avenue entstand nach dem Brand von 1871. Große Unternehmer wie Potter Palmer (Hotelier), Marshall Field (Kaufhausbesitzer) oder John Glessner (Firmenboss) ließen sich hier Villen errichten, bevorzugt von dem berühmten Architekten **Henry Hobson Richardson.**

Richardson prägte wie Louis Sullivan die Architekturszene im späten 19. Jh. 1836 in Louisiana geboren und an Bostons Harvard University und Paris ausgebildet, passte er jedoch in keine Schublade. 1885 kam er, angelockt vom wirtschaftlichen Boom, nach Chicago. An der Ecke Adams/Wells St. im Loop plante er den **Marshall Field Wholesale Store and Warehouse** (mittlerweile abgerissen) – ein Bauwerk, das Einfluss auf die Chicago School of Architecture und besonders auf das Auditorium von Adler und Sullivan hatte.

Zu seinen gelungensten Bauten zählt das **John J. Glessner House** (s. S. 46) von 1886, ein Aufsehen erregendes, fast festungsartiges Gebäude aus massivem Stein mit englischen Tudorelementen und stark beeinflusst von der englischen Arts-and-Crafts-Bewegung. Das Haus kann besichtigt werden und auch Walking Tours durchs Viertel starten hier.

Das älteste, noch erhaltene Haus im Viertel und zugleich das einzige erhaltene im Greek-Revival-Stil in ganz Chicago ist das **Henry B. Clarke House** (s. S. 45) von 1836. Sehenswert ist auch die **Wheeler Mansion** (s. S. 289) aus dem Jahr 1870, heute ein exklusives Bed and Breakfast. Die umliegenden Lagerhäuser werden vermehrt in Büros und Lofts – beliebte Adressen – umfunktioniert.

Weitere markante Punkten des Prairie Avenue National Historic District sind das **National Veterans Art Museum** (1801 S Indiana Ave., www.nvvam.org) mit etwa 1000 Kunstwerken und Manuskripten von über 130 Veteranen, Vietkongs und Kambodschanern und der **McCormick Place** (2301 S Lake Shore Dr.), ein mehrteiliges Kongresszentrum, das im Kern 1986 von SOM geplant wurde.

Die **Willie Dixon's Blues Heaven Foundation** (s. S. 48) befindet sich in den ehemaligen Studios von Chess Records. Die Plattenfirma war von 1957 bis 1967 in dem Bau von 1911 ansässig. Heute wird hier eine Sammlung zum Chicago Blues (Platten, CDs, Fotos, Bühnenkostüme und vieles mehr) gezeigt. Die Firma Chess war 1950 in Chicago gegründet worden und hatte den „Urban Blues" groß gemacht. Blueslegenden wie Muddy Waters, Howlin' Wolf, John Lee Hooker, Robert Nighthawk und Jimmy Rogers standen bei Chess unter Vertrag, aber auch große Jazz-, Rock 'n' Roll- und R&B-Musiker. Mit dem Tod des Firmengründers Leonard Chess 1969 wurde die Firma – neben dem Plattenlabel Vee-Jay Hauptproduzent von Blues und Jazz – verkauft.

› Mehr Informationen zu dem Historic District bietet die Webseite http://pdnachicago.com/page07.php.

lichen Wortfetzen, mit fremdländischen Lebensmitteln, Dim-Sum-Ständen, Drogerien und authentischen chinesischen Restaurants. Abgesehen von rund 50 Läden und zahlreichen Bäckereien gibt es mehr als ein Dutzend Lokale.

Ehe man aber ans Essen denkt, sei zuvor ein Blick auf das **Pui Tak Center** (ehemals Leong Tong Building, Nr. 2216) empfohlen. Der Bau wurde 1928 im „chinesischen Stil" als Rathaus für die Chinesen errichtet. In den 1980er-Jahren wurde das Amt geschlossen, da Korruption und illegale Geschäfte überhand genommen hatten. Die **Chinese Christian Union Church**, die in der Straße weiter südlich ihr großes Gemeindezentrum unterhält, kaufte den Bau, renovierte ihn und nutzt ihn seither für verschiedene Zwecke (mit Shop). Zu den Sonntagsgottesdiensten finden sich bis zu 3000 Gläubige ein und es handelt sich um die größte United Church of Christ (evangelisch-reformierte Kirche) im Mittleren Westen und die drittgrößte in den USA. Sehenswert ist aber auf jeden Fall auch der kleine buddhistische Tempel bei Hausnummer 2249.

› Chinatown, Wentworth Ave./Cermak Rd., Red Line: „Cermak/Chinatown"

Gastronomie in Chinatown

262 [dp] **Chin Quon Bakery & Café**, 2242 S Wentworth Ave. Nicht nur für zwischendurch, sondern auch zum preiswerten Lunch: z. B. *(baked) buns* gefüllt mit Schweinefleisch, Hackfleisch, Huhn, Schinken und Ei, Bohnenpaste oder Curry. Außerdem Süßes wie *sesame balls* oder *egg custard tarts* und *cookies*.

263 [dp] **Emperor's Choice** \$-\$\$, 2238 S Wentworth Ave. Schlichter Raum mit gutem preiswerten Essen, v. a. das Seafood ist empfehlenswert, ebenso das Kung Pao Chicken oder auch *fried rice* mit verschiedenen Fleischsorten.

› **House of Fortune** (s. S. 34), große Speisekarte mit preiswerten asiatischen Gerichten.

264 [dp] **The Noodle** \$, 2336 S Wentworth Ave. Vietnamesische Spezialitäten wie Fleischsuppe mit Einlagen, Frühlingsrollen, Reis- und Nudelgerichte. Gemütlich zum Sitzen.

75 Bridgeport/ U.S. Cellular Field ★ [S. 336]

Bridgeport, im Norden und Westen durch den Südarm des Chicago River begrenzt, im Osten durch den Dan Ryan Expressway und im Süden durch die Pershing Road, zählt zu den **ältesten Vierteln** der Stadt. Sehenswert sind neben dem U.S. Cellular Field der Campus des Illinois Institute of Technology (IIT) und die Reste des Schlachthofes.

Schon in den 1830er-Jahren hatten sich irische Einwanderer, die am Bau des Illinois-Michigan-Kanals beteiligt gewesen waren, hier niedergelassen. Nach dem Kanalbau folgten Eisenbahn, Industriebetriebe und schließlich der Schlachthof. Wie es damals hier ausgesehen hat, schildert Upton Sinclair in seinem Meisterwerk „The Jungle" (1906) ausführlich, heute ist vom Schlachthof nämlich nur noch das Eingangstor erhalten, die Industrieanlagen sind aufgelassen oder verschwunden.

Das **U.S. Cellular Field** liegt am Ostrand von Bridgeport. Die South Sider sprechen immer noch vom **„Comiskey Park"**, wenn die Rede vom Stadion des zweiten Baseballteams der Stadt, den White Sox, ist. 1909 hatte Charles Comiskey, der Boss des Klubs, ein Grundstück an der Ecke 35th/Shields erworben und im Frühjahr

069cg Abb.: id

1910 nach Plänen von Zachary Taylor Davis den *ballpark* erbauen lassen. Am 1. Juli desselben Jahres bezog ihn der Verein.

Am 30. September 1990 fand dann das letzte Spiel der Sox im alten Comiskey Park statt – dem damals ältesten noch erhaltenen Baseballstadion der USA. Zum Ärger vieler Fans wurde das alte Stadion abgerissen und gegenüber entstand ein **Neubau** nach den Plänen von Hellmuth, Obata & Kassabaum (Kansas City). Am 18. April 1991 fand das Eröffnungsspiel statt. Den $ 137 Mio. teuren Bau finanzierte der Bundesstaat Illinois, der zugleich mit der eigens gegründeten Illinois Sports Facilities Authority als Besitzer fungiert. Die Sox betreiben das Stadion und dürfen es mietfrei nutzen, während der Staat einen Teil der Einnahmen aus dem Stadionbetrieb einsteckt.

Das U.S. Cellular Field (ehemals Comiskey Park) ist die Heimat der Chicago White Sox

Auch wenn viele dem alten Stadion noch heute nachtrauern, gilt das neue als **architektonisch wegweisend.** Es war das erste reine Baseballstadion – zu einer Zeit als Multifunktionsarenen angesagt waren –, das in den 1970er-Jahren im **Retrostil** erbaut wurde. Das Stadion gilt besonders wegen seiner gelungenen Mischung aus historisierendem Stil und hochmoderner technischer Ausstattung als beispielhaft. In der Folge entstanden vielerorts moderne Baseballstadien ebenfalls im Stil der 1920er-Jahre.

Kaum hatte man sich an den Bau gewöhnt, unterzeichneten am 31. Januar 2003 der aus Chicago stammende Mobilfunkanbieter U.S. Cellular und die White

„Schwarze Socken" reingewaschen

„It's so exciting, after 88 years of waiting, us south siders have earned respect!!!", so eine Bewohnerin der South Side. Endlich sind die Socken reingewaschen und endlich hat die South Side den Norden in seine Grenzen verwiesen! Als die ***White Sox*** *am 27. Oktober 2005 Spiel Nummer vier gegen die Houston Astros gewannen und damit nach 1917 endlich wieder* ***Meister*** *geworden waren, war der Jubel in Chicagos South Side grenzenlos.*

Nicht nur die Cubs können nämlich auf eine illustre ***Baseballgeschichte*** *zurückblicken, auch die White Sox haben Tradition.* ***Charles Comiskey*** *war nicht nur maßgeblich an der Gründung der American League (AL) - neben der National League (NL) der zweite Teil des MLB (Major League Baseball) - 1899 in Chicago beteiligt, er erwarb auch gleich die St. Paul Saints aus Minnesota und siedelte den Verein nach Chicago um. Anfangs als „White Stockings" und ab 1902 als „White Sox" bekannt, bestritt der Verein am 21. April 1900 sein erstes Saisonspiel in der Windy City.*

Schon im ersten Jahr gewannen die Sox die AL-Meisterschaft, doch Aufsehen erregte man, als sich 1906 die White Sox als Meister der AL und die Cubs als Titelträger der NL in den ***World Series*** *gegenüberstanden. Die Sox holten sich damals den Titel und auch 1917 feierte man in der South Side die Meisterschaft. 1919 träumten die Fans erneut vom Titel, immerhin waren die Sox hoch favorisiert, doch überraschend verlor das Team in den World Series gegen die Cincinnati Reds.*

Was ein Reporter aus Chicago während der Finalspiele schon vermutet hatte, erwies sich später als wahr: Acht Spieler der Sox hatten sich ***bestechen lassen*** *und schrieben unter dem Schlagwort* ***„Black Sox Skandal"*** *ein trauriges Kapitel Baseballgeschichte. Dabei flog der Schwindel erst ein Jahr später auf, nachdem Bestechungsgerüchte bei anderen Teams aufgekommen waren und Comiskey aus Angst vor einer Untersuchung und um sich selbst aus der Affäre zu ziehen, seine Spieler überredete, die Wahrheit zu sagen. Acht Sox-Spieler, darunter der legendäre Joe „Shoeless" Jackson - der in einem Film von Kevin Costner verewigt wurde - und einige andere Beteiligte wurden ange-*

Sox einen 23-Jahres-Vertrag über $ 68 Mio. – seither heißt der Comiskey Park „U.S. Cellular Field". Neben den etwa 80 Heimspielen der White Sox pro Saison finden hier auch große Konzerte statt.

› U.S. Cellular Field, 333 W 35th St., Infos und Tickets: http://chicago.whitesox.mlb.com/cws/ballpark/index.jsp, Red Line: „Sox-35th", Touren nur für Gruppen Di./Fr. 10.30/13.30 Uhr (Tel. 312 6741000)

76 Illinois Institute of Technology ★ [S. 336]

Das **Illinois Institute of Technology** (IIT) mit seinen rund 6000 Studenten ist eine hoch angesehene Privathochschule, an der Mies van der Rohe von 1938 bis 1958 als Leiter der Architekturfakultät wirkte. Das Institut war 1892 aus dem Armour Institute of Technology hervorge-

klagt, doch mangels Beweisen freigesprochen. Dennoch wurden die betroffenen Spieler aus der MLB ausgeschlossen und ihr Ruf war ruiniert.

Wie gut tat es da den Sox-Fans und dem Verein, 2005 endlich wieder für ***positive Schlagzeilen*** *zu sorgen. Dem charismatischen Trainer* ***Ozzie Guillen*** *war es in nur zwei Spielzeiten gelungen, eine Spitzenmannschaft ohne Superstars zu formen, deren Stärken in Teamgeist, Nervenstärke und im Pitching liegen. Als man den Siegerpokal schließlich in Händen hielt, war der Fluch endlich gebannt, der seit dem Skandal von 1919 auf dem Team lastete. Endlich wieder ein Titel, und noch dazu hatte man den „hochnäsigen North Siders" gezeigt, wer im Baseball das Sagen hat.*

Zwar konnten die Sox den Erfolg von 2005 bis dato nicht wiederholen, doch weiterhin gehört die Mannschaft zu den Topteams der American League. Man mischt stets oben mit und 2008 gelang sogar der Sprung in die Meisterschaftsendrunde. Sportlich gesehen sind damit die Sox weiterhin das bessere Baseballteam in Chicago …

gangen und 1940 mit dem Lewis Institute vereint worden.

Van der Rohe war maßgeblich an der städtebaulichen Sanierung des Campus beteiligt, entwarf bis 1958 alle Neubauten und setzte hierbei erstmals eine reine Skelettbauweise ein. Ein Meisterwerk auf dem Unicampus ist die Struktur der **Crown Hall** (1952–56), eine gelungene Stahl-Glas-Konstruktion, bei der erstmals die Idee des voll flexibel gestaltbaren Raums realisiert wurde. Sehenswert sind auch das gegenüberliegende **State Street Village** von Murphy & Jahn, ein ungewöhnliches Studentenwohnheim aus Glas, und das **McCormick Tribune Campus Center** daneben mit der **Acoustic Tube** von Rem Kohlhaas, in der die Bahnen der Green Line fast geräuschlos den Komplex überqueren.

› 3300 S Federal St., Infos: www.iit.edu, Red Line: „Sox-35th", Green Line: „35-Bronzeville-IIT". IIT Architectural Tours ab Campus Info Center, McCormick Tribune Campus Center, 3201 S State St., www.miessociety.org/home/tours, tgl. 10–15 Uhr, $ 10

77 Hyde Park/ South Side ★★ [S. 336]

Weit im Süden liegt das Viertel **Hyde Park,** umschlossen von zwei großen Grünanlagen: Washington Park 81 und Jackson Park. Diese sind wiederum durch die Midway Plaisance, eine Prachtallee, miteinander verbunden. Im Zentrum von Hyde Park liegt die renommierte University of Chicago und im Umkreis ist ein bunt gemischtes Publikum aus Studenten und Professoren zu Hause. Auch der erste afroamerikanische Präsident der USA, Barrack Obama, stammt von hier und daher nennt man das Viertel inzwischen auch **„First Neighborhood".**

Hyde Park breitet sich zwischen Lake Michigan und Washington Park sowie 47th und 61st Street aus. Aufgrund seiner Entfernung vom geschäftigen Stadtzentrum konnte sich hier ein eigenständiger Ort entwickeln, der eher an ein Dorf in Neuengland erinnerte als an eine Großstadt. Das änderte sich schlagartig, als das **Township of Hyde Park** 1889 ein-

Chicagos Schlachthofviertel

Das ***Schlachthofviertel,*** *die* ***Union Stock Yards,*** *breitete sich auf dem riesigen Areal zwischen 39th und 47th Street sowie Ashland Avenue und Halsted Street aus. Die Bedeutung Chicagos als früher Eisenbahnknotenpunkt war ein Grund dafür, dass zwischen 1865 und 1971 im Süden der Stadt ein riesiger Schlacht- und Viehverladebetrieb entstand. Auf dem Höhepunkt, um 1905, waren rund 30.000 Arbeiter täglich damit beschäftigt, bis zu 25.000 Rinder, 70.000 Schweine und 20.000 Schafe zu schlachten, zu verarbeiten und Richtung Osten zu schicken. Dabei kamen neueste Techniken zum Einsatz und sogar Autohersteller Henry Ford schaute sich hier die Prinzipien effektiver Fließbandarbeit ab.*

Erhalten ist vom Schlacht- und Viehhof nur das ***Union Stock Yards Gate*** *(850 W Exchange Ave.), 1879 nach Plänen von Burnham & Root errichtet. 2006 wurde das monumentale Eingangstor anlässlich der Feier des 100. Geburtstags von* ***Upton Sinclairs Roman „The Jungle"*** *zum „Literary Landmark" erhoben. Sinclair schildert in seinem Roman auch* ***Back-of-the-Yards,*** *den als Wohnviertel für Immigranten und Arbeiter südlich der Schlachthöfe entstandenen „Hinterhof".*

Eine Vielzahl ***ethnischer Gruppen*** *mit entsprechenden Bräuchen und Traditionen, kulturellen und sozialen Einrichtungen war hier vereint und die hemmungslos ausgebeuteten Schlachthofarbeiter fanden in der Gemeinschaft den nötigen Halt: 1897 war als Zeichen der Solidarität unter irischen und deutschen Metzgern die erste* ***Gewerkschaft*** *„Amalgamated Meat Cutters and Butcher Workmen of North America" (AMC&BW) entstanden, die angesichts der Ausbeutung der Arbeiter (60 % verdienten weniger als $ 6 pro Woche!) mehrmals zu Streiks aufrief, darunter den legendären Streik von 1904, der Upton Sinclair als Vorlage für sein Werk „The Jungle" (1906) diente. Doch es sollte noch lange dauern, bis sich die Arbeitsbedingungen schließlich, auch durch Mithilfe von Persönlichkeiten wie der Friedensnobelpreisträgerin Jane Addams, verbesserten. Die AMC&BW exisitiert noch heute, als Teil der 1979 - acht Jahre nachdem der Schlachthof in Chicago geschlossen worden war - entstandenen Gewerkschaft „United Food and Commercial Workers".*

gemeindet, 1892 die Uni gegründet und 1893 die Weltausstellung ausgerichtet wurde.

Alle drei Ereignisse hingen unmittelbar zusammen: ohne Eingemeindung keine Ausstellung und ohne diese keine Uni. Nach der Weltausstellung blieben die Grünanlagen erhalten, die Burnham später bei seinem Chicago-Plan von 1909 in die Parkanlagengestaltung miteinbezog. Nach der Weltausstellung wurde Hyde Park zur beliebten Wohnadresse und wer Geld hatte, ließ sich von einem mehr oder weniger renommierten Architekten ein Haus im Grünen errichten – so zum Beispiel das **Robie House** 79 von Frank L. Wright. Außer diesem kann Hyde Park mit zwei weiteren Highlights aufwarten: dem **Museum of Science and Industry** 78 und dem **Campus der Uni Chicago** 80.

Der direkt am Lake Michigan gelegene **Jackson Park** (E 56–67th St./S Stony Island Ave. und Lake Michigan) mit dem **Midway Plaisance** geht auf das Gelände der **Weltausstellung** von 1893 zurück. 1869 war die South Park Commission gegründet worden, mit dem Auftrag hier einen großen Stadtpark anzulegen. Man verpflichtete für die Planung keinen Geringeren als Frederick Law Olmsted, der auch schon für den New Yorker Central Park zuständig war. Zusammen mit Calvert Vaux entwarf er 1871 den großen South Park (heute Jackson und Washington Park), doch die Realisierung zog sich hin und erst im Vorfeld der Weltausstellung kam die Sache ins Rollen. Danach wurde dann das Areal von Olmsted, seinem Sohn und Partner John Charles Olmsted (1852–1920) und Charles Elliot (1859–1897) umgestaltet: Die Uferregion wurde „zurückgebaut" und vom ursprünglichen Weltausstellungsgelände blieben nur die historische Lagune und das Museum of Science and Industry erhalten.

Die Planung der Bauten oblag v.a. D. H. Burnham und ihre weiße Farbe – eine Reminiszenz an antike Bauten in Athen und Rom – verhalf dem Areal zum Beinamen **„White City"**. Damit die lediglich für die Ausstellung (temporär) errichteten Gebäude während der Ausstellung auch strahlend weiß blieben, wurde Kohlefeuerung untersagt und ein eigenes Kraftwerk zur Stromerzeugung eingerichtet. Abgesehen von den repräsentativen Ausstellungsbauten gab es **Nachbauten von Gebäuden aus aller Welt:** den Eiffelturm, afrikanische Siedlungen, Beduinenlager oder auch ein türkisches Dorf. Auf den Lagunen und künstlichen Seen verkehrten Elektroboote und venezianische Gondeln, Dampfschiffe pendelten zwischen Stadt und Ausstellungsgelände und eine eigene Hochbahnlinie wurde gebaut, die es heute nicht mehr gibt. Trotz aller Vorsichtsmaßnahmen kam es schon während der Ausstellung zu einem Brand in einem Kühlhaus und 1894 folgten drei weitere, die viele Bauten der „White City" zerstörten.

Sehenswert im heutigen Jackson Park ist der **Osaka Japanese Garden**, der sich am Nordende von Wooded Island (58th/ Lake Shore Dr.) befindet, direkt angrenzend an die Südseite des Museum of Science & Industry. Er ist dem Garten nachempfunden, der ab 1934 den japanischen Weltausstellungspavillon von 1893 umgab, jedoch 1946 zerstört wurde. Die heutige kleine, aber idyllische Anlage ist nach der japanischen Partnerstadt Chicagos, die auch das Eingangstor zur Anlage stiftete, benannt.

Anfahrt Hyde Park

Da die **Hochbahn** (Green Line: „Garfield") westlich des Washington Park hält und man diesen erst einmal durchqueren muss, um zu den im Folgenden beschriebenen Sehenswürdigkeiten zu gelangen, sollten weniger Lauffreudige die (längere) Anfahrt mit dem **Bus** Nr. 6 Express (von der State St. Richtung Stony Island bis „56th St./Hyde Park Blvd.", nahe dem Museum of Science and Industry) erwägen. An Wochenenden, in den Sommermonaten sowie in der Vorweihnachtszeit täglich fährt zudem Bus Nr. 10 ab Mag Mile und State St. direkt zum Museum. Zudem halten die Nahverkehrszüge der **Metra** (Linie ME – Metra Electric District – ab Millennium Park) in Museumsnähe (Haltestelle „55/56/57th St.") sowie am Uni-Campus (Haltestelle „59th St./University of Chicago").

78 Museum of Science and Industry ★★★ [S. 336]

Das MSI ist ein Wissenschaftsmuseum, das vergleichbar ist mit dem Deutschen Museum in München, dieses jedoch flächenmäßig übertrifft. Es ist besonders wegen der vielen interaktiven Ausstellungsstücke attraktiv für Familien, allerdings sollte man mindestens einen halben Tag einplanen und möglichst früh kommen, da sich schnell Schlangen vor den Kassen und einzelnen Ausstellungsstücken bilden – kein Wunder bei zwei Mio. Besuchern jährlich!

Das einzige noch erhaltene Gebäude der Weltausstellung 1893 ist der **Palace of Fine Arts** und in ihm befindet sich seit 1933 das **Museum of Science and Industry.** Ausführender Architekt aus dem Burnham-Büro war Charles B. Atwood. Er plante einen klassizistischen Palast gespickt mit antiken Zitaten (wie den Erechtheion-Koren von der Athener Akropolis an den Seitenflügeln). Den nach der Ausstellung nötigen Umbau zum **größten Wissenschaftsmuseum Nordamerikas** übernahm das Büro Graham, Anderson, Probst & White zwischen 1929 und 1940.

Die Ähnlichkeit zum **Deutschen Museum** ist nicht zufällig: 1911 war Museumsgründer Julius Rosenwald begeistert von einem München-Aufenthalt nach Chicago zurückgekehrt. Es sollte jedoch bis zum 19. Juni 1933 dauern, ehe der ehemalige Palace of Fine Arts als erstes interaktives Museum in Nordamerika in Teilen eröffnet wurde. Im Laufe der Jahre kamen mehr und mehr Abteilungen und Ausstellungsstücke (heute über 35.000) dazu und so eroberte sich das MSI allmählich seinen Platz auf der Liste der 15 Topmuseen der Welt.

070cg Abb.: mb

Noch im **Untergeschoss**, in der großen Zugangshalle mit Kassen und Shop – der Great Hall –, befindet sich die Abteilung „All Aboard the Silver Streek“: Der **Pioneer Zephyr** (alle 20 Min. Touren) war der erste Dieselzug, der am 26. Mai 1934 Denver verließ und 13 Stunden und fünf Minuten später in Chicago eintraf. Mit seiner Ankunft wurde die zweite Weltausstellung in der Stadt feierlich eröffnet. Die 1633 km legte der Zug mit einer Durchschnittsgeschwindigkeit von 124 km/h zurück, ein damals unvorstellbares Tempo. Zwischen 1934 und 1960 verkehrte dieser legendäre Zug im Art-déco-Stil als Personenzug im Mittleren Westen zwischen Kansas City, Omaha und Lincoln (Nebraska). Nach der Stilllegung 1960 wurde er dem Museum vermacht, wo er heute renoviert an jene Hochzeit des Eisenbahnzeitalters erinnert.

Im **Erdgeschoss** befinden sich die v. a. für **Kinder** interessanten Abteilungen „The Farm“, „Idea Factory“ und „Colleen Moore’s Fairy Castle“ – ein von dem gleichnamigen Stummfilmstar in Auftrag gegebenes Miniaturschloss aus über 2000 Einzelteilen im Maßstab 1:12 auf 80 cm² Fläche. Dazu gehört auch die kleinste Bibel der Welt. Außerdem lohnen das „Energy Lab“ und eine Sammlung von Schiffs- und Automodellen.

Ein absolutes Highlight ist jedoch neben dem OMNIMAX Theater und dem „Henry Crown Space Center“ (mit Apollo 8 Command Model, der „Übungskapsel“) die Abteilung **„U-505 Submarine“**. Das deutsche U-Boot, das am 4. Juni 1944 vor der afrikanischen Küste von einem US-Kommando aufgespürt und gekapert wurde, kann mit Extraticket besichtigt werden. In der Multimediaausstellung ringsum gibt es eine Einführung zum Zweiten Weltkrieg, v. a. zum Seekrieg im Atlantik und zur Rolle der U-Boote. Auf einer Galerieebene darüber geht es um das Leben auf einem U-Boot (interaktive Nachbauten!) und die Kaperung dieses speziellen Gefährtes.

Im **ersten Obergeschoss** reihen sich mehrere sehenswerte Abteilungen aneinander: Im Zentrum befindet sich **„The Great Train Story“** mit 34 Modelleisenbahnen auf 437 m Gleisen und mit nachgebauten Städten. Simuliert wird die rund 3500 km lange Zugfahrt von Chicago nach Seattle. Beliebt sind auf dieser Ebene auch die **Flugsimulatoren** der Navy, aber auch **„Yesterday’s Main Street“** – eine Zeitreise durch das Chicago um 1910, mit Kino (Stummfilme der Zeit) und Eiscafé. Ebenfalls hier befindet sich der Nachbau eines **Kohlebergwerks** der 1930er-Jahre mit Gelegenheit zu einer simulierten Fahrt 184 m unter Tage. Neben einer großen Fläche für Sonderausstellungen ist die Abteilung **„Toy Maker 3000“** interessant: Zwölf Roboterarme bauen hier am Fließband Spielzeug.

Im **Obergeschoss** (Balcony) lohnt sich **„Walk-Through Heart“**, ein Spaziergang durch ein 6 m hohes Herzmodell, außerdem gibt es informative Abteilungen über das Gehirn und die Immunkrankheit Aids sowie **„Take Flight“**, das Original einer Boeing 727. Im Brain Food Court kann man sich zwischendurch stärken.

› 5700 Lake Shore Dr./57th St., tgl. 9.30–16 Uhr, mehrere, unterschiedlich umfangreiche Ticket-Pakete ab $ 27, Parken $ 20, www.msichicago.org, Anfahrt (s. S. 219).

Das größte Wissenschaftsmuseum Nordamerikas: das Museum of Science and Industry

79 Frederick C. Robie House ★★★ [S. 336]

Ein kurzer Spaziergang auf der 57th Street führt vom MSI 78 auf den Campus der University of Chicago 80, wo sich ein architektonisches Juwel befindet: das Frederick C. Robie House. Es gilt als Paradebeispiel für den Prairie Style und wurde 1909 von seinem Erbauer, Frank Lloyd Wright, als „cornerstone of modern architecture" bezeichnet. Es steht zudem in spannendem Kontrast zu den überwiegend neogotischen Universitätsbauten ringsum.

Auf dem zur Verfügung stehenden Grundstück von nur 20 mal 60 m Größe kamen erstmals in der Wohnarchitektur **Stahlträger** zum Einsatz. Sie machten die weiten Dachvorsprünge möglich und verliehen dem Bau innen viel Leichtigkeit und Transparenz. Wright konnte hier seinen Ideen freien Lauf lassen, da der Bauherr Frederick Robie und seine Gattin sehr fortschrittlich dachten. 1908 begonnen und 1910 fertiggestellt, lebten die Robies allerdings nur 18 Monate in dem Haus. Danach gaben sich wechselnde Besitzer die Klinke in die Hand und 1926 wurde der Bau von dem angrenzenden Chicago Theological Seminary als **Studentenherberge** erworben. Dabei wurde im Inneren viel zerstört und zeit-

Ein Meisterwerk moderner Architektur: das Robie House von Frank L. Wright

weilig kursierten ernsthafte Pläne, das Haus abzureißen. Zuletzt setzte sich der damals 90-jährige Wright selbst für das Haus ein. 1963 ging es durch eine Spende in den Besitz der University of Chicago über und wurde zum **National Historic Landmark** erklärt. Seither läuft eine umfangreiche **Restaurierung** für mehrere Millionen Dollar, großteils Spenden. Als kostenaufwendig und schwierig erwies sich die Wiederherstellung der 174 Glasfenster und die Wiederbeschaffung des Inventars.

Wrights moderner amerikanischer Stil kommt auch im Inneren gut zum Vorschein: Basierend auf einer geometrischen Grundstruktur aus einzelnen Modulen, wurde bei der Ausstattung auf das kleinste Detail geachtet. Egal, ob Beleuchtung, Treppen, Heizungsabdeckungen, Glasfenster, Türen oder Einbauschränke – alle Teile sind geniale Errungenschaften, an denen Wright und seine Mitarbeiter, insbesondere sein Innenarchitekt Niedecken, aktiv beteiligt waren.

Das Robie Haus markierte zugleich einen **Wendepunkt im Leben Wrights.** Er trennte sich von seiner Familie, verließ Oak Park und ging mit seiner Geliebten nach Europa. Als er zurückkehrte, waren Büro und Ruf ruiniert (s. S. 208).

Gegenüber erweist der Neubau der **Graduate School of Business** von R. Vignoly dem Robie House durch ebenfalls starke Horizontalbetonung seine Referenz. Im Umkreis können andere Wright-Häuser im Rahmen einer Audio Tour besichtigt werden, z. B. das Blossom House oder das Heller House im **Kenwood Historic District** (E 47th–51st St., nördlich Hyde Park). Das Viertel war als Enklave wohlhabender Chicagoans ab 1856 auf Initiative von John A. Kennicott entstanden. In dem noch immer beliebten Wohnareal sind einige der prächtigen Villen aller Stilrichtungen in idyllischer Parklandschaft erhalten – besonders im Bereich zwischen E 48th Street und E Hyde Park Boulevard sowie Dorchester und Drexel Avenue.

› 5757 S Woodlawn Ave./58th, verschiedene Touren Do.–Mo. 11–15 Uhr, $ 15, Reservierungen angeraten, außerdem Neighborhood Audio Tours ab Robie House. Details unter: http://gowright.org/visit/robie-house.html, Anfahrt (s. S. 219).

80 University of Chicago ★ [S. 336]

Kaum war die **University of Chicago** 1890 gegründet worden, eilte ihr schon ein guter Ruf voraus: „Nach europäischem Muster eingerichtet" musste sie einfach Erfolg versprechen. Finanziert durch Spenden von John D. Rockefeller und angelegt auf einem von Marshall Field gestifteten Grundstück, genießt die Hochschule bis heute hohes Ansehen. **83 Nobelpreisträger** stammen bislang von hier. Zu den berühmten Absolventen zählen Barack Obama (geboren 1961), die Astronomen Edwin Hubble (1889–1953) und Carl Sagan (1934–1996), die Schriftsteller Susan Sontag (1933–2004), Kurt Vonnegut (1922–2007) und Philip Roth (geboren 1933), der Ökonom George Stigler (1911–1991), der Komponist Philip Glass (geboren 1937) oder auch der Journalist und Autor Studs Terkel (1912–2008).

Der von Henry Ives Cobb geplante **Campus** besteht aus Bauten, die in Anlehnung an englische Hochschulen im neogotischen Stil entworfen wurden. In den 1960er-Jahren kamen Gebäude im International Style von Mies van der Rohe und SOM (Bruce Graham) dazu. Zu den sehenswerten modernen Gebäuden gehören beispielsweise die bereits erwähnte Graduate School of Business, das **Athletic Center** von **Cesar Pelli** (55th St./Ellis Ave.) sowie die **Regenstein Library** (1100 E 57th St., 1970) von SOM.

Vom Robie House 79 ein paar Schritte westwärts beginnt der Campus und hier bietet sich ein Blick ins **Oriental Institute** (s. S. 48) an. 1919 wurde es mit Unterstützung von John D. Rockefeller auf Initiative von James Henry Breasted (1865–1935), dem Ägyptologen der Uni, gegründet. Fünf sehenswerte Abteilungen informieren über die antiken Zivilisationen im Nahen Osten, deren Geschichte von 3500 v. Chr. bis in römische Zeit sowie über die archäologischen Forschungen. Die Ausstellungsstücke stammen großteils aus Grabungen der Universität im Mittleren Osten wie in Megiddo (Israel).

074cg Abb.: mb

Gegenüber wird das **Chicago Theological Seminary** (1855) durch einen zentralen Turm markiert und südlich erhebt sich unübersehbar die **Rockefeller Memorial Chapel**, der mit 63 m höchste Bau auf dem Campus. Mit der 1926 bis 1928 nach Plänen von Bertram G. Goodhue im neugotischen Stil erbauten „Kapelle", die mit ihren 80 m Länge eher einer Kathedrale gleicht, wird der Mäzen der Uni, John D. Rockefeller, geehrt. Außer den Buntglasfenstern sind das Glockenspiel mit 72 Glocken und die Orgel mit 10.000 Pfeifen sehenswert.

Im Süden der Kirche fällt der Blick auf den **Midway Plaisance**, den Grünstreifen, der den Jackson mit dem Washington Park 81 verbindet. Folgt man diesem, geht es vorbei am **President's House** zu **The Quadrangles**, dem 1891 von Henry Ives Cobb angelegten Hauptplatz. Um ihn herum gruppieren sich die ältesten Bauten der Uni nach dem Vorbild der englischen Oxford University. Dazu gehören die **Cobb Hall** (Ellis Ave.) von 1882, benannt nach dem Mäzen Silas Cobb, die **Renaissance Society** (Galerie für moderne Kunst), die **Bond Chapel** – die Unikapelle von 1926 mit sehenswerter Fassade mit Engeln, Kobolden, Adam und Eva sowie Buntglasfenstern, die Szenen aus dem Neuen Testament zeigen – und die **Mandell Hall**, das Audimax der Uni von 1904.

Das **Cobb Gate** (E 57th St.) ist das Nordtor zum Campus. Die skurrilen Figuren am Gate sollen die vier Studienjahre (Freshman, Sophomore, Junior, Senior) symbolisieren. Ihm gegenüber liegt die „Reg", die **Regenstein Library** (1970, SOM), ein Sandsteinbau mit sieben Millionen Bänden Literatur und einem umfangreichen Jazz- und Kartenarchiv. Benannt ist der Bau nach dem deutschstämmigen Industriellen und Sponsor Joseph Regenstein (1889–1957).

An eine wissenschaftlich bedeutende und zugleich heftig kritisierte Errungenschaft der Universität erinnert die **Nuclear Energy Sculpture** (Ellis Ave./57–56th St.). Die Bronzeskulptur von Henry Moore markiert den Ort des ersten Atomreaktors der Welt, „Chicago Pile-1", an dem Enrico Fermi und sein Team am 2. Dezember 1942 die erste kontrollierte atomare Kettenreaktion auslösten.

Das **Smart Museum of Art** (s. S. 48) wurde 1973 von den beiden gleichnamigen Zeitschriftenverlegern gegründet und beherbergt mehr als 7000 Kunstwerke von antiker Keramik bis zu Werken des 20. Jh. Eher thematisch als chronologisch angeordnet, liegt ein Schwerpunkt auf moderner Kunst von den 1880er-Jahren bis Ende der 1950er-Jahre, darunter auch Skulpturen und Kunsthandwerk, z. B. die Esszimmermöbel aus Wrights Robie House 79. Die Sammlung ist nicht allzu groß, allerdings gibt es zusätzlich Wechselausstellungen und so bleibt Zeit für eine Pause im zugehörigen Café oder im schattigen Skulpturengarten.

› 55th–58th St., Cottage Grove Ave.–S Lake Park Ave., Anfahrt (s. S. 219)

Die Rockefeller Memorial Chapel auf dem Campus der University of Chicago

81 Washington Park ★ [S. 336]

Am Westrand des Washington Park liegt das **DuSable Museum of African-American History** (s. S. 46). Das 1961 eröffnete Museum für **afroamerikanische Geschichte** ist nach dem ersten nichtindianischen Siedler Chicagos benannt, der bekanntlich dunkler Hautfarbe war (s. S. 60). Nach ersten Modernisierungsarbeiten und Restaurierung des historischen Eingangsbereichs ist längerfristig eine Vergrößerung der Ausstellungsfläche geplant.

Der **Washington Park** (Green Line „Garfield") war Bestandteil der Pläne von Olmsted und Vaux und diente mit seinen 150 ha der Erholung der hier lebenden Oberschicht. Heute stellt er eine grüne Oase für die umliegenden Viertel dar, allerdings sollte man diese und den Park **nach Einbruch der Dunkelheit** besser **meiden.**

Sehenswert ist der 34 m hohe **Fountain of Time**, eine Brunnenskulptur von Lorado Taft (1860–1936) am Übergang von Midway Plaisance und Washington Park.

› Anfahrt (s. S. 219)

Gastronomie und Shopping in Hyde Park

265 Medici Bakery $-$$, 1327 E 57th St. Kleines, gemütliches, bei Studenten beliebtes Lokal mit eigener Bäckerei, die eine Riesenauswahl an Broten zum Mitnehmen anbietet. Vielfalt an Sandwiches, Pizza, Salaten, u. a.

› **Powell's** (s. S. 25). Filiale des Buchkaufhauses.

266 Robie House Bookshop, 5757 S Woodlawn Ave./58th St. Literatur mit Spezialisierung auf Architektur und F. L. Wright.

267 UoC Bookstore, 970 E 58th/Ellis St. (am Quadrangle), Mo.–Fr. 8–18, Sa. bis 16 Uhr. Buchladen mit Café, dazu eine Menge unterschiedlicher Uni-Souvenirs.

Historic Bronzeville

Die meisten Afroamerikaner Chicagos leben im Bereich zwischen 22nd und 63rd St. sowie State St. und Cottage Grove Ave. Der große Zuzug erfolgte in zwei Wellen: nach dem Bürgerkrieg und während des Ersten Weltkriegs. Heute existiert in Chicago eine große afroamerikanische Mittel- und Oberschicht, andererseits ist jedoch die Armuts- und Arbeitslosenquote unter der dunkelhäutigen Bevölkerung hoch.

Chicago wurde ***von einem Schwarzen gegründet:*** *Jean Baptiste Pointe du Sable aus Santo Domingo war der erste Nicht-Indianer mit festem Wohnsitz. In der Stadt entwickelte sich früh eine wohlhabende afroamerikanische Schicht und John Jones, ein Schneider, wurde 1871 als erster Schwarzer ins Stadtparlament gewählt. Lange Zeit gab es kaum Probleme zwischen „Schwarz" und „Weiß" und man siedelte anfangs sogar in denselben Vierteln – bis am 27. Juli 1919 ein Ereignis alles änderte: Ein schwarzer Junge schwamm versehentlich im Michigansee in ein „weißes Areal", wurde mit Steinen beworfen und ertrank. Es kam zu* ***Ausschreitungen*** *in den südlichen Vierteln und obwohl die Gewalt meist von rechtsradikalen weißen Jugendlichen ausging, waren es stets die Schwarzen, die verhaftet und verurteilt wurden.*

Im Laufe der nächsten Jahre entwickelten sich im Süden mehr und mehr rein afroamerikanische Viertel, wie ***Douglas, Kenwood*** *oder* ***Bronzeville.*** *Bronzeville, das heute offiziell kein eigenes Viertel mehr ist, erstreckte sich rings um den Grand Boulevard, einst eine der Prachtalleen der Stadt (heute: Martin Luther King Dr.), an der die jüdische Mittel- und Oberschicht siedelte, ehe das Areal zur Heimat der Afroamerikaner wurde.*

In Bronzeville schlug auch das ***musikalische Herz*** *der Stadt. Hier lebten bedeutende afroamerikanische Künstler, Literaten und Musiker wie Muddy Waters, Louis Armstrong oder Nat „King" Cole. Aber auch weiße Intellektuelle und Künstler waren hier zu Hause: Benny Goodman, die Marx Brothers, Louis H. Sullivan oder Daniel H. Burnham. Sie wohnten in den heute noch teilweise erhaltenen Villen im Bereich um King Dr. und Oakwood Blvd.*

Die State St. zwischen 31st und 39th St. war bekannt als „The Stroll" – mit Klubs wie Apex Club, Dreamland Café, Plantation Café oder Royal Garden. Hier traten Louis Armstrong, Jelly Roll Morton, Kid Ory, Fletcher Henderson oder Earl Hines auf. Zwar gibt es heute noch den einen oder anderen Blues- und Jazzklub, doch selbst die berühmte Checkerboard Lounge (423 E 43rd St.) schloss 2003. Mitbesitzer Buddy Guy hatte bereits 1989 im South Loop – bequemer für das weiße Publikum – einen neuen Klub eröffnet. Auch das Sutherland Hotel (Drexel/47th) mit seinem legendären Jazzklub (Louis Armstrong, Miles Davis und andere berühmte Künstler traten dort auf) gibt es längst nicht mehr.

Da Bronzeville zwar viel an Geschichte und Kirchen – wie die Holy Angels Baptist Church von 1991 (SOM) – zu bieten hat, aber über keine großen Attraktionen verfügt und Touristen auch nicht unbedingt immer und überall gerne gesehen sind, sollte sich, wer Interesse hat, einer Führung – z. B. von Chicago Neighborhood Tours *(s. S. 281)* *– anschließen.*

Entdeckungen im Umland

Von Chicago aus lassen sich gut Teile der Großen Seen erkunden. Allerdings gibt es hier so viel Interessantes, dass eine umfassende Beschreibung einen eigenen Reiseführer füllen würde. Nachfolgend soll daher nur eine Auswahl an Tipps für Abstecher ins unmittelbare Umland von Chicago, entlang der legendären Route 66 und in die benachbarten Bundesstaaten Wisconsin und Indiana gegeben werden.

„Chicagoland" wird die Region genannt, die sich wie ein Schutzmantel um den Stadtkern legt und die zunächst einmal durch monotone Pendlersiedlungen auffällt. Andererseits gibt es aber auch hübsche kleine Städtchen, Shoppingmalls, Golfplätze und überraschende Naturschutzgebiete. Im **Norden** liegen Orte wie Evanston, Gurnee, Glencoe, Wilmette, Skokie, Libertyville oder Long Grove, im **Süden** reicht der Großraum von Chicago Heights und Park Forest bis zur Stadt Joliet und im **Westen** finden sich z. B. Brookfield, Lisle, Naperville, Schaumburg oder Aurora. Zwar sind die meisten Orte mit Nahverkehrszügen (Metra) erreichbar, allerdings liegen die wenigsten Attraktionen in direkter Bahnhofsnähe. Nach Milwaukee (Wisconsin) und zu den Indiana Dunes (Indiana) sind Tagesausflüge mit dem Zug möglich, es empfiehlt sich jedoch per **Mietwagen** auf Tour zu gehen.

82 Pullman Historic District ★★ [S. 326]

Die **Town of Pullman**, eine **Arbeitersiedlung** aus den 1880er-Jahren, liegt im äußersten Süden der Stadt. Der Fabrikant George M. Pullman (1831–1897), Erfinder luxuriöser Eisenbahnschlafwagen und Präsident der Pullman Palace Car Company, hatte die Siedlung als „soziales Experiment" anlegen lassen.

Diese erste auf dem Reißbrett entworfene Arbeiterstadt der USA liegt am **Westufer des Lake Calumet**, ca. 20 km

072cg Abb.: mb

Die Arbeiter-Reihenhäuser im Pullman Historic District 82 boten für ihre Zeit hohen Wohnkomfort

südlich von Chicago. Ab 1880 von dem Architekten Solon S. Beman, dem Landschaftsplaner Nathan F. Barrett und der Ingenieurin Benzette Williams geplant, entstanden Reihenhäuser aus rotem Ziegel, Einfamilienhäuser, Kirche, Schule, Bank, Bibliothek, Postamt, Markthalle, alles auf damals modernstem Stand. An die **14.000 Menschen** lebten zur Blütezeit (Anfang der 1890er-Jahre) in rund 1800 Bauten. Die Wirtschaftskrise 1893/94 wirkte sich dann jedoch auch auf das Eisenbahnunternehmen aus, es kam landesweit zu Streiks im Eisenbahnverkehr, die Unzufriedenheit wuchs und Ausschreitungen, die durch Truppeneinsatz unterbunden wurden, waren die Folge. Letztlich war das Ende der Firma nicht mehr aufzuhalten.

Pullman selbst starb im Jahr 1897, die Firmenhäuser wurden privatisiert und die Reste der ehemaligen Arbeitersiedlung in **South Pullman** (begrenzt durch 111/115th St., Cottage Grove Ave. und Calumet Expressway) 1970 als „Historic Sight" ausgewiesen. Dadurch konnte man die fortschreitende Zerstörung aufhalten, sodass heute 90 % des Originalbaubestands erhalten sind. Wohnhäuser wurden und werden liebevoll renoviert und Pullman ist zu einer begehrten Adresse – ruhig, idyllisch und fast dörflich – geworden. Nicht mehr erhalten ist das Arcade Building, eine Art Einkaufszentrum, und auch der Hauptverwaltungsbau brannte 1998 ab. Nur dessen markante Glockenturm ist erhalten.

Ausgangspunkt für einen Rundgang ist das **Historic Pullman Visitor Center.** Die 1973 gegründete Historic Pullman Foundation kümmert sich rege um die Restaurierung, veranstaltet Touren, Sunday Brunches im Florence Hotel und betreut das Besucherzentrum. Dort gibt es eine sehenswerte kleine Ausstellung zur Industriestadt mit Fotos, Dokumenten und vielerlei Relikten. Dazu informiert ein Film über die Geschichte und Renovierung des Viertels.

Luxuswagons und Sozialutopien

Nach einer unbequemen Bahnreise hatte George Mortimer Pullman, 1831 in New York geboren, nur noch eine Vision: Er wollte bequemere und luxuriösere Eisenbahnwagen bauen. Doch dazu brauchte er Geld, und das verdiente er sich zunächst in Colorado mit einem „general store" (Gemischtwarenladen) und im Bergbau. 1863 ließ er sich in Chicago, der Eisenbahnhauptstadt, nieder und vier Jahre später gründete er die ***Pullman Palace Car Company*** *und begann, exquisit ausgestattete Luxuswagen mit Kronleuchtern, Ledersitzen, Heizung und Klimaanlage zu bauen.*

Aber Pullman schwärmte nicht nur für luxuriöses Reisen, ihm lagen auch die ***sozialen Probleme der Arbeiter*** *am Herzen. Der erste Streik der Eisenbahnarbeiter 1877, der Tote und Verletzte zur Folge gehabt hatte, veranlasste ihn, ein besseres Umfeld für seine Angestellten zu schaffen. Zufriedenheit zog seiner Ansicht nach größere Produktivität nach sich – ein damals revolutionärer Gedanke.*

Um eine „ideale Arbeitersiedlung" zu bauen, erwarb er 1880 Land am Westufer des Lake Calumet – günstig per Illinois Central Railroad an die Stadt angebunden – und ließ dort eine komplett *__autarke Stadt__ entstehen. Der Bau erfolgte durch Pullman-Angestellte, die Ziegel für die Gebäude wurden mit Ton vom Firmengrund und auch die sonstigen Baumaterialien wurden selbst hergestellt. Ästhetisch ansprechende Ziegelbauten, ähnlich englischen Reihenhäuschen, und das große Arcade Building als Versorgungs- und Vergnügungszentrum entstanden. Es gab das Hotel Florence, einen künstlichen See (Lake Viesta), Parks und Promenaden, saubere Pflasterstraßen und in den Häusern herrschte dank Müllabfuhr und fließend Wasser, Gas, sanitären Einrichtungen und viel Licht und Luft ein hoher Lebensstandard. Alles zusammen war damals sensationell für ein Arbeiterviertel und Pullman Town wurde auf der International Hygienic and Pharmaceutical Exposition 1896 in Prag als __„perfekteste Stadt“__ ausgezeichnet.*

Wie die Firma war auch die Stadt ein Musterbeispiel für __wirtschaftliche Effizienz:__ Alles wurde verwertet und wieder in den Kreislauf eingebracht. Das Modell funktionierte über lange Zeit, da Pullman die Stadt wie seine Firma streng kontrollierte und über alles wachte. Damit stieß er jedoch bald auch auf Kritik: Man würde das Arbeiterproblem wie in einer „Old World Aristokratie“ behandeln, anstatt nach modern-demokratischen Lösungen zu suchen. Die __Weltwirtschaftkrise__ 1893/94 und die folgende Depression brachten Pullmans Imperium und seine utopische Mustersiedlung dann endgültig zu Fall.

__Massenentlassungen__ und __Lohnkürzungen__ bis um 25 % führten zu einem __landesweiten Streik.__ Der Einsatz des Militärs – Präsident Grover Cleveland hatte den Streik für gesetzeswidrig erklärt – führte zur Radikalisierung und am 6. Juli 1894 zündeten Streikende etwa 700 Wagen der Firma an und errichteten Barrikaden. Es gab Verwundete, sechs Tote und viele Verhaftungen, ehe Truppen die Blockade brachen. Der Streik wurde offiziell am 12. Juli 1894 für beendet erklärt. Zwar wurde das Werk am 2. August wiedereröffnet, doch das Ende des Unternehmens war unaufhaltsam.

Pullman starb 1897 als verbitterter Mann, dessen sozialreformerische Bemühungen nicht gewürdigt worden waren. Das __Ende der Siedlung__ kam ein Jahr später mit einer Verfügung des obersten Gerichtshofs von Illinois, die den Verkauf der Häuser an deren Bewohner ermöglichte. Angeführt von Robert T. Lincoln, Sohn des legendären Präsidenten, existierte die Pullman Company verkleinert bis 1927 unter altem Namen weiter und bis 1957 wurden in der Fabrik Eisenbahnwaggons hergestellt.

Schräg gegenüber dem Besucherzentrum liegt das **Hotel Florence** (11111 S Forrestville Ave.). 1881 im Queen-Anne-Stil errichtet, handelte es sich um die einzige Herberge der Siedlung. Benannt ist sie nach der Tochter von Pullman, der hier wohnte. 50 Zimmer standen zur Verfügung und dazu die einzige Bar im ganzen Umkreis – die allerdings nur Gästen zugänglich war.

Visitor Center und Hotel grenzen an den **Arcade Park**, um den herum sich die Reihenhäuser der höheren Angestellten der Firma gruppierten. An der Südostecke erhebt sich mit der **Greenstone United Methodist Church** (11211 S St. Lawrence Ave.) eine einst allen Glaubensgemeinschaften zugängliche Kirche und nur wenige Schritte entfernt folgt die einstige **Market Hall** (E 112th St./S Champlain Ave.). Schlendert man anschließend gemütlich durch die Straßen der Siedlung – wie St. Lawrence oder Champlain Avenue – Richtung 115th St. im Süden, erkennt man einerseits die recht abwechslungsreiche und solide Bauweise der Arbeiterhäuschen und andererseits, wie beispielhafte Renovierung und Wiederbelebung eines Viertels aussehen können. An der Kreuzung zur Cottage Grove Avenue stößt man dann auf den Metra-Bahnhof „Kensington/115th St.“.

› **Historic Pullman Visitor Center,** 11141 S Cottage Grove Ave./112th St., www.pullmanil.org/visitorcenter.htm, Di.–So. 11–15 Uhr, $ 5, Touren Mai–Okt., 1. So. im Monat, 13.30 Uhr ($ 7), Anfahrt: Metra-Linie ME (Metra Electric District) ab Millennium Park bis „111th/Pullman“ bzw. „Kensington/115th“.

Der beeindruckende Kuppelbau einer Religionsgemeinschaft: das Bahá'í House of Worship (s. S. 233) bei Evanston

83 Evanston ★★ [S. 326]

Am Ufer des Lake Michigan reihen sich von Chicago nordwärts etliche idyllisch gelegene, vornehme Vororte auf, gelegentlich unterbrochen durch öffentliche Strandabschnitte. Die **North Shore,** die Region direkt am nördlichen Stadtrand, und das sich anschließende **Lake County** bilden eine „Pufferzone“ zwischen Illinois und dem nördlichen Nachbarstaat Wisconsin.

Evanston, Chicagos nördliche Nachbargemeinde, liegt nicht nur schön am See und bietet Ladenstraßen zum Bummeln, sondern ist auch eine lebendige Universitätsstadt. Mitte des 19. Jh. gegründet, leben heute rund 80.000 Menschen in der Stadt, Tendenz steigend, da Hochbahn (Purple Line) und Metra für hervorragende Anbindung sorgen. Der Ort ist auch bekannt als Hauptsitz des 1905 in Chicago gegründeten Wohltätigkeitsvereins **Rotary** (1560 Sherman Ave.). Das moderne Zentrum von Evanston liegt um die Kreuzung von Sherman Ave. und Church St. (Purple Line: „Davis“ und Metra) und dort sind Läden, Cafés und die **Sherman Plaza,** ein neuer Büro- und Shoppingkomplex, zu finden. Weitere Einkaufsareale befinden sich an der Noyes St. und in Old Town (beides Purple-Line-Stationen).

Von der Sherman Plaza ist es nur ein Katzensprung zum Campus der **Northwestern University** (www.northwestern.edu). Das Gelände erstreckt sich direkt am Lake Michigan über mehrere Blocks und lebt auf, wenn an Herbstsamstagen die American-Football-Mannschaft der Uni (www.nusports.com) im **Ryan Field** ihre Spiele austrägt. An der renommierten privaten Hochschule sind rund

073cg Abb.: mb

Das Lake County

Lake County, der zwischen North Shore und Wisconsin gelegene Landkreis im Norden Chicagos, bietet Abwechslung: Naturerlebnisse in der Seenlandschaft um den ***Fox Lake*** im Nordwesten, Bummeln in malerisch-beschaulichen Ortschaften, Shopping für Schnäppchenjäger und einige ungewöhnliche Attraktionen.*

Wer mit dem Auto unterwegs ist, sollte ab Evanston die ***Sheridan Road*** *wählen, denn auf ihr geht es immer am Seeufer entlang durch gediegene Wohnviertel mit viel Grün nordwärts. Besonders schön ist die Fahrt hinauf zum Nobelvorort* ***Highland Park*** *im Herbst, während der Laubfärbung des Indian Summer. In Highland Park (auch per Metra erreichbar) liegt der* ***Ravinia Park,*** *seit dem Jahr 1904 im Sommer Veranstaltungsort eines Musikfestivals mit Gratiskonzerten, u. a. des Chicago Symphony Orchestra.*

Westlich von Evanston liegt die Ortschaft Des Plaines, die nur deshalb interessant ist, weil sich hier das ***McDonald's Museum*** *befindet. Es erinnert an das erste Lokal der weltberühmten Fast-Food-Kette, die hier am 15. April 1955 eröffnet wurde. Hier fühlt man sich in die 1950er-Jahre zurückversetzt, auch wegen der Oldtimer auf dem Parkplatz vor dem Lokal.*

Der Ort ***Wilmette*** *liegt direkt nördlich von Evanston und bietet eine ansprechende Innenstadt um die Metra-Station zwischen Green Bay Road, Lake und Wilmette Avenue. Auffälligste Attraktion der Ortschaft ist das* ***Bahá'í House of Worship*** *(s. S. 233). Nach* ***Skokie,*** *dem westlichen Nachbarn von Evanston, fährt man in erster Linie wegen der* ***Westfield Shoppingtown Old Orchard*** *(s. S. 24), der größten Mall in North Shore mit über 120 Läden und Kaufhäusern.*

Die schönste Ortschaft im Umkreis ist wohl ***Long Grove,*** *erreichbar über die SR-83. In den 1830er-Jahren als deutsches Bauerndorf entstanden, begannen in den 1950er-Jahren einige Bewohner, die alten Häuser im Dorfkern zu renovieren und Läden zu eröffnen. Seither ist der beschauliche Ort fast zum Freiluftmuseum und dazu zum beliebten Wochenendausflugsziel mit Läden und Cafés geworden.*

Wenige Kilometer nördlich liegt mit ***Libertyville*** *ein weiteres besuchenswertes Städtchen. Hier gruppieren sich die meisten Geschäfte und Lokale um den zentralen Platz an der Milwaukee Avenue (SR-21), eine der Hauptachsen im Norden. Besonders lohnt die kleine Wirtshausbrauerei* ***Mickey Finn's*** *- am besten abends, nachdem man das beeindruckende* ***Cuneo***

20.000 Studenten eingeschrieben, wobei Medical und Law School nach Streeterville/Chicago, zwischen Mag Mile und Navy Pier, „ausgelagert“ sind.

Sehenswert im Südteil des Campus ist das **Mary and Leigh Block Museum of Art** mit einer Sammlung moderner Skulpturen im Sculpture Garden und Zeichnungen sowie Drucken vom 16. Jh. bis heute. Wechselausstellungen und verschiedene Veranstaltungen gehören wie ein Kino ebenfalls dazu.

Nördlich des Unicampus lohnt ein Blick ins **Grosse Point Lighthouse and**

Museum and Gardens besichtigt hat – eine opulent ausgestattete Villa von 1914 mit bedeutender Kunstsammlung und sehenswerter Gartenanlage.

Noch weiter Richtung Norden erreicht man **Gurnee,** das für zwei Dinge bekannt ist: das **Gurnee Mills Outlet** (s. S. 24), ein riesiges Outlet-Shoppingcenter mit mehr als 200 Geschäften bekannter Firmen wie Levi's, H&M oder Gap, und, nicht weit davon entfernt, der Freizeitpark **Six Flags Great America** mit Fahrgeschäften und spektakulären Achterbahnen ideal für Familien.

In **Wadsworth** kommen Pferdefreunde bei **Temple Lippizans** auf ihre Kosten, einem Gestüt mit der größten Lipizzanerzucht außerhalb Österreichs, während Autofreunde sich das **Volo Auto Museum** im gleichnamigen Ort nicht entgehen lassen sollten. Etwa 250 „classic cars" aus den 1950er- bis 1980er-Jahren, zum Teil aus berühmten Filmen und TV-Serien bekannt, sind in großen Hallen und auf Freiflächen ausgestellt und teilweise stehen sie sogar zum Verkauf.

› **Infos:** www.chicagolandtravel.com, www.visitchicagonorthshore.com, www.lakecounty.org

268 Bahá'í House of Worship, 112 Linden Ave., Wilmette, Visitor Center tgl. 10–17, im Sommer bis 20 Uhr, Purple Line: „Linden" (Endstation). Zentrale der aus einer persischen Glaubensgemeinschaft hervorgegangenen Universalreligion, in deren Mittelpunkt die Einheit der Menschheit steht. Infos: www.bahai.com, www.bahai.de, www.bahai.us.

269 Cuneo Mansion and Gardens, 1350 N Milwaukee Ave. (SR-21), Vernon Hills, Touren Fr.–So. 11.30, 13 und 14.30 Uhr, $ 10, www.luc.edu/cuneo

270 McDonald's USA First Store Museum, 400 N Lee, Des Plaines, nur im Sommer geöffnet, Eintritt frei, www.aboutmcdonalds.com (Menü „Our Company"/„History"/„Museums")

271 Six Flags Great America, I-94/Grand Ave., Gurnee, $ 62 vor Ort (Online Specials!) plus $ 22 Parken, www.sixflags.com/greatAmerica/index.aspx

272 Tempel Lipizzans, 17000 Wadsworth Rd., Wadsworth, $ 25, Shows siehe Website, www.tempelfarms.com

273 Volo Auto Museum, 27582 W Volo Village Rd., Volo, tgl. 10–17 Uhr, $ 15, www.volocars.com. Mit gutem Imbiss und Souvenirshop.

Maritime Museum, das in einem kleinen Park direkt am See gelegen ist. Nicht nur der Strand lockt hier, Kunstfreunde sollten unbedingt auch einen Blick in das benachbarte **Evanston Art Center** mit seiner Sammlung zeitgenössischer Kunst werfen.

Etwas abseits, im Westen der Stadt, liegt das **Mitchell Museum of the American Indian.** Der Kern des Museums geht auf die Privatsammlung von John und Betty Mitchell zurück, die diese 1977 dem Kendall College vermachten. 1997 zog das Museum in den Neubau um und

076cg Abb.: id

zeigt nun auf drei Etagen vor allem Hinterlassenschaften der Indianerstämme des Südwestens, der Großen Seen, der Prärie und des Nordwestens.

› www.downtownevanston.org, Purple Line: „Davis“

274 **Evanston Art Center,** 2603 Sheridan Rd., www.evanstonartcenter.org, Mo.–Do. 10–21, Fr./Sa. 10–16, So. 13–16 Uhr, Eintritt frei, Purple Line: „Central“. Wechselausstellungen, Workshops und Veranstaltungen.

275 **Grosse Point Lighthouse and Maritime Museum,** 2601 Sheridan Rd., www.grossepointlighthouse.net, Gelände tgl. geöffnet, derzeit wegen Renovierung keine Leuchtturm-Touren, Purple Line: „Central“

276 **Illinois Holocaust Museum & Education Center,** 9603 Woods Dr., Skokie, Mo.–Fr. 10–17, Do bis 20, Sa./So. 11–16 Uhr, $ 12, www.ilholocaustmuseum.org. Ein lohnenswerter Ausflug (I-94, Exit 35) führt zu diesem neu eröffneten Museum mit Shop.

277 **Mary and Leigh Block Museum of Art,** Northwestern University, 40 Arts Circle Dr., www.blockmuseum.northwestern.edu, Di./Sa./So. 10–17, Mi.–Fr. 10–20 Uhr, Eintritt frei, Purple Line: „Davis“

278 **Mitchell Museum of the American Indian,** 2600 Central Park Ave., Di.–Sa. 10–17, Do. 10–20, So. 12–16 Uhr, $ 5, www.mitchellmuseum.org, Purple Line: „Central“, dann Bus Nr. 201 oder 205: „Central St./Central Park“ oder ca. 2 km Fußweg

Gastronomie und Shopping in Evanston und Umgebung

279 **Long Grove Café** $$, 235 R. Parker Coffin Rd. Schön an einem Teich gelegenes beliebtes Lokal, u. a. griechische Spezialitäten, aber auch Burger und Sandwiches, Seafood- und Fleischgerichte sowie Pasta und Vegetarisches.

075cg Abb.: mb

280 Mickey Finn's Brewery $$, 412 N Milwaukee Ave. (SR-21), Libertyville, www.mickeyfinnsbrewery.com. Mehrere Sorten hausgebrauter, vielfach ausgezeichneter Biere (Bar) und Restaurant mit preiswerten amerikanischen Gerichten und Pizza.

281 Panera Bread, 1700 Sherman Ave./Church St., Evanston. Bäckerei und Café mit Filialen in Skokie (9611 Skokie Blvd.) und Wilmette (1199 Wilmette Ave).

› **Gurnee Mills Outlet Mall** (s. S. 24). „Fabrikverkauf" zu Schnäppchenpreisen.

› **Westfield Shoppingtown Old Orchard** (s. S. 24). Open-Air-Mall.

84 Chicago Botanic Garden ★★ [S. 326]

Eine Topattraktion der Region ist der Chicago Botanic Garden in **Glencoe.** Der Ort liegt bereits an der Grenze zum Lake County und ist zugleich wegen des **Writer's Theater,** einer der angesehensten Bühnen im Großraum Chicago, bekannt.

Der Vergnügungspark Six Flags Great America (s. S. 233)

Der Chicago Botanic Garden in Glencoe ist eine grüne Ruheoase

156 ha groß ist der Botanische Garten, der 23 thematisch verschiedene Gartenteile und drei regionale Habitate auf neun Inseln vereint. 800.000 Besucher pilgern jährlich durch den 1971 eröffneten Park, der von der 1890 gegründeten Chicago Horticultural Society gefördert wird und dessen Verdienst vor allem darin liegt, dass hier Prärie und Marschland als wertvolles Ökosystem reaktiviert werden konnten.

Durch die Kette von Inseln und Seen, den Wechsel von offenen Arealen und abgegrenzten Bereichen entstanden faszinierende Blickachsen und Ausblicke. Der neueste Teil des Parks ist die **Esplanade,** eine Art Freilichtbühne am Ufer des größten Sees. Sie ist der Regenstein School of the Chicago Botanic Garden vorgelagert. Andere sehenswerte Teile sind „Rose", „English Walled", „Fruit and Vegetable", „Native Plant", „Landscape Gardens", „Sensory" oder „Water Gardens" und aufgrund der Dimensionen tut man als Besucher gut daran, unter ihnen auszuwählen. Besonders idyllisch liegt der **Japanese Garden** auf einer eigenen Insel.

Sehenswert sind außerdem der **Glockenturm** (Mo. 18 Uhr Führung, 19 Uhr Vorführung) und die **Garteneisenbahn** (Extraticket) mit 15 Modellbahnen, die sich durch verschiedene nachgebaute Landschaften und Städte der USA bewegen.

› **Chicago Botanic Garden,** 1000 Lake Cook Rd., Glencoe, www.chicagobotanic.org, variable Öffnungszeiten, je nach Saison, meist 8 Uhr bis Sonnenuntergang, Eintritt frei, Parken $ 25, Anfahrt: Metra-Linie UP-N (Union Pacific North Line) ab Ogilvie Transportation Center (500 W Madison St.) bis „Braeside", dann ca. 1 km Fußweg.

85 Fox River Valley ★ [S. 326]

Im Westen von Chicagoland trifft man zunächst auf zersiedelte Areale mit meist ineinander übergehenden gleichförmigen Wohnsiedlungen, Betriebsgeländen und Shoppingzentren. Eine willkommene Abwechslung bietet das Fox River Valley, wo sich kleine, beschauliche Ortschaften aneinanderreihen und der Fluss und seine Auenlandschaft mit Rad- und Wanderwegen als **Naherholungsgebiet** erschlossen sind. Auf dem Fluss gibt es jedoch auch **Kasinoboote** und abgesehen von attraktiven **Einkaufsstraßen** finden Schnäppchenjäger im Umkreis auch einige **Malls.**

Auf dem Weg von Chicago ins Fox River Valley (US Hwy. 43 bzw. I-88) lohnen einige Stopps: z. B. im Vorort **Brookfield** – speziell, wenn Kinder dabei sind – wegen des dortigen **Zoos,** in dem etwa 4000 Tiere aus 425 verschiedenen Arten zu Hause sind. Gartenliebhaber und Familien kommen im **Morton Arboretum** in **Lisle** auf ihre Kosten. Neuester Teil der lohnenden Parkanlage ist der wegweisende Children's Garden. Im Ostteil lernt man auf einer Rundfahrt (eigener Pkw oder Tramtour, auch Wanderpfade) das Waldland und seine spezifische Flora näher kennen, während im Westen die Prärielandschaft im Zentrum steht. Das private Arboretum entstand 1922, als der Unternehmer Joy Morton sein Privatgrundstück in diese öffentliche Parkanlage umwandeln ließ.

Historisch Interessierten sei das **Living History Museum Naper Settlement** in der Kleinstadt **Naperville** ans Herz gelegt. Auch der Ort selbst lohnt sich für einen Bummel, speziell das Zentrum um die Main St., jenseits des DuPage River, mit vielen kleinen Läden und Cafés. Im Naper Settlement können alte Bauten wie eine Schule, eine Druckerei, eine Schmiede, Wohnhäuser oder Kirchen, teils umgesetzt, teils nachgebaut, besichtigt werden. Kostümierte Museumsangestellte führen in das Leben an der *frontier* in den Jahrzehnten nach der Gründung der Siedlung 1831 ein.

Die größte Stadt im Fox River Valley ist **Aurora**, wegen des Metra-Anschlusses eine beliebte „Schlafstadt" Chicagos. Doch auch als Ausflugsziel lohnt die Stadt, deren kleines Zentrum sich um eine Insel im Fox River ausbreitet. Zu den zahlreichen Sehenswürdigkeiten gehören das **Paramount Theatre** (8 E Galena Blvd., www.paramountarts.com) von 1931, das **Farnsworth House** von Mies van der Rohe, das **Blackberry Farm's Pioneer Village**, das **SciTech Hands On Museum**, der städtische **Phillips Park** und das **Schingoethe Center for Native American Cultures** auf dem Campus der Aurora University. Hauptanziehungspunkt für Besucher ist jedoch die **Chicago Premium Outlet Mall** (s. S. 24), optisch wie auch vom gebotenen Spektrum an Läden eines der besten Fabrikverkaufszentren der gesamten USA. Es finden sich hier v. a. Shops bekannter Designerfirmen, z. B. Armani oder Gap, aber auch Levi's oder Eddie Bauer.

Folgt man dem Fox River Richtung Norden, passiert man malerische Orte wie **St. Charles** mit kleiner Altstadt und berühmt für Antiquitätenläden, den Kane County Flea Market und das historische Hotel Baker oder **Elgin** mit dem Illinois Railway Museum, Donley's Wild West Town oder Three Worlds of Santa's Village – einer Mischung aus Vergnügungs- und Wasserpark.

› **Anfahrt:** Mit Metra-Linie BNSF (BNSF Railway Line) ab Union Station (210 S Canal St.) bis „Naperville" oder „Aurora" (Endstation)

› **Infos:** www.visitnaperville.com, www.enjoyaurora.com, www.stayinlisle.com

M **282 Blackberry Farm's Pioneer Village,** 100 Barnes Rd., Aurora, Mo.–Fr. 9.30–15.30, Sa./So. 11–17 Uhr, $ 8, www.foxvalleyparkdistrict.org, Metra-Linie BNSF (BNSF Railway Line) ab Union Station (210 S Canal St.) bis „Naperville" oder „Aurora" (Endstation)

M **283 Brookfield Zoo,** 1st Ave., Brookfield, ca. 20 km westlich von Chicago, www.czs.org/czs/Brookfield/Zoo-Home, täglich mind. 10–17 Uhr, im Sommer länger, $ 15, Parken $ 10, Metra-Linie BNSF (BNSF Railway Line) ab Union Station (210 S Canal St.) bis „Hollywood", dann kurzer Fußweg

M **284 Farnsworth House,** 14520 River Rd., Plano, www.farnsworthhouse.org, Touren Mi.–So. 9–16 Uhr, $ 25, nicht mit dem öffentlichen Personennahverkehr erreichbar, aber Touren mit Chicago Architecture Foundation, www.architecture.org

M **285 Morton Arboretum,** 4100 Illinois Rte. 53 (I-88), Lisle, www.mortonarb.org, tgl. 7 Uhr bis Sonnenuntergang, $ 12, Tram-Rundfahrt $ 6, Metra-Linie BNSF (BNSF Railway Line) ab Union Station (210 S Canal) bis „Lisle", dann etwa 3 km Fußweg oder Taxi

M **286 Naper Settlement,** 523 S Webster, Naperville, www.napersettlement.org, Di.–Sa. 10–16, So. 13–16, im Winter Di.–Fr. 10–16 Uhr, $ 12, im Winter $ 5,25, Anfahrt: Metra-Linie BNSF (BNSF Railway Line) ab Union Station (210 S Canal St.) bis „Naperville", dann ca. 1,5 km Fußweg durch die Innenstadt

287 **Schingoethe Center for Native American Cultures,** 347 S Gladstone Ave., Aurora, Di.–Fr. 10–16, Di. bis 19, So. 13–16 Uhr, $ 3, www.aurora.edu/museum, Metra-Linie BNSF (BNSF Railway Line) ab Union Station (210 S Canal St.) bis „Naperville" oder „Aurora" (Endstation)

288 **SciTech Hands On Museum,** 18 W Benton St., Mi.–Fr. 10–15, Sa. 10–17, So. 12–17 Uhr, $ 8, http://scitech.mus.il.us, Metra-Linie BNSF (BNSF Railway Line) ab Union Station (210 S Canal St.) bis „Naperville" oder „Aurora" (Endstation)

Shopping im Fox River Valley

- **Chicago Premium Outlet** (s. S. 24). Hier gibt es Schnäppchen.
- **Woodfield Shopping Center** (s. S. 24). Einkaufszentrum mit über 150 Läden.

86 Michigan & Illinois Canal National Heritage Corridor ★ [S. 326]

Im Südwesten von Chicago ist die Region nördlich der Ortschaft **Joliet** von besonderem Interesse. Hier liegt eine große Autorennbahn, zwei legendäre Überlandstraßen – **Route 66** und **Lincoln Highway** – kreuzen sich und hier erstreckt sich der **Illinois and Michigan Canal National Heritage Corridor.** Dies war

Paradies für Schnäppchenjäger: die Chicago Premium Outlet Mall (s. S. 24) in Aurora

077cg Abb.: mb

das erste von heute rund 50 ausgewiesenen „historischen Denkmalschutzgebieten“ der USA (www.nps.gov/history/heritageareas).

Im Mittelpunkt des von Lockport bis LaSalle/Peru reichenden Areals steht der **Kanal**, der zwischen 1836 und 1848 konstruiert worden war. Obwohl er heute eher einem Bach gleicht, war er für die Entwicklung des Mittleren Westens von elementarer Bedeutung. Mit dem Kanal war nämlich erstmals eine **schiffbare Route** entstanden, die New Orleans, Chicago und New York im Landesinneren miteinander verband.

Die Fahrt auf einem Kahn zwischen Chicago und dem Endpunkt in LaSalle/Peru, westlich von Joliet, wo die Dampfschiffe Richtung New Orleans anlegten, dauerte nun nur noch einen Tag. Vorher war man mit dem Kanu, zu Fuß oder mit der Kutsche mehrere Tage unterwegs gewesen. Entlang dem breiten Kanal verlief ein Pfad für Lasttiere, die die Kähne zogen. Einst waren außerdem 15 Schleusen nötig. In **Lockport** befinden sich Reste der ersten Schleuse (südlich des Gaylord Building); weitere sind mehr oder weniger gut erhalten.

Der Kanal wurde nach dem Eisenbahnbau um 1850 nicht mehr für Passagiere, sondern nur noch für Waren benutzt. In Betrieb war er bis etwa 1900, dann ersetzte ihn der Sanitary and Ship Canal – zunächst Abwasserkanal, ab 1933 Kernstück des Illinois Waterway, der bis heute die Großen Seen und den Mississippi verbindet. Der historische Kanal war etwa 150 km lang und verlief zwischen dem Südarm des Chicago River und dem schiffbaren Teil des Illinois River von LaSalle/Peru südwärts. Der Illinois River entsteht durch den Zusammenfluss von Kankakee und Des Plaines River südwestlich von Joliet.

Teile des Kanals sind heute versandet, doch einige Bereiche wurden wieder geflutet und zum **Naherholungsgebiet** umgestaltet. Zwischen Lockport und Joliet sowie westlich von Joliet verläuft auf

EXTRATIPP

Rückkehr der Natur

Am Illinois and Michigan Canal National Heritage Corridor und Illinois River, wenige Kilometer westlich von Joliet, liegt ein wichtiges Naturschutzgebiet: die **Goose Lake Prairie State Natural Area.** Im Besucherzentrum erfährt man Wissenswertes über die einstige Prärielandschaft und ihre Flora und Fauna, in natura kann man dann einen Teil des inzwischen gut 1000 ha großen renaturierten Areals erkunden. Es handelt sich um das größte Tallgrass-Prairie-Schutzgebiet östlich des Mississippi. Die ersten Siedler nannten das Land „sea of grass with pretty flowers“. Auch in der **Midewin National Tallgrass Prairie** südlich von Joliet wurde auf dem Gelände eines ehemaligen Munitionsdepots beidseitig der Route 66 (hier SR-53) Prärielandschaft „wiederhergestellt“. Es gibt Wanderwege durch die Wildnis und im Visitor Center an der SR-53 Erläuterungen zu Flora und Fauna.

289 Goose Lake Prairie State Natural Area, 5010 N Jugtown Rd., Morris, http://dnr.state.il.us/lands/landmgt/parks/i&m/east/goose/home.htm

290 Midewin National Tallgrass Prairie, SR 53 (Historic Route 66), südlich von Joliet, Welcome Center Mo.–Sa. 8–16.30 Uhr (Sommer), im Winter Sa. geschlossen, www.fs.usda.gov/midewin

über 70 km ein **Wander- und Radweg** mit Hinweistafeln zur Geschichte der Region sowie Skulpturen historischer Persönlichkeiten am Ufer. Mit dem Auto folgt man dem Kanal auf einer ca. 120 km langen ausgewiesenen Route von Lemont (südwestlich Chicago, I-55) bis LaSalle/Peru im Westen (Karten in den Visitor Centers, u. a. in Lockport, erhältlich).

Erster Anlaufpunkt im Heritage Corridor sollte **Lockport**, der nördliche Vorort von Joliet, sein. Hier befindet sich direkt am Kanal, im Ortszentrum, die **Gaylord Co. Building Historic Site.** In dem ehemaligen Warenlager von 1839 (heute unter Denkmalschutz) befindet sich das Besucherzentrum des Heritage Corridor mit Infos zur Geschichte des Kanals und außerdem das ausgezeichnete Public Landing Restaurant (s. S. 241).

› **Heritage Corridor CVB Visitors Center – Joliet** (s. S. 241)

291 Gaylord Co. Building Historic Site/ Illinois and Michigan Canal Visitor Center, 200 W 8th St., Lockport, www.canalcor.org und www.gaylordbuilding.org, Mo.–Fr. 9–17, Sa. 10–17, So. 11–17 Uhr. Infos zum Kanal und zur Region.

078cg Abb.: mb

292 LaSalle Canal Boat & Lock 16 Visitor Center, 754 First St., LaSalle, tgl. 8–17.30 Uhr (im Winter So. geschlossen), www.lasallecanalboat.org. Infos zum Kanal und im Sommer Bootstouren und Veranstaltungen.

87 Joliet ★★ [S. 326]

Die Ortschaft Joliet kennen viele nur als eine der ersten Stationen an der Route 66, dabei war die Stadt einmal eine „City of Steel and Stone" – die bedeutendste **Stahlstadt** nach Pittsburgh und zugleich bekannt für den **Kalkstein** im Umland, der für viele Bauten in Chicago, z. B. den Water Tower 48, das Baumaterial lieferte. Joliet (erreichbar mit Metra und Amtrak) liegt im Zentrum des Heritage Corridor und ist mit über 100.000 Einwohnern sogar größer als die Hauptstadt Springfield.

Über die Region hinaus berühmt gemacht hat sie vor allem der **Chicagoland Speedway and Route 66 Raceway** (500 Speedway Blvd., ab Route 66/SR-53), auf dem NASCAR-Rennen und *drag races* (Beschleunigungsrennen) stattfinden. Filmfreunden ist zudem das Stateville Prison von Joliet aus dem Kultfilm „Blues Brothers" ein Begriff.

Nur wenige wissen hingegen, dass sich ausgerechnet in Joliet zwei der wichtigsten **historischen Straßen** der USA, die **Route 66** (SR 53) und der **Lincoln Highway** (US 30), treffen. Der Lincoln Highway gehört wie die Route 66 zu den historischen Überlandstraßen der USA und verband 1915 als erste befestigte Landstraße die Ost- und Westküste über rund 5400 km (Infos im Internet unter www.lincolnhighwayassoc.org). An der Kreuzung mitten im Stadtzentrum informiert das sehenswerte **Joliet Area History Museum and Route 66 Visitor Center** über die Überlandstraßen, aber auch allgemein über die Geschichte der Stadt und der Region. Mittels moderner Medien, v.a. eines sehenswerten Videos, wird hier Geschichte attraktiv präsentiert, dazu gibt es spannende Wechselausstellungen.

Gesehen haben muss man das „Schmuckstück" der Stadt in Downtown, das **Rialto Square Theater.** 1926 erbaut und in den 1980er-Jahren aufwendig renoviert, gilt es als eines der schönsten Art-déco-Theater der Nation.

Malerisch direkt am Des Plaines River gelegen, der hier mit dem Kanal vereint ist, lädt der **Billie Limacher Bicentennial Park** im Sommer zu Veranstaltungen ein. Von hier fällt der Blick zugleich auf eine neue Einnahmequelle der Stadt: **Kasinos** wie Harrah's oder das Hollywood Casino.

Eine unerwartete Sehenswürdigkeit der Stadt sind die **Great Walls of Joliet,** Wandbilder, die Episoden der Stadtgeschichte zeigen. Über 80 solcher *murals,* aber auch Skulpturen und Mosaike wurden bei lokalen Künstlern in Auftrag gegeben. Einen Plan erhält man im Visitor Center, interessant ist aber auch der Bildband „The Great Walls of Joliet" von Jeff Huebner (University of Illinois Press, 2001).

› **Anfahrt:** Metra-Linie RI (Rock Island District) ab „LaSalle Station" (414 S LaSalle St.) bis „Joliet" (Endstation) bzw. Linie HC (Heritage Corridor) ab Union Station (210 S Canal St.) bis „Lockport" und „Joliet" (Endstation)

293 Heritage Corridor CVB Visitor Center - Joliet, 30 N Bluff St., Tel. 815 7272323, Mo.-Sa. 9-17 Uhr, in der Hauptsaison auch sonntags, www.heritagecorridorcvb.com, www.visitjoliet.org

294 Chicagoland Speedway and Route 66 Raceway, 500 Speedway Blvd. (Rte. 66/ SR-53), Joliet, www.chicagolandspeedway.com und www.route66raceway.com. Autorennen finden Apr. bis Okt. statt.

295 Joliet Area History Museum and Route 66 Visitor Center, 204 N Ottawa St., Joliet, www.jolietmuseum.org, Di.-Sa. 10-17, So. 12-17 Uhr, $ 6

296 Rialto Square Theater, 102 N Chicago St., Joliet, www.rialtosquare.com, Touren Di. 13.30 Uhr, $ 5

Gastronomie und Unterkunft um Joliet

297 Hollywood Casino & Hotel $$-$$$, 777 Hollywood Blvd. (I-80, Houbolt Exit), www.hollywoodcasinojoliet.com, Tel. 1 888 4367737. Schöne Hügellage, vom Kasino getrennt, 102 große und komfortable Zimmer, relativ preiswert.

298 Public Landing Restaurant $$-$$$, 200 W 8th St., Lockport (im Gaylord Co. Bldg.), Tel. 815 8386500. Eines der besten Restaurants im Umkreis, ausgezeichnte Fleisch- und Fischgerichte aus regionalen Produkten.

◁ Ist sogar auf Autoschildern zu finden: der Michigan & Illinois Canal

Route 66 – die „Mother Road"

Gerade in Deutschland hat der Name der Route 66 - der „Mother Road" - einen besonderen Klang. Wer assoziiert jene legendäre Straße nicht mit Motorrädern und Oldtimern, Freiheit und Weite? Und wer hat nicht schon einmal davon geträumt, auf dieser historischen Überlandverbindung der untergehenden Sonne entgegen nach Westen zu fahren?

Die Route 66 ist vor allem ein Stück Geschichte: 1926 wurde sie als ***erste durchgehende Verbindung*** *zwischen dem Mittleren Westen (Chicago) und der Westküste (Los Angeles) eingeweiht. Cyrus Avery aus Tulsa (Oklahoma) und John Woodruff aus Springfield (Missouri) planten im Auftrag der Regierung die über* ***3900 km*** *lange Strecke. Ursprünglich war nicht der kürzeste Weg das Ziel, sondern es sollten möglichst viele Ortschaften an das Straßensystem angebunden werden.*

In Illinois liegen die Wurzeln der Straße im ***Pontiac Trail*** *(SR-4), der 1918 zur gut befahrbaren Verbindung zwischen Chicago und St. Louis ausgeweitet wurde. 1926 baute man dann diese Straße als erstes Teilstück der Route 66 aus, was zur Folge hatte, dass sich der Staat Illinois brüsten konnte, als Erster die Strecke gepflastert zu haben.*

Legendär wurde die Route 66 in den späten 1930er-Jahren während der Weltwirtschaftskrise und der Dürreperioden im Mittleren Westen, denn auf der Straße zogen unzählige Menschen Richtung Kalifornien. Dort, im „Gelobten Land", hofften sie auf bessere Lebensbedingungen und wollten einen Neuanfang wagen. John Steinbeck schilderte diese Trecks eindrucksvoll in seinem Werk „Früchte des Zorns" und nannte dort die Route 66 die „Hauptwanderstraße", „den langen Betonweg durch das Land" und „die Straße eines Volkes auf der Flucht" und prägte zudem den Begriff ***„Mother Road".***

Nach dem Zweiten Weltkrieg wurde die Straße auf vier Fahrbahnen erweitert. Man begann, Begradigungen vorzunehmen und Ortsumfahrungen zu bauen - der erste Schritt in Richtung ***Interstate System*** *war getan. Die Erweiterungen waren auch deshalb nötig geworden, weil sich mittlerweile Autos und Trucks auf der Straße drängelten und Unfälle auf der Tagesordnung standen. 1977 schließlich löste die teilweise parallel verlaufende* ***I-55*** *zwischen Chicago und St. Louis die alte Route 66 ab, welche in Illinois 1985 offiziell stillgelegt wurde.*

Obwohl die Route 66 von Chicago nach Los Angeles acht Bundesstaaten durchquerte, wurde die historische Bedeutung der Strecke lange ignoriert. In Illinois stellte man erst in den frühen 1990er-Jahren Hinweisschilder auf und versuchte die Straße, wo noch vorhanden, unter Denkmalschutz zu stellen und als Touristenroute auszubauen. Da sich in ***Illinois*** *noch* ***die meisten authentischen Stätten und Attraktionen*** *befinden, ist „America's Mother Road" gerade im ersten, 640 km langen Abschnitt zwischen Chicago und St. Louis besonders attraktiv. Hier reihen sich entlang der alten Route 66 fast 30 Attraktionen auf. Der Straßenverlauf entspricht heute verschiedenen anders nummerierten Straßen, wurde jedoch mit* ***braunen Schildern*** *markiert.*

079cg Abb.: mb

ℹ **299** ***Route 66 Association of Illinois/ Hall of Fame & Museum,*** *110 W Howard St., Pontiac, Museum: Apr.-Okt. Mo.-Fr. 9–17, Sa./So. 10–16 Uhr, www.il66assoc.org oder www.illinoisroute66.org*

› *Infos zur Route 66 und Karten erhält man im* ***Cultural Center*** ❶ *in Chicago, außerdem im* ***Heritage Corridor CVB Visitors Center – Joliet*** *(s. S. 241) oder im* ***Joliet Area History Museum and Route 66 Visitor Center*** *(s. S. 241).*

› *John Weiss,* ***„Traveling The New, Historic Route 66 of Illinois"*** *(Eigenverlag). Diese regelmäßig neu aufgelegte „Bibel der Illinois Route 66" wird in Lokalen, Museen und Shops in der Region und Chicago sowie im Internet (www.il66authority.com) verkauft.*

Shea's Gas Station Museum ist ein Relikt aus den glanzvollen Zeiten der Route 66

Tagesausflüge nach Indiana und Wisconsin

Fährt man von Chicago/Illinois wenige Kilometer nach Norden oder Südosten, befindet man sich bereits in einem anderen Staat: in Wisconsin bzw. Indiana. Manche Orte wie die Indiana Dunes oder Milwaukee kann man sogar mit dem **öffentlichen Nahverkehr** bzw. **Amtrak** erreichen. Wer eine Vorstellung bekommen möchte, wie das „andere Amerika" jenseits von Chicago aussieht, sollte deshalb die nachfolgend vorgestellten Tagesausflüge in Erwägung ziehen.

› Infos unter: www.travelwisconsin.com bzw. www.in.gov/visitindiana

88 Indiana Dunes ★★ [S. 326]

Indiana, der südöstliche Nachbarstaat von Illinois, ist mit rund 6,5 Mio. Einwohnern weit dünner besiedelt als der Großraum Chicago. Als Erstes denkt man bei Indiana wohl an den Indianapolis Motor Speedway, die berühmte Autorennbahn, doch der Staat und seine als bedächtig und gastfreundlich geltenden Bewohner, genannt „Hoosiers", haben mehr zu bieten, z. B. ein ungewöhnliches Naturjuwel, die **Indiana Dunes.**

Kaum hat man die eher hässlichen Industriegebiete im Süden Chicagos, die bis Gary/Indiana reichen, hinter sich gelassen, glaubt man seinen Augen nicht zu trauen: An der Südspitze des Lake Michigan breitet sich eine **Dünen- und Marschlandschaft** aus, die man an der West- oder Ostküste, aber nicht hier erwartet hätte. Ein großer Teil des fast 32 km langen Küstenstreifens wurde als **„Indiana Dunes National Lakeshore and State Park"** unter **Naturschutz** gestellt. Wander- und Radwege kreuzen das Gelände und führen hinauf zum höchsten Punkt, dem Mt. Baldy, einer rund 40 m hohen **Wanderdüne.** Baden ist aufgrund gefährlicher Strömungen nur in ausgewiesenen Bereichen möglich, doch der Sandstrand ist auch so einladend und der Blick auf die in der Ferne schimmernde Skyline Chicagos unübertrefflich.

Die Indiana Dunes haben sich seit dem frühen 20. Jh. zum **Naherholungsgebiet von Chicago** entwickelt und bis heute zieht es die Städter in Nahverkehrszügen mit Fahrrad, Picknickkorb und/oder Campingausrüstung hierher. Etwa drei Millionen sind es im Jahr – und damit gehören die Dunes zu den **meistbesuchten Naturarealen** in den USA.

Der Hauptversorgungsort im Hinterland ist **Chesterton**, während das weiter im Süden gelegene **Valparaiso** berühmt ist für die gleichnamige protestantische Privatuniversität mit sehenswerter Chapel of the Resurrection – und für Anderson's Orchard and Vineyard (s. S. 245), ein Weingut mit Shop.

Infos und Anreise

› **Anreise:** Zwischen Chicago (Millennium Station, Randolph St.) und den Indiana Dunes (Dune Park Station) verkehren die **Nahverkehrszüge** der **South Shore Line,** Mo.–Fr. tgl. 16-mal, an Wochenenden 8-mal, ca. 80 Min. Fahrzeit. **Infos zu Fahrplan und Preisen:** www.nictd.com.

› **Infos zu den Indiana Dunes:** www.indianadunes.com

▷ *Ausflug in eine andere Welt: die Indiana Dunes sind ein beliebtes Naherholungsziel*

300 Indiana Dunes Visitor Center, 1215 N Mi-State Rd. 49, Porter, www.nps.gov/indu, tgl. 8/8.30–16.30/18 Uhr. Modernes Besucherzentrum mit Infos zur Region, zum State Park und zur National Lakeshore.

Gastronomie und Shopping

301 Anderson's Vineyard & Winery, 430 E US 6, Valparaiso, www.andersonswinery.com. Tasting und Touren, ausgezeichnete Fruchtweine, aber auch gute „normale" Weine, dazu großer Shop mit lokalen Spezialitäten.

302 The Port Drive-in, 419 N Calumet Rd., Chesterton. Seit den 1950er-Jahren kaum verändertes Drive-in mit hausgemachten Burgern und Hot Dogs, Fries etc., dazu gibt es selbst gebrautes Root Beer – ein alkoholfreies Erfrischungsgetränk aus der Wurzelrinde des Sassafrasbaums gebraut und eisgekühlt getrunken.

Unterkunft

303 Gray Goose Inn $$$, 350 Indian Boundary Rd., Chesterton. Liebevoll ausgestattetes luxuriöses Inn mit acht geräumigen Zimmern in traumhaft-ruhiger Lage an einem See, www.graygooseinn.com.

89 Milwaukee ★★★ [S. 326]

Wisconsin und besonders Milwaukee ist für viele Amerikaner gleichbedeutend mit deutschem Erbe, Spezialitäten wie „Brats" (Bratwurst), „Beer" (Bier) und „Cheese" (Käse) – kurz, für „BBC". Kein Wunder, dass die Bewohner Wisconsins auch als „Cheeseheads" bezeichnet werden! Doch die Metropole Milwaukee, wie Chicago am Lake Michigan gelegen, hat mehr zu bieten – und ist zudem von Chicago aus mühelos in eineinhalb Stunden mit dem Zug zu erreichen.

080cg Abb.: PCCRVC

Milwaukee, einst Zentrum deutscher Zuwanderer und damit auch Biermetropole, macht derzeit einen Wandel durch, der die Stadt zunehmend attraktiver macht und in ein überschaubares, verkleinertes Abbild von Chicago verwandelt. In Milwaukee locken sehenswerte Museen und zahlreiche Veranstaltungen, interessante Stadtviertel und Bauten, eine reizvolle Uferpromenade und erlesene Restaurants und Shops. Die alten Industrieanlagen um die Innenstadt wurden attraktiv renoviert, Wohnungen, Läden und Restaurants zogen ein und plötzlich ist es wieder schick, im Zentrum zu leben.

Zudem versteht man sich in Milwaukee aufs Feiern – wohl ein Erbe der deutschen Zuwanderer – und hat dafür am

081cg Abb.: mb

Lake Michigan, im Süden der Innenstadt, einen eigenen **Festival Park** geschaffen. Kulinarisch halten Restaurants wie Mader's (s. S. 250), Karl Ratzsch's (s. S. 250) oder die Metzgerei Usinger's (s. S. 250) **deutsche Traditionen** hoch. Um die **Old World 3rd Street** mitten im Zentrum halten Kneipen wie das Milwaukee Brathaus oder die Old German Beer Hall Erinnerungen an Deutschland wach.

Trotz neuer Bauten ist Milwaukee eine „Backsteinstadt" geblieben. Das industrielle Erbe der **Cream Brick City** durchläuft derzeit einen Wandel, ideales Beispiel ist der **Historic Third Ward** am südlichen Rand der Innenstadt, am Milwaukee River. In die einstigen Lagerhäuser sind Lokale, Läden, Büros und Künstlerateliers eingezogen, zudem wurden viele der alten Bauten in Apartmenthäuser umgewandelt. Das Zentrum des Nachtlebens befindet sich in einem anderen historischen Wohnviertel im Norden: Entlang der **Historic Brady Street**, wo zunächst Italiener, dann Hippies zu Hause waren, sind heute *bar-hopping* und *nightlife* angesagt.

Einst war Milwaukee dank der deutschen Tradition Sitz zahlreicher **Brauereien.** Von den Giganten ist nur noch Miller übrig geblieben, während der alte Brauereikomplex von Papst am westlichen Stadtzentrum einer neuen Mehrzwecknutzung zugeführt wurde. Dafür sorgen inzwischen wieder kleinere (Haus-)Brauereien wie das Milwaukee Ale House (s. S. 250), Sprecher (s. S. 247) oder die Lakefront Brewery (s. S. 247) für ein Revival der lokalen Braukunst.

Milwaukee hat sich auch wegen des **Milwaukee Art Museum** (s. S. 249) einen Namen gemacht. Natürlich ist die Sammlung selbst ein Juwel, doch das eigentlich

EXTRATIPP

Tipps für Bierfreunde

- 304 **Lakefront Brewery,** 1872 N Commerce St., www.lakefrontbrewery.com. Hier wird seit 1987 gebraut, v. a. Ales und Lager wie Riverwest Stein, auch glutenfreies und biologisches Bier. Überaus beliebt sind die Touren mit reichlich Probiergelegenheit und Souvenirglas ($ 7), werktags 13/14/15/15.30 Uhr, am Wochenende häufiger. Nur jeden Freitag (16–21 Uhr) gibt es „Fish Fry" (Fischessen), musikalisch begleitet von den Brew House Polka Kings, doch das lohnt unbedingt!
- 305 **Sprecher Brewery,** 701 W Glendale Ave., www.sprecherbrewery.com. Bietet Mo.–Do. mind. eine Tour (15 Uhr), Fr.–So. mehrere. Online-Reservierung möglich, auch „Reserve Tastings".

aufsehenerregende ist die Architektur des Gebäudes vom Reißbrett des Spaniers Santiago Calatrava (2001). Die Flügel des an ein gigantisches weißes Segelschiff erinnernden Baus können nach oben aufgeklappt werden.

Daneben ist mit dem Naturwissenschaftsmuseum **Discovery World at Pier Wisconsin** (s. S. 249) ein weiteres, ebenfalls architektonisch interessantes Highlight entstanden. Neben der informativen Abteilung über die Great Lakes, ihr Ökosystem und den menschlichen Einfluss darauf, v. a. in Bezug auf die Seefahrt, lohnt ein Blick in die naturwissenschaftliche Abteilung mit vielen „Hands-on"-Stücken. Musikfreunde dürfen das „Museum im Museum" nicht verpassen: Es ist Les Paul, Musiker und Erfinder der Elektro-Gitarre, der 1915 im benachbarten Waukesha als Lester William Polsfuss geboren wurde, gewidmet.

Um die Old World 3rd Street lebt Milwaukees deutsches Erbe noch fort

Vergleichsweise konventionell präsentiert sich das **Milwaukee Public Museum** (s. S. 249), das mit teils lebensgroßen Dioramen auf anschauliche Weise in die Geschichte und Natur der Region einführt, während das **Villa Terrace Decorative Arts Museum** (s. S. 249) mit hochklassiger dekorativer Kunst Besucher anlockt.

Die neueste und „heißeste" Attraktion der Stadt ist das **Harley-Davidson Museum** (s. S. 249) am südwestlichen Innenstadtrand. Es ist nicht nur für „Biker" ein Muss. Auf zwei Etagen erlebt der Besucher in dem riesigen Bau die ersten Schritte der beiden Gründer William Harley und Arthur Davidson zu Beginn des 20. Jahrhunderts vom Prototypen bis hin zur weltberühmten Fabrik in Milwaukee. Eine Sammlung aller jemals produzierten Modelle und Sondermodelle lässt jedes Herz des Motorradfans höher schlagen und liefert viele Infos. Wer weiß schließlich schon, dass die erste „H-D" im selben Jahr gebaut wurde wie der Ford-Prototyp, Model A, nämlich 1903? Neben der Firmengeschichte kommt die Bedeutung der Harleys in der modernen Kultur, zum Beispiel in Filmen wie „Easy Rider", zur Sprache. Man sollte sich für dieses Museum Zeit nehmen, sich vorher oder anschließend im zugehörigen Restaurant stärken und den Shop nicht versäumen.

Baseballfreunde sollten sich ein Spiel der **Milwaukee Brewers** (s. S. 250) im schmucken **Miller Park** im Westen der

America's Most German City

*Poker wird bekanntlich auf der ganzen Welt gespielt. In Bayern, in Milwaukee und im ganzen US-Bundesstaat Wisconsin spielt man jedoch **Schafkopf**. Dieses Kartenspiel, Käse, Bier und Bratwurst haben die **deutsch-** und vor allem die **bayerisch-stämmigen Auswanderer** mit in die neue Welt und ganz besonders nach Wisconsin gebracht. Bis heute bilden deutschstämmige Amerikaner mit über 15 % die **größte ethnische Minderheit der USA** – in und um Milwaukee sollen es sogar 48 % sein, was die Stadt zu „America's Most German City" – noch vor Cincinnati und St. Louis – macht.*

*1839 waren die ersten Deutschen nach Milwaukee gekommen und der Zustrom hielt bis Anfang des 20. Jh. an. Politisch, gesellschaftlich und wirtschaftlich prägten und prägen die Deutschen seither die Stadt: 1910 wählten die Bürger mit Emil Seidel einen Sozialisten zum Bürgermeister und über 50 Jahre sollten die „Linken" die Geschicke der Stadt bestimmen. Bereits 1855 eröffnete **Frederick Miller** eine Brauerei, heute ist „MillerCoors" die zweitgrößte der USA.*

*Auch wenn die beiden Weltkriege das deutsche Selbstbewusstsein geschwächt haben, kehrt in letzter Zeit der Stolz, Deutschamerikaner zu sein, zurück. Gerade in Milwaukee, wo man beispielsweise im Juli mit dem „**German Fest**" im Festival Park am Lake Michigan eine Woche lang die deutschen Wurzeln zelebriert. Neu entstandene **Brauereien** wie Sprecher (s. S. 247) halten die Tradition ebenso wach wie die **Restaurants** Karl Ratzsch's (s. S. 250) und Mader's (s. S. 250) oder **Metzgereien** wie Usinger's (s. S. 250). Gutes Essen und Trinken, Vereine und Schafkopf sind Teil des deutschen Erbes, die sprichwörtliche „Gemütlichkeit" ein weiterer. Nicht nur entlang der Old World Third Street, dem Zentrum des deutschen Milwaukee, spürt man sie noch. Den Milwaukeeans wird landesweit der Hang zu einer gemächlich-gelassenen Lebenseinstellung nachgesagt.*

Stadt nicht entgehen lassen. Angefeuert von bis zu 40.000 begeisterten Fans beweisen die Brewers seit 1970, dass auch ein Team aus einer kleinen Stadt mit den Giganten aus Chicago oder New York mithalten kann. Berühmt ist das 2001 eröffnete architektonisch postmoderne Stadion wegen des Daches, das fächerförmig geöffnet bzw. geschlossen werden kann. Neben den Brewers begeistern auch die Basketballer der **Milwaukee Bucks,** die im Bradley Center mitten in der Stadt in der Profiliga NBA auf Korbjagd gehen.

Infos und Anreise

- **Anreise:** Zwischen Milwaukee und Chicago (Union Station) verkehren täglich sieben **Amtrak-Züge** („Hiawatha Service"), die Fahrtdauer beträgt ca. 90 Min., eine Hin- und Rückfahrt kostet derzeit $ 48. Infos zu Fahrplan und Preisen: www.amtrak.com, www.amtrakhiawatha.com bzw. direkt in den Bahnhöfen in Milwaukee (433 W St. Paul Ave./Stadtzentrum) bzw. in Chicagos Union Station (225 S Canal St.).

ℹ 306 **VISIT Milwaukee Visitor Information Center,** 400 W Wisconsin Ave., im Midwest

082cg Abb.: mb

Airlines Center, Tel. 414 2737222 oder 1 800 5541448, www.visitmilwaukee.org, Mo.-Fr. 8-17 Uhr, im Sommer auch Sa. 9-14 und So. 10-15 Uhr

Sehenswertes

307 Discovery World at Pier Wisconsin, 500 N Harbor Dr., www.discoveryworld.org, Di.-Fr. 9-16, Sa./So. 10-17 Uhr, $ 16,95

308 Harley-Davidson Museum, 400 W Canal St., www.h-dmuseum.com, tgl. 9-18, Do. bis 20 Uhr, $ 18. Mit großem Shop und empfehlenswertem Motor Bar & Restaurant sowie Café Racer.

309 Milwaukee Art Museum (MAM), 700 N Art Museum Dr., www.mam.org, Di.-So. 10-17, Do. bis 20 Uhr, $ 15, Aufschlag bei Sonderausstellungen

310 Milwaukee Public Museum, 800 W Wells St., www.mpm.edu, tgl. 9-17, Do. bis 20 Uhr, $ 14

311 Villa Terrace Decorative Arts Museum and Gardens, 2220 N Terrace Ave., www.cavtmuseums.org, Mi.- So. 13-17 Uhr, $ 7

Gastronomie

312 Buck Bradley's Saloon & Eatery, 1019 N Old World 3rd St. Hier kann man sein Bier an der längsten Bar östlich des Mississippi genießen.

313 Hinterland Gastropub $$$, 222 E Erie St., Tel. 414 7279300, Mo.-Sa. Dinner. Kreativ-moderne amerikanische Küche mit täglich bzw. saisonal wechselnder Speisekarte, vor-

Die Discovery World und im Hintergrund das Art Museum vor der Skyline Milwaukees

wiegend lokale bzw. biologisch erzeugte Produkte. Happy Hour mit günstigen Specials (Getränke und Essen) tgl. 16 bis 19 Uhr. Man kann gemütlich an Tischen oder an der Bar (kleine Gerichte) sitzen.

314 Karl Ratzsch's $$$, 320 E Mason St., Tel. 414 2762720, Mi.-Sa. Lunch, Mo.-Sa. Dinner. „Old World German Favorites" wie Schnitzel, Schweinshaxe oder Sauerbraten in gehobener Bierhallenatmosphäre. 1904 als „Hermann's Café" eröffnet.

315 Mader's $$, 1037-41 N Old World 3rd St., Tel. 414 2713377, Mo.-Sa. Lunch, So. 11-14 Uhr Brunch, tgl. Dinner. Legendäres deutsches Restaurant mitten in der Stadt. Serviert wird preiswerte deftige Kost wie Bratwurst, Sauerbraten, Schnitzel, Rouladen oder Gulasch.

316 Milwaukee Ale House $-$$, 233 N Water St. Pubkost wie Sandwiches, Burger, Salate, Pizza u. a. und dazu hausgebrautes Bier und an Wochenenden Livemusik.

317 Old German Beer Hall $-$$, 1009 N Old World 3rd St. Beliebte Kneipe mit deutschen Spezialitäten und Münchner Hofbräu-Bier.

318 Von Trier, 2235 N Farwell Ave., tgl. ab 15/16 Uhr geöffnet. Nur Getränke und Popcorn. Viele Biere aus aller Welt vom Fass, auch deutsche Schnäpse.

Shopping

319 Milwaukee Public Market, 400 N Water St., Di.-Fr. 10-18, Sa. 8-19, So. 10-18 Uhr, Sommer Sa./So. Bauernmarkt im Freien Juni-Okt. 10-15 Uhr. Markthalle mit Läden (lokale Produkte), Imbiss und Café im Historic Third Ward, dem renovierten alten Hafen- und Industrieviertel am südlichen Innenstadtrand.

320 Usinger's Famous Sausage, 1030 N Old World 3rd St. Metzgerei, die auf Würste, v. a. Salami und Bratwürste, nach deutschem Rezept spezialisiert ist.

321 Wisconsin Cheese Mart, 215 W Highland/Old World 3rd St. Die wohl beste Auswahl an Käsen aus Wisconsin, daneben andere lokale Spezialitäten und eigene Cheese & Wine Bar für den Imbiss.

Unterkunft

322 Iron Horse Hotel $$$, 500 W Florida St., www.theironhorsehotel.com, Tel. 1 888 5434766. Besitzer Tim Dixon verwandelte ein altes Lagerhaus in ein ungewöhnlich gestyltes Boutiquehotel, das sich auch wegen seiner Nähe zum Harley-Davidson Museum gezielt an Biker wendet. Doch auch „normale" Gäste fühlen sich hier wohl, mit Bar und Restaurant.

323 The Pfister Hotel $$$, 424 E Wisconsin Ave., www.thepfisterhotel.com, Tel. 414 2738222. Das legendärste Hotel der Stadt von 1893, super Service, tolle Zimmer, zentrale Lage und seinen gehobenen Preis wert.

Zuschauersport in Milwaukee

324 Milwaukee Brewers, Miller Park, One Brewers Way (I-94, Exit 308 A oder US Hwy. 41, Exit „General Mitchell Blvd."), http://milwaukee.brewers.mlb.com. Zwischen April und Oktober gibt es Spitzenbaseball in einem „Retro-Stadion" am westlichen Stadtrand.

325 Milwaukee Bucks, 1001 N 4th St., www.nba.com/bucks. Zwischen November und April gibt es im Bradley Center (www.bmoharrisbradleycenter.com) NBA-Spitzenbasketball.

Praktische Reisetipps

006cg Abb.: mb

An- und Rückreise

Flugverbindungen

Der **Chicago O'Hare Airport (ORD)** ist einer der fünf größten Flughäfen der Welt und dazu der Heimatflughafen von **United Airlines** (www.unitedairlines.de), die aus Deutschland täglich drei **Direktflüge** (zweimal ab Frankfurt, einmal ab München) nach Chicago anbieten. Die mit UA kooperierende **Lufthansa** bietet weitere Direktflüge von Frankfurt, München und Düsseldorf an. Außerdem fliegen airberlin von Berlin-Tegel, American Airlines ab Düsseldorf sowie Swiss von Zürich und Austrian von Wien nonstop nach Chicago.

Daneben gibt es eine Reihe von **Umsteigeverbindungen** über europäische und amerikanische Ostküstenstädte, z.B. von BA (London), Air France (Paris) oder KLM/Northwest (Amsterdam). Da am ersten Flughafen in den USA immer das Gepäck durch die Kontrolle und neu eingecheckt werden muss, ist es oft günstiger eine Umsteigeverbindung in Europa zu wählen. Andererseits sind die Flughäfen Paris und London berüchtigt, die Strecken zwischen den einzelnen Gates und vor den Sicherheitsschaltern lang und es sollte genügend Übergangszeit eingeplant werden.

Die reine **Flugzeit** nach Chicago beträgt zwischen 8¼ und gut 9 Stunden, bei 7 Stunden **Zeitverschiebung** (s.S. 285). Die Flugzeuge starten im Allgemeinen am Vormittag oder frühen Nachmittag und erreichen Chicago am späten Nachmittag oder frühen Abend.

Die meisten Gesellschaften unterhalten Codesharing-Verträge, d.h. kooperieren mit anderen Fluggesellschaften und erweitern dadurch ihr Angebot. Die bedeutendsten Allianzen im Nordamerikabereich sind das **SkyTeam** (www.skyteam.com) mit u.a. Air France/KLM, Alitalia und Delta, **Star Alliance** (www.staralliance.com) mit Austrian, Lufthansa, Swiss, Air Canada, SAS, United Airlines oder **One World** (www.oneworld.com) u.a. mit Iberia, American Airlines und British Airways.

Für Leute, die regelmäßig mit bestimmten Gesellschaften fliegen, lohnt es sich, (gratis) Mitglied eines **Frequent-Flyer-Programms** zu werden. Mit den gesammelten Meilen von Flügen bei Fluggesellschaften innerhalb eines Verbundes gibt es Upgrades oder Freiflüge.

Bei der **Planung einer Rundreise** ist auf Anschlüsse, die Möglichkeit zu Gabelflügen oder *stopovers* (meist einer gratis) zu achten – Bedingungen, die von

[<] Vorseite: Pause im Grant Park 33, einer Parkanlage am Seeufer

[>] Erster Eindruck von Chiago beim Landeanflug auf den O'Hare Airport

EXTRATIPP

America Unlimited

Abgesehen von den großen USA-Veranstaltern hat sich America Unlimited (www.america-unlimited.de, Tel. 0511 37444750) auf **Mietwagenrundreisen** und ein **individuell auf den Kunden zugeschnittenes Bausteinsystem** spezialisiert. Die in Hannover und Hamburg vertretene Firma bietet u. a. Great-Lakes-Rundreisen oder aber eine grandiose Route-66-Reise von Chicago nach Los Angeles an.

Gesellschaft zu Gesellschaft variieren. Oft sind diese Möglichkeiten günstiger, als Inlandsflüge separat zu buchen.

Flugpreise und Buchung

Die **Flugpreise** hängen von vielerlei Faktoren wie Veranstalter, Fluggesellschaft, Routenführung, Abflughafen, Länge der Vorausbuchung, Jahreszeit bzw. sogar Wochentag und Buchungsklasse ab. Die **Flugpreise nach Chicago** beginnen in der Hauptsaison bei etwa 800 €, in der Nebensaison bei ca. 600 € inklusive aller Steuern, Gebühren und Zuschläge. Am teuersten – über 1000 € – ist es in der Hauptsaison, in den Sommerferien im Juli und August. Speziell für diese Zeiten ist eine frühzeitige Buchung dringend zu empfehlen. Zur ersten Orientierung in Sachen Preise und Verbindungen helfen die Websites großer Internetbroker wie www.expedia.de.

Sondertarife sind das ganze Jahr über, bevorzugt in der Nebensaison, zu bekommen, allerdings unterschiedlich in Kontingentierung und Bedingungen. Vergünstigte Spezialtarife und befristete Sonderangebote kann man direkt auf den Websites der Fluggesellschaften buchen, z. B. bei:

- www.united.com
- www.lufthansa.com
- www.delta.com
- www.klm.de
- www.britishairways.com

Last-Minute-Flüge werden ab etwa 14 Tagen vor Abflug angeboten und lassen sich bei Spezialisten wie www.ltur.com, www.lastminute.opodo.de oder www.

083cg Abb.: mb

084cg Abb.: mb

Chicagos O'Hare Airport gehört zu den größten Flughäfen weltweit

mcflight.de buchen. Sie sind aber selten preiswerter als frühzeitig gebuchte Flüge.

Preiswerter sind Jugend- und Studententickets (je nach Airline generell bis 29 bzw. Studenten bis 34 Jahre). Auf Studentenflüge ist www.statravel.de spezialisiert. **Kinder** unter zwei Jahren fliegen ohne Sitzplatzanspruch kostenlos, ansonsten werden die regulären Preise je nach Airline um 25 bis 50 % ermäßigt. Ab dem 12. Lebensjahr gilt der Erwachsenentarif oder ein besonderer Jugendtarif.

Ankunft in Chicago

Chicago hat **zwei internationale Flughäfen:** O'Hare und Midway International Airport, wobei O'Hare weit häufiger angeflogen wird. Beide sind via Hochbahn an die Stadt angebunden. Außerdem stehen Shuttlebusse, Limousinenservices und Taxis zur Verfügung.

› **Infos zu beiden Flughäfen:** www.flychicago.com

O'Hare International Airport, abgekürzt ORD, liegt im Nordwesten des Stadtzentrums (I-190) und gilt dem Passagieraufkommen nach nach Atlanta/Georgia als zweitgrößter Flughafen der Welt. Es gibt **vier Terminals,** die durch eine Magnetbahn (Airport Transit System) verbunden sind: Terminal 1 bis 3 und den International Terminal 5 (u. a. Air France, BA, KLM, Lufthansa-Ankünfte, SAS, Swiss). Im zentral gelegenen **Car Rental Center** (Lower Level Baggage Claim Areas von Terminals 1, 2, 3) befinden sich die Schalter der Mietwagenfirmen, von dort geht es per Shuttlebus zu den Großparkplätzen der Firmen. Auch vom International Terminal 5 kann man sich abholen lassen.

Die City of Chicago betreibt **Infostellen** in den Terminals 1, 3 und 5 (tgl. 6.30–22 Uhr), Travelers Aid (Anlaufstelle für Reisende in Notlagen, Näheres unter: www.travelersaid.org, Tel. 773 8942427) befindet sich im Terminal 2.

› **Chicago O'Hare,** Tel. 773 6863700, www.chicago-ord.com, www.flychicago.com/ohare, Airport Customer Service Hotline: Tel. 773 6862200

Flug-Know-how

Check-in und Kontrollen

- Nicht vergessen: Spätestens 72 Stunden vor Abflug die **ESTA-Registrierung** vornehmen und einen gültigen (Restgültigkeit mind. bis einschließlich Rückflugdatum) **maschinenlesbaren Reisepass** dabei haben (s. S. 261).
- Es gibt keine Papiertickets mehr, sondern nur noch **„e-Tickets"**, und beim Check-in genügt die Vorlage des Passes bzw. der Buchungsnummer oder der Vielfliegerkarte.
- Bei internationalen Flügen empfiehlt es sich, **3 Stunden vor Abflug einzuchecken.** Vielfach kann dies schon im Vorfeld im Internet bzw. vor Ort an Automaten geschehen, doch muss das Gepäck trotzdem an einem Schalter, manchmal an speziellen Expressschaltern, eingecheckt werden.
- **Genügend Zeit** für den **Check-in/das Umsteigen** einplanen, da strenge und mehrmalige Sicherheitskontrollen üblich sind und Gepäck per Hand durchsucht werden kann. Auch das Aktivieren von Laptops oder Kameras, das Ausziehen der Schuhe und Abtasten des Körpers sind üblich.

Gepäck

- Bei Linienflügen nach und von Nordamerika dürfen Economy-Class-Passagiere seit Herbst 2009 nur noch ein Gepäckstück bis 23 kg als **Freigepäck** aufgeben. Ein zweites Gepäckstück kostet je nach Fluggesellschaft bis zu 150 € ($ 200) zusätzlich. Außerdem darf ein Handgepäckstück von begrenztem Gewicht (meist 6–8 kg) und genau definierter Größe (variabel je nach Fluggesellschaft und unterschiedlich streng kontrolliert) mit an Bord genommen werden, dazu eine Hand-, Foto- oder Laptoptasche.
- Jedes Gepäckstück wird durchleuchtet bzw. durchsucht, daher Koffer u. a. **Gepäckstücke nicht abschließen,** ggf. wird das Schloss sonst aufgebrochen.
- Aus Sicherheitsgründen dürfen **spitze und scharfe Gegenstände,** v. a. Messer und Scheren aller Art, **leicht entzündliche Gase** (z. B. in Sprühdosen, Campinggas), Feuerzeuge und andere gefährliche Objekte nicht ins Handgepäck (vorher im Koffer verstauen!). Ebenfalls nicht an Bord erlaubt sind **Flüssigkeiten** und **Gels** mit Ausnahme von verschriebenen Medikamenten und Babynahrung. Flüssige Kosmetika u. Ä. dürfen nur noch in Kleinstgefäßen bis max. je 100 ml und in einer separaten 1-l-Plastik-Ziptüte mit ins Flugzeug.
- **Infos über verbotene Güter** gibt es unter: www.tsa.gov/traveler-information bzw. bei den betreffenden Fluggesellschaften.

Rückbestätigung

- Eine Rückbestätigung des gebuchten Rückflugs ist nicht mehr nötig, allerdings wird empfohlen, im Internet oder per Anruf **die Abflugzeiten zu überprüfen.**

Der Flughafen ist mit der **Hochbahn (CTA Blue Line)** hervorragend an die rund 30 km entfernte Innenstadt angebunden. Der Bahnhof befindet sich auf der untersten Ebene des gigantischen Parkhauses (Main Parking Garage, Lower Level) und ist über Fußgängerpassagen von Terminal 1 und 3 erreichbar: Man fährt per Aufzug zur Tiefgarage, von dort folgt man dann den Schildern durch Fußgängertunnel zum Bahnhof. Vom International Terminal 5 nimmt man nach Abholung des Gepäcks die Magnetbahn (Airport Transit System), die alle Terminals verbindet, bis zum Terminal 3.

An Automaten am Bahnhof gibt es Einzeltickets für die Hochbahn (in die Stadt $5, zurück zum Flughafen $2,25) bzw. Tages- oder Mehrtagestickets. Die Fahrt dauert rund 40 Minuten. Die Bahnen verkehren rund um die Uhr alle 9 bis 15 Minuten.

Außerdem gibt es Shuttlebusse wie den **GO Airport Express** (Tel. 773 2471200 oder 1 888 2843826, www.airportexpress.com), der von 6 bis 23.30 Uhr alle 15 Minuten den Airport mit beliebigen Hotels in Downtown, North Shore und Oak Brook verbindet. Infos und Tickets sind gegenüber der Gepäckausgabe in jedem Terminal für derzeit $30 pro Fahrt bzw. $58 für die Hin- und Rückfahrt erhältlich (ab zwei Personen günstiger).

Mit dem Taxi beträgt der Fahrpreis gut $40. Es ist mit mind. 30 Min. Fahrtdauer ins Zentrum zu rechnen.

Midway International Airport (MDW) liegt stadtnäher (16 km bzw. ca. 30 Min. per Bahn) und wird v. a. von **Inlandslinien** bedient. Es gibt **drei Terminals:** Concourse A, B und C.

Ein **Informationsstand** befindet sich bei der Gepäckausgabe nahe Door 3 LL und auch die Shuttlebushaltestelle befindet sich in der Nähe.

› 5700 S Cicero Ave., Tel. 772 8380600 oder 1 800 8326352, www.chicago-mdw.com, www.flychicago.com/midway

Die Weiterfahrt ins Zentrum erfolgt am besten mit der **CTA Orange Line** (ausgeschildert). Zunächst geht es per Shuttlebus zum Terminal Building, von dort dann via Fußgängerbrücke zur Hochbahn. Sie verkehrt von 5 bis 24 Uhr ca. alle 10 Min. Alternativ verkehren **Shuttlebusse** (Continental Airport Express, 6–23.30 Uhr, alle 15 Min., Tel. 773 2471200 oder 1 888 2843826) und es stehen Taxis bereit. Eine **Taxifahrt** nach Downtown kostet ca. $30.

Bahn und Bus

Leider sind hierzulande über das Bahnreisen in den USA und die halbstaatliche Eisenbahngesellschaft **Amtrak** wenig bekannt. Größere Strecken lassen sich mit dem Zug äußerst bequem, wenn auch nicht sonderlich schnell, zurücklegen und zudem kann die Reise beliebig oft unterbrochen werden („City Hopping"). Selbst normale Zugtickets sind nicht allzu teuer (besonders bei langfristiger Vorausbuchung), für Vielreisende sind jedoch **USA Rail Passes** günstig, die nur in Europa erworben werden können.

Diesen Pass gibt es in verschiedenen Variationen (z. B. 15 Tage/8 Abschnitte für ca. 430 €) für den „Coach" (Sitzwaggon). Lange Strecken sollten im Voraus reserviert werden, Liege- bzw. Schlafabteile kosten Aufpreis. Maximal zwei Kinder von 2 bis 15 Jahren fahren in Begleitung zum halben Preis, ein Kind unter 2 Jahre fährt kostenlos.

Von der **Chicago Union Station** (225 S Canal St., nahe Blue Line: „Clinton") fahren mehrmals täglich Züge in die nahe gelegenen Ziele wie Milwaukee (Hiawatha Service), über Joliet und Springfield nach St. Louis (Illinois Service) oder Richtung Detroit (Michigan Service). Nur einmal täglich verkehren Bahnen zu entfernteren Zielen wie Kansas City, Denver, San Francisco, Los Angeles, Portland, Seattle, New Orleans, Washington, D.C., Indianapolis, St. Paul/Minneapolis, Dallas/Ft. Worth, San Antonio, Boston oder New York.

Informationen zum Bahnfahren gibt es unter:

- **www.amtrak.com.** Auch Online-Ticketkauf möglich, man muss dann am ersten Bahnhof den Internetgutschein gegen Tickets eintauschen.
- **CRD International,** Stadthausbrücke 1–3, 20355 Hamburg, www.crd.de/amtrak/bahnpaesse.php bzw. Tel. 040 3006160. Vertretung von Amtrak in Deutschland.
- **Meso-Reisen,** Tel. 030 21234190, Berlin, www.meso-berlin.de. Ebenfalls Infos und Verkauf von Bahn- und Buspässen für die USA.

Obwohl **Greyhound-Busse** in den letzten Jahren als Reisemöglichkeit an Bedeutung verloren haben, gibt es auch in Chicago einen **Busbahnhof.** Er befindet sich nahe der Amtrak-Station:

•**326** [A7] **Greyhound Terminal,** 630 W Harrison St.

Autofahren

Das Straßennetz von Chicago wird auf 1260 km geschätzt. Es gibt hier 1,2 Mio. zugelassene Pkws und 6700 Taxis – und vor allem Letztere machen das Autofahren in der Innenstadt zu einer nervenaufreibenden Aktion. Sie schneiden und überholen, hupen und zwängen sich in Lücken, schießen aus Seitenstraßen und sind einfach unberechenbar. Allerdings genießen auch die Chicagoans selbst in den USA den zweifelhaften Ruf, sehr **aggressiv** und **schnell** zu fahren. Zur speziellen Fahrweise kommen ständige **Staus** auf Einfallstraßen und im Stadtzentrum, **Einbahnstraßen,** akuter **Parkplatzmangel** und **hohe Benzinpreise** und **Parkgebühren.**

Aus diesen Gründen kann **vom Autofahren in der Stadt nur abgeraten** werden, zumal das öffentliche Verkehrssystem gut ausgebaut und preiswert ist.

EXTRAINFO

Straßensystem und -schilder

Es gibt **Interstates** (überregionale Autobahnen), kurz „I", im Stadtgebiet auch **Freeways** oder **Expressways** genannt, die mindestens vierspurig sind. **Highways** (Landstraßen), meist zweispurig, können bundesstaatliche US Highways oder untergeordnete State Highways sein. Für Interstates und US Highways gilt: Ungerade 1- bis 2-stellige Nummern signalisieren Nord-Süd-, gerade Ost-West-Verlauf. **Zubringer** oder **Nebenstrecken** tragen korrespondierende dreistellige Nummern (z. B. I-280 als Zubringer zur I-80). Ist dabei die erste Ziffer gerade, handelt es sich um eine Stadtumgehung, ist sie ungerade, führt die Straße ins Zentrum bzw. aus diesem heraus.

Die **Farben der Verkehrsschilder** signalisieren, um welche Art von Regel es sich handelt:

- **gelb:** Warnung (Kurvengeschwindigkeit, Kreuzung etc.)
- **weiß:** Gebot (Höchstgeschwindigkeit, vorgeschriebene Fahrtrichtung, Abbiegeverbot etc.)
- **braun:** Hinweise (Sehenswürdigkeiten/*historic sites*)
- **grün:** Hinweise (z. B. *exits* oder Entfernungen)
- **blau:** Hinweis auf offizielle und Serviceeinrichtungen

085cg Abb.: mb

Wer das Umland im Mietwagen erkunden möchte, sollte diesen erst am Tag der Abfahrt abholen bzw. bei Ankunft sofort wieder abgeben. Sobald man den Großraum Chicago verlässt, wird es ruhiger.

Mietwagenbuchung

Es ist im Allgemeinen günstiger, den Mietwagen bereits zu Hause „im Paket", d. h. inklusive aller Steuern, Gebühren, Meilen und Versicherungen, zu buchen. Die meisten großen Firmen unterhalten nicht nur am Flughafen, sondern auch im Stadtzentrum Büros, sodass es günstig sein kann, bei Abreise aus der Stadt den Mietwagen hier zu übernehmen. Hilfreich bei der Orientierung und Buchung sind z. B.:

- **Avis:** www.avis.de
- **Alamo:** www.alamo.com
- **Hertz:** www.hertz.com
- Neben den Mietwagenfirmen gibt es **Mietwagen-Broker** (www.mietwagen.de oder www.m-broker.de) und Anbieter wie z. B. Holiday Autos (www.holidayautos.de), Auto Europe (www.autoeurope.com), TUI (www.tuicars.com) oder DERTOUR Cars (www.dertour.de/mietwagen/usa).

Besondere Verkehrsregeln

Speeding (zu schnelles Fahren) wird wesentlich schärfer überwacht und härter bestraft als hierzulande, besonders in Baustellenbereichen („Road Construction" oder „Men at work"). Polizeikontrollen sind gang und gäbe und die *officers* sind streng. Wird man mittels Kelle oder Blaulicht zum Anhalten gezwungen, rechts stehen bleiben, im Auto sitzend die Papiere bereithalten, Hände aufs Lenkrad. Strafzettel widerspruchslos hinnehmen und bar zahlen!

Erlaubte Geschwindigkeiten:

- **Stadtgebiet:** 20–30 mph (ca. 30–50 km/h)
- **Landstraße:** max. 55 mph (ca. 90 km/h)
- **Autobahn:** max. 65 mph (ca. 105 km/h)

☒ *Einen Mietwagen bucht man besser schon von zu Hause aus*

EXTRATIPP

Tipps für Autofahrer

› Mit dem Ausweis eines deutschen oder österreichischen Automobilklubs erhält man kostenlos aktuelle Karten vom **AAA,** dem amerikanischen Automobilklub, ansonsten kann man sie dort auch kaufen. Es gibt dort überdies regionale TourBooks, die viele lohnende Tipps enthalten:

ℹ **327** [D5] **AAA Illinois,** 307 N Michigan Ave., Tel. 312 3721824, Mo.–Fr. 8.30–17.30 Uhr

ℹ **328** [bk] **AAA Illinois,** Chicago-Lincoln Park, 2121 N Clybourn Ave., im Market Square Shopping Center, Tel. 773 6876105, Mo.–Fr. 8.30–17.30 Uhr

Bei **Abholung des Mietwagens** Buchungsnummer (bzw. -voucher) und Führerschein, Kreditkarte, Telefonnummer und Heimatadresse bereithalten. **Zusatzversicherungen** sind meist unnötig, ebenso das angebotene *upgrading* (Umbuchung auf eine höhere Kategorie) und die Vorauszahlung einer Tankfüllung. Sicherheitshalber sollte man einen Blick auf die auf dem Mietvertrag angegebene **Rückgabezeit** werfen: Hier schleichen sich gerne „Fehler" ein – und ein Überziehen der Zeit kostet.

Vor der Abfahrt ist es sinnvoll, sich mit den Funktionen des Autos vertraut zu machen und nachzusehen, ob alles funktioniert und unbeschädigt ist (v. a. Lichter und Reifen prüfen!). Die **Automatikschaltung** ist nach kurzer Eingewöhnungszeit einfach zu handhaben, der linke Fuß ist „arbeitslos", der rechte stets bremsbereit (Standgas!).

P = Park (in dieser Stellung kann der Schlüssel abgezogen werden)

R = Reverse/Rückwärtsgang

N = Neutral/Leerlauf (kein Gang eingelegt – bremsen!)

D = Drive

2 = Autom. Schalten zwischen erstem und zweitem Gang – für steile Anstiege/Abfahrten

1 = Erster Gang – für sehr steile Berge, bei langsamerer Fahrt als 10 mph

Ampeln hängen hoch **hinter** einer Kreuzung und schalten gleich von Rot auf Grün. Rechtsabbiegen bei Rot ist erlaubt, wenn es gefahrlos möglich und kein Schild mit der Aufschrift „No turn on red" (Abbiegen bei Rot verboten) angebracht ist.

Auf- und Abfahrten sind zumeist nach Meilen nummeriert und können sich auch links befinden. Normalerweise führen mehrere *exits* in eine Stadt, ein Kartenstudium vorher ist angeraten.

Rechtsüberholen bei mehreren Spuren ist erlaubt. Im Stadtbereich hält man sich idealerweise an die zweite oder dritte Spur von rechts, um so auch für Linksabfahrten gewappnet zu sein. Bei nur zwei Fahrspuren überholt man nur in Extremfällen.

Car Pool Lanes sind speziell ausgewiesene Bahnen für Fahrgemeinschaften

086cg Abb.: mb

(meist ab zwei Personen) oder für Busse, die beschleunigtes Durchkommen im Stadtgebiet ermöglichen sollen und weniger Abzweigungen aufweisen.

An **Schulbussen** darf man, wenn sie Zeichen (Blinklicht/Kelle) geben, niemals vorbeifahren, auch nicht in Gegenrichtung. In der Nähe von Schulen ist dringend auf Geschwindigkeitsbeschränkungen bzw. ein Blinklicht an Übergängen zu achten.

Alkohol darf nur im Kofferraum transportiert werden. Gesetzlich gelten 0,5 Promille, propagiert wird *keep alert* (nüchtern fahren). Verstöße werden streng geahndet.

Eine Gallone (3,8 l) **Normalbenzin** *(regular)* kostet rund $ 3,80 (Stand Sommer 2013). Die aktuellen Preise können unter www.chicagogasprices.com eingesehen werden.

Parken

Im Loop liegen die **Parkgebühren** in Parkhäusern bei bis zu $ 20 pro Stunde, in Hotels werden bis zu $ 50 pro Nacht verlangt. Etwas preiswerter sind die Parkplätze im Bereich südlich des Loop (etwa State St./Michigan Ave. und Harrison-van Buren St.), wo man mit Glück für um die $ 10 ganztags im Freien parken kann.

Falschparken kommt teuer und Parkuhren werden ständig kontrolliert. In Städten darf niemals in der Nähe von **Hydranten** oder in **Tow-Away-** bzw. **No-Parking-Zonen** geparkt werden.

Es gibt auf den Straßen entweder **meters** (Parkuhren) oder aber **farbige Randsteinmarkierungen:** Rot (Halteverbot), Gelb/Gelb-schwarz (Lieferzone, bei Gelb ist Parken nach 18 Uhr erlaubt), Blau (Behindertenparkplätze), Grün (10 Min. Parken), Weiß (Ein-/Aussteigen oder Beladen erlaubt).

EXTRATIPP

Pannen/Notfälle

Die **allgemeine Notrufnummer** ist **911.** Verleihfirmen von Mietwagen schicken – sofern möglich – einen Servicewagen, ansonsten sollte man den AAA-Pannendienst anstelle von privaten Abschleppdiensten verständigen. Bei kleineren Defekten kann der Wagen an der nächsten Vermietstation repariert oder umgetauscht werden.

› **ADAC/ÖAMTC-Notruf:** Tel. 1 888 2221373
› **AAA-Pannenhilfe:** Tel. 1 800 2224357

Barrierefreies Reisen

Amerika ist ein gutes Reiseland für Menschen mit einer Behinderung **(handicapped people)** und Gehwegabsenkungen, Behindertenparkplätze, Fahrstühle, behindertengerechte Hotelzimmer und die Barrierefreiheit von Nahverkehrsmitteln sowie behindertengerechte Zugänge zu Museen und anderen Sehenswürdigkeiten sind auch in Chicago fast überall vorhanden. **Allgemeine Informationen** zur Situation in Chicago erteilt SATH, die Society for Accessible Travel & Hospitality.

› Tel. 212 4477284, www.sath.org

„Easy Access Chicago" ist eine ausführliche Broschüre mit Informationen aller Art und kann auch unter http://easyaccesschicago.org heruntergeladen werden.

Diplomatische Vertretungen

In Deutschland, Österreich und der Schweiz

Die Botschaften und Konsulate der USA im eigenen Heimatland sind in erster Linie für die Erteilung von Visa zuständig und werden vom „Normaltouristen" nicht benötigt.

- **Botschaft der Vereinigten Staaten,** Pariser Platz 2, 10117 Berlin, Tel. 030 83050, Konsularabteilung (Visa): Clayallee 170, Tel. 030 83050, http://germany.usembassy.gov
- **Botschaft der Vereinigten Staaten,** Boltzmanngasse 16, 1090 Wien, Tel. 01 313390, Visa: Tel. 0900 510300, www.usembassy.at
- **Botschaft der Vereinigten Staaten,** Sulgeneckstr. 19, 3007 Bern, Tel. 031 3577011, Visa: Tel. 0900 878472, http://bern.usembassy.gov

In Chicago

Die Botschaften von Deutschland, Österreich und der Schweiz befinden sich in Washington, D.C., in Chicago helfen Deutschen und Schweizern im Notfall die Generalkonsulate weiter:

- **329** [D3] **German Consulate General,** 676 N Michigan Ave., Suite 3200, Tel. 312 2020480, www.germany.info/Vertretung/usa/en/03__Consulates/Chicago/01/__Data.html, Mo.-Fr. 9-12 Uhr
- **330** [D3] **Swiss Consulate General,** 737 N Michigan Ave., Suite 2301, Tel. 312 9154500 oder 9150061, www.eda.admin.ch/chicago, Mo.-Fr. 9-12 Uhr
- **Österreichische Botschaft,** 3524 International Court N.W., Washington D.C. 20008, Tel. 202 8956700

Listen aller Auslandsvertretungen:

- www.auswaertiges-amt.de („Auslandsvertretungen")
- www.bmaa.gv.at („Bürgerservice")
- www.eda.admin.ch („Vertretungen")

Ein- und Ausreisebestimmungen

Dokumente und Formulare

Dank des **Visa Waiver Program (VWP)** ist ein Visum für Staatsbürger von Teilnehmerländern (darunter Deutschland, Österreich, Schweiz) bei einem Aufenthalt von max. 90 Tagen und bei Vorlage eines Rückflugtickets nicht nötig. Besucher müssen im Besitz eines **maschinenlesbaren Reisepasses** sein, der mindestens noch die gesamte Aufenthaltsdauer lang gültig ist. Derzeit sind in den neuen „e-Pässen" außer einem Digitalfoto zwei Fingerabdrücke gespeichert, die Aufnahme weiterer biometrischer Daten ist geplant. Auch **Kinder benötigen einen eigenen Pass.** Ein Eintrag im Pass der Eltern ist nicht länger ausreichend.

Seit Januar 2009 müssen sich alle Bürger, auch Kinder, die ohne ein Visum einreisen, spätestens 72 Std. vor Abflug gegen eine einmalige Gebühr von $ 14 (kann per Kreditkarte oder im Reisebüro beglichen werden) online registrieren lassen (**Electronic System for Travel Authorization – ESTA).** Nach Registrierung erfolgt im Allgemeinen sofort eine positive Mitteilung („Authorization Approved").

Wer einmal registriert ist, kann innerhalb von zwei Jahren mehrfach einreisen, sofern der Pass so lange gültig ist. Die Registrierung kann im Reisebüro oder im Internet auf folgender Website erfolgen:

- **https://esta.cbp.dhs.gov** (Antrag) bzw. http://german.germany.usembassy.gov/visa/vwp/esta (deutsche Erläuterungen und Link)

Auf dem **ESTA-Formular** erfragt werden prinzipiell dieselben Fakten, die früher auf dem im Flugzeug ausgeteilten grünen I–94 W-Formular auszufüllen waren: Name, Geburtsdatum, Adresse, Nationalität, Geschlecht, Passdetails, erstes Hotel, Zweck und Dauer der Reise etc. Updates, wie die Ergänzung bzw. Änderung der ersten Adresse vor Ort oder Datumsänderungen, sind nachträglich möglich. Bei Besitz eines Visums ist keine Registrierung nötig, dafür muss jedoch weiterhin das weiße I–94 Formular ausgefüllt werden.

Seit 1. November 2010 müssen die Fluggesellschaften im Rahmen von **Secure Flight** 72 Stunden vor Abflug die maßgeblichen Passagierdaten an die TSA (Transportation Security Administration) weiterleiten. Gefragt werden der volle Name gemäß Reisepass, Geburtsdatum und Geschlecht. Normalerweise erfolgen diese Angaben bereits bei der Flugbuchung. Die erste Adresse in den USA mit PLZ kann bei Check-in nachgereicht werden.

- **Infos:** www.tsa.gov/stakeholders/secure-flight-program

Wer länger als 90 Tage im Land bleiben möchte – zum Beispiel zum Studieren oder Arbeiten – oder Staatsbürger eines Landes ist, das nicht am VWP teilnimmt, muss sich ein **Visum** beschaffen. Dazu ist die persönliche Vorsprache in einer amerikanischen Botschaft (s. S. 261) nötig.

- **Weitere Infos:** http://german.germany.usembassy.gov/visa

Einreise (Immigration)

Am Einreiseschalter (**Immigration Counter**) des ersten Flughafens in den USA wird der Pass gescannt und es werden Fragen zu Reiseroute, Zweck der Reise, Beruf, Bekannten oder Freunden in den USA und auch zum Reisebudget gestellt.

Es werden **tintenlose Fingerabdrücke** (von beide Daumen und den vier Finger jeder Hand) genommen und es wird ein **Foto** gemacht, ehe es den Stempel mit einer auf normalerweise drei Monate festgelegten Aufenthaltsdauer gibt. Der Vorgang dauert übrigens in der Regel nur wenige Minuten.

Infos zu den **aktuellen Einreisebestimmungen** findet man im Internet unter http://travel.state.gov/visa/temp/without/without_1990.html.

Zollbestimmungen

Nach der Einreise geht es zum Gepäckband *(baggage claim)* und hat man dort sein Gepäck in Empfang genommen, geht es (im Allgemeinen) durch den Ausgang mit der Aufschrift „Nothing to declare" („Nichts zu verzollen"). Hier wird die im Flugzeug ausgeteilte **weiße Zollerklärung** (Customs Declaration Form) – eine pro Familie mit gleicher Adresse – abgegeben. Auf ihr ist anzugeben, ob und welche Waren bzw. wie viel Geld mitgeführt werden. Gelegentlich finden Stichproben statt. Bei einem Anschlussflug muss das Gepäck neu eingecheckt werden.

Einreise in die USA

Eine **Devisenbeschränkung** gibt es nicht, lediglich Summen über $ 10.000 müssen deklariert werden. Die Einfuhr bestimmter Güter ist jedoch begrenzt:

- 1 l Alkohol bzw. 200 Zigaretten oder 100 Zigarren (keine kubanischen)
- Geschenke im Wert bis $ 100
- Verboten ist die Einfuhr von tierischen und pflanzlichen Frischeprodukten/Lebensmitteln sowie von Samen und Pflanzen, außerdem Klappmesser u. a. gefährliche Objekte. Bei Medikamenten in größeren Mengen empfiehlt es sich, ein ärztliches Attest dabeizuhaben, da die Einfuhr von Rauschmitteln untersagt ist.
- Details zu den Zollbestimmungen finden sich unter www.cbp.gov/xp/cgov/travel.

Einreise nach Europa

Bei der Rückreise nach Europa dürfen folgende Waren zum persönlichen Ge- oder Verbrauch eingeführt werden:

- Tabakwaren (über 17-Jährige in EU-Länder und CH): 200 Zigaretten oder 100 Zigarillos oder 50 Zigarren oder 250 g Tabak
- Alkohol (über 17-Jährige in EU-Länder): 1 l über 22 Vol.-% oder 2 l bis 22 Vol.-% und zusätzlich 2 l nicht-schäumende Weine; in die Schweiz: 2 l (bis 15 Vol.-%) und 1 l (über 15 Vol.-%)
- Andere Waren für den persönlichen Gebrauch (über 15-Jährige) im Wert von bis zu 430 € bzw. CHF 300. Wird diese Summe überschritten, sind Einfuhrabgaben auf den Gesamtwert der Ware zu zahlen.

Einfuhrbeschränkungen bestehen z. B. für Tiere, Pflanzen, Arzneimittel, Betäubungsmittel, explosive Materialien, Lebensmittel, Raubkopien, bestimmte Schriften (Hetzschriften, Pornografie etc.), Waffen und Munition; in Österreich auch für Rohgold und in der Schweiz für CB-Funkgeräte. Nähere Informationen liefern folgende Stellen:

- **Deutschland:** www.zoll.de, Zollinfocenter, Tel. 069 46997600
- **Österreich:** www.bmf.gv.at, Zollamt Villach, Tel. 04242 33233
- **Schweiz:** www.ezv.admin.ch, Zollkreisdirektion Basel, Tel. 061 2871111

Elektrizität

In den USA gibt es **Wechselstrom von 110 bis 115 V**, daher müssen mitgebrachte Geräte umstellbar sein. Die andere Form amerikanischer Steckdosen erfordert zudem einen **Adapter**, den man sich am besten schon zu Hause in einem Elektrogeschäft oder Reiseshop besorgt. In den meisten Hotels ist für einen Fön im Bad und einen Radiowecker gesorgt, manchmal gibt es auch ein Bügeleisen.

Geldfragen

Karten und Reiseschecks

Das Zauberwort in Amerika heißt **credit card** (CC), wobei Mastercard und Visa die gebräuchlichsten sind. Selbst Kleinstbeträge werden damit bezahlt und sie ist nötig, um Kaution (z. B. für den Mietwagen) zu stellen, um Reservierungen (Hotels), Ticketbestellungen und Buchungen zu garantieren. Für das bargeldlose Zahlen werden ca. 1 bis 2 % des Betrags für den Auslandseinsatz berechnet, Bargeld am Automaten (ATM) zu ziehen, kostet bis zu 5,5 % Gebühr.

Die **Maestro-(EC-)Karte** ist nur an gekennzeichneten Automaten („Cirrus/

Maestro") gegen eine variable Gebühr einsetzbar, meist aber ist eine Geldabhebung mit ihr günstiger als mit der Kreditkarte. Einige deutsche Banken statten ihre Geldkarten aber nicht mehr mit der Maestro-, sondern der Bezahlfunktion **„V-Pay"** aus, bei der nicht der kopierbare Magnetstreifen, sondern der Chip gelesen wird. Das hat zur Folge, dass an Bankautomaten außerhalb der EU mit der V-Pay-Karte kein Geld gezogen werden kann, da die Automaten die Chips nicht lesen können.

› Weitere Infos unter www.vpay.de

Travelers Cheques (TC) in Dollarbeträgen werden von American Express und Travelex zur Verfügung gestellt. In Stückelungen von günstigenfalls $ 50 pro Scheck verhelfen sie schnell zu Bargeld – z.B. bei AmEx- oder Travelex-Filialen, aber auch in Hotels (meist max. $ 50/Tag – „to cash a cheque") oder Banken. Sie gelten als Zahlungsmittel in Geschäften und Restbeträge werden bar herausgegeben.

Wie Kreditkarten sind auch Schecks **versichert** (Seriennummern notieren und Kaufbeleg aufbewahren!) und bei Verlust oder Diebstahl kann die Sperrung und der Ersatz von Karten oder Schecks veranlasst werden.

Bargeld

Es gibt nur wenige Orte, an denen Bargeld unbedingt nötig ist, zum Beispiel für Trinkgelder, für den Kauf einer Zeitung oder eines Getränks am Automaten.

Wechselkurs

1 € = $ 1,30
1 SFr = $ 1,06
$ 1 = 0,77 € bzw. 0,94 SFr
(Stand Juli 2013)

Selbst in Supermärkten und an Tankstellen ist die Zahlung mit Kreditkarte möglich. Günstig ist es, **Quarter** zu sammeln, denn sie werden häufig an Automaten gebraucht.

Die amerikanische Währungseinheit ist der **US-Dollar:** $ 1 (one „buck") besteht aus 100 Cent (c).

› **Münzen:** Penny (1 c), Nickel (5 c), Dime (10 c), Quarter (25 c).
› **Banknoten:** $ 1, 5, 10, 20, 50, 100, 500 und 1000 („Grand") – alle sind grün und etwa gleich groß, der Unterschied liegt im Wertaufdruck und dem abgebildeten Staatsmann.

087cg Abb.: mb

☒ *Preiswert einkaufen kann man z. B. auf den Chicagoer Märkten*

Es ist kein Problem, in einer Bank oder (schneller) in einer Filiale von American Express oder Travelex Euro oder Reiseschecks in Dollar umzuwechseln. Allerdings ist der Kurs oft ungünstig und es fallen Gebühren an.

› **Illinois Center Currency Exchange,** im Thompson Center 7

•**331** [C6] **Thomas Cook Foreign Exchange,** 19 S LaSalle St.

•**332** [C5] **World's Money Exchange,** 203 N LaSalle St. und am O'Hare International Airport

Preise und Kosten

In einer Stadt wie Chicago stellen die **Hotelkosten** neben dem Flug den Löwenanteil der Kosten für den Urlaub dar. Im Schnitt muss man mit einem Preis von etwa $ 100 bis 150 für ein Doppelzimmer in einem ordentlichen Mittelklassehotel in guter Lage rechnen, Tophotels verlangen weit mehr.

Was die **Verpflegung** angeht, kommt man im Allgemeinen preiswert weg und oft sogar günstiger als in europäischen Großstädten. Ein Abendessen in einem Lokal kostet ohne Alkohol im Schnitt $ 25 bis $ 40. **Eintrittspreise** entsprechen europäischem Niveau. Es gibt es für Studenten und Senioren Ermäßigungen und gelegentlich an bestimmten Tagen bzw. Abenden verbilligten oder freien Eintritt für alle.

Informationsquellen

Infostellen zu Hause

Informationen zu Chicago und zu Illinois bzw. zur Great-Lakes-Region erteilen:

› **Fremdenverkehrsbüro Chicago & Illinois,** c/o. Wiechmann Tourism Service GmbH, Scheidswaldstr. 73, 60385 Frankfurt/Main, Tel. 069 25538280, www.discoverillinois.org bzw. www.choosechicago.com/de

› **Fremdenverkehrsbüro der Great Lakes of North America,** c/o TravelMarketing Romberg TMR GmbH, Schwarzbachstr. 32, 40822 Mettmann bei Düsseldorf, Tel. 02104 797451, www.greatlakes.de

Chicago preiswert

*Besucherpässe wie der **Chicago CityPass** (s. S. 45), mit dem man freien Eintritt in fünf Attraktionen hat, sind empfehlenswert.*

*Für den **öffentlichen Nahverkehr** lohnen sich die **CTA-Passes** (s. S. 292). Damit kommt man auf günstige Art durch die Stadt und bekommt bei einer Fahrt in der Hochbahn (z. B. mit Brown, Purple, Pink oder Orange Line um den Loop) „über den Dächern der Stadt" gleich eine **„Stadtrundfahrt"** mitgeliefert.*

***Preiswert essen** lässt es sich vor allem in den kleinen Lokalen der „neighborhoods", in Imbisslokalen oder bei einem Picknick nach dem Einkauf auf einem der Wochenmärkte. Während der großen **Festivals** im **Grant Park** 33, zum Beispiel dem Blues bzw. dem Jazz Festival oder Taste of Chicago (s. S. 17), sind die dargebotenen **Konzerte** kostenlos. Die **Chicago Greeter** (s. S. 280) bieten außerdem **kostenlose Touren** durch bestimmte Stadtviertel bzw. den Millennium Park an.*

088cg Abb.: mb

EXTRAINFO

Telefonauskünfte

- **Infos und Veranstaltungen:** Tel. 311
- **Chicago Visitor Info (24-Std.-Hotline):** Tel. 1 877 2442246
- **Hot Tix:** Tel. 312 5549800
- **Chicago Greeter,** Tel. 312 9454231
- **Chicago Nahverkehr (CTA):** Tel. 1 888 9687282, Tel. 312 8367000

Besucherinformation in der Stadt

ℹ **333** [D5] **Chicago Cultural Center Visitor Information Center,** im Chicago Cultural Center, 77 E Randolph/78 E Washington St., www.choosechicago.com, saisonal variable Öffnungszeiten. Erster Stopp für Besucher, betrieben von Choose Chicago und untergebracht in der ehemaligen Bibliothek der Stadt von 1897. Von hier aus starten Touren, es gibt kostenloses Informationsmaterial (Karten, Broschüren, Veranstaltungskalender u. a.), es können Tickets gekauft werden und sachkundiges Personal beantwortet Fragen. Auch der Bau selbst ist sehenswert, es finden Ausstellungen und Führungen statt und es gibt WCs.

ℹ **334** [D2] **Chicago Water Works Visitor Center,** 163 E Pearson St./Michigan Ave., Infostelle in einem Ableger der Chicago Public Library.

ℹ **335** [D5] **Millennium Park Welcome Center,** NW Exelon Pavilion, 201 E Randolph St., Tel. 312 7422963, tgl. 9–17 Uhr, im Sommer 9–19 Uhr. Infos und kostenlose 45-Min.-Walkingtouren (Mai–Okt. 11.30/13 Uhr) durch den Park mit Millennium Park Greeters.

Die Stadt im Internet

Die informativsten Webseiten zum Thema **Chicago** sind:

- **www.choosechicago.com** – offizielle Tourismusseite der City of Chicago (auch auf Deutsch) mit Besucherinfos aller Art (Hotels, Essen, Shopping, Events, Sights etc.)
- **www.cityofchicago.org** – die offizielle Website der Stadtverwaltung
- **http://chicago.citysearch.com** – Infos zu Restaurants, Bars und Klubs, Hotels, Shopping, Spa und Beauty, Kinos und Veranstaltungen, nach dem Motto „best …" nach Kategorien wie Küche, Ambiente, Aussicht, Freiplätze etc. geordnet
- **www.chicagoreader.com, www.timeoutchicago.com** und **http://chicago.metromix.com** liefern vielerlei Lesestoff und Informationen zu unterschiedlichsten Aspekten.

Über den Staat **Illinois** und das **Umland** informieren:

- **www.enjoyillinois.com, www.discoverillinois.de** – offizielle Websites des Illinois Bureau of Tourism
- **www.chicagolandtravel.com** – Infos zum Umland von Chicago

Im Millennium Park Welcome Center bekommt man Infos und hier starten die Touren der Millennium Park Greeters

Publikationen und Medien

Einfache **Stadtpläne, Nahverkehrsübersichts- und Detailpläne** gibt es bei den Touristeninformationen, ausführlicher ist die „Streetwise Chicago Map", die es im Taschenbuchformat in Buchläden zu kaufen gibt.

Der amerikanische Automobilklub **AAA** (s. S. 259) gibt jährlich neu ein **TourBook Illinois (mit Chicago)** heraus und bietet aktuelle detaillierte Stadtpläne und Karten für das Umland an. Für europäische Autoklubmitglieder ist dieser Service bei Vorlage eines entsprechenden Ausweises kostenlos.

Zeitungen

In den USA gibt es nur eine wirkliche **überregionale Zeitung** und die heißt **USA Today** und ist an nahezu jeder Straßenecke erhältlich. Sie bietet eine informative Mischung aus Nachrichten und Kommentaren und ist vor allem wegen ihres ausführlichen und hervorragenden Sportteils und der grafischen Gestaltungselemente beliebt. Die maßgebliche Chicagoer Tageszeitung ist die eher konservative **Chicago Tribune** (www.chicagotribune.com), die im Jahr 1847 als eine der ersten US-Tageszeitungen gegründet wurde. Sie kostet werktags $ 1, sonntags – bei pfundschwerem Umfang – $ 2. Am Freitag ist der ausführliche Veranstaltungskalender „On the town" beigefügt.

Eher ein Boulevardblatt, aber bekannt für Lokal- und Sportberichterstattung ist die **Chicago Sun-Times** (www.suntimes.com, 75 c., So. $ 1,50). **Ebony** wurde 1945 in Chicago gegründet und ist das meistgelesene Magazin der Afroamerikaner.

Stadtmagazine und Infobroschüren

- **Centerstage Chicago – The Original City Guide,** www.centerstagechicago.com. Infos zu fast allen Aspekten (Restaurants, Veranstaltungen, Musikszene, Unterkünfte, Theater, Nightlife etc.). Liegt wie das Chicago Journal kostenlos in Infozentren, Hotels, Buchläden oder auch Lokalen und Cafés aus.
- **Chicago Journal,** www.chicagojournal.com. Gratisheft mit Neuigkeiten zu einzelnen Vierteln wie South Loop, Near West und West Loop.
- **Chicago Magazine,** www.chicagomag.com, $ 5 (in Buchhandlungen, an Kiosks). Infos zu Leuten und Leben in der Stadt, Restaurantlisten, Events und Kultur.
- **Chicago Official Visitor Guide.** Von der Stadt zweimal jährlich herausgegebene Broschüre für Besucher, die in den Touristeninformationen (s. S. 266) kostenlos erhältlich ist.
- **Chicago Reader,** www.chicagoreader.com. Wochenzeitung mit Artikeln und Rubriken wie Musik, Kunst, Theater, Kino, Restaurants etc. Seit 1972 von der Chicago Tribune herausgegeben und gratis jeden Freitag in vielen Läden, Cafés etc. ausliegend.
- **Concierge Prefered.** Sechsmal jährlich erscheinendes schmales Gratisheft (v. a. in Hotels ausliegend, www.conciergepreferred.com/chicago) mit Karten. Schwerpunkt sind Restaurants, aber auch Shopping, Nightlife und Kultur/Museen.
- **Key Magazine – This week in Chicago,** www.keymagazinechicago.com. Das seit 1920 wöchentlich erscheinende Heft liegt in Hotels aus und bietet einen Veranstaltungskalender und Infos zu Essen gehen und Shopping.
- **The Onion,** www.theonion.com. Ein überregionales wöchentliches Gratisheft mit Lokal-

Die renommierte Chicago Tribune (s. S. 267) wurde schon 1847 gegründet

089cg Abb.: mb

teil, das in Buchläden, Cafés u. a. ausliegt und über die alternative Szene in bestimmten Stadtvierteln informiert.

- **Redeye,** www.redeyechicago.com. Erscheint Mo. bis Fr., liegt in Läden, Kneipen, Treffs und Zeitungsboxen aus (kostenlos) und bietet Kolumnen, Infos zu Events und „neighborhood news".
- **Time Out Chicago,** http://chicago.timeout.com. Wochenheft ($ 2,99) mit Magazinteil sowie Veranstaltungslisten („This Week") zu kulturellen Aspekten (Klubs, Museen, Konzerte, Filme, Kinder, Musik, Sport, Theater ...).
- **WHERE Chicago,** www.wheretraveler.com/classic/us/il/chicago. Erscheint monatlich und liegt gratis v. a. in Hotels und Infostellen aus. Mit aktuellem Magazinteil zu Events etc., außerdem „Where Guide" zu Entertainment, Nightlife, Kunst und Antiquitäten, Shops und Services sowie Essen gehen.

Internet und Internetcafés

Die Internetnutzung mit **privaten Laptops** ist in den meisten Hotels per WLAN – z. T. kostenlos – möglich, zudem gibt es in fast allen **Cafés** und **Lokalen** sowie in den meisten **Buchläden**, aber auch an vielen **öffentlichen Plätzen** kostenlose **WLAN-Hotspots** und in verschiedenen Shops und öffentlichen Einrichtungen stehen **Computer** zur Nutzung zur Verfügung:

22 [C7] **Washington Library,** Mo.–Do. 9–19, Fr./Sa. 9–17, So. 13–17 Uhr. Computerraum auf der dritten Ebene, zuvor muss man sich am Computer Commons Desk gegen Vorlage des Reisepasses einen „Temporary Guest Pass" holen, danach kann man für

Unsere Literaturtipps

Sachbücher

- *Bergreen, Laurence:* ***Capone: the Man and the Era,*** *1994. Einblick in das Zeitalter der „Chicago Gangster".*
- *Brooks Pfeiffer, Bruce:* ***Frank Lloyd Wright 1867–1959,*** *2004. Alles Wissenswerte über den weltberühmten Architekten.*
- *Cromie, Robert:* ***The Great Chicago Fire,*** *1993. Umfassende Einführung in das einschneidendste Ereignis der Stadtgeschichte.*
- *Grossman, J. R., Durkin Keating, A., Reiff, J. L. (Hrsg.):* ***The Encyclopedia of Chicago,*** *2004. Gut 2 kg schweres und über 1000 Seiten starkes Nachschlagewerk, ein Gemeinschaftsprojekt der Newberry Library und der Chicago Historical Society.*
- *Halberstam, David:* ***Playing for Keeps: Michael Jordan and the World He Made,*** *2000. Das vielleicht beste Buch über den legendären Basketballstar.*
- *Hausmann, Friederike:* ***Die deutschen Anarchisten von Chicago. Oder warum Amerika den 1. Mai nicht kennt,*** *1998. Interessante Darstellung der Bedeutung deutscher Einwanderer bei der Entstehung der Gewerkschaften und den Unruhen zu Beginn des 20. Jh.*
- *Sinkevitch, Alice:* ***AIA Guide to Chicago,*** *2004. Nach geografischen Gesichtspunkten werden über 1000 Bauten von 1850 bis heute vorgestellt, ein Muss für jeden Architekturinteressierten.* ▷

- *Smith, Carl:* ***Urban Disorder and the Shape of Belief: The Great Chicago Fire, the Haymarket Bomb, and the Model Town of Pullman,*** *1995. Fesselnde Darstellung der Ereignisse, die das soziale Gefüge der zu schnell gewachsenen Industriestadt geprägt haben.*
- *Stipe, Margo:* ***Frank Lloyd Wright. Sein Leben erzählt in Briefen, Plänen, Dokumenten,*** *2009. Grandioses Buch mit zahlreichen, herausnehmbaren nachgedruckten Dokumenten und einer CD, die einen fesselnden Einblick in Leben und Werk des berühmtenden Architekten geben.*

Belletristik – Klassiker

- *Algren, Nelson:* ***The Man with the Golden Arm,*** *1949 (Der Mann mit dem goldenen Arm, 1987). Ein im Gefängnis von seiner Heroinsucht geheilter Berufskartenspieler versucht, nach der Entlassung wieder Fuß zu fassen.*
- *Bellow, Saul:* ***The Adventures of Augie March,*** *1953, und* ***Humboldt's Gift,*** *1975 (Humboldts Vermächtnis, 1976). Zwei Werke des berühmten Literaten, die in Chicago spielen.*
- *Dreiser, Theodore:* ***Sister Carrie,*** *1900 (Schwester Carrie, 1929). Die Geschichte eines Mädchens vom Land, das in Chicago ihren amerikanischen Traum zu verwirklichen versucht.*
- *Dybek, Stuart:* ***The Coast of Chicago,*** *2004, und* ***I Sailed with Magellan,*** *2003. Der 1942 geborene Chicagoan schildert in seinen Kurzgeschichten das Leben in der polnisch-stämmigen Gesellschaft der Stadt.*
- *Farrell, James T.:* ***Studs Lonigan: A Triology Comprising Young Lonigan, the Young Manhood of Studs Lonigan, and Judgment Day,*** *1993. In den drei Romanen (Young Lonigan, 1932, The Young Manhood of Studs Lonigan, 1934, und Judgement Day, 1935) schildert der Autor die irischstämmige Welt in der South Side während der Wirtschaftskrise.*
- *Hecht, Ben:* ***Art & Architecture on 1001 Afternoons in Chicago: Essays and Tall Tales of Artists and the Cityscape of the 1920s,*** *2002. Der Kolumnist der Chicago Daily News erzählt interessante Geschichten über Chicago und die Kunstszene.*
- *Lardner, Ring:* ***The Best Short Stories: 25 Stories from America's Foremost Humorist,*** *1993. Viele der Kurzgeschichten liegen in deutscher Übersetzung im Diogenes Verlag vor.*
- *Sandburg, Carl August:* ***Chicago Poems,*** *1916 (Chicago-Gedichte, 1948), und* ***Abraham Lincoln,*** *1926–39 in mehreren Teilen (deutsche Ausgabe: 1958). Lesenswerte Gedichte über die Stadt am See sowie die fesselnde Biografie des bedeutendsten US-Präsidenten.*
- *Sinclair, Upton:* ***The Jungle,*** *1906 (Der Sumpf, 1922). Faszinierende Geschichte über die Zustände im Schlachthofviertel, ein Klassiker der Chicagoer Literatur.*

- *Terkel, Studs:* ***Division Street: America,*** *1967. Interessante und abstruse Geschichten aus der Feder des 2008 verstorbenen Journalisten und legendären Radiomoderators.*
- *Wright, Richard:* ***Native Son,*** *1940 (Sohn dieses Landes, 1941),* ***Twelve million black Voices. A folk history of the Negro in the United States,*** *1941 (Schwarz unter Weiß – fern von Afrika, 1952, Essays) sowie* ***Eight Men,*** *1961 (Der Mann, der nach Chicago ging, 1961). Geschichten aus afroamerikanischer Sicht.*

Belletristik – Sonstiges

- *Aguilera, Luis Gabriel:* ***Gabriel's Fire,*** *2000. Porträt eines jungen mexikanischen Immigranten im polnischen Viertel von Chicagos South Side.*
- *Castillo, Ana:* ***Peel My Love Like an Onion,*** *2000. Geschichte einer poliokranken mexikanischen Flamencotänzerin in Chicago.*
- *Cisneros, Sandra:* ***The House on Mango Street,*** *1991. Esperanza Cordero und das Hispano-Viertel von Chicago werden in Gedichten und Geschichten beschrieben.*
- *Colter, Cyrus:* ***The Beach Umbrella,*** *1996. 18 Kurzgeschichten aus dem Alltag in Chicagos South Side.*
- *Epstein, Joseph:* ***The Goldin Boys,*** *1992. Kurzgeschichten über Chicago und einige (jüdische) Persönlichkeiten.*
- *Ferber, Edna:* ***So Big,*** *1924. Erhielt 1924 den Pulitzerpreis. Geschichte der Selina Peake, einer Farmersfrau und Lehrerin im ländlichen Illinois, die nach Chicago zurückkehrt.*
- *Hansberry, Lorraine:* ***A Raisin in the Sun,*** *1959. Eine afroamerikanische Familie in Chicagos South Side kämpft in den 1950er-Jahren gegen Armut und Rassismus.*
- *Langer, Adam:* ***Crossing California,*** *2005. Die fesselnde Geschichte dreier Familien in Rogers Park.*
- *Larson, Erik:* ***The Devil in the White City,*** *2004. Packender Krimi um einen Serienmörder, der im Umfeld der Weltausstellung von 1893 sein Unwesen trieb.*
- *McNally, John:* ***The Book of Ralph,*** *2004. Die Abenteuer zweier Buben in Chicagos South Side in den späten 1970er-Jahren.*
- *Meno, Joe:* ***Hairstyles of the Damned,*** *2004. Die Geschichte eines Punks in der South Side der späten 1980er-Jahre.*
- *Niffenegger, Audrey:* ***The Time Traveler's Wife,*** *2003. Liebesgeschichte um einen verträumten Bibliothekar in der Newberry Library.*
- *Paretsky, Sarah: mehrere Kriminalromane, startend mit* ***Imdemnity Only,*** *1982 (Schadenersatz), über* ***Tunnel Vision,*** *1994 (Engel im Schacht),* ***Windy City Blues*** *(Geschichten, 1996) und* ***Blacklist*** *(2004) bis* ***Deadlock*** *(2005). Deutsche Übersetzungen sind im Piper und im Goldmann Verlag erschienen.*
- *Petrakis, H. M.:* ***Pericles on 31st Street*** *(1965),* ***Twilight of the Ice*** *(2003). Der Pfarrerssohn Petrakis aus Kreta kam 1916 nach Chicago und schildert die griechische Immigrantenszene.*

eine Stunde kostenlos das Internet bzw. „Express Internet“ (ohne Druckerbenutzung und auf 15 Min. begrenzt) nutzen.

- **Newberry Library** (s. S. 48), Fr./Sa. 8.15–17.30, Di.–Do. 8.15–19.30 Uhr, kostenlose Internetnutzung
- **Apple Store** (s. S. 25).
- **Argo Tea Cafe** – eine verbreitete Kette – bietet ebenso wie Starbucks und Panera kostenloses Internet in den eigenen Räumen.
- Ein (wenn auch nicht immer aktueller) **Überblick** über Internetcafés in Chicago findet sich unter www.world66.com/northamerica/unitedstates/illinois/chicago/cybercafes

Maße und Gewichte

Längen

1 inch (in)	2,54 cm
1 foot (ft)	30,48 cm
1 yard (yd) (= 3 feet)	0,91 m
1 mile (= 1760 yards)	1,61 km

Flächen

1 square inch	6,45 cm²
1 square feet	929 cm²
1 square yard	0,84 m²
1 acre	4046,80 m² (0,405 ha)
1 square mile	2,59 km² (= 640 acres)

Konfektionsgrößen

Herren

Deutsche Bekleidungsgröße (z. B. 50) minus 10 ergibt amerikanische Größe (40).

- Herrenhemden

D	36	37	38	39	40/41	42	43
USA	14	14,5	15	15,5	16	16,5	17

- Herrenschuhe

D	39	40	41	42	43	44	45
USA	7	7,5	8	8,5/9	9,5/10	10,5	11,5

Damen

D	36	38	40	42	44	46
USA	6	8	10	12	14	16

- Damenschuhe

D	36	37	38	39	40	41	42
USA	5,5	6/6,5	7/7,5	8	9	9,5	10

Kinder

D	98	104	110	116	122
USA	3	4	5	6	6x

- Kinderschuhe

D	23	24	25	26	27	28	29	30	31	32	33
USA	6,5	7,5	8,5	9,5	10,5	11,5	12,5	13	1	1,5/2	2,5

Hohlmaße

1 pint	0,47 l
1 quart (= 2 pints)	0,95 l
1 gallon (= 4 quarts)	3,79 l

Gewichte

1 ounce (oz)	28,35 g
1 pound (= 16 ounces)	453,59 g

Temperaturen

(Grad Fahrenheit – 32) x 0,56 = Grad Celsius

23 Grad F	–5 Grad C
32 Grad F	0 Grad C
50 Grad F	10 Grad C

Medizinische Versorgung

Allgemeine Situation

Den hohen Arzt-, Medikamenten- und Krankenhauskosten in Amerika steht ein **hoch entwickeltes medizinisches System** gegenüber. Schnelle und fachkundige Behandlung ist gesichert, vorausgesetzt, man kann die Zahlungsfähigkeit (durch Vorlage einer Kreditkarte) nachweisen.

Bei Praxisbesuchen ist sofort zu bezahlen, gesetzliche Krankenkassen übernehmen die Kosten nicht, weswegen der Abschluss einer **Reisekrankenversicherung** (s. S. 294) ratsam ist.

Besonderen **Risiken** sind US-Reisende normalerweise nicht ausgesetzt, es gibt selten Umstellungsprobleme mit der Nahrung und das Wasser kann unbesorgt getrunken werden. Besondere Impfungen sind nicht nötig. Relativ häufig sind Erkältungen aufgrund der Vollklimatisierung von Bauten und Verkehrsmitteln. Empfindliche sollten immer eine Jacke, einen Pullover, ein Tuch oder einen Schal dabeihaben. Hygiene wird in den USA großgeschrieben und WCs sind normalerweise sehr sauber.

Ärzte, Apotheken, Krankenhäuser

Health Care oder Family Centers sind Gemeinschaftspraxen, die ohne Termin und lange Wartezeiten („walk-in“) weiterhelfen. Hausbesuche sind unüblich. Im **Notfall** ruft man die Ambulanz oder fährt zu einer Hospital-Notaufnahme *(emer-*

090cg Abb.: mb

☒ *Apotheken wie diese sind eher selten, meist werden Rezepte in „drugstores“ eingelöst*

gency room). Namen und Adressen von Ärzten können leicht über die Hotelrezeption bzw. das Telefonbuch *(medical services/physicians)* in Erfahrung gebracht werden.

› **Chicago Medical Society Tel-Med,** Tel. 312 6702550. Vermittlung des passenden/diensthabenden Arztes.

336 [D5] **Immediate Care,** 180 N. Michigan Ave./Lake St., Tel. 312 2011234, Mo.-Fr. 8-18, Sa 9-13 Uhr

337 [E3] **Northwestern Memorial Hospital,** 251 E Huron St., nahe Water Tower, Tel. 312 9262000, Ärztevermittlung: Tel. 1 877 9264664

338 [dj] **Saint Joseph Hospital,** 2900 N Lake Shore Dr., Tel. 773 6653000

339 **University of Chicago Medical Center,** 5841 S Maryland Ave./E 58th St. (Hyde Park), Tel. 773 7021000

› **Emergency Dentist 24/7,** Tel. 773 8975803. Hier erfährt man telefonisch den Namen und die Adresse des nächsten diensthabenden Zahnarztes.

Apotheken *(pharmacies)* sind rar, aber ein Grundsortiment an Arzneimitteln findet sich frei käuflich in Supermärkten und *drugstores.* In Letzteren kann man an speziellen Schaltern auch ärztliche Verordnungen *(prescriptions)* für rezeptpflichtige Medikamente einlösen. Verbreitet und 24 Stunden geöffnet sind z. B. viele Filialen von **Walgreens,** außerdem gibt es **CVB** oder **Osco Drugs** (z. B. gegenüber dem Cultural Center 1, Randolph St.).

340 [ag] **Merz Apothecary,** 4716 Lincoln Ave. Seit 1875 existierende deutsche Apotheke mit eigener Produktlinie.

341 [D2] **Walgreens,** 757 N Michigan Ave.

342 [C3] **Walgreens,** 641 N Clark St.

343 [D5] **Walgreens,** 30 N Michigan Ave.

Notfälle

Verhalten im Notfall

Im Notfall hilft ein Polizist *(cop)* oder die gebührenfreie **Notrufnummer 911** (Polizei, Krankenwagen und Feuerwehr). Bei nicht dringenden Fällen kann man auch unter **Tel. 311** das städtische Call Center anrufen, das Anfragen weiterleitet.

Bei Diebstahl (zum Beispiel des Reisepasses) oder sonstigen Verbrechen muss man in einer Polizeistation **Anzeige** erstatten. Darüber hinaus sollte man sich wegen der Ausstellung eines Ersatzpasses an die zuständige **diplomatische Auslandsvertretung** (s. S. 261) wenden. Auch in anderen Notfällen, medizinischer oder rechtlicher Art, bemüht man sich dort, vermittelnd zu helfen.

•344 [do] **Chicago Police Department,** 1718 S State St.

Sperrung von Karten und Schecks

Bei Verlust der Maestro-(EC-) oder der Kreditkarte gibt es für Kartensperrungen eine **deutsche Zentralnummer** (unbedingt vor der Reise klären, ob die eigene Bank diesem Notrufsystem angeschlossen ist).

In **Österreich** und der **Schweiz** gibt es keine zentrale Sperrnummer, daher sollten sich Besitzer von in diesen Ländern ausgestellten Maestro-(EC-) oder Kreditkarten vor der Abreise bei ihrem Kreditinstitut über den zuständigen Sperrnotruf informieren.

Generell sollte man immer die **wichtigsten Daten** wie Kartennummer und Ausstellungsdatum separat notieren, da diese unter Umständen abgefragt werden.

- **Deutscher Sperrnotruf (von den USA aus):** Tel. 011-49-116116 oder Tel. 011-49-3040504050
- Unter **www.kartensicherheit.de** gibt es zusätzliche Informationen und es kann ein SOS-Infopass mit den wichtigsten Telefonnummern heruntergeladen und ausgedruckt werden.

Gegen die Angabe der Seriennummern oder die Vorlage des Kaufbelegs werden **Reiseschecks** innerhalb von 24 Stunden ersetzt. Dazu ist bei Verlust oder Diebstahl umgehend Meldung bei American Express bzw. Travelex nötig: Telefonnummern und Hinweise erhält man zusammen mit den gekauften Schecks (vorher notieren!). Gegebenenfalls wird ein Polizeiprotokoll gefordert und muss ein Rückerstattungsformular ausgefüllt werden.

Manche **Mobilfunkkarten** lassen sich ebenfalls über die zentrale deutsche Sperrnummer sperren. Ansonsten ist ein sofortiger Anruf bei der Kundenbetreuung des Anbieters nötig. Dort kann die SIM-Karte gesperrt und eine neue SIM-Karte bestellt werden. Um die Karte sperren zu lassen, werden neben der Rufnummer evtl. auch die PUK-Nummer, die Kartennummer oder das Kundenkennwort abgefragt.

Fundstellen

Hat man etwas verloren oder liegen lassen, wendet man sich entweder an das entsprechende Taxi- oder Verkehrsunternehmen, die Mietwagenfirma, das Restaurant, Hotel etc. oder aber man erkundigt sich unter der **Telefonnummer 311** (City Services) bei der City of Chicago. Ein zentrales Fundbüro gibt es nicht.

Geld von zu Hause

Bei der **Kreditkarte** wie auch bei Maestro-(EC-)Karten kann pro Transaktion bzw. Woche nur ein bestimmter, festgelegter Höchstbetrag bar abgehoben werden. Je nach ausgebender Bank und Art der Karte bzw. Konditionen, gilt im Ausland meist ein Tageslimit von ca. 500 bis 1000 €, bis der vorgegebene Kreditrahmen ausgeschöpft ist.

Wer dringend eine größere Summe benötigt, kann sich weltweit über **Western Union** Geld schicken lassen. Für den Transfer muss die Person, die das Geld schicken soll, bei einer Western-Union-Vertretung (in Deutschland bei der Postbank – Konto nötig – oder der Reisebank mit Filialen an vielen Bahnhöfen, Flughäfen etc.) ein entsprechendes Formular ausfüllen und den Code der Transaktion dem Empfänger in den USA übermitteln. Code und Reisepass verhelfen dann in einer beliebigen Vertretung von Western Union nach Ausfüllen eines Formulars binnen Minuten zu Geld. Die Gebühren hierfür liegen bei 7 bis 10 %.

- Infos unter www.westernunion.de, www.reisebank.de oder www.postbank.de (Menü „Konten.Karten/Konto-Services“)

Öffnungszeiten

In den USA gibt es kein verbindliches Ladenschlussgesetz und vielfach gilt sogar „24/7“, das bedeutet Betrieb rund um die Uhr und täglich. Geschäfte sind je nach Art und Größe sowie Viertel von 9/10 bis mind. 18 Uhr, oft aber länger geöffnet, v. a. Buch- und Musikläden sowie Souvenirshops und Läden in touristischen Arealen, zum Beispiel entlang der Mag Mile sind häufig länger offen. An Sonntagen haben viele Geschäfte geschlossen.

- **Kaufhäuser/Malls:** 10–19/20 Uhr, So. meist 11–18/19 Uhr
- **Restaurants:** ca. 12–15 und 18–22 Uhr warmes Essen
- **Supermärkte:** rund um die Uhr oder mind. 8–20 Uhr
- **Bürozeiten:** Mo.–Fr. 9–17 Uhr
- **Banken:** werktags 10–14/15 Uhr
- **Postämter:** Mo.–Fr. 8/9–17, Sa. bis 13/14 Uhr
- **Museen und Sehenswürdigkeiten:** 10–17 Uhr (meist an einem bestimmten Tag geschlossen und manchmal einmal wöchentlich verlängerte Abendöffnung)

Post

Postämter benötigt man normalerweise nur einmal, gleich zu Anfang, zum Kauf von **Briefmarken.** In Chicago gibt es in so gut wie jedem Stadtviertel ein Postamt, zentral gelegen sind:

•**345** [C5] **U.S. Post Office,** 100 W Randolph St./Prudential Pl. Postamt im Thompson Center.

EXTRAINFO

Postgebühren (Stand: Sommer 2013)

- **Europa:** Karten und Briefe bis 1 oz (28 g) $ 1,05 (jedes weitere oz: 87 c). Die Beförderungsdauer beträgt 5 bis 7 Tage.
- **Inland** („First Class"): Briefe bis 1 oz (28 g) 45 c, jedes zusätzliche oz kostet weitere 20 c, Karten 32 c.
- **Infos** zu Gebühren und Laufzeiten unter http://postcalc.usps.com

•**346** [C6] **U.S. Post Office,** 211 S Clark/W Adams St. Das große Hauptpostamt an der Federal Center Plaza.

Größere Sendungen schickt man via **Parcel Service** (z. B. UPS, FedEx, DHL) und **Geldanweisungen** gibt man bei Western Union auf (Tel. 1 800 325 4176).

Schwule und Lesben

Chicago hat eine **lebhafte LGBT Community** *(lesbian, gay, bisexual, transgender).* In den 1930er-Jahren galt das schwarze Bronzeville genauso wie das Boheme-Viertel um den Water Tower unter Homosexuellen als beliebte Adresse. Heute hat sich die Szene v. a. in Chicagos North Side verlagert, speziell nach **Lakeview East/Boystown** (N Halsted St. zwischen Belmont Ave. und Addison St.) und **Andersonville** (Clark/Foster St.) sowie an den **Osterman Beach** (1000 N Lake Shore Dr.).

Treffs

347 [ci] **Berlin Chicago,** 954 Belmont Ave. Tanzklub in Lakeview. Im Umkreis gibt es weitere *gay bars.*

348 [ci] **Buck's Saloon,** 3439 N Halsted St. *Hangout* mit Biergarten und erschwinglichen Cocktails.

349 **Hamburger Mary's,** 5400 N Clark St. Hamburgerladen und *hangout* in Andersonville.

Informationen

350 [ci] **Chicago Area Gay and Lesbian Chamber of Commerce,** 3656 N Halsted St., Tel. 773 3030167, www.glchamber.org.

EXTRATIPP
June Pride Month
Mit verschiedenen Veranstaltungen. Als Höhepunkt findet am letzten Junisonntag die **Pride Parade** in East Lakeview statt (www.chicagopridecalendar.org).

Eine Art Handelskammer, die sich um LGBT-Lokale, -Shops und -Events kümmert.

- Auf der **offiziellen Tourismuswebsite Chicagos** gibt es Tipps zu Klubs, Treffs, Hotels und Restaurants: www.choosechicago.com/glbt/Pages/glbt.aspx

Die im Folgenden angegebenen **Publikationen** bzw. Websites informieren über die LGBT-Szene:

- **GoPride,** http://chicago.gopride.com
- **Windy City Media Group,** www.windycitymediagroup.com
- **Gay and Lesbian Hall of Fame – Boystown:** www.glhalloffame.org

Sicherheit

Chicago, die Stadt Al Capones, galt früher als kriminelle und gefährliche Stadt, doch diese Zeiten sind vorbei, zumindest wenn man sich nicht in besonders arme Stadtviertel begibt (die touristisch ohnehin nicht von Interesse sind und deshalb in diesem Reisehandbuch nicht näher beschrieben werden) und gewisse Situationen meidet.

Wie in jedem anderen Urlaubsland ist davon abzuraten, Handtaschen, Fotoausrüstungen, dicke Brieftaschen (womöglich in der Gesäßtasche) und kostbaren Schmuck **offen zur Schau zu stellen.** Brustbeutel, Gürteltasche und ein kleiner Tagesrucksack sind sinnvolle Alternativen. **Bargeld** sollte man nur in kleineren Mengen bei sich haben, Schecks und Karten sind, da versichert, die empfehlenswertere Alternative.

Vorsicht vor Massenveranstaltungen und Menschenaufläufen, z.B. in öffentlichen Verkehrsmitteln oder bei Festivals: **Taschendiebstahl** ist eines der häufigsten Delikte. Die an den Straßen sitzenden *homeless people* (Obdachlose) stellen normalerweise keine Gefahr dar, größere Vorsicht ist geboten, falls man sich in eine „**bad neighborhood**" verirrt hat. Gegenden, die man bei Nacht und alleine besser meiden sollte, liegen besonders in den Armenvierteln in South Chicago.

In der **Hochbahn** ist es wichtig, die speziellen Sicherheitshinweise zu beachten und, vor allem bei Nachtfahrten, die kameraüberwachten Wartezonen aufzusuchen *(off hour waiting areas).*

In **Hotels** und **Motels** haben Türspione, mehrfache Schließanlagen, verschlossene Verbindungstüren sowie das Depo-

EXTRATIPP
Sicherheitstipps

- **Dokumente** am Körper (Brustbeutel, Geldkatze u. Ä.) aufbewahren oder ggf. im Hotelsafe hinterlegen. Falls möglich, Wertgegenstände, Dokumente und Karten zwischen zwei Personen **aufteilen,** keinesfalls alles in einer Brieftasche mitführen.
- Auf alle Fälle **Kopien** von Pass, Flugticket, Kredit- und Scheckkarten, Reiseschecks und sonstigen Dokumenten anfertigen (bzw. alle Nummern sorgfältig notieren) und getrennt von den Originalen aufbewahren. Einen zweiten Satz zu Hause hinterlegen.

nieren von Wertgegenständen in einem Safe ihren Sinn. Das Schild „Service, please" sollte man nicht an die Türe hängen, macht es doch nur allzu deutlich, dass niemand im Zimmer ist.

Sport und Erholung

Aktivsport

Für **aktive Sportler** ist genug geboten. Chicago nennt sich nicht umsonst „Urbs in Horto" (lateinisch für Gartenstadt): 552 Parks, sechs Golfplätze, 791 Baseballplätze, 210 Fußballfelder, 19 Fahrradwege und über 5300 Bootsanlegeplätze stehen zur Verfügung. Die großen städtischen Parks, allen voran Lincoln, Grant und Jackson Park, verfügen über Fahrrad- und Joggingpfade, Golf- und Tennisplätze. Wassersport und Angeln sind ebenfalls möglich. Auch an gepflegten Stränden herrscht kein Mangel: Über 30 reihen sich entlang dem Ufer des Lake Michigan auf. Die stadtnächsten sind North Ave., Oak St., Ohio St. und 12th Street Beach.

Besonders propagiert wird in Chicago das **Radfahren** und das **McDonald's Cycle Center Millennium Park** ist in seiner Art einzigartig. Es ist v. a. für Pendler (Geschäftsleute) gedacht, die zeitsparend, gesund und umweltbewusst durch die Stadt kommen wollen. Die kilometerlangen Radwege entlang dem Ufer des Michigan Sees, allein 5 km davon im Stadtzentrum, sind gut ausgebaut. Touren zwischen Stadtmitte und Lincoln Park oder durch den Hyde Park und die Vororte sind auch mit Leihrädern gut machbar.

Die bekannteste Route ist der **Lakefront Trail,** der auch von Spaziergängern, Skatern und Joggern genutzt wird. Er zieht sich rund 30 km entlang dem Ufer durch die Stadt und speziell der Abschnitt von Museum Campus und Grant Park 33 hinauf zum Lincoln Park 58 lohnt sich.

Weiter im Norden liegen der **North Branch Bicycle Trail**, der über etwa 30 km dem Nordarm des Chicago River folgt, und der **North Shore Channel Trail** entlang dem gleichnamigen Kanal. Beide führen durch Wald, Prärie und Vororte und ermöglichen Abstecher zum Chicago Botanic Garden 84 in Glencoe.

› Infos zu den **Parks** und ihrem Angebot: www.chicagoparkdistrict.com

› Infos zum **Radfahren in Chicago:** www.bikechicago.us

S351 [E5] **Bike Chicago Rentals & Tours,** Millennium Park, 239 E Randolph St., Tel. 312 5959600, www.bikechicago.com. Fahrrad- (ab $ 10/Std.) und Skates-Verleih sowie Touren. Mehrere Stationen in der Stadt, u. a.

S352 [G4] **Bike Chicago Rentals & Tours,** Navy Pier, 600 E Grand Ave.

S353 [E5] **McDonald's Cycle Center Millennium Park,** 239 E Randolph St., Tel. 1 888 2453929, www.chicagobikestation.com, März–Okt. Mo.–Fr. 6.30 bis mind. 18.30 Uhr, Sa./So. mind. 10–18, im Sommer länger, im Winter Sa./So. geschlossen. Fahrradabstellplatz, Verleih (Bike Chicago Rentals), Reparaturdienst, Duschen und Schließfächer sowie Shop und Café, Infos und Karten.

› **Kajak-Touren** für Anfänger und Fortgeschrittene auf dem Chicago River bietet Kayak Chicago, www.kayakchicago.com, Tel. 630 3367245.

Die Seepromenade ist prädestiniert für sportliche Aktivitäten aller Art

091cg Abb.: mb

Zuschauersport

Beim **spectator sport** unterscheidet man zwischen Profi- und College-Sport. Die erste Geige spielen die amerikanischen Nationalsportarten **Basketball** (Nov.–Mai), **Baseball** (Apr.–Okt.) und **American Football** (Sept.–Jan.) sowie **Hockey** (Eishockey, Okt.–Mai). Speziell bei Frauen und Jugendlichen beliebt ist **Soccer** (Fußball). Sport nimmt in den USA einen anderen Stellenwert ein als in Deutschland und der Besuch einer Sportveranstaltung kommt dem Besuch eines Theaters oder Konzerts gleich. Gleichzeitig bietet ein Sportspektakel, besonders Baseball, Spaß für die ganze Familie, mehrere Stunden Unterhaltung und Show mit Wettbewerben und Verlosungen, Musik, Tanz und *BBQ* (Grillen) auf dem Parkplatz.

› **Chicago Bears,** Soldier Field 42, www.chicagobears.com, American Football/NFL, Spiele Sept.–Jan. sonntagnachmittags

S354 [an] **Chicago Blackhawks,** United Center, 1901 W Madison (West Side – United Center Express Bus Nummer 19 ab Mag Mile), http://blackhawks.nhl.com, Hockey/NHL, Spiele Okt.–April wochentags oder an Wochenenden abends

› **Chicago Bulls,** United Center (siehe Chicago Blackhawks), www.nba.com/bulls, Basketball/NBA, Spiele Nov.–April wochentags oder an Wochenenden abends

› **Chicago Cubs,** Wrigley Field 62, 1060 W Addison, http://chicago.cubs.mlb.com,

Baseball/MLB, Spiele Apr.–Okt. (teils tgl., da jeweils Serien von mehreren Spielen). Rooftop-Tickets (Plätze auf den Dächern umliegender Bauten) erhält man unter www.goldcoasttickets.com bzw. bei Wrigley Field Premium Ticket Services, Tel. 773 4772425. Eine Modernisierung des historischen Stadions von 1914 ist geplant.

- S355 **Chicago Fire,** Toyota Park, 7000 S Harlem Ave., Bridgeview (Orange Line „Midway", dann Toyota Park Express-Busse), www.chicago-fire.com, Soccer/MLS, Spiele Apr.–Okt. meist nachmittags an Wochenenden
- S356 **Chicago Red Stars,** Sports Complex at Benedictine University, 5700 College Rd., Lisle (mit Auto oder S-Bahn/Metra erreichbar), http://chicagoredstars.com. Team der neuen Frauen-Profifußballliga NWSL (National Women's Soccer League), Spiele Mai–August.
- S357 **Chicago Sky,** Allstate Arena in Rosemont (6920 Mannheim Rd.), nahe dem O'Hare Flughafen (Blue Line: „Rosemont", dann Bus Nr. 221), www.wnba.com/sky, Frauen-Basketball/WNBA, Spiele Juni bis Sept.
- › **Chicago White Sox,** U.S. Cellular Field 75, http://chicago.whitesox.mlb.com, Baseball/MLB, Spiele Apr.–Okt. (teils tgl., da jeweils Serien von mehreren Spielen)
- › **Chicago Wolves,** Allstate Arena in Rosemont (siehe Chicago Sky), www.chicagowolves.com, Minor League Hockey/AHL, Spiele Nov.–Apr. Eines der Topteams der Aufbauprofiliga der NHL (Eishockey).

Die Chicago Architecture Foundation 29 hat eine breite Palette empfehlenswerter Touren im Angebot *(s. S. 282)*

Sprache

Es dürfte schwierig sein, in den USA ganz ohne Englisch auszukommen. Das **Amerikanische** weist gegenüber dem britischen Englisch Abweichungen hinsichtlich des Wortschatzes, der Grammatik und der Aussprache auf. Gewisse **Universalfloskeln** gehören zum guten Ton, z. B. „How are you (today)?" Diese Frage nach dem Befinden ist in erster Linie als **Begrüßung** zu verstehen. Man erwidert ein „Thank you, fine" oder „Good" (manchmal plus Gegenfrage). „Have a nice day/trip" gilt ebenso als nette **Verabschiedungsfloskel** wie „It was a pleasure/It was nice to meet/meeting you" oder „See you". Man bedankt sich für einen Gefallen z. B. mit „I (really) appreciate it" oder als Bitte: „I would appreciate it". „You know ..." ist ein Allerweltsanhängsel wie unser „nicht wahr". Die geläufigsten Wendungen finden sich im Anhang dieses Buches (s. S. 298).

Stadttouren

Es gibt in Chicago eine Fülle verschiedener Tourveranstalter, allerdings reduziert sich bei näherem Hinsehen das Angebot auf einige empfehlenswerte, die jeweils eine breite Palette an Führungen anbieten.

Allgemeine Touranbieter

- › **Chicago Greeter Visits,** auf Anmeldung (10 Tage vorher unter: http://chicagogreeter.com/greeter-visits oder Tel. 312 7448000). Infos, Tourstart und Anmeldung im Cultural Center 1. Rund 200 ehrenamtliche Stadtführer führen Gäste gratis in Gruppen von bis

EXTRATIPP

„Amerikanisch", das andere Englisch

In die Feinheiten des Amerikanischen führen die Sprechführer „Amerikanisch – Wort für Wort", „American Slang – das andere Englisch" und „More American Slang" mit begleitendem Tonmaterial aus der Kauderwelsch-Reihe des Reise Know-How Verlags ein.

zu sechs Personen durch bestimmte Stadtviertel (2–4 Std.), meist in jene, in denen sie zu Hause sind. Es können beliebig Touren angefragt werden, z. B. durch Viertel wie Little Italy, Gold Coast, Pilsen oder Chinatown sowie Führungen zu speziellen Themen bzw. in Fremdsprachen. Außerdem gibt es einen **InstaGreeter Service** ab Chicago Cultural Center (Fr.–So. 10–15 Uhr einstündige Gratis-Loop-Walking-Tour ohne Voranmeldung) und die **Millennium Park Greeters,** die ohne Voranmeldung ab Millennium Park Welcome Center (s. S. 266) Ende Mai–Mt. Okt. um 11.30 und 13 Uhr Parkführungen (45 Min.) geben (Infos: www.millenniumpark.org oder Tel. 312 7421168).

› **Chicago Neighborhood Tours,** Tel. 312 7421190, www.chgocitytours.com, Tickets und Busabfahrt: Cultural Center ①. Touren per Bus und zu Fuß, z. B. Halbtagestouren Sa. 10 Uhr (Treff: 9.30 Uhr) in verschiedene Viertel/zu bestimmten Themen, derzeit um die 20 verschiedene Touren (frühzeitige Reservierung empfehlenswert!). Es wird unterschieden nach Neighborhood Tours (Bronzeville, Hyde Park oder Ukrainian Village u. a.) für $ 25 und Special Interest Tours, z. B. zu Chicagos Kirchen, kulinarische Touren oder zur „White City" ($ 50 inkl. Lunch), außerdem gibt es Summertime Samplers (mehrere „neighborhoods" kombiniert, $ 20).

092cg Abb.: caf/ae

Interessante „ArchitekTouren"

Die **Chicago Architecture Foundation** 29 bietet nicht nur einen attraktiven Shop, sondern ist zugleich Standort eines spektakulären Stadtmodells und Veranstalter verschiedenster Touren: zu Fuß, per Boot, Bus/Bahn oder Fahrrad, von knapp und kurz bis hin zu mehrstündig, von Überblickstouren bis hin zu Spezialthemen. Eine Tafel am Eingang der CAF zeigt an, welche Touren am selben und an den nächsten Tagen stattfinden.

Besonders beliebt und immer schnell ausgebucht sind die **Downtown Walking Tours** ($ 17) zu Themen wie „Modern Skyscrapers" oder „Historic Downtown" (South/North Loop), die mindestens einmal täglich stattfinden. Für Leute, die nicht gut zu Fuß sind, bietet sich die **Highlights by Bus Tour** (Fr./Sa. 9.30 Uhr, $ 45) an. Ebenfalls ein „Dauerbrenner" im Tourprogramm sind die von Mai bis November stattfindenden **Architecture River Cruises** (Bootstouren).

Es gibt darüber hinaus unterschiedlich oft stattfindende Neighborhood Walking Tours, „Pub Crawls", Synagogen-, Museums- und Gebäude-, Hochbahn- und Theatertouren, Park- und Hotel- sowie Touren zu bestimmten Architekten und fremdsprachliche (auch deutsche) Touren zu bestimmten Themen und Terminen (auf Anmeldung). Nachfolgend ein paar Tipps zu besonders empfehlenswerten (und neuen) Touren. Details dazu finden sich auf der Website www.architecture.org.

- **Bike the Lakefront/Segway on the Lakefront.** Fahrrad- oder Segwaytouren entlang dem Seeufer.
- **Elevated Architecture: Chicago's Loop by Train.** Zweistündige Touren mit der Hoch-

093cg Abb.: mb

bahn durch verschiedene „neighborhoods“, inklusive Erläuterungen zum Bau und zur Technik der „L“.

- **Lunchtime Building Tours.** Ideal bei schlechtem Wetter: werktags ab 12.15 Uhr stattfindende 45-Minuten-Touren in verschiedenen bedeutenden Gebäuden, z. B. Willis Tower, Monadnock Bldg., City Hall oder Reliance Bldg. Sie kosten nur $ 5.
- **Razzle Dazzle** (s. S. 44): Einblick in vier noch existierende historische Theater und viel Hintergrundwissen zu den Anfängen der Unterhaltungsindustrie in Chicago.
- **Skyscrapers & More Trolley Tour.** Gute Überblickstour. Es geht bequem per Trolley-Bus in knapp zwei Stunden durch die Stadt.

Bootstouren

Die meisten Ausflugsboote legen entweder am Navy Pier 54, am Adler Planetarium 40 oder am Chicago River (Michigan Ave./Wacker Dr.) ab.

- •358 [D4] **CAF Architecture River Cruise,** ab Südostecke Michigan Ave./Wacker Dr., www.cruisechicago.com, Tickets (im Sommer schnell vergriffen!) auch über Ticketmaster (Tel. 312 9021500), im ArchiCenter Shop (s. S. 25), im Cultural Center oder im Chicago Water Works Visitor Center (s. S. 266). 90-minütige Bootstour mit „Chicago's First Lady“ oder „Little Lady“, Ende Apr.–Ende Nov., je nach Jahreszeit unterschiedlich häufige Abfahrten, $ 46,50.
- •359 [D4] **Mercury – Chicago's Skyline Cruiseline,** www.mercuryskylinecruiseline.com, Riverside Gardens, Michigan Ave./ Wacker Dr., z. B. Ende Apr.–Anf. Okt. tgl. „Urban Adventure Cruise“ (90 Min., $ 24, fünfmal täglich), keine Reservierung nötig, auch Nacht- u. a. Touren.
- •360 [D4] **Wendella Sightseeing Boats/ Chicago Watertaxi,** 400 N Michigan Ave., Tel. 312 3371446, www.wendellaboats.com, Apr.–Ende Nov. mehrere Touren, außerdem regelmäßige Water Taxis (s. S. 293) auf dem Chicago River.
- **Entertainment Cruises,** Tel. 1 866 2732469, www.entertainmentcruises.com/city/Chicago/home. Bekannt für elegante Dinner Cruises mit der „Odyssey“ oder der „Spirit of Chicago“, mit Livebands und Tanz ab Navy Pier 54, u. a. Friday Champagne Dinners, Saturday und Sunday Brunches sowie Midnight Cruises mit Livejazz.
- **Tall Ship Windy,** ab Navy Pier 54, www.tallshipadventuresofchicago.com. Bietet Fahrten auf Segelbooten an, damit Besucher von Bord aus die Skyline Chicagos bewundern können.

Spezielle Touren

- **Bike Chicago** (s. S. 278). Verschiedene Fahrrad- und Segway-Touren.
- **Bobby's Chicago Bike Hike,** Tel. 312 9150995, www.bobbysbikehike.com. Täglich verschiedene Touren, auch speziell für Kinder oder Nachttouren, ab $ 35 (Anmeldung nötig).
- **Broadway In Chicago Theatre Tours,** Tel. 312 9021400, www.broadwayinchicago.com/theatreinfo_tours.php, Sa. 11 Uhr ab

Die Architecture River Cruises zählen zu den beliebtesten Touren der Chicago Architecture Foundation 29

der Lobby des Ford Center (s. S. 42), $ 10. Führung durch zwei von drei Theatern (wechselnd): FCPA Oriental Theatre, Cadillac Palace und Bank of America Theatre. Gute Ergänzung zur Razzle Dazzle Theater Tour (s. S. 44).

› **Chicago History Museum Tours,** ab Chicago History Museum 56, www.chicagohistory.org/planavisit/groupvisit/guided-tours, Tel. 312 6424600, Anf. Mai–Mt. Okt. verschiedene Touren durch Viertel wie Gold Coast, Old Town oder Lincoln Park, $ 12, 90–120 Min. Reservierung nötig. Außerdem History Boat Tours im Sommer.

•**361** [E5] **City Segway Tour,** 400 E Randolph St., Tel. 1 877 7348687 oder 312 8190186, http://chicago.citysegwaytours.com, Apr.–Okt., je nach Saison eine bis vier Touren tgl. für $ 60 (2 Std.) bzw. $ 70 (3 Std.) auf den kuriosen Motorgefährten. Reservierung nötig.

EXTRATIPP

Wichtige Telefonnummern

› **Internationale Fernsprechauskunft:** 00
› **Internationale Vermittlung:** 01
› **R-Gespräche:** 1 800 2920049

Für Telefonate aus den USA ins Ausland lauten die Vorwahlen wie folgt (jeweils gefolgt von der Ortskennzahl ohne Null und der Rufnummer):
Deutschland: 011–49
Österreich: 011–43
Schweiz: 011–41

Vorwahlen im Großraum Chicago sind **312** (Loop), **773** (Gürtel um den Loop), **708** größerer Umkreis im Süden und Osten. In der **Metro Area** gibt es zahlreiche weitere Vorwahlen.

Telefonieren

Eine **Eins** gefolgt von einem dreistelligen **area code** geht der siebenstelligen **Rufnummer** voraus. Die Rufnummer kann auch als **Buchstabenkombination** (meist Namensabkürzung) angegeben sein: 2 – ABC, 3 – DEF, 4 – GHI, 5 – JKL 6 – MNO, 7 – PQRS, 8 – TUV, 9 – WXYZ.

Im Allgemeinen muss in **Hotels** eine 9 vorgewählt werden, um ein Freizeichen zu erhalten. In jedem Hotelzimmer liegen **Telefonbücher** aus: ein *General Directory (white pages)* und ein *Classified Directory (yellow pages),* also ein Branchenbuch, oft mit allgemeinen Stadtinfos). **Gebührenfrei**, aber regional begrenzt sind 1–800er-/855er-/866er-/877er-/888er-Nummern, **teuer** werden solche, die mit 1–900 beginnen.

Telefonkarten

In **Hotels** bereitet das Telefonieren kein Problem, es wird meist über Kreditkarte abgerechnet. Wer nicht per *mobile phone* anrufen möchte, kann es an den (selten gewordenen) öffentlichen Fernsprechern tun, wo aber massenhaft Quarter-Münzen notwendig sind. Die bessere, preiswerte Alternative sind Telefonkarten. Es gibt sie als **calling cards** (monatliche Abrechnung vom Kreditkartenkonto) und **prepaid** oder **phone cards** (geladen mit einem bestimmten Betrag). Da sich die verschiedenen auf dem Markt befindlichen Karten schnell ändern und die Bedingungen überhaupt schwer durchschaubar sind, nachfolgend einige hilfreiche Websites:

› **www.callingcards.com** – Übersicht über Anbieter und Preise, ebenso:
› **www.long-distance-phone-cards.info/callingcards**

- **www.us-callingcard.info** – eine empfehlenswerte beliebig wiederaufladbare Karte ohne Grundgebühr

In den USA gibt es Telefonkarten auch in Supermärkten oder Tankstellen zu kaufen. Die Bedingungen bzw. die jeweiligen Einsatzmöglichkeiten unterscheiden sich aber gravierend und viele der Karten sind für Überseegespräche ungeeignet, daher sollte man sich vorher genau erkundigen.

Mobile Phone (Handy)

Zur Nutzung der in den USA gut ausgebauten GSM-Mobilfunknetze (850/1900 MHz) ist ein Triband- oder Quadbandgerät nötig. Der eingedeutschte Begriff „Handy" existiert im Englischen in Bezug auf Telefone nicht, *handy* heißt lediglich „praktisch", „nützlich" oder „geschickt". Man spricht von *cellphone* oder *mobile (phone).*

Wegen hoher Gebühren sollte man bei seinem Anbieter herausfinden, welcher Roamingpartner günstig ist und diesen ggf. per **manueller Netzauswahl** voreinstellen. Da sich die **passiven Kosten,** wenn man von zu Hause aus angerufen wird, addieren, besser die Mailbox deaktivieren.

- Tipp: www.cellion.de – günstige Handy-SIM-Karte für die USA (Karte kostenlos)

Uhrzeit und Datum

Die Vereinigten Staaten sind in vier Hauptzeitzonen geteilt – Eastern Time, Central Time, Mountain Time, Pacific Time –, die eine Zeitverschiebung von der mitteleuropäischen Zeit (MEZ) zwischen 6 und 9 Stunden bedeuten. In Chicago herrscht **Central Time** mit siebenstündiger Zeitverschiebung zur MEZ. Ist es dort 6 Uhr morgens (6 a.m.), zeigt die Uhr zu Hause bereits 13 Uhr.

- **Uhrzeit:** Es gibt keine Zählung bis 24, sondern eine Hinzufügung von „a.m." (ante meridiem) von 0 bis 12 bzw. „p.m." (post meridiem) von 12 bis 24 Uhr. 12 Uhr mittags heißt „noon", 0 Uhr „midnight".
- Das **Datum** wird in der Reihenfolge Monat–Tag–Jahr angegeben, z. B. June 20(th), 2013 oder kurz 6/20/2013, Zimmerreservierungen erfolgen unter dem Ankunftsdatum.
- **Sommerzeit** (daylight saving time/DST) gilt länger als hierzulande, nämlich vom 2. Sonntag im März bis zum 1. Sonntag im November.

Unterkunft

In einer Stadt wie Chicago, in der fast an jedem Wochenende ein Festival oder eine andere Veranstaltung stattfindet und wo die Zahl der Messen und Tagungen groß ist, empfiehlt es sich ganzjährig, vor allen Dingen aber zwischen Memorial und Labor Day, ein Zimmer **im Voraus zu buchen,** sei es über ein Reisebüro, im Internet oder per Vermittlungsservice. Hat man dies getan, legt man bei der Ankunft an der Hotelrezeption den erhaltenen **Voucher** bzw. die **Reservierungsnummer** vor und dazu die **Kreditkarte** – als Sicherheit für Zusatzkosten, d. h. zur Abrechnung von zum Beispiel Telefon- oder Minibargebühren.

Der **Check-in** in Hotels ist meist erst ab 15 Uhr möglich und nach 18 Uhr kann eine vorgenommene Reservierung verfallen. Der Check-out ist in der Regel mittags.

Generelle Situation

Die **Auswahl** an Unterkünften in Chicago ist ebenso **groß** wie die Preise hoch sind: Über 34.000 Hotelzimmer sollen es allein in Downtown, 109.000 im Großraum sein. Die meisten Hotels liegen im Umkreis der Magnificent Mile, in Near North, im Loop oder um den O'Hare Airport.

Chicago verfügt gleich über sechs Hotels mit **über 1000 Zimmern**: Hyatt Regency Chicago (2015), The Palmer House Hilton (1639), Chicago Hilton and Towers (1544), Sheraton Hotel and Towers (1209), Chicago Marriott Hotel (1192) und Hyatt Regency O'Hare (1100). In den letzten Jahren ist eine Reihe **neuer Tophotels** dazugekommen: z. B. das JW Marriott (Adams St./Loop), das Waldorf-Astoria (Gold Coast, kleines Luxusboutiquehotel im Stil der 1920er-Jahre), das Radisson Blue (im Aqua Tower), das Hotel Legacy und das Palomar (Boutiquehotel der Kimpton Group).

Preiskategorien

Die Kategorisierungen unten beziehen sich auf den ungefähren Durchschnittspreis für ein Doppelzimmer zuzüglich Steuern, meist ohne Frühstück. Saisonal bedingt ist die Schwankung bei den Preisen jedoch groß und kann sogar zwischen Werktagen und Wochenenden differieren. Ein Vergleich mit den Preisen im Internet bzw. denen von Brokern bzw. Reiseveranstaltern lohnt!

$	unter $ 100
$$	$ 100–150
$$$	ca. $ 150–200
$$$$	über $ 200

Es lohnt sich auf alle Fälle, nach *special rates* zu fragen (z. B. Senioren- oder Automobilklubrabatte). Der offizielle **Durchschnittspreis** pro Doppelzimmer und Nacht liegt in der Stadt offiziell bei rund $ 180. Allein fürs Parken ist im Stadtzentrum mit mindestens $ 30 pro Tag zu rechnen, außerdem kommt eine Steuer von 16,4 % in der City of Chicago dazu.

Billiger ist es im **Umland** und dort bereitet es auch selten Probleme, ohne Vorausbuchung ein Zimmer zu finden. Motels findet man an den Ausfallstraßen am Stadtrand.

Ausgewählte Unterkunftstipps

Gehobene Kategorie

362 [C4] **Amalfi Hotel** $$$$, 20 W Kinzie St., www.amalfihotelchicago.com, Tel. 312 3959000. Trendiges Boutiquehotel mit „Manager-Empfang" (Drinks/Häppchen) am Abend und inkl. Frühstück. Toll ausgestattete Designerzimmer mit allem Drum und Dran (DVD-/CD-Player, WLAN etc.) und dazu in Toplage.

363 [C3] **Dana Hotel Chicago** $$$$, 660 N State St., www.danahotelandspa.com, Tel. 312 2026000. Schickes Boutiquehotel der Luxusklasse nahe der Magnificent Mile, knapp über 200 Zimmer, elegant-minimalistisch und modern eingerichtet, inkl. WLAN und Frühstück. Spa-Bereich zugehörig.

364 [C2] **Waldorf-Astoria** $$$$, 11 E Walton St., Tel. 312 6461300, www.elysianhotels.com. Neu eröffnetes Boutiquehotel mit allem Luxus. 188 Zimmer, topmodern und dennoch mit „altem" Flair, denn von außen wirkt das Hotel wie ein Schloss.

365 [E5] **Fairmont Chicago** $$$$, 200 N Columbus Dr., www.fairmont.com/Chicago, Tel. 312 5658000. Hotel mit höchstem Luxus, dazu traumhaftes Spa, modern und geschmackvoll ausgestattete große Zimmer mit Komfort und viele mit Seeblick, dazu Eno Wine Room und Adia-Sushibar/Restaurant. Günstig nahe Millennium Park gelegen.

366 [D5] **Hotel Monaco** $$$$, 225 N Wabash Ave., Tel. 1 866 6100081 oder 312 9608500, www.monaco-chicago.com. Luxuriöses Kimpton-Group-Boutiquehotel mit 192 komfortablen Zimmern, alle mit Ausblick. Abendliche Weinverkostung für Gäste und Fitnesscenter.

367 [D4] **Trump International Hotel & Tower** $$$$, 401 N Wabash Avenue, Tel. 312 5888000, www.trumphotelcollection.com/chicago. Topaussicht von den oberen Etagen, guter Service, Spa at Trump, Cocktail-Lounge und Restaurant Sixteen.

368 [D2] **Whitehall Hotel** $$$$, 105 E Delaware Pl., www.thewhitehallhotel.com, Tel. 312 9446300. Boutiquehotel mit „Alte-Welt-Flair" und 221 bestens ausgestatteten Zimmern (auch Suiten), Fitnesscenter, WLAN u. a. Komfort. Günstige Lage nahe der Mag Mile, aber dennoch ruhig.

Mittlere Kategorie

369 [C5] **Allegro Hotel** $$$, 171 W Randolph/LaSalle St., Tel. 1 800 6431500, www.allegrochicago.com. Empfehlenswertes und schickes Boutiquehotel im Theaterdistrikt, auch bei deutschen Reiseveranstaltern im Angebot. Über 500 gut ausgestattete Zimmer, mit Restaurant und WLAN.

370 [ci] **City Suites Hotel** $$-$$$, 933 W Belmont St., Tel. 1 800 248 9108 oder 773 4043400, www.chicagocitysuites.com. 45 große Zimmer im Art-déco-Stil, inkl. Frühstück und mit Kühlschrank auf dem Zimmer. Kostenloses Internet.

371 [D7] **Congress Plaza Hotel** $$$, 520 S Michigan Ave., Tel. 312 4273800, www.congressplazahotel.com. Historischer Bau von 1893 mit 850 Zimmern, von den oberen Etagen guter Blick auf den Grant Park, zwei Restaurants, Specials bei Internetbuchung.

372 [D5] **Hard Rock Hotel** $$$, 230 N Michigan Ave., www.hardrockhotelchicago.com, Tel. 312 3451000. Ca. 400 Zimmer, modern und luxuriös, beliebt bei Musikfans. Bei deutschen Veranstaltern buchbar.

373 [D5] **Hotel 71** $$$$, 71 E Wacker Dr., Tel. 312 3467100 oder 1 800 6214005, www.hotel71.com. Über 450 moderne, große Zimmer auf 39 Stockwerken, oben gibt es einen tollen Ausblick. Restaurants im Haus.

374 [C5] **Hotel Burnham** $$$$, 1 W Washington St., www.burnhamhotel.com, Tel. 312 7821111. 122 Zimmer-Boutiquehotel der Kimpton Hotel Group im historischen Reliance Building. Günstige „hot date rates" bei Internetbuchung! „Wine hour" am Abend.

375 [C4] **Hotel SAX** $$$, 333 N Dearborn St., Tel. 312 2450333, www.hotelsaxchicago.com. 465 gut ausgestattete Zimmer, viele Specials und Packages, eklektischer Stil und viel Kunst, außerdem House of Blues Restaurant im Nebengebäude – ein Muss für Musikfans.

376 [ci] **Majestic Hotel** $$$-$$$$, 528 W Brompton Ave., Tel. 1 855 7782710, www.majestic-chicago.com. 52 Zimmer und Suiten der gehobenen Kategorie in guter Lage und inkl. Frühstück.

377 [D6] **Palmer House Hilton** $$$$, 17 E Monroe St., Tel. 312 7267500, www.hilton.de/palmerhouse. Historisches 4-Sterne-Hotel von 1871. Beeindruckende Lobby, Hallenbad und Fitnesscenter, über 1600 Zimmer.

378 [E5] **Radisson Blu Aqua Hotel** $$-$$$, 221 N Columbus Dr., www.radissonblu.com/aquahotel-chicago. Neues Hotel mit 334 Zimmern verschiedener Kategorien und großem Pool. Allein schon die Architektur ist sehenswert.

EXTRATIPP

Preiswertes Wohnen im Neighborhood

381 [cj] **Days Inn Lincoln Park North** $$-$$$, 644 W Diversey Pkwy., Tel. 1 888 5763297 oder 773 5257010, http://daysinnchicago.net. Empfehlenswertes überschaubares Hotel mit freundlichem Service, bei dem es gar nicht auffällt, dass es zu einer bekannten Kette gehört. 124 Zimmer in historischem Bau von 1918 im lebendigen Viertel Lincoln Park an der Grenze zu Lakeview (nahe Brown Line: „Diversey" oder Bus Nr. 22 bzw. 36). Die Zimmer sind gemütlich und relativ groß, empfehlenswert sind besonders die etwas teureren „Business Rooms" mit Kühlschrank, Mikrowelle und täglich kleinen Snacks. Ein Frühstück in Form eines kleinen Buffets ist im Preis inbegriffen, ebenso Gratis-WLAN.

Ein guter Tipp für Preisbewusste: das Days Inn Lincoln Park North

094cg Abb.: mb

Preiswerte Kategorie

379 [D9] **Best Western Grant Park** $$, 1100 S Michigan Ave., Tel. 312 9222900 oder 1 866 5163164, www.bwgrantparkhotel.com. Auch bei deutschen Veranstaltern buchbar, günstige Onlineangebote. 172 Zimmer gegenüber dem Grant Park, nahe Planetarium und Field Museum. Mit Restaurant, Pool und Sonnendeck im Freien.

380 [D3] **Cass Hotel (Holiday Inn Express)** $$, 640 N Wabash Ave., Tel. 312 7874030, www.casshotel.com. Hotel in guter Lage nahe der Mag Mile. 150 eher kleine und schlichte Zimmer, aber sauber und mit Queen-Size-Bett, TV, Telefon, außerdem Café und erschwingliches Parken. Ist auch bei deutschen Reiseveranstaltern buchbar.

382 [D8] **Essex Inn** $$, 800 S Michigan Ave., Tel. 312 9392800 oder 1 800 6216909, www.essexinn.com. Auch bei deutschen Reiseanbietern, günstige (Internet-)Specials. Rund 250 Zimmer, am schönsten sind die zum Park gelegenen vom 6. Stock aufwärts. Mit Savoy Bar & Grill, großem Pool und Dachgarten, Gratis-WLAN und Shuttlebus.

383 [C3] **Ohio House Motel** $$, 600 N LaSalle St., www.ohiohousemotel.com, Tel. 312 9436000. 50 preiswerte Zimmer in schlichtem, aber sauberen Motel mitten in der Stadt, mit Coffeeshop im Haus. Kostenloses WLAN und Parken.

Bed and Breakfast und Apartments

384 [C1] **Gold Coast Guest House B&B** $$-$$$, 113 W Elm St., Tel. 312 3370361, www.bbchicago.com. Ruhig im Gold-Coast-Viertel gelegen und doch nahe der Mag Mile. Vier Zimmer in renoviertem Wohnhaus von 1873, modern eingerichtet, WLAN, Frühstück, Snacks und Getränke.

385 [bI] **House of Two Urns B&B** $$-$$$, 12239 N Greenview Ave., Tel. 773 2351408, www.twourns.com. Günstig an einem Blue-Line-Stop gelegenes B&B in altem Brownstone-Haus. Fünf Zimmer im Haupthaus sowie zwei große (Familien-)Apartments in einem eigenen Häuschen gegenüber. Inkl. Frühstück, Internetzugang und Parken kostenlos, im Winter Specials.

386 [dp] **The Wheeler Mansion** $$$$, 2020 S Calumet Ave., Tel. 312 9452020, www.wheelermansion.com. Elf Zimmer in mit Antiquitäten ausgestattetem Luxus-B&B, mit Gourmetfrühstück u. a. Annehmlichkeiten, sehr geschmackvoll und edel eingerichtet.

387 [S. 335] **Under the Ginkgo Tree B&B** $$$, 300 N Kenilworth Ave., Oak Park, www.undertheginkgotreebb.com, Tel. 708 5242327. Vier Zimmer in viktorianischem Haus nahe Wright-Wohnhaus. Üppiges Frühstück inkl. Wunderschön in ruhigem Wohnviertel gelegen, erreichbar per Blue Line.

388 [al] **Wicker Park Inn** $$, 1329 N Wicker Park Ave., www.wickerparkinn.com, Tel. 773 4862743. Gästezimmer in ruhig gelegenem Reihenhaus nahe Milwaukee Ave. und Hochbahn.

Jugendherbergen und Hostels

Ein **Internationaler Jugendherbergsausweis** macht sich in *youth hostels*, zusammengefasst zu „Hostelling International USA" (H.I., www.hiusa.org), bezahlt. Man muss ihn sich vor der Reise beim deutschen Jugendherbergswerk oder den entsprechenden Stellen in Österreich oder der Schweiz besorgen. **YMCA/YWCA** sind weitere Alternativen, wobei YMCA Gäste beiderlei Geschlechts aufnimmt (www.ymca.net) und YWCA nur Frauen. Infos zu Herbergen und sonstigen preiswerten Unterkünften gibt es unter:

› **www.hiusa.org** – Infos zu H.I. Herbergen
› **www.hostels.com** („USA" und „Chicago" eingeben)
› **www.hostelnorthamerica.com** („USA" und „Chicago" eingeben)
› **www.hostelworld.com/findabed.php/ChosenCity.Chicago**

389 [cj] **Chicago Getaway Hostel** $, 616 W Arlington Pl., Tel. 773 929 5380, www.getawayhostel.com. Betten in Schlafsälen („single sex"), aber auch Doppelzimmer. Kostenlose Benutzung der Computerstationen, Gästeküche und Frühstück inbegriffen.

390 [D7] **H.I. Chicago** $, 24 E Congress Pkwy./Wabash Ave., Tel. 312 3600300 oder 1 800 9094776, www.hichicago.org. Modernes, gut ausgestattetes Hostel mit 500 Betten, Zimmer teils mit eigenem Bad, kostenloses Frühstück und WLAN, Küche zugehörig. Keine Altersbegrenzung und ideale Lage mitten im Loop.

095cg Abb.: mb

Verhaltenstipps und Umgangsformen

Die **Schlüsseleigenschaften** der Amerikaner sind Freundlichkeit, Hilfsbereitschaft, Diskretion und Disziplin. Vordrängen, Muffigkeit, Aggressivität und Hektik sind verpönt. Man stellt sich nach englischer Manier an, auch in der Stoßzeit an Bus- oder Hochbahnstopps, und wartet geduldig, bis man an der Reihe ist. Freundliche Gesichter in Läden sind für uns ungewohnt, aber ehrlich gemeint – in den USA ist der Kunde noch König.

Gewisse Floskeln von „how are you" bis „nice meeting you" (s. S. 298) gehören zum guten Ton. Amerikaner sind gesellig und immer zu einem kleinen **Smalltalk** aufgelegt, sei es über das Wetter, die letzten Sportergebnisse oder Herkunft und Reisen. Europäer sind beliebt, „Good Old Europe" mit all seiner Historie und Kultur war schon im 19. Jh. das Ziel der sogenannten „Grand Tours" der Reichen. Selbst wenn man den Eindruck hat, jeder Amerikaner hätte schon einmal Heidelberg, das Hofbräuhaus, Berlin oder Neuschwanstein besucht, sind

Aufgrund des Parkplatzmangels in Chicago empfiehlt sich die Nutzung des öffentlichen Nahverkehrs

die geografischen Kenntnisse über Europa nicht berauschend. Aber schließlich kommt die Mehrzahl der Amerikaner niemals über die Grenzen des gigantischen eigenen Landes hinaus – und wer weiß umgekehrt schon bei uns die Hauptstadt von Illinois? (Die Antwort ist Springfield.) Damit erklären sich auch die **geringen Fremdsprachenkenntnisse** der Amerikaner.

Do's und Dont's – amerikanische Besonderheiten

- **Trinkgeld** – *tipp* oder *gratuity* – ist in den USA nicht inklusive und die Löhne der Beschäftigten im Dienstleistungsgewerbe gering. In Restaurants, Bars usw. werden daher mind. 15 % vom Rechnungsbetrag erwartet. Ein Amerikaner berechnet das Trinkgeld meist auf den Cent genau, manchmal sogar anhand eigens dafür konstruierter Tabellen. Auch Taxifahrer (ca. 15 %) oder Zimmermädchen ($ 2 pro Tag), sowie *bellboys* und *tourguides* erhoffen sich ein Trinkgeld.
- **Alkohol** darf generell nicht an Personen unter 21 Jahren verkauft, ausgeschenkt und nicht in der Öffentlichkeit konsumiert werden.
- Bei offiziellen **Einladungen** oder Restaurantbesuchen sollte man sich nach den Kleidervorschriften erkundigen: *formal* (elegant) oder *casual* (leger)?
- **Händeschütteln** ist bei der Begrüßung eher unüblich, dafür werden altersunabhängig schnell die Vornamen benutzt.
- Eine Wissenschaft ist der Gebrauch der weiblichen **Anredeformen:** „Mrs". (meist verheiratet oder verwitwet, älter) steht „Miss" als universal anwendbare Anredeform, unabhängig von Alter und oft auch Stand – und geschrieben noch neutraler „Ms." –, gegenüber.
- Die amerikanischen **Tischsitten** unterscheiden sich besonders im Hinblick auf das Hantieren mit dem Besteck: Amerikaner schneiden mit dem Messer vor und benutzen dann nur noch die Gabel. Beidhändig zu essen gilt als „europäisch". Es würde keinem Amerikaner einfallen, Pizza oder Meeresfrüchte mit Messer und Gabel zu essen. Selbst in Toplokalen kann man sich Essensreste in ein *doggy bag* einpacken lassen.
- **Toiletten** nennt man nie *toilet* sondern immer *restroom, ladies'* bzw. *men's room, bath* oder *powder room.*
- **Handys** heißen in den USA *mobile* oder *cell phone.*

Verkehrsmittel

Der gesamte öffentliche Nahverkehr in Chicago untersteht der **RTA**, der **Regional Transportation Authority.** Sie besteht aus **CTA** (städtische Busse/Bahnen), **Pace** (Busse im Chicagoland) sowie **Metra** (Nahverkehrszüge). Bisher kooperieren tariftechnisch lediglich CTA und Pace, doch man arbeitet an einer **Universal Fare Card,** die in allen drei Verkehrsmitteln gilt.

ⓘ**391** [A5] **RTA Customer Service Center,** 165 N Jefferson St., Tel. 312 9133110, http://rtachicago.org. Broschüren, Fahrpläne, Karten sowie Ticketverkauf.

Bus und Bahn (Hoch- und U-Bahn)

CTA, die **Chicago Transit Authority,** betreibt **Busse** und **Bahnen** und transportiert pro Werktag rund eine halbe Million Fahrgäste. Im Allgemeinen verkehren die Fahrzeuge vom frühen Morgen bis zum späten Abend alle 5 bis 20 Minuten, einige auch die ganze Nacht hindurch (dann im Halbstundentakt). CTA betreibt acht

Bahnlinien, die teils als **Elevated Train Lines** (kurz „El", „L" oder „The Elevated"), d.h. als Hochbahnen, und zum Teil als S- bzw. U-Bahnen *(subways)* verkehren. Red und Blue Line verlaufen beispielsweise im Stadtzentrum unterirdisch, alle anderen überirdisch. Die Linien im Einzelnen:

- **Blue Line** (Flughafen O'Hare – Downtown – Forest Park)
- **Brown Line** (Kimball – Loop)
- **Green Line** (Harlem/Lake – Loop – Ashland – East 63rd)
- **Orange Line** (Flughafen Midway – Loop)
- **Purple Line** (Evanston Shuttle und Express zum Loop, Letzterer nur wochentags zu Stoßzeiten)
- **Red Line** (Howard – Downtown – 95th/Dan Ryan)
- **Pink Line** (54th/Cermak – Loop)
- **Yellow Line** (Howard – Skokie)

Busse und Bahnen kosten im gesamten Streckennetz **denselben Preis** und Umsteigen in Busse (CTA/Pace) ist bei Zahlung mit Chicago Card mit Erwerb eines Transfertickets möglich. Das Wechseln der Bahnlinie ist an ausgewiesenen Transferstationen kostenlos möglich.

- **Grundtarif:** $ 2,25 (Kinder 7–11 Jahre $ 1,10, Jüngere frei), in Bussen ($ 2), dort genau abgezählte Summe bzw. Chicago Card nötig. Umsteigen bei Barzahlung ist nicht möglich (nur in bestimmten L-Transferstationen).
- Die **Chicago Card** ist eine wiederaufladbare Wertkarte, die den Vorteil hat, dass damit Umsteigen möglich ist: Das erste Mal kostet $ 0,25, weiteres Umsteigen ist frei.
- Ideal für Besucher sind **Multi-Day Passes.** Sie gelten für beliebige Fahrten an 1, 3 oder 7 Tagen und sind ab der ersten Entwertung 24 Std. bzw. ein Vielfaches davon gültig, auch in Pace-Bussen (außer Nr. 835), nicht aber in Metra-Nahverkehrszügen. Sie kosten (Stand Sommer 2013): 1 Tag: $ 10, 3 Tage: $ 20, 7 Tage: $ 28. Es gibt sie an verschiedenen Verkaufsstellen, z. B. im Cultural Center ❶, im ArchiCenter Shop (s. S. 25) oder an den beiden Flughäfen.
- **Info:** www.transitchicago.com, Tel. 1 888 9687282 oder 312 8367000

Nahverkehrszüge

Metra verbindet die Stadt mittels moderner Nahverkehrszüge mit Chicagoland. Elf Linien fahren regelmäßig in die Vororte und in nahe gelegene Städte wie Aurora, Elgin, Joliet, Waukegan usw. Das Tarifsystem von Metra ist streckenabhängig (Zonensystem) und CTA-Tickets werden nicht anerkannt. Fahrkarten gibt es an Automaten in Metra-Bahnhöfen oder im Zug selbst gegen $ 2 Aufschlag.

- **Sondertickets:** Es gibt u. a. Weekend-Pässe ($ 7) für freie Nutzung aller Metra-Linien außer South Shore und die Metra Family Fares (Kinder unter 12 J. in Begleitung Erwachsener frei).
- **Infos Metra:** www.metrarail.com

Die **South Shore Line** verbindet Chicago (Millennium Station/Randolph) mit den Stränden im Norden Indianas (eigene Tickets).

- **Infos** zur South Shore Line: www.nictd.com

⊡ *Die Chicago Water Taxis verkehren auf dem Chicago River*

107cg Abb.: mb

Überlandbusse

Pace Suburban Bus Service (www.pacebus.com) betreibt Busse ins Umland *(suburban buses)*, die mit CTA-Bussen kooperieren und die Liniennummern 200 aufwärts tragen. CTA-Tageskarten sind gültig (wenn auch nicht für alle Buslinien).

- **Fahrpreis:** $ 1,75 (abgezählt), Kinder 7–11 Jahre $ 0,85, Jüngere frei, 10-Ride-Tickets (11 Fahrten zum Preis von 10) für $ 17,50 sowie Pace-/CTA-7-Tage-Pass $ 33 (gültig in allen Bussen und Hochbahnen)

Taxis

Taxifahrer in Chicago fahren meist verwegen, teils auch rücksichtslos, kommen dadurch aber meist schneller durch die stets staugefährdete Stadt als Privatwagen. Zum Fahrpreis muss man noch jeweils mind. 10 % **Trinkgeld** aufschlagen.

- **American United Cab Association**, Tel. 773 2487600
- **Yellow Cab**, Tel. 312 8294222

Wassertaxis

- **Chicago Water Taxi**, Wendella Sightseeing Boats (s. S. 283), www.chicagowatertaxi.com. Pendelverkehr zwischen Michigan Ave. (Trump Tower), LaSalle/Clark, Madison St. und Chinatown, tgl. April–Okt. 7–19 Uhr (am Wochenende länger), werktags je nach Strecke $ 3–6, an Wochenenden $ 4–7, Tageskarten kosten $ 8 (werktags) bzw. $ 10.

EXTRATIPP

Taxi-Tarife (Stand Sommer 2013)

- Grundpreis $ 2,25 (1 Person), $ 1 für jede weitere Person
- pro gefahrene Meile $ 1,80
- pro 6 Min. Wartezeit $ 2

› **Shoreline Water Taxis,** von Ende Mai–Sept. ab $ 4 (je nach Entfernung, Tagesticket $ 24), http://shorelinesightseeing.com/watertaxis. Fünf Linien ab Navy Pier 54: zum Museum Campus und auf dem Chicago River bis Willis Tower, $ 5–8 je nach Strecke, Tagespass $ 23.

Versicherungen

Auslandsreisekrankenversicherung

Eine **Auslandsreisekrankenversicherung** ist die einzige Versicherung, die auf einer Amerikareise unverzichtbar ist, da die Kosten für ärztliche Behandlungen in den USA von den gesetzlichen Krankenversicherungen in Deutschland und Österreich nicht übernommen werden. **Schweizer** sollten vorher bei ihrer Krankenversicherungsgesellschaft nachfragen.

Der Abschluss einer **Jahresversicherung** ist in der Regel kostengünstiger als mehrere Einzelversicherungen. Günstiger als Einzel- sind zudem Familienversicherungen. Zur Erstattung der Kosten zu Hause benötigt man ausführliche Quittungen (mit Datum, Namen, Bericht über Art und Umfang der Behandlung, Kosten der Behandlung und Medikamente). Zu achten ist bei Versicherungsabschluss auf **Vollschutz ohne Summenbeschränkung,** außerdem sollte im Falle einer schweren Krankheit oder eines Unfalls auch der **Rücktransport** übernommen werden.

Wichtig ist auch, dass im Krankheitsfall der **Versicherungsschutz über die vorher festgelegte Zeit hinaus** automatisch verlängert wird, wenn die Rückreise nicht möglich ist.

Sonstige Versicherungen

Nicht immer sinnvoll ist der Abschluss **weiterer Versicherungen** wie Reiserücktritts-, Gepäck-, Reisehaftpflicht- oder Reiseunfallversicherung. Sie enthalten viele Ausschlussklauseln und zudem sind gewisse Schäden und Verluste auch durch bereits existierende Versicherungen wie Privathaftpflicht- oder Unfallversicherung abgedeckt. Auch in manchen (Gold-)Kreditkarten sind bestimmte Versicherungen schon enthalten, meist allerdings nur für den Karteninhaber und oft nur bei Bezahlung der Reiseleistung mit der Kreditkarte.

Eine **Reiserücktrittsversicherung** lohnt bei unterschiedlich hohem Selbstbehalt und zu unterschiedlichen Konditionen nur für teure Reisen und für genau definierte Fälle: z. B. gelten Terroranschlag, Streik oder Naturkatastrophen nicht als Rücktrittsgründe.

Bei der **Reisegepäckversicherung** ist zu bedenken, dass z. B. bei Flugreisen verlorenes Gepäck oft nur nach Kilopreis und Zeitwert bzw. sogar nach Vorlage von Rechnungen bzw. eines Polizeiprotokolls ersetzt wird. Dabei gibt es strikte Regeln was Sorgfalt und Aufsichtspflicht angeht, und eine lange Liste an Ausschlussgründen. Überdies deckt häufig die Hausratversicherung schon Einbruch, Raub und Beschädigung von Eigentum ab, auch im Ausland.

Besonders schön ist Chicago im Herbst, aber auch das Frühjahr ist eine empfehlenswerte Reisezeit

Eine **Privathaftpflichtversicherung** hat man in der Regel bereits und bei einer existierenden **Unfallversicherung** sollte man prüfen, ob diese im Falle plötzlicher Arbeitsunfähigkeit aufgrund eines Unfalls im Urlaub zahlt.

Wetter und Reisezeit

Für Chicago gibt es keine eigentliche Nebensaison, die Stadt ist **ganzjährig ein Topreiseziel.** Kurioserweise locken während des Hochsommers, in der Ferienzeit, wenn die Flüge am teuersten sind, die Hotels am ehesten mit Sonderangeboten und Ermäßigungen. Am besten bereist man Chicago in der Zeit von **Mai bis Oktober,** wobei Hitzeempfindliche die Sommermonate eher meiden sollten. Allerdings spielt bei einer Stadt wie Chicago das Wetter nicht die bestimmende Rolle, schließlich gibt es genügend Alternativen zu Aktivitäten im Freien, z. B. Museumsbesuche oder Shopping.

Die gemäßigten Temperaturen im späten Frühjahr und im Herbst mit angenehmen 15 bis 20 °C sprechen für eine Reise im Mai/Juni bzw. Sept./Okt. Im Frühjahr ist es länger hell, doch man muss in dieser Zeit mit Hagelstürmen, Orkanböen und Tornados rechnen. Die **klimatisch beständigste Zeit** ist der Spätsommer bzw. Frühherbst. Dann herrscht angenehmes Wetter mit stabiler Hochdruckwetterlage. Und noch etwas spricht für eine Reise in dieser Zeit: Zwischen September und Oktober taucht die ma-

097cg Abb.: mb

lerische Herbstlaubfärbung, der **„Indian Summer"**, die Stadt und das Umland in ein Farbenmeer.

In Chicago herrscht **extremes Klima.** Wie wechselhaft das Wetter sein kann, zeigt die Chronik: Es herrschten im Juli schon Maximaltemperaturen von 40,6 °C, aber auch kühle 9,3 °C wurden schon verzeichnet! **Sommertemperaturen** von 30 °C tagsüber und um die 18 °C nachts sind die Regel, die Quecksilbersäule kann sogar auf 40 °C steigen, und verstärkt durch die hohe Luftfeuchtigkeit (ganzjährig um die 70 %, im Sommer über 80 %) und die Luftverschmutzung kann die herrschende Schwüle (auch nachts) unerträglich werden. Im **Winter** fallen die Temperaturen auf 0 bis –5 °C und es fällt Schnee (schwerpunktmäßig Jan. bis März). Im Winter sind *blizzards* (Schneestürme) quasi an der Tagesordnung. Als kältester Monat gilt der Januar mit durchschnittlich –3 °C.

In Chicago weht immer ein **Wind**, der im Sommer allerdings kaum kühlt. Er kann aus allen Richtungen kommen, im Winter und Frühjahr meist aus Westen und Norden, in den Sommermonaten und im Herbst aus dem Süden und Südwesten.

Die größte **Niederschlagsmenge** fällt im Frühsommer an, v. a. im Juni. Was die Zahl der **Regentage** angeht, sind die Monate März bis Mai führend. Die meisten **Sonnenscheinstunden** gibt es von Juni bis August und auch der Mai lässt sich gut an.

Im Sommer empfiehlt sich **leichte Baumwollkleidung**, doch tun erkältungsanfällige Personen im Land der Klimaanlagen gut daran, Pullover oder Jacke auf die Reise mitzunehmen. Speziell in Läden und Museen herrschen oft frische Temperaturen und tritt man ins Freie, ist der Temperaturunterschied oft „niederschmetternd". **Regenschutz** ist wegen der annähernd gleichmäßigen Verteilung der Niederschläge übers Jahr sinnvoll, ebenso sollte man an bequemes Schuhwerk und Windjacke denken. An schwülwarmen Sommertagen können Stechmücken zur Plage werden.

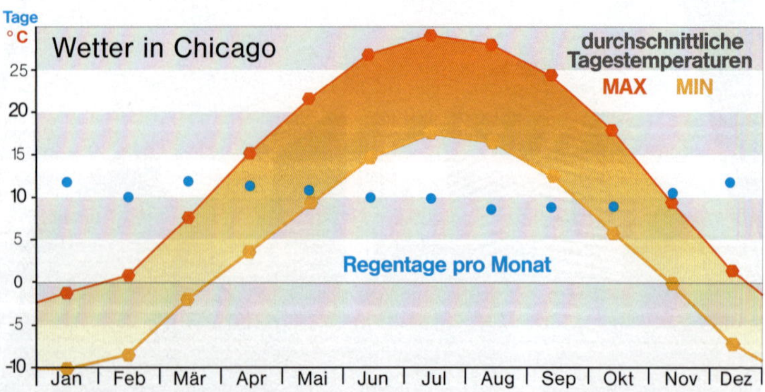

Anhang

007cg Abb.: mb

Kleine Sprachhilfe

Für einen tieferen Einstieg in die Sprache seien an dieser Stelle die Reisesprachführer „Amerikanisch – Wort für Wort" (Kauderwelsch-Band 143), „American Slang" (Kauderwelsch-Band 29) und „More American Slang" (Kauderwelsch-Band 67) aus dem Reise Know-How Verlag empfohlen.

Begrüßung und Höflichkeit

Guten Morgen	*Good morning* (bis mittags)
Guten Tag	*Good afternoon* (ab mittags)
Guten Abend	*Good evening*
Gute Nacht	*Good night*
Auf Wiedersehen	*Good bye/Bye-bye/ See you* (umgangssprachlich)
Willkommen!	*Welcome!*
Mein Name ist ...	*My name is ...*
Wie heißen Sie?	*What's your name?*
Schön Sie/Dich kennenzulernen/zu sehen.	*Nice/Good to see you.*
Entschuldigen Sie ...	*Excuse me, please, ...* (bei Fragen)
Verzeihung!	*Sorry/Pardon me!*
Bitte	*Please* (bei Fragen, Bitten)
Danke	*Thank you/Thanks*
Bitte, gern geschehen	*You are (very) welcome*
Könnten Sie mir bitte sagen ...	*Could you, please, tell me ...*

Allgemeine Fragen und Wendungen

Ich bin/Wir sind ...	*I am .../We are ...*
Das ist/sind ...	*This is/These are ....*
Wo ist/sind ...?	*Where is/are ...?*
Wo kann ich ... bekommen?	*Where can I get ...?*
Was ist das?	*What's that?*
Haben Sie ...?	*Have you got ...? I am looking for ...*
Wie viel kostet ...?	*How much is ...?*
Ich verstehe nicht.	*I don't understand.*
Sprechen Sie Deutsch?	*Do you speak German?*
Wie heißt das auf Englisch?	*What's that in English?*
vielleicht	*perhaps, maybe*
wahrscheinlich	*probably*
Ist es möglich ...?	*Is it/Would it be possible ...?*
Wer?	*Who?*

+++ NEU: Die wichtigsten Wörter mit dem Bonus-Audiotrack des Kauderwelsch-

Was?	*What?*
Wie?	*How?*
Wie viel(e)?	*How much?* (Menge) *How many?* (Anzahl)

Zeit

Wie spät ist es?	*What time is it?*
Es ist 10 Uhr	*It's 10 a.m. (ante meridiem)*
Es ist 22 Uhr	*It's 10 p.m. (post meridiem)*
Mittag/Mitternacht	*noon/midnight*
heute	*today*
morgen	*tomorrow*
gestern	*yesterday*
morgens	*in the morning*
nachmittags	*in the afternoon*
abends	*in the evening*
früh/früher	*early/earlier*
spät/später	*late/later*

Wochentage

Montag	*Monday*
Dienstag	*Tuesday*
Mittwoch	*Wednesday*
Donnerstag	*Thursday*
Freitag	*Friday*
Samstag	*Saturday*
Sonntag	*Sunday*
Feiertag	*holiday*

Geldangelegenheiten

Geld, Kleingeld, Bargeld	*money, change, cash*
1 Dollar ($)	*„buck" (100 cent)*
1/5/10/25 Cent (c.)	*penny/nickel/dime/quarter*
Tausender	*grand*
Geldautomat	*ATM (automated teller machine)*
Kreditkarte	*credit card*
Reisescheck	*travelers cheque/check*
Ausweis	*ID (identification papers/card), passport*
Steuer	*tax*
Gebühr	*fee*

Unterwegs

Wie weit ist es bis ...?	*How far is it to ...?*
Ist das der richtige Weg nach ...?	*Is this the right way to ...?*
Nord, Süd, Ost, West	*north, south, east, west*
links, rechts	*left, right*
geradeaus, zurück	*straight (ahead), back (to)*
Ampel, Kreuzung	*traffic light(s), junction*
Auto/Mietwagen	*car, vehicle/rental car*
Autovermietung	*car rental station*
Lastwagen	*truck*
Motorrad	*motorcycle, bike*
Benzin	*gas*
Tankstelle	*gas station*
Führerschein	*driver's license*
Panne/Pannenhilfe	*breakdown/roadside assistance*

Öffentliche Verkehrsmittel

Fahrkarte	*ticket*
Tageskarte	*day pass*
einfache Fahrt	*one-way trip*
hin und zurück	*round trip*
Schienenverkehr (Tram, U-/S-Bahn)	*light rail*
Straßenbahn	*tram, streetcar*
U-Bahn	*subway, metro*
(Bus-)Bahnhof/-Haltestelle	*(bus) station/stop*
Eisenbahn/Bahnhof	*railroad/railroad station*
Schiff/Fähre	*boat/ferry*

Unterkunft

Haben Sie ein Zimmer frei?	*Any vacancy? Do you have a room available?*
Zimmer frei/besetzt (Schilder)	*Vacancy/No vacancy*
Reservierung	*reservation*
Einzel-/Doppelzimmer	*single/double room*
... mit einem Bett/ ... mit zwei Betten	*... with one (king-size)/* *... two (queen-size) beds*
... mit Frühstück	*... breakfast included*
Badezimmer	*bathroom*
Dusche, Badewanne	*shower, bathtub*
WC	*bathroom, restroom, ladies'/men's room*
behindertengerecht	*handicapped accessible/handicap-accessible*
Aufzug, Treppe, Rolltreppe	*elevator, stairs, escalator*
Stockwerk/Parterre/erster Stock	*floor/ground oder first floor/second floor*

Essen und Trinken

Speisekarte	*menu*
Ich möchte ... bestellen	*I would like (to order) .../I will take .../*
Rechnung	*check*
Tagesgericht	*daily special*
Vorspeise	*appetizer*
Hauptgericht	*entree/entrée*
Nachspeise	*dessert*
Frühstück	*breakfast*
Mittagessen	*lunch*
Abendessen	*dinner/supper*
Bedienung	*waiter/waitress*
Trinkgeld	*tip, gratuity*
essen	*to eat*
trinken	*to drink*

©2011 United Air Lines, Inc. All Rights Reserved.

Register

Register

G

H

I

J

K

L

M

N

Register

Die Autoren

Margit Brinke und **Peter Kränzle** sind promovierte Klassische Archäologen, die sich 1995 als freiberufliche Journalisten und Buchautoren mit Schwerpunkt Reise-, Sport- und Kulturjournalismus selbstständig gemacht haben. Seither konnten sie sich durch über 80 Publikationen bei verschiedenen Buchverlagen und durch regelmäßige Mitarbeit bei verschiedenen Zeitungen, Magazinen und Websites einen Namen machen. Im Reise Know-How Verlag wurden außer dem vorliegenden Band bereits die City-Guides „New York“ und „San Francisco“, die CityTrips „Athen“, „Augsburg“, „Basel“, „Genf“, „New Orleans“ „New York“, „Salzburg“, „Toronto“ und „Los Angeles“, der Reiseführer „Kreta“ sowie die Bände zur Fußball-WM 2006 und zur EM 2008 publiziert. Der CityTrip „Las Vegas“ erscheint in Kürze.

Die Autoren waren seit ihrer ersten Reise nach Chicago Anfang der 1990er-Jahre in der glücklichen Lage zu verfolgen, wie sich eine einst eher graue, industriell geprägte Stadt (bei der jedoch schon immer die Architektur bestach) in ein Schmuckstück verwandelte. Handfeste „Western Mentality“ trifft hier auf „City Slickers“, die schier endlose Prärie auf einen malerischen See und die Gelassenheit des Westens auf die Geschäftigkeit einer Weltmetropole. Ein Faszinosum, das die Autoren in den Bann gezogen hat und sie regelmäßig in die Stadt zurückkehren lässt.

Bildnachweis

Die Kürzel an den Abbildungen stehen für folgende Fotografen, Firmen und Einrichtungen. Wir bedanken uns für die freundliche Abdruckgenehmigung.

caf/ae	Chicago Architectural Foundation/Anne Evans
cc	Claasen Communication
chi	Choose Chicago
fo	Fotolia.com
id	Illinois Department of Commerce and Community Affairs
id/ml	Illinois Department of Commerce and Community Affairs/ Marc Lansky
id/ld	Illinois Department of Commerce and Community Affairs/ Linda Dittmer
mb	Margit Brinke (Autorin)
PCCRVC	Porter County Convention, Recreation and Visitor Commission
Titelfoto	dreamstime.com/Ffooter

Cityatlas

098cg Abb.: mb

1 cm = 100 m
0 200 m

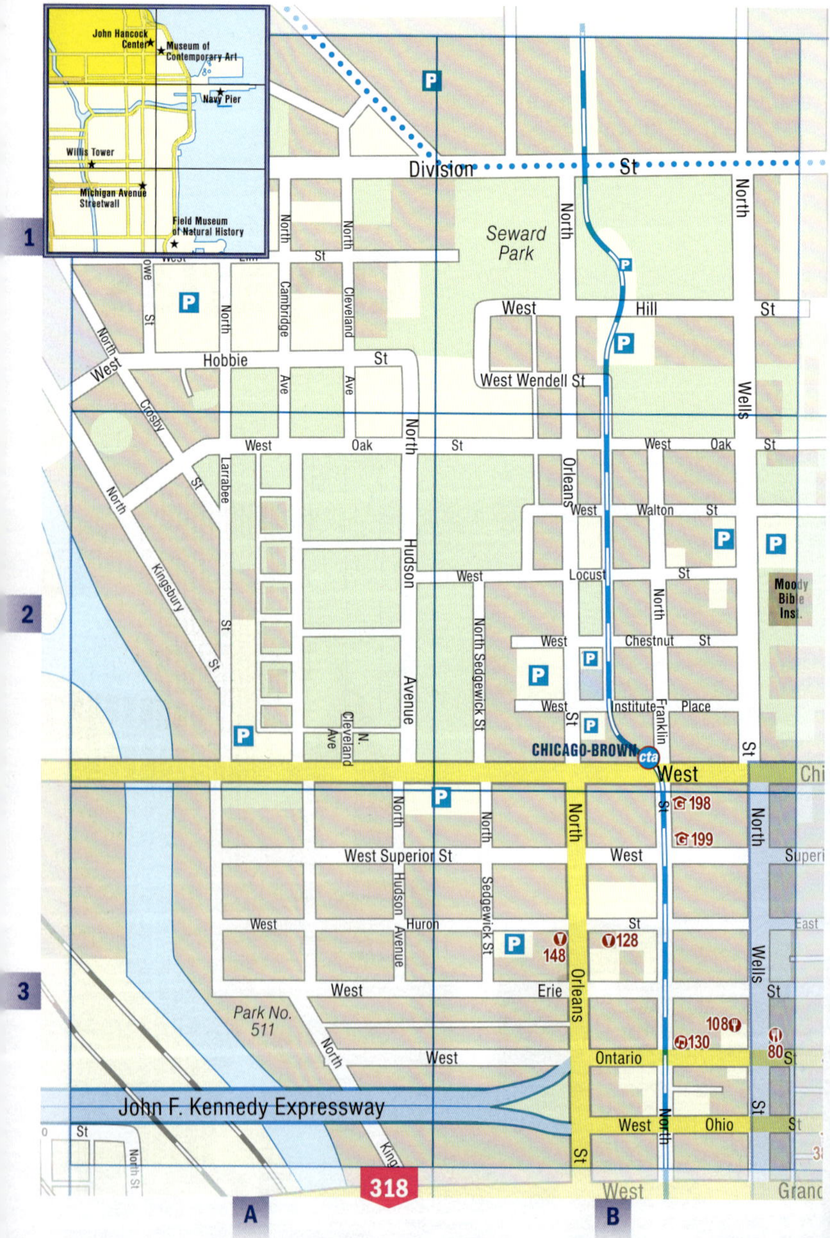

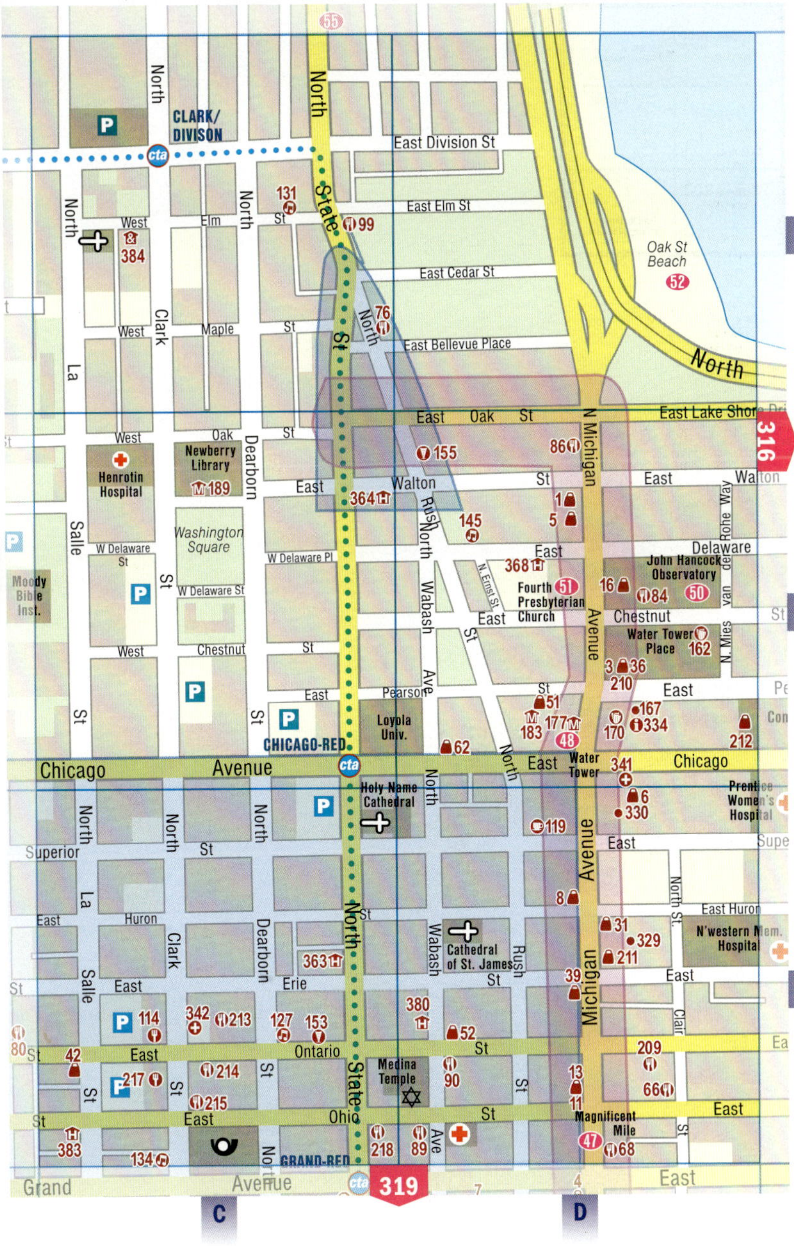
CLARK/ DIVISON
East Division St
East Elm St
East Cedar St
East Bellevue Place
Oak St Beach
52
North
East Oak St
East Lake Shore Dr
316
Newberry Library
Henrotin Hospital
Washington Square
Moody Bible Inst.
John Hancock Observatory
Fourth Presbyterian Church
Water Tower Place
Loyola Univ.
CHICAGO-RED
Chicago Avenue
Water Tower
Holy Name Cathedral
Prentice Women's Hospital
N'western Mem. Hospital
Cathedral of St. James
Medina Temple
Magnificent Mile
GRAND-RED
Grand Avenue
319
North State St
N Michigan Avenue
Clark St
Dearborn St
La Salle St
Wabash Ave
Rush St
East Walton St
East Delaware
East Chestnut St
East Pearson St
Superior St
East Huron St
East Erie St
East Ontario St
East Ohio St
1
2
3
C
D

1 cm = 100 m
0 200 m

☐ Liste der Karteneinträge Seite 328

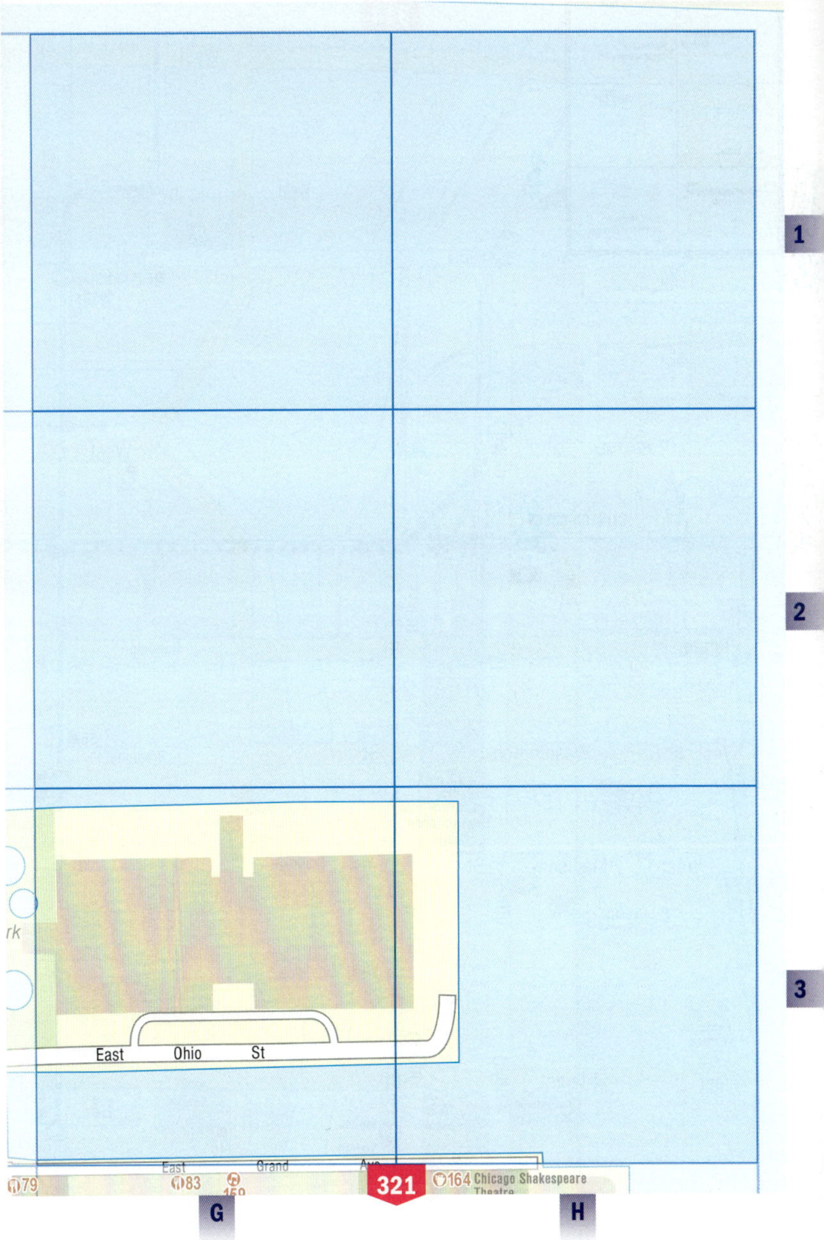

1 cm = 100 m
0 200 m

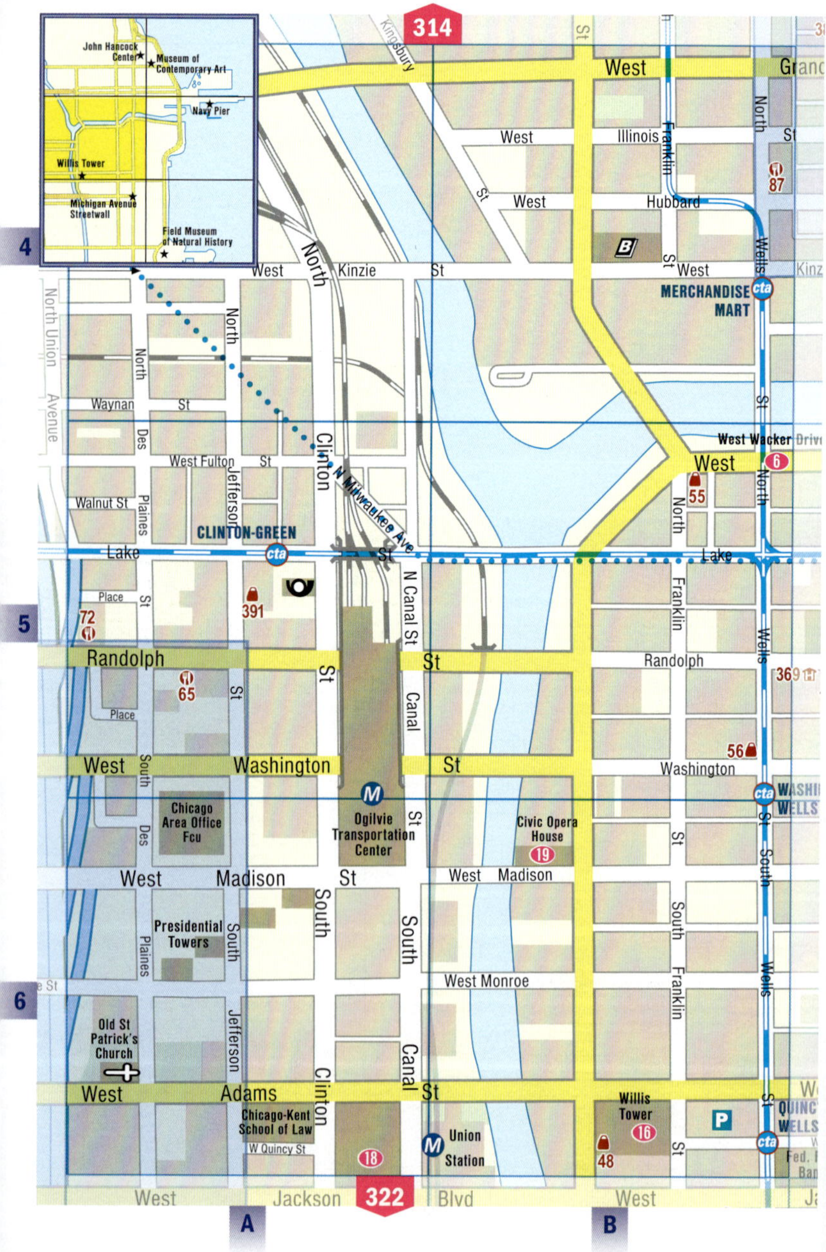

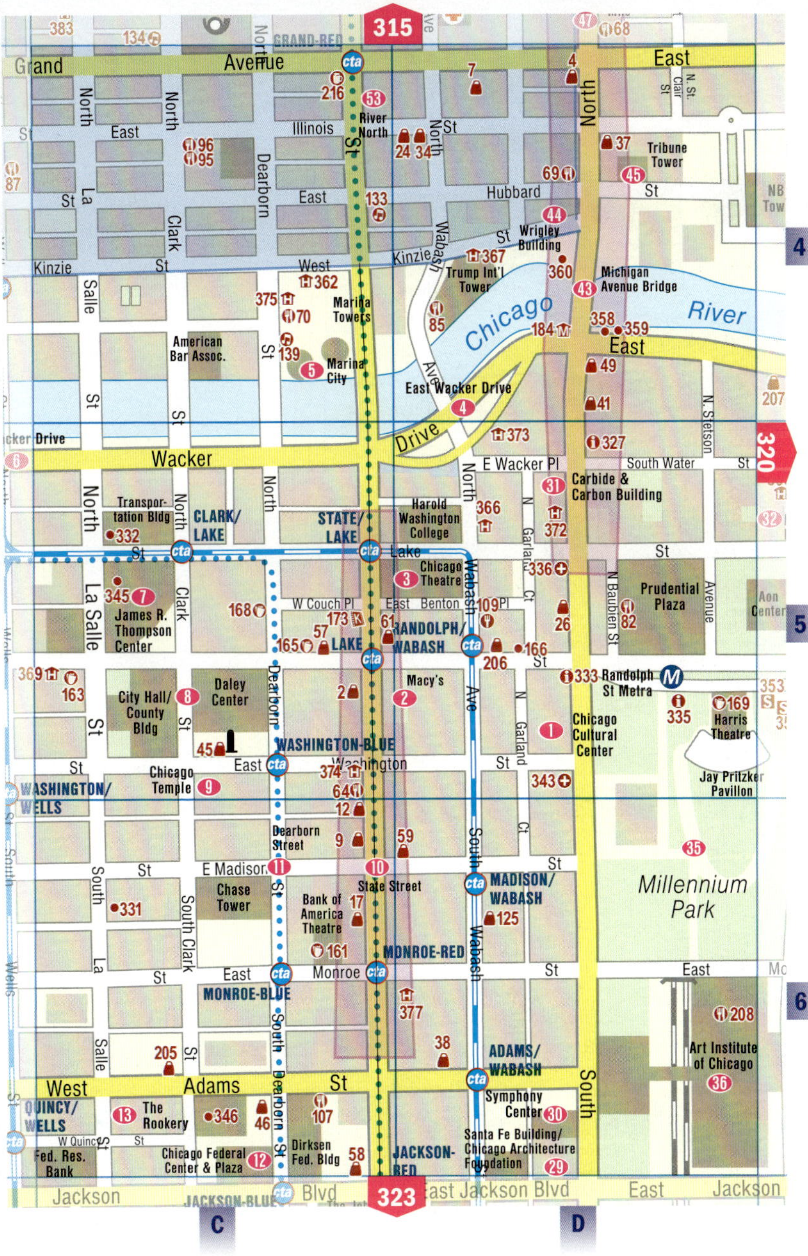
315
323
320
4
5
6
C
D
Grand Avenue
East Chicago
Illinois
East Hubbard St
West Kinzie St
Kinzie St
Wacker Drive
East Wacker Drive
E Wacker Pl
South Water St
Lake St
W Couch Pl
East Benton Pl
Randolph St
Washington
East Washington St
E Madison St
East Monroe St
West Adams St
W Quincy St
Jackson Blvd
East Jackson Blvd
North La Salle St
North Clark St
Dearborn
North Dearborn
North State St
North Wabash Ave
South Wabash
N Garland Ct
N Stetson
N Beaubien St
Michigan Avenue Bridge
Chicago River
River North
Wrigley Building
Trump Int'l Tower
Tribune Tower
Marina Towers
Marina City
American Bar Assoc.
Transportation Bldg
Harold Washington College
Carbide & Carbon Building
Chicago Theatre
Prudential Plaza
Aon Center
James R. Thompson Center
City Hall/ County Bldg
Daley Center
Macy's
Randolph St Metra
Chicago Cultural Center
Harris Theatre
Jay Pritzker Pavillon
Chicago Temple
Dearborn Street
State Street
Chase Tower
Bank of America Theatre
Millennium Park
Art Institute of Chicago
Symphony Center
Santa Fe Building/ Chicago Architecture Foundation
The Rookery
Chicago Federal Center & Plaza
Dirksen Fed. Bldg
Fed. Res. Bank
GRAND-RED
CLARK/ LAKE
STATE/ LAKE
RANDOLPH/ WABASH
LAKE
WASHINGTON-BLUE
WASHINGTON/ WELLS
MADISON/ WABASH
MONROE-RED
MONROE-BLUE
ADAMS/ WABASH
QUINCY/ WELLS
JACKSON-RED
JACKSON-BLUE
cta

1 cm = 100 m
0
200 m
316
Grand
Avenue
Memorial Park
Crescent
East
Illinois
St
N
N Peshtigo Ct
50 North Pier Mall
79
Children
Museum
Ogden Plaza
North Park St
North
New
St
McClurg
NBC Tower
Navy Pier Park
Dusable Harbor Park
North
Water
St
Crescent
Nicholas J. Melas Centennial Fountain
46 River Esplanade Park
E River Dr
Wacker
Drive
207
319
365
378
32 Lakeshore East
Aon Center
Columbus
Drive
Randolph Drive
353
351
169
361
Grant Park
North
Monroe
Drive
South
208
Grant Park
Petrillo Music Shell
L a k
Drive
324
E
F
4
5
6

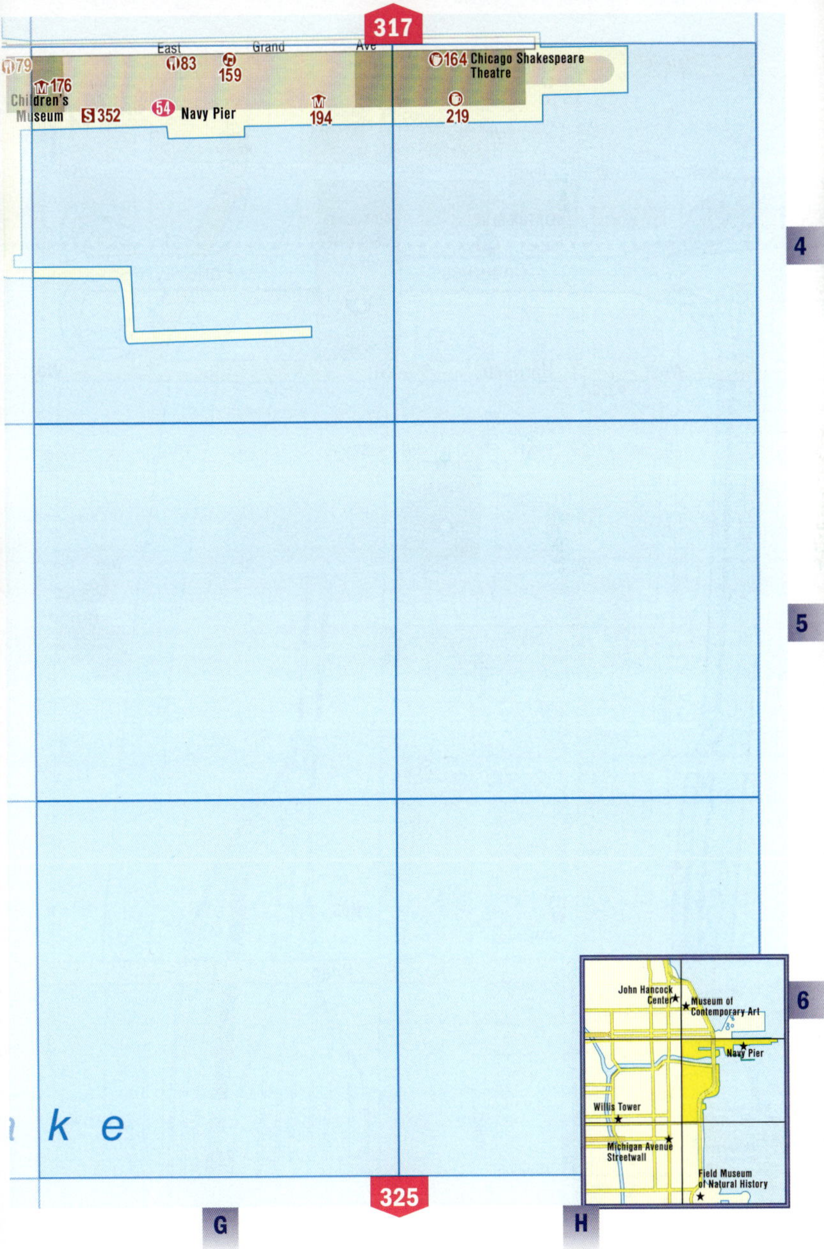
317
East Grand Ave
79
83
159
164 Chicago Shakespeare Theatre
176
Children's Museum
352
54 Navy Pier
194
219
4
5
6
k e
325
G
H
John Hancock Center
Museum of Contemporary Art
Navy Pier
Willis Tower
Michigan Avenue Streetwall
Field Museum of Natural History

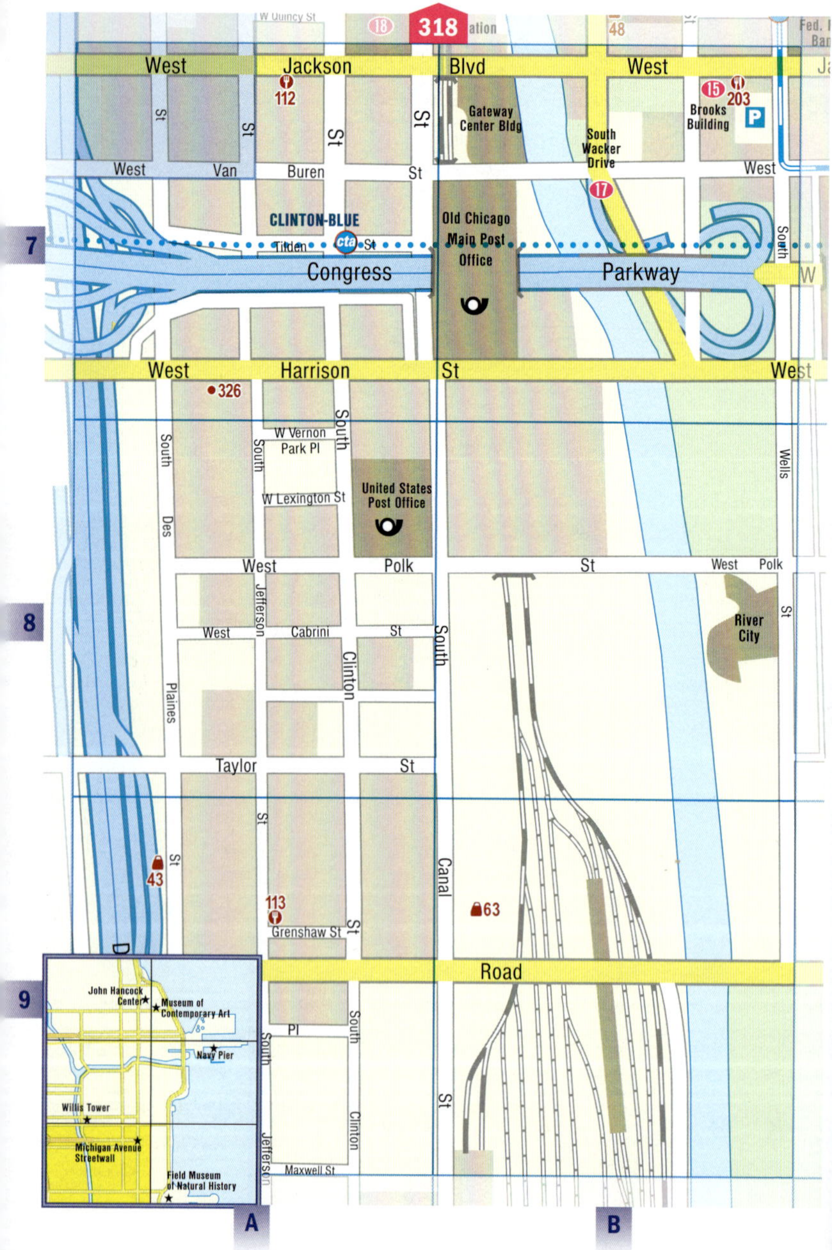

1 cm = 100 m
0
200 m
318
18
48
West Jackson Blvd West
112
203
15
Gateway Center Bldg
South Wacker Drive
Brooks Building
P
West Van Buren St
West
17
CLINTON-BLUE
cta
Tilden St
Old Chicago Main Post Office
Congress Parkway
West Harrison St
West
326
W Vernon Park Pl
W Lexington St
United States Post Office
South Des Plaines St
South Jefferson St
South Clinton St
South Canal St
South Wells St
West Polk St
West Polk St
West Cabrini St
River City
Taylor St
43
113
63
Grenshaw St
Road
Pl
Maxwell St
7
8
9
A
B
John Hancock Center
Museum of Contemporary Art
Navy Pier
Willis Tower
Michigan Avenue Streetwall
Field Museum of Natural History

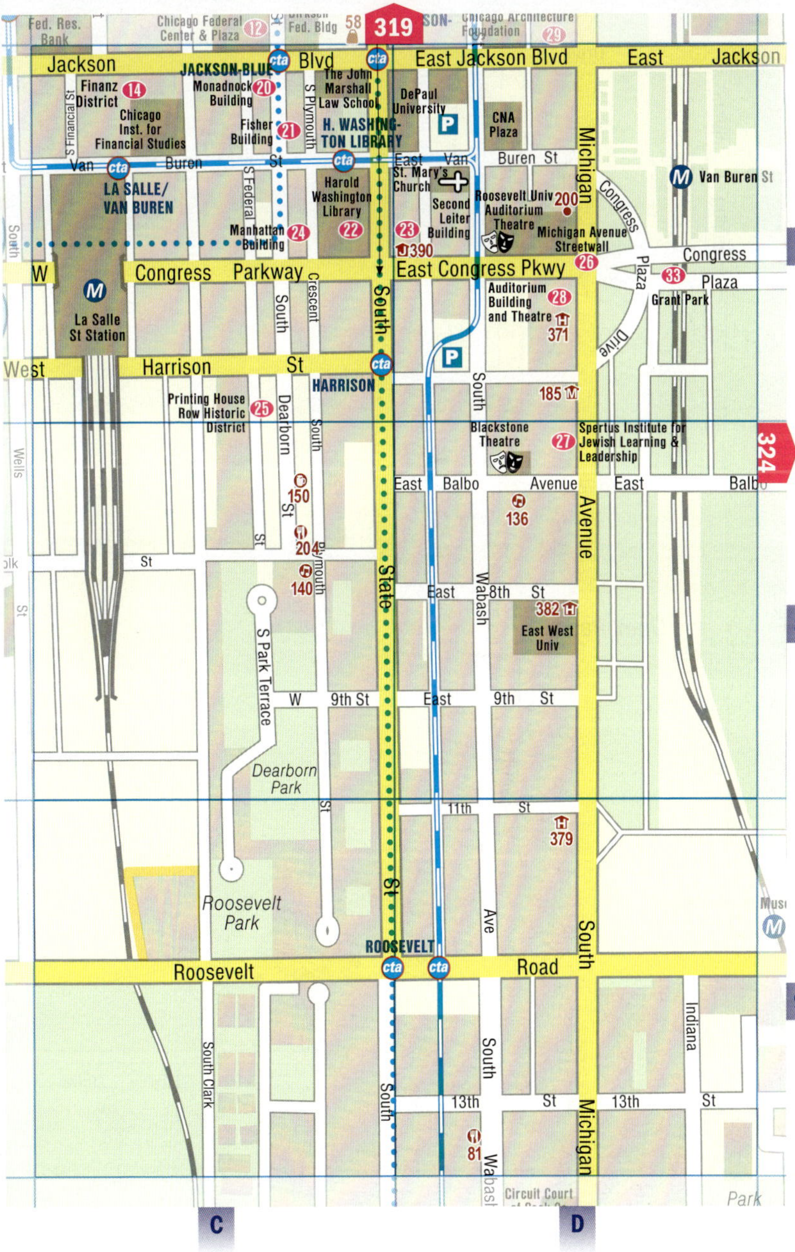
319
324
Jackson Blvd
East Jackson Blvd
East Jackson
JACKSON-BLUE
Finanz District 14
Chicago Inst. for Financial Studies
Monadnock Building 20
Fisher Building 21
The John Marshall Law School
DePaul University
H. WASHINGTON LIBRARY
CNA Plaza
Van Buren St
East Van Buren St
LA SALLE/ VAN BUREN
Harold Washington Library 22
St. Mary's Church
Second Leiter Building
Roosevelt Univ 200
Auditorium Theatre
Michigan Avenue Streetwall
Manhattan Building 24
23
390
Van Buren St
Congress Plaza
W Congress Parkway
East Congress Pkwy 26
33
Grant Park
La Salle St Station
Auditorium Building and Theatre 28
371
West Harrison St
HARRISON
Printing House Row Historic District 25
185
Blackstone Theatre
Spertus Institute for Jewish Learning & Leadership 27
East Balbo Avenue
East Balbo
150
136
204
140
East 8th St
382
East West Univ
S Park Terrace
W 9th St
East 9th St
Dearborn Park
11th St
379
Roosevelt Park
ROOSEVELT
Roosevelt Road
South Clark
South Wabash
South Michigan
South State St
Indiana
13th St
81
Circuit Court
Park
C
D
7
8
9

1 cm = 100 m
0
200 m
320
323
7
8
9
E
F
Jackson Drive
Buren St
South Columbus Drive
Lake Shore Drive
Buckingham
34
Fountain
Avenue
Grant Park
M i c h i
Museum Campus/
11th St
37
Burnham Park
39
John G. Shedd
Aquarium
38
Field Museum
of Natural History
East Solidarity Drive
East McFetridge Dr
Park

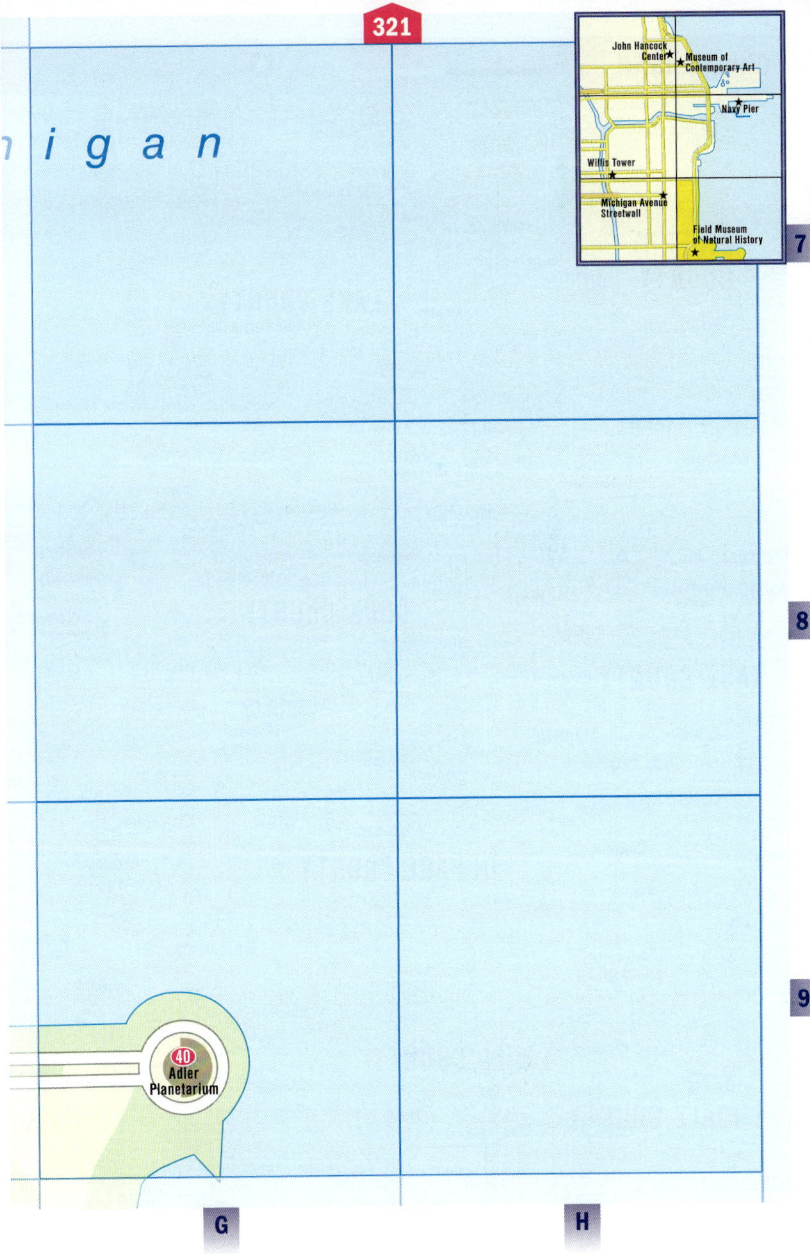
321
igan
John Hancock Center
Museum of Contemporary Art
Navy Pier
Willis Tower
Michigan Avenue Streetwall
Field Museum of Natural History
40
Adler Planetarium
7
8
9
G
H

Chicagoland
0
20 km
© Reise Know-How 2013
Wisconsin
Illinois
Lake Geneva
Richmond
Hebron
Spring Grove
Antioch
Milwaukee
89
Rosecrans
Winthrop Harbor
Zions
Beach Park
Wadsworth
Lake Villa
Fox Lake
Round Lake Beach
Lindenhurst
Wonder Lake
Johnsburg
McHenry County
McHenry
Grayslake
Gurnee
Waukegan
Bull Valley
Volo
Lakemoor
Lake County
North Chicago
Woodstock
Libertyville
Ridgefield
Island Lake
Wauconda
Mundelein
Green Oaks
Lake Bluff
Crystal Lake
Hawyhome Woods
Vernon Hills
Lake Forest
Lakewood
Cary
Lake in the Hills
Huntley
Fox River Grove
North Barrington
Long Grove
Lincolnshire
Highwood
Algonquin
Lake Zurich
Deerfield
Barrington Hills
Palatine
Highland Park
Wheeling
Gilberts
Carpentersville
Hampshire
Inverness
Arlington Heights
Northbrook
Glencoe
West Dundee
Winnetka
Pingree Grove
Kenilworth
Cook County
Wilmette
Elgin
Streamwood
Des Plaines
Skokie
Kane County
South Elgin
Schaumburg
Hanover Park
Chicago O'Hare International Airport
Virgil
Lily Lake
Wayne
St. Charles
Glendale Heights
Carol Stream
Elburn
Geneva
Elmhurst
Oak Park
Wheaton
Batavia
Cicero
Kaneville
DuPage County
Berwyn
North Aurora
Sugar Grove
Lisle
Brookfield
Midway Airport
Aurora
Naperville
Montgomery
Burbank
Bristol
Oswego
Will County
Palos Park
Palos Heights
Blue Island
Yorkville
Lemont
Kendall County
Romeoville
Orland Park
Cook
Plainfield
Oak Forest
Joliet, Springfield,
Lockport
Tinley Park
Markham
Route 66

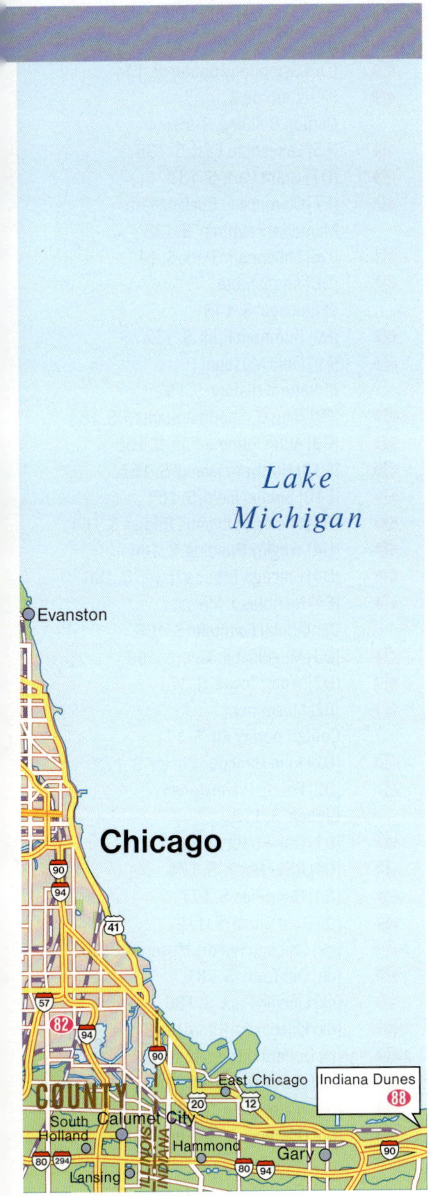
Lake Michigan
Evanston
Chicago
90
94
41
57
82
94
90
East Chicago
Indiana Dunes
88
20
12
COUNTY
South Holland
Calumet City
ILLINOIS
INDIANA
Hammond
Gary
90
80
294
Lansing
80
94

Liste der Karteneinträge

Liste der Karteneinträge

Liste der Karteneinträge